BIBLIOTECA DE SELECCIONES

Libros Escogidos

SELECCIONES DEL READER'S DIGEST
(Marca Registrada)

MADRID • MEXICO • SANTIAGO DE CHILE • BUENOS AIRES • BOGOTA • NUEVA YORK

SELECCIONES DEL READER'S DIGEST
(Marca Registrada)
Avenida de América, s/n (Edificio Selecciones). Madrid-27.
ISBN: 84-7142-120-8. Depósito legal: M. 40.129-1973.

Este libro se terminó de imprimir el día 15 de enero de 1974
en los talleres de Grafiplás, S. A., Aranjuez, 7. Madrid-20.

Encuadernación: Fernández. Isla de Java, 12. Madrid-20.

Impreso en España.

Printed in Spain.

73

Contenido

Batalla de la Borrasca de Abril

Condensado del libro de

Larry Forrester

Traducción de L. C. Koehler

Ilustraciones de Cecil Vieweg

En la fría y gris madrugada del 8 de abril de 1940 —solo, en condiciones muy inferiores de potencia de fuego, entorpecido por la tormenta y con equipo averiado— el destructor británico *Glowworm* realizó un intrépido ataque contra el *Admiral Hipper*, crucero de 10.000 toneladas, y otras unidades de la marina alemana. Esta acción le valió al comandante del *Glowworm* la Cruz Victoria *por recomendación del comandante enemigo*, hecho insólito en la historia de la marina británica.
Inspirándose en las trágicas horas de este encuentro ya casi olvidado, Larry Forrester ha escrito una de las mejores novelas que jamás se hayan publicado sobre la tremenda matanza de la segunda guerra mundial. Los hombres que aparecen en sus páginas son personajes de ficción, y sus motivaciones y comportamiento la creación de un novelista magistral. Este libro es un admirable tributo a los hombres que participaron realmente en la batalla del Mar del Norte...

PROLOGO

Kiel, Alemania/Día VE + 2

La camioneta de tres cuartos de tonelada, con una bandera británica de papel pegada en una esquina del parabrisas, avanzaba lentamente por las calles repletas de escombros de la bombardeada ciudad en dirección al muelle. Campbell percibió el olor del mar mucho antes de llegar al puerto. Dos días después de la victoria aliada en Europa, tras cinco años en un campo de prisioneros —cinco años de espera, de humillación, sin ver otra cosa que la desolada llanura de Silesia al otro lado de las alambradas—, el fuerte olor salino que flotaba en el aire matinal estimuló sus sentidos, y las gaviotas que revoloteaban por encima del puerto parecían darle la bienvenida.

A su lado el marinero de primera McCallion, firmemente sujeto al volante, tenía un gesto de gravedad y preocupación en su rostro juvenil; el uniforme que llevaba estaba tan nuevo que parecía de guardarropía: era como un colegial que se hubiese vestido especialmente para la fiesta de fin de curso... Campbell, al observar aquella lozana juventud, se sintió como un espantapájaros abandonado. Su gorra había perdido totalmente la forma; llevaba grandes coderas en el capote, y los nuevos galones de capitán de corbeta semejaban baratos broches de oropel sobre la desgastada tela. Cuanto más se acercaban a los muelles mayor era la destrucción. En una plaza, lo único que quedaba en pie eran los muros de una iglesia arrasada por el fuego cuyo destrozado y oscuro campanario se recostaba en el pálido cielo. Más allá, un viejo y un niño, demacrados, polvorientos y vestidos con harapos escarbaban entre las ruinas de una casa.

Al ver pasar la extraña camioneta abriéndose paso lentamente entre los escombros, tratando de evitar los profundos baches, los dos enderezaron el tronco y se quedaron mirando con rostros inexpresivos. En otra plaza, una cola de andrajosas mujeres esperaban ante un centro de racionamiento; sus caras, enmarcadas en apretados pañuelos, eran pequeñas y angulosas, y sus ojos parecían velados.

Las puertas de la base naval alemana estaban retorcidas y astilladas por las explosiones de las bombas. La camioneta se detuvo ante una barrera provisional, y un sargento canadiense se acercó a pedir la documentación al conductor. Luego, casi insolentemente, miró a la arrugada figura que iba sentada al lado de McCallion y se llevó la mano a la gorra en displicente saludo. Campbell le devolvió el saludo y le entregó su documento de identidad. El sargento consultó una lista y dijo:

—Capitán de corbeta Campbell... No, aquí no parece que figure su nombre.

Campbell sacó un sobre de un bolsillo interior. El sargento abrió la solapa, sacó una hoja de papel timbrado, la desdobló y le echó una ojeada. La volvió a doblar y, en un tono completamente distinto, dijo:

—Lo encontrará en el muelle norte, señor... bueno, lo que queda de él.

Campbell inclinó la cabeza, y cuando la camioneta se puso en marcha el sargento hizo un saludo mucho más marcial.

Uno de los soldados del cuerpo de guardia se acercó al sargento.

—¡No me diga que esa era la delegación oficial!

—No, no tiene nada de oficial, pero esa carta estaba firmada por el mismísimo Dios.

El enorme casco del buque, ennegrecido por el fuego, se apoyaba contra el muelle con una escora de más de treinta grados. La gigantesca mole proyectaba su sombra sobre el asfalto, los ruinosos almacenes y un reducido grupo de oficiales alemanes que conversaban cerca de una casamata. El cuerpo sin vida del barco lo empequeñecía y oscurecía todo, como si fuese el cadáver de un monstruo.

McCallion detuvo la camioneta a la altura de la proa, justamente fuera de la negra estera de sombra. Ambos hombres se apearon y se quedaron mirando el impresionante muro de acero. Diez mil toneladas de buque, oxidándose y pudriéndose en el puerto hasta el que había llegado arrastrándose hacía más de cinco años, manando negra sangre de la espantosa herida abierta en su costado, para no volver a navegar jamás, para morir en la cama, vergonzosamente, bajo los ataques de los bombarderos pesados de la R.A.F.

McCallion se volvió para mirar a los oficiales alemanes. Los cinco, vestidos con inmaculados uniformes, observaban el camión casi en posición de firmes.

—Señor, parece que le están esperando para darle la bienvenida.

Campbell, con las manos hundidas en los deformados bolsillos, miró a los alemanes con gesto frío e indiferente. "Espere aquí", dijo, y avanzó lentamente a la sombra del escorado casco. Al llegar a un punto a popa del castillo se detuvo. A pesar de los estragos del fuego y de la herrumbre, pudo distinguir la cicatriz que formaban las nuevas planchas con que se había tapado la inmensa herida del casco. Durante casi un minuto permaneció contemplando aquella señal, y sintió un ligero escalofrío al recordar una vez más con aterradora claridad el instante en que se abrió la herida y comenzó a salir a borbotones la negra sangre...

Las emociones que evocaba aquel cuadro seguían siendo tan confusas y contradictorias como siempre... "¿Qué hago yo aquí? En realidad yo no formaba parte de aquello. Yo era un extraño, y ni siquiera uno solo de ellos era mi amigo... De todo el grupo —Fielden, Réprobo Harry, el joven Rosinsky, el mismo Wreyford—, ¿por qué he de ser yo el que está ahora aquí? ¿Por qué precisamente el que menos derecho tiene?"

Se volvió y siguió caminando hacia el grupo de alemanes. Cuando se acercó pudo distinguir la expresión de sus caras: máscaras de resentimiento e incredulidad. Conjeturó que debían de estar esperando a la delegación oficial aliada, y no pudo reprimir una sonrisa: sin duda se sentían insultados por la aparición de un solo y mugriento oficial inglés de baja graduación.

Pasó muy cerca de ellos, pero ni siquiera les miró. Sus pálidos y orgullosos ojos se clavaron en él mientras subía por el portalón hacia la escorada cubierta del buque y se abría camino hacia el puente entre los retorcidos hierros. Entonces el alemán de mayor graduación, un hombre de pelo gris que llevaba entorchado de almirante y sable de ceremonias, se dirigió secamente a su ayudante, un joven y alto teniente de navío. Este avanzó hacia el portalón y comenzó a subir por él.

Cerca del puente bajo, en un mamparo situado directamente detrás de un montaje de artillería destruido, Campbell se fijó en una pequeña placa de bronce. Cuando limpió con la manga el hollín y la herrumbre, vio en la parte superior el grabado de unas hojas de laurel y una cruz gamada rematadas por un águila.

Antes de que pudiese leer la inscripción, el teniente de navío alemán se le acercó por la espalda y se quedó contemplando la placa. Su huesuda cara brillaba con desafiante reverencia. Hablaba inglés como si las palabras le quemaran la boca.

—En este cañón... cayó el marinero artillero Josef Ritter, de veintiún años... Murió por su patria, el día ocho de abril de mil novecientos cuarenta...

Sin volverse, Campbell contestó en alemán:

—Sí, aquel día murieron muchos hombres admirables.

El alemán le miró con cierta sorpresa.

—Habla usted muy bien el alemán, comandante.

—He tenido mucho tiempo para aprenderlo.

Campbell dio media vuelta y avanzó por la escorada cubierta hacia el puente. El teniente de navío le siguió.

El puente estaba severamente dañado. Lo que quedaba del parabrisas de plástico estaba agrietado y ennegrecido. La tapicería de la silla del comandante estaba cuarteada y enmohecida. Campbell la empujó con un pie, y la silla dio una vuelta, lanzando un áspero chirrido de protesta. Luego se dirigió hacia popa, seguido siempre por el teniente de navío.

La campana no había sufrido daño. Estaba igual que la última vez que la vio, reluciente, colgada de su elegante bastidor en el centro del alcázar. Una campana primorosamente grabada cuyo peso andaría por los ciento cincuenta kilos. Se dio cuenta al instante de que también tendría que llevarse el bastidor. Este modo de pensar tan práctico, tan frío, le dejó sorprendido. Por un instante quedó sumido en la incertidumbre. Había venido a llevarse esta campana no para él, sino para los demás... ¿Pero se trataba solamente de un gesto vacío, absurdo y sentimental? ¿O era algo peor? ¿Había hecho tantos esfuerzos —convencer a los norteamericanos para que le llevasen en avión hasta Bremerhaven, persuadir a un contralmirante para que le diese un pase especial y le proporcionase transporte— únicamente por egoísmo, para librarse, como en una sagrada peregrinación, de algún profundo sentido de impotencia? De pronto tuvo plena conciencia de su aspecto de espantapájaros, de su soledad, de sus manos temblonas, de la frialdad de sus huesos...

Pero si había llegado hasta aquí, seguiría hasta el final. Trepó por la escorada cubierta y se detuvo junto a la campana, consciente del oficial alemán situado a su espalda. Sin volverse, dijo secamente:

—Quiero esta campana. Me la llevaré en la camioneta.

Siguió un prolongado silencio.

—Pero comandante, ¿qué autoridad tiene usted?

Campbell giró sobre sus talones y se le quedó mirando.

—¡Traiga inmediatamente un grupo de obreros, oficial! ¡Y consiga sierras!

El alemán sólo sostuvo la mirada de Campbell durante unos segundos. La total disociación entre el aspecto del oficial inglés y su tono de mando le cortó y le dejó confundido. Hizo una torpe y ligera reverencia e inició el dificultoso descenso hacia cubierta.

Campbell volvió a examinar la campana. El badajo y la cuerda se balanceaban perezosamente. Tiró de la cuerda, y una nota fantasmal vibró a través del destrozado buque.

Se sentó en una balsa de salvamento medio podrida, y cuando sacó una lata de cigarrillos todavía parecía flotar en el aire el apagado eco de la campana... hasta arrancar una vibración de respuesta en la cerrada y dolorosa cámara de su cráneo. El humo de su cigarrillo se fue transformando en niebla cada vez más espesa, en los tenebrosos nubarrones y los sudarios de lluvia que habían barrido aquel día los abarrotados muelles de Scapa Flow.

PRIMERA PARTE

HACIA UN DESTINO EPICO

1530 horas: Scapa Flow/6 de abril de 1940

EN AQUELLA tarde húmeda y fría, Scapa Flow resonaba con un clamor de urgencia: el sonido metálico de los chigres y de los cabrestantes de vapor, el sonsonete de los motores de las barcazas y el griterío de voces dando órdenes en más de ochenta buques de guerra. Un alijador, con la cubierta repleta de cajas de suministros, piezas de recambio y sacas de correspondencia, se iba abriendo camino entre las olas hacia el destructor de la clase *Glowworm*. Acurrucados entre la carga para resguardarse de la cortante lluvia, mojados, cansados y silenciosos, los hombres francos del *Glowworm* regresaban a su buque.

A bordo del *Glowworm*, Ossie Knowles, suboficial de guardia, y Harry Trenton, oficial de máquinas, se hallaban junto a la borda. El mono de faena de Harry parecía un cuadro abstracto pintado con grasa, hollín y pintura marina. Mientras se limpiaba las enormes manos con unos trozos de algodón de máquinas, miraba ansiosamente hacia el alijador.

—¡Ya era hora! —dijo—. ¿Quiere usted ocuparse de que embarquen primero lo mío, Knowles? Sólo tengo nueve horas para dejar este barco en condiciones.

Ossie le miró de reojo.

—Entonces, ¿es verdad, señor? ¿Volvemos a salir esta noche?

Trenton, dándose cuenta de su indiscreción, contestó sin darle importancia:

—Bueno, eso es lo que se rumorea.

Cuando el alijador estuvo abarloado, Trenton vio un extraño personaje, bajo y delgado, que avanzaba hacia la escala del destructor por la abarrotada cubierta con una gigantesca maleta verde en la mano. No llevaba gorra ni capote, y en su recién estrenado uniforme y en su mata de cabello pajizo brillaban miríadas de diminutas gotas de lluvia.

—¡Vaya, ese debe de ser nuestro nuevo guardiamarina!

Ossie miró hacia abajo, y en su cara marcada por el salitre se dibujó un gesto de desaliento.

—¡Santo cielo, si es un crío! Ahora los deben sacar de la escuela, ¿eh?

La cubierta del alijador no cesaba de balancearse y cabecear. Todos los que observaban la escena estaban seguros de que si el muchacho intentaba ganar la escala con su enorme maleta, iría a parar al agua. Ossie soltó una risita de perversa complacencia.

El guardiamarina, consciente de que era blanco de todas las miradas, examinó pensativamente la escala. Luego, al ver un cabo que colgaba del costado del destructor, se dirigió hacia él, lo tomó y dio un rápido cote a la maleta. Miró hacia arriba y, haciendo bocina con las manos, gritó alegremente a un marinero asomado a la borda:

—¡Atención allá arriba! ¡Ice, por favor!

El cabo de maniobra Longmore —el marinero más viejo del buque a sus treinta y nueve años— parpadeó sorprendido y comenzó a tirar del cabo. La maleta ascendió ligera como un globo.

El guardiamarina volvió al pie de la escala, saltó en el momento oportuno y subió ágilmente a bordo del destructor. Al pisar cubierta, se puso firme e inició el saludo. A pesar de la grasa y la suciedad había reconocido en Harry a un oficial. De pronto recordó que no llevaba gorra; confuso, bajó el brazo y dijo:

—Buenas tardes, señor. Soy Rosinsky. Yo... no tengo gorra, señor.

Su voz hizo estremecer a Trenton, pues tenía el inconfundible acento de los barrios bajos londinenses. El oficial asintió, sin dejar de limpiarse las manos con el algodón.

—Ya lo veo. ¿Y qué es lo que ha pasado con su gorra?

—Verá, señor, es que asomé la cabeza por la ventanilla del tren y se me voló. —Hizo una pausa y luego, más animado, añadió—: He dado parte a la oficina de objetos perdidos.

Harry y el guardiamarina se miraron unos instantes y luego se echaron a reír. Ossie Knowles, que se encontraba un poco apartado, vio que el comandante bajaba del puente y avanzaba hacia ellos. Se puso firme y se aclaró la garganta para avisar a Trenton y al guardiamarina, pero ya era tarde. Todavía estaban riendo cuando el comandante, que llevaba una cartera de documentos negra debajo del brazo, se detuvo a un metro de ellos y tosió. Ambos giraron sobre sus talones.

Él comandante dirigió un vistazo al guardiamarina y luego se encaró con Harry. Su voz, como todo él, era correcta, controlada, precisa.

—Dígame, señor Trenton, ¿cuál es el chiste?

—En realidad no es nada, señor... Es sólo que el guardiamarina Rosinsky... —torpemente— ha perdido la gorra.

—¿También ha perdido el capote? —preguntó Wreyford al guardiamarina.

El muchacho mantuvo la fría mirada del comandante con ojos francos.

—No, señor. Mi asignación para uniformes y equipo no me ha llegado aún. He comprado todo lo que he podido, señor. Lo demás tendrá que esperar.

La candidez del muchacho le desarmó.

—El suboficial Knowles le acompañará a ver al segundo comandante —refunfuñó—. Si no podemos uniformarle correctamente tendrá que desembarcar.

Los pálidos ojos del guardiamarina se nublaron de congoja.

—A sus órdenes, señor.

El comandante se volvió hacia Trenton y examinó su mugriento mono; luego se alejó unos pasos y le hizo señas de que se acercase.

—De ahora en adelante, señor Trenton, no subirá a cubierta con ropa de faena mientras estemos en puerto.

Trenton, con los dientes apretados, mantuvo la penetrante mirada durante unos segundos. Luego señaló con la cabeza el alijador y las cajas que se estaban izando desde la cubierta.

—Son las piezas de repuesto, señor. Pensé que debía subir a cubierta para hacer la comprobación.

—Solamente se tarda un minuto en cambiarse. Y haga el favor de colocarse la gorra como mandan las ordenanzas.

Harry hizo una profunda inspiración y se colocó la gorra casi horizontal, igual que la llevaba el comandante.

—No debería tener que decírselo precisamente a usted —prosiguió Wreyford—, pero la apariencia personal es la clave de la disciplina y de la competencia. —Consultó su reloj—. Voy al *Renown* para asistir a una conferencia de comandantes. Cuando regrese quiero un informe completo de usted, y de Artillería, sobre el estado de sus secciones.

—Perfectamente, señor.

El comandante saludó marcialmente y descendió por la escala hacia su falúa. Cuando esta se abrió, Trenton emitió un gruñido y volvió a echarse la gorra hacia atrás, casi como la llevaba antes.

—Ahora quiere unos informes completos. Otra vez el maldito papeleo.

El guardiamarina sonrió comprensivamente, y Harry le devolvió la sonrisa.

—¿Cuál es su nombre de pila?

—Jackie.

—¿Ni siquiera tiene usted una trenca?

El muchacho negó con la cabeza y se inclinó para coger la maleta verde. Cuando la levantó se abrió la tapa, y sobre la cubierta cayó un pequeño objeto: un cepillo de dientes. Trenton vio que la maleta estaba completamente vacía.

Por primera vez desde que pisó la cubierta, el muchacho pareció avergonzado. Pero pronto volvió a mostrar su franca y amistosa sonrisa.

—Si alguien pudiera prestarme un poco de pasta de dientes...

Mientras los víveres y las piezas de recambio se iban apilando sobre la toldilla, Ossie Knowles se paseaba nervioso, observando la operación. El viento soplaba ahora en fuertes rachas, y el barco vibraba y se movía sin descanso.

Pronto el cielo se cerraría por completo y las nubes descenderían hasta casi tocar el agua... "Y nosotros volvemos a hacernos a la mar; no hay derecho, es una locura. ¿Acaso ignoran el estado en que nos encontramos? Llevamos en nuestros puestos de combate, sin descanso, desde que empezó la guerra civil española, y de eso hace ya más de tres años... Si hubiésemos intervenido en algún combate, entonces todo sería diferente; entonces nos permitirían descansar y remendar de una vez el barco. Un trabajo agotador y una racha tras otra de mala suerte, eso es todo lo que hemos tenido. Tres colisiones y una varada. ¡Menuda hoja de servicios! Este es un buque estupendo, y uno de los más modernos, pero ha navegado demasiado tiempo con reparaciones provisionales; no podemos seguir poniéndole parches... Y la dotación está deshecha, necesita permiso..."

Los francos de paseo empezaban a embarcar, y el primero que llegó a cubierta pasó a toda prisa junto a Ossie Knowles con la cara vuelta. ¿Por qué? Era imposible no reconocer al hombre más corpulento de la dotación, a aquel gigante de Yorkshire.

—¡Eh, tú, Lump!

El gigante se detuvo, pero no se volvió. Ossie comenzó a sospechar que algo pasaba.

—Te estoy hablando a ti. ¡Acércate!

Lump se volvió de mala gana y se acercó pesadamente. Tenía un ojo morado. Ossie se le quedó mirando ceñudo, y luego se volvió hacia los que, silenciosos y avergonzados, iban subiendo por la escala. Todos ellos mostraban señales de la pelea. Poco a poco se fueron alineando al lado de Lump: el joven Tinker Bell, Wally Hobson, Nobby Clark, Grannie Smith, Keelie Grant...

Ossie recorrió muy despacio la línea, moviendo en silencio los labios cada vez que estudiaba una de aquellas caras magulladas. Luego dio un paso atrás y meneó lentamente la cabeza en señal de disgusto.

—Bien, muy bien... Como si no tuviéramos ya bastantes problemas. Nos vendrá muy bien llevar a bordo apuntadores y serviolas tuertos.

Los marineros se miraron avergonzados, hasta que Grant, el robusto y simpático escocés, empezó a mover torpemente los pies.

—Nosotros no empezamos la pelea —dijo—. Es que nos encontramos con el grupo de Knocker White, del *Grafton*.

Hobson se adelantó:

—Y algunos del *Grenade* se pusieron de su parte. Eran tres contra uno, Ossie.

—Ya entiendo; ahora os dedicáis a luchar contra el resto de la flotilla, ¿eh?

—Dios es testigo de que nosotros no empezamos —insistió Grant—. Ibamos a tomar un jarro de cerveza a la cantina, y nada más cruzar la puerta Knocker y los suyos comenzaron a meterse con el *Glowworm* y a decir que siempre nos echamos atrás, que lo único que atacamos son barcazas de carbón y espigones de puerto... En fin, cosas por el estilo. No nos íbamos a callar, ¿verdad? Uno tiene que defender su propio barco, ¿no te parece, Ossie?

Tinker, situado detrás de Grant, rezongó con rabia:

—Aunque sea realmente un cubo de basura.

Ossie le lanzó una mirada de advertencia.

—No os habrá cogido la patrulla, ¿verdad?

—No, no —contestó rápidamente Hobson—. Todo terminó en menos de tres minutos, palabra. Keelie le sacudió a Knocker, y luego nos abrimos paso como pudimos.

Ossie dejó escapar un profundo suspiro de resignación. Después se dirigió a Grant:

—¿Qué hay de mis hojas de afeitar, Keelie?

Grant hizo un gesto de disgusto y abrió los brazos en señal de disculpa.

—Lo siento muchísimo... Pero con todo el jaleo... se me han olvidado...

La cara de Ossie se ensombreció aún más.

—Qué bien, ¿eh? —Contempló las apenadas caras de los marineros y gruñó—: Menos mal que no os ha visto el viejo. Id a arreglaros y manteneos apartados de su vista.

En la amplia y silenciosa cámara del *Renown,* de mamparos revestidos de roble, dieciséis oficiales estaban sentados alrededor de una mesa de conferencias casi totalmente cubierta de cartas de navegación. A la cabecera de la mesa se encontraba el comandante de la Primera Flotilla, almirante Jake Whitehorn; era un hombre menudo de aspecto insignificante, con un pescuezo delgado y tendinoso que no llenaba el cuello de su magnífico uniforme, cubierto de galones y condecoraciones. Whitehorn recorrió lentamente la mesa con la mirada mientras su ayudante ordenaba nervioso las carpetas y los libros de consulta.

Todos los que estaban sentados alrededor de la mesa, con excepción del almirante, eran comandantes de destructores. Whitehorn también había sido en su tiempo oficial de destructores, y ahora, al mirar por debajo de sus pobladas y blancas cejas a aquellos jóvenes comandantes —algunos con frondosas barbas de pirata y enfundados en gruesos jerseys—, pensó que el viejo adagio seguía siendo cierto: los destructores no eran tanto una rama de la armada como un estado de ánimo, un modo de vivir... Estos hombres pertenecían a una raza aparte, a una raza de seres presuntuosos y tremendamente individualistas. A pesar del cansancio que le invadía y de la extrema gravedad de las noticias recibidas del Almirantazgo pocas horas antes, Whitehorn sintió renacer las esperanzas y acerarse su espíritu.

Una de las sillas todavía no estaba ocupada. Whitehorn la contempló ceñudo, abrió la tabaquera de plata con la que sus blancas y menudas manos habían estado jugueteando y se metió en la nariz un buen pellizco de rapé.

—¿No está presente el *Glowworm?*

George MacVean consultó su reloj y se sacó la pipa de la boca; una amplia sonrisa le iluminó el rostro tras la negra y ensortijada barba.

—Todavía faltan treinta segundos, señor. Ya conoce usted a Garry Wreyford; él nunca llega tarde.

El oficial que estaba sentado frente a él, Peter Evans, el más joven de los comandantes, sonrió sarcásticamente.

—Nuestro buen Colisiones Wreyford. Me pregunto si habrá abordado alguna barcaza de carbón últimamente.

Whitehorn levantó bruscamente la cabeza y le taladró con la mirada, pero Evans pareció no darse cuenta de su desaprobación; tenía la vista fija en el segundero de su reloj.

—Faltan nueve segundos... ocho... siete...

Al otro lado de la puerta se oyó el ruido de unos pasos lentos y regulares. Luego, precisamente cuando Evans llegó a "¡Cero!", Wreyford hizo su entrada en la cámara.

En aquella abigarrada reunión Graham Wreyford destacaba por su normalidad. Todo en él —uniforme, porte y expresión— era correcto y ceremonioso. Aunque mayor que el resto de los comandantes, no era más que capitán de corbeta: el único de la flotilla que no había sido ascendido en Año Nuevo.

Whitehorn se sintió incómodo. Wreyford le agradaba instintivamente, pero en algunos aspectos le desconcertaba. A pesar de todos aquellos estúpidos accidentes, sabía que era un magnífico marino. Las investigaciones oficiales le habían exonerado de toda culpa. La enraizada superstición común a todos los marinos decía a Whitehorn que se trataba de un caso típico de mala suerte: aquel hombre tenía "gafe". En los próximos días, sin embargo, el problema quedaría aclarado...

El almirante cerró la tabaquera y le saludó amablemente:

—¿Cómo está usted, Garry?

—Muy bien, gracias, señor.

Al tomar asiento, Wreyford tuvo la sensación de que reinaba una atmósfera ligeramente incómoda. Con movimientos lentos abrió su cartera y ordenó algunos papeles ante él.

—¿Recibió del arsenal todas las piezas de recambio que necesitaba?

Wreyford vaciló, con la frente arrugada. Finalmente contestó:

—Sí, señor. Es decir, todo aquello que es inmediatamente esencial, pero...

Whitehorn enarcó las cejas.

—¡Cómo! Yo habría jurado que el *Glowworm* tendría ya piezas suficientes para construir un barco gemelo.

Los demás oficiales rieron discretamente. Wreyford, desconcertado, miró tímidamente a su alrededor; luego también él sonrió.

Whitehorn hizo una seña a su ayudante, y entre los dos desenrollaron una carta de gran tamaño.

—Y ahora, caballeros, vayamos al grano. Lo que los periódicos llaman la "guerra de mentirijillas" ha terminado. Nuestros servicios de inteligencia nos han informado que los alemanes están a punto de invadir Dinamarca y Noruega. —Se detuvo un momento para dejar que se apagasen los murmullos y prosiguió en tono más bajo—: Ambos países lucharán, naturalmente... con las fuerzas de que disponen. Y cada día de resistencia será de gran valor para nosotros. Porque pueden ustedes tener la seguridad de que Francia e Inglaterra serán los siguientes objetivos. —Recorrió la mesa con su penetrante mirada; nadie habló—. La Home Fleet se hará a la mar esta noche. El *Renown* y la Primera Flotilla de destructores formarán parte de la fuerza. —Barrió la carta con airosos movimientos de la mano—. Sabemos que los primeros asaltos los realizarán los paracaidistas, pero el enemigo tendrá forzosamente que desembarcar algunas tropas para ocupar bases vitales como Trondheim y Narvik, por ejemplo. Y eso quiere decir que tendrán que utilizar algunos de sus buques de línea.

La excitación se hizo ahora más patente. Al levantar la vista comprobó que los oficiales intercambiaban miradas de ardiente entusiasmo.

—Pero nuestra columna —prosiguió— no tendrá por misión interceptar a la flota enemiga, sino otra de mayor importancia.

La desilusión se reflejó en las caras de los oficiales. Sólo Wreyford permaneció impasible.

—Puedo asegurarles que no se aburrirán. Nuestro objetivo será el Fiordo Occidental... el acceso a Narvik. ¡Tenemos que llenarlo de minas! Tendremos que contar con ataques masivos de los submarinos alemanes, y también de la Luftwaffe, si es que el tiempo se lo permite.

El ayudante desdobló una hoja de papel.

—El informe meteorológico, señor. Se esperan vientos de fuerza nueve, lluvia y cellisca. ¡Qué tiempo tan raro para abril!

—¡Es magnífico! —comentó Whitehorn—. Justo lo que necesitamos: ¡formaciones de nubes bajas y un buen temporal!

Murmullos de asentimiento en torno a la mesa. Wreyford era el único que no parecía excitado; sentado muy rígido en su silla, contemplaba ceñudo la carta.

1645 horas: Base Naval de Kiel/6 de abril de 1940

Los MAMPAROS de la cámara del *Admiral Hipper*, forrados de madera, estaban desnudos a excepción de una gran fotografía del Führer con marco dorado. Bajo el retrato, cinco oficiales estaban agrupados alrededor de una mesa llena de cartas, carpetas y papeles. El almirante Mann, con una mano extendida sobre una carta y sosteniendo en la otra un informe meteorológico, se dirigió a los demás oficiales:

—Si el tiempo no varía, no tendremos dificultades. Nos colaremos por el Skagerrak sin riesgo de que nos descubran. Supongo que la Luftwaffe estará vigilando Scapa Flow, ¿no es así?

El general von Falkenhorst se retiró el cigarrillo de los labios y asintió con la cabeza.

—Naturalmente. Para esta noche se ha planeado un reconocimiento a baja altura. Los ingleses creerán que se trata de una misión de bombardeo, pero se lanzarán bengalas y se tomarán fotografías. —Consultó su reloj, recogió la gorra y añadió con tono de seguridad—: No se preocupen; sabrán con tiempo si sale la flota inglesa. ¿Alguna otra pregunta, caballeros? —Giró la mirada en torno a la mesa, y al ver que nadie hablaba, concluyó—: Le deseo éxito, almirante.

—Gracias, general.

El general se volvió hacia Zeltmann, el coronel de las SS que mandaría las fuerzas de desembarco. Sus palabras fueron claras y tajantes como disparos de pistola:

—¡Consígame Trondheim, Zeltmann! ¡Lo antes posible y con el puerto intacto!

—Sí, mi general. Mis hombres se harán con el control de toda la zona portuaria en menos de cuarenta y cinco minutos.

El general dirigió a Zeltmann una de sus raras y tenues sonrisas y se encaminó hacia la puerta.

—*Heil Hitler!*

El brazo de Zeltmann se disparó hacia el techo, y el general respondió al saludo de forma automática. Mann dio gracias a Dios por el hecho de que la marina hubiese sido excusada de este ritual infantil y conservase el saludo tradicional. El almirante se volvió hacia Zeltmann:

—Puede empezar a embarcar a sus hombres, coronel.

Zeltmann juntó sonoramente los tacones y salió tras von Falkenhorst.

Mann se quedó mirando al capitán de fragata Stenz y al capitán de navío von Scholtz, y un instante después los tres sonreían.

—Por fin nos dejan hacernos a la mar —dijo finalmente von Scholtz con su lenta y aristocrática cadencia—. Aunque sólo sea como transportes de tropas.

—Una vez que estemos en la mar pueden ocurrir muchas cosas, Max. Esperemos que los ingleses salgan en nuestra persecución.

El sargento Ernst Neuhofer tiró la empapada colilla del cigarro y gritó ásperamente a los tres hombres de su grupo especial de demoliciones:

—¡Moveros! Vamos allá...

Todos recogieron su equipo y se colocaron en fila. El pequeño Metchik contempló ceñudo el automóvil del general mientras se alejaba.

—Vaya, vaya. Así que el general no viene con nosotros, ¿eh?

—Se vuelve a su cama calentita —refunfuñó el joven Schiller.

Metchik soltó una desabrida carcajada, y los ojos de Stummer se empañaron de infinita tristeza.

—¡Ya basta! —rugió Ernst con la clásica ferocidad de un sargento recién ascendido—. ¡Vista al frente!

Aquello puso fin a los comentarios.

Después de varios días en un tren lentísimo y glacial; después de interminables horas de permanecer bajo la helada lluvia contemplando cómo el gris crucero y los cuatro destructores de su escolta luchaban con las amarras; después de todos los rumores y conjeturas sobre su punto de destino, a Ernst le parecía que los tres hombres que formaban su grupo mostraban tan sólo los signos normales de cansancio.

Era cierto que la gallardía y la jovialidad de Schiller habían mermado un tanto; el frío parecía afectarle más que a los otros, hasta el punto de congelarle el ánimo. Pero el calor del combate se encargaría de curarle, pues el joven bávaro sentía una inocente y juvenil necesidad de acción, y quizá albergara también sueños secretos de gloria, todo lo cual haría de él un elemento de gran valor para la pequeña máquina de destrucción de Neuhofer. Era tan presumido, estaba tan orgulloso de su belleza, de sus éxitos como atleta y como empedernido seductor a sus diecinueve años... Johann Schiller, siempre alegre y sonriente, podía bucear cien metros o llevar un sucio casco de acero como si fuese la corona de un príncipe, pero también podía, con el talento que Dios le dio para todo lo relacionado con la electricidad, intervenir un teléfono, montar un equipo de radio o fijar una espoleta de tiempo en cuestión de minutos.

Stummer era un robusto y estólido austriaco a quien habían sacado de la cárcel, donde cumplía condena como ladrón y reventador de cajas de caudales, para realizar misiones especiales en el ejército. Era como un autómata; hacía todo lo que le mandaban hacer como si se tratara de un ejercicio. Carecía de inteligencia suficiente para sentir miedo, y era tal su deseo de hacer honor a la confianza depositada en él que jamás se le ocurriría desertar o discutir una orden.

Carente por completo de imaginación, Stummer se había convertido en criminal por la misma razón que motivaba todos los actos de su vida: porque alguien se lo había dicho. Alguien que sin duda sabía que aquel hombre lento y pesado, hijo de un guía de montaña de Innsbruck, podía escalar un acantilado o deslizarse tan fresco por la cornisa de un piso a cincuenta metros de la calle llevando en el bolsillo un frasco de nitroglicerina...

El último del grupo, el cabo Metchik, era el más experimentado de los tres. Este pequeño dinamitero de las minas del Ruhr ya había estado con él en Polonia, donde le había ayudado a volar el puente de Rudna para cortar la retirada a todo un regimiento polaco. Entonces Metchik no había cesado de lanzar juramentos en la oscuridad, presa del terror, pero había mantenido su mano sudorosa sobre el disparador hasta el último instante, hasta que oyeron el retumbar de la caballería sobre el puente.

Metchik, el más destructivo de todos ellos, y el menos valiente, tenía un alma mezquina que consumía en un infierno de maldad y se alimentaba del odio y la violencia.

Hacia la izquierda un oficial gritó una orden, y la compañía que se encontraba más cerca del buque comenzó a subir por la escala. Ernst pensó que su destino sería Francia. Quizá una incursión en algún puerto del Canal, o un ataque a la base de Brest. Cinco buques de guerra y 1.800 soldados: no cabía duda de que se trataba de algo importante.

1700 horas: Scapa Flow/6 de abril de 1940

—Ya veréis como se está preparando algo gordo —graznó Tinker Bell—. Si no fuera así, ¿por qué nos iban a mandar salir otra vez?

Cuando Daddy Longmore volvió a aplicarle la esponja sobre el ojo morado, se estremeció y lanzó una maldición. El silencio se hizo deprimente. Todos estaban tumbados en sus coys o inclinados sobre la mesa del sollado, leyendo periódicos o escribiendo cartas. El *Glowworm* se movía y crujía inquieto en la cada vez más agitada mar. El Jockey, el hombre más pequeño del barco, estaba sentado en un rincón, tocando distraídamente la armónica.

Tinker estudió sus caras con gesto adusto. No eran más que una partida de imbéciles, tan estúpidos y dóciles como corderos... "Si aquellos condenados guardias no hubiesen andado tras de mí después del trabajo en el almacén, no tendría que haberme escondido y alistado cuando ya me pisaban los talones, y no me encontraría ahora en esta sucia bañera rodeado de esta cuadrilla de cretinos que ni siquiera saben pensar por sí mismos. Aun así, creo que la marina es mejor que la cárcel de Maidstone. Allí seguro que me habría vuelto medio loco; habría atacado a algún guardián, como ya hice en Borstal, y me hubieran mandado a la celda de castigo."

Tinker apartó la mano de Daddy, se inclinó hacia adelante y gritó ásperamente a Keelie Grant, sentado al otro lado de la mesa:

—¡No tienen derecho a enviarnos otra vez a la mar! ¡Esto es una marranada! ¡Ni siquiera piensan en el estado en que nos encontramos!

Keelie dejó la pluma a un lado y le miró sin inmutarse.

—No sé de qué te quejas, muchacho. Tú solamente llevas un mes a bordo. ¿Sabes cuánto tiempo de permiso hemos tenido la mayoría de nosotros en los últimos tres años?

—¡Sí, sí, lo sé! ¡Cuarenta y ocho horas! ¡Maldita sea! ¡No he oído otra cosa desde que subí esa maldita escala!

—Exactamente. Y es la verdad. Menos que cualquier otro buque de la marina.

—¡Pues no hay derecho! Habría que ponerle remedio. Deberían retirar de una vez al comandante.

Todos levantaron la vista. La armónica del Jockey dejó escapar una nota desafinada. Daddy arrojó la esponja sobre la mesa y dijo:

—Esto no tiene nada que ver con el comandante. El ha tenido el mismo permiso que nosotros, ni un minuto más.

Tinker soltó una amarga risita:

—Déjate de cuentos, Dad. ¿Para qué necesita él ir a tierra? Allí no es Dios Todopoderoso. Solamente se siente feliz cuando está a bordo, haciéndonos la vida imposible con su disciplina de tiempo de paz, echándonos broncas por las cosas más estúpidas, rellenando sus formularios y haciendo que los oficiales escriban por triplicado sus malditos informes. ¡Parece más un asqueroso director de banco que un comandante de destructor!

El Jockey dejó de tocar. El silencio se hizo pesado, hasta que Keelie dijo con firmeza:

—De todas formas, la culpa no es suya. No es él quien nos niega el permiso. Sabes muy bien que si de él dependiera el barco estaría en dique. Pregúntale a Ossie Knowles. La culpa de todo la tienen los jefazos de Whitehall.

—¡Y el condenado Hitler! —refunfuñó Daddy.

Tinker soltó un resoplido. Aunque no habían logrado convencerle, optó por no decir nada más.

La conferencia a bordo del *Renown* ya había terminado, pero Wreyford se quedó remoloneando. El almirante estaba hablando con el comandante del *Grafton,* Evans, cuyo barco debía transportar minas especiales. Cuando Wreyford se dirigía hacia la cabecera de la mesa, MacVean se cruzó en su camino y sonrió amablemente.

—¿Vienes, Garry?

—No... todavía no, George. Quiero hablar a solas con el viejo.

MacVean miró al almirante y la sonrisa perdió su naturalidad.

—Por cierto —añadió Wreyford—, mi enhorabuena... capitán de fragata.

—Ah... muchas gracias —repuso MacVean azorado—. Ha sido una mala suerte que no te ascendieran a ti también.

—No lo esperaba —dijo Wrayford tranquilamente, sin apartar la vista del almirante.

—¡Pero hombre, tú tienes más días de servicio que ninguno!

—No es el tiempo lo que cuenta, sino el modo en que se aprovecha. Yo no tengo una buena hoja de servicios. Todo se limita a colisiones, averías y reparaciones, sin ninguna acción que las justifique.

Evans se estaba despidiendo del almirante. Wreyford dio una palmada a MacVean en el brazo.

—Dale recuerdos a Peggy.

—Se los daré. Y tú dáselos de mi parte a Susan y al pequeño.

Wreyford se alejó rápidamente y acorraló al almirante.

—¿Puede usted concederme unos minutos, señor?

Whitehorn suspiró lentamente y le miró con ojos cansados.

—Está bien —dijo. Su tono denotaba que sabía exactamente lo que se le venía encima—. ¿Qué es lo que pasa ahora, Garry?

—Estoy preocupado, señor. Muy preocupado. Según mi opinión, el *Glowworm* no debe hacerse a la mar sin haber entrado antes en dique. Además, los hombres están agotados.

—Sí, sí, ya lo sé.

—Creo que no deberíamos participar en esta operación, señor.

—¡Eso no es posible! Me han encomendado una tarea tremendamente difícil y apenas dispongo de barcos. Mientras pueda seguirnos, le necesitamos.

—Señor, yo no puedo garantizar...

—¡Ni una palabra más, Garry!

Los pequeños ojos le lanzaron una inequívoca señal de advertencia. Wreyford suspiró y asintió con la cabeza, dándose por vencido. El almirante apretó los labios, sacó su tabaquera, la miró con disgusto y prosiguió en un tono más amable:

—Sé que el *Glowworm* necesita entrar en dique seco, y espero que después de esta misión, con un poco de suerte, podré enviarle al sur para hacer una reparación a fondo y darles a ustedes un descanso decente. Pero en este momento es imposible. Sin embargo, haré todo lo posible para no exigirles esfuerzos. No es necesario que ustedes lleven minas. —Su cara adquirió una expresión traviesa—. Limítese a permanecer a flote, Garry. Manténgase a nuestro lado y procure no abordar a nadie.

Wreyford se ruborizó ligeramente.

—Buenas noches, señor. —Su saludo fue tan respetuoso como siempre.

El techo del diminuto camarote que Ossie Knowles compartía con otros dos hombres estaba entrecruzado por tuberías. Ossie, de pie ante el espejo, en camiseta, se raspaba la cara con una maquinilla de afeitar cuya hoja estaba totalmente embotada. Bajo sus pies sentía los tirones del *Glowworm,* y a sus oídos llegaba el bramido del helador viento.

La puerta se abrió de golpe y Bunty Baker entró a trompicones acompañado de una racha de viento que endureció la espuma en la cara de Ossie. Para volver a cerrar la puerta tuvieron que unir sus esfuerzos.

—¡Demonio! —exclamó Bunty, y se sacudió el aguanieve de la ropa—. Esto parece venir directamente del Polo Norte.

—Dios tenga piedad de los pobres marinos en una noche como esta —salmodió Ossie, y empezó a enjabonarse de nuevo—. ¿Aún no ha regresado el viejo?

—Eso es lo que venía a decirte. Acaba de salir del *Renown.*

—Gracias. Entonces será mejor que suba a cubierta.

—Ossie, ¿trajo Keelie las condenada hojas de afeitar?

—No. Los muy imbéciles se enzarzaron en una pelea y se olvidaron de todo.

—¡Maldita sea! ¡Llevo tres meses usando la misma hoja! Creo que tendré que pedirle permiso al viejo para dejarme barba.

—¡Ni lo pienses! Ya sabes lo que él opina de eso.

—Sí, ya lo sé. Este debe ser el único barco de la armada en el que no hay una barba decente.

—Bueno, no sé qué decirte, Bunty. Yo creo que tiene algo de razón. Si un fulano deja de afeitarse por las mañanas empieza a hacerse perezoso.

—¡La estúpida disciplina de tiempo de paz del viejo!

Ossie comenzó a ponerse el grueso jersey.

—¿No te parece que también en tiempo de guerra se necesita un poco de espoleo? Esta vieja bañera se está cayendo a pedazos, pero su dotación sigue siendo la mejor de la flotilla. Me apostaría las botas de paseo a que eso es cierto. Y todo es obra del comandante. No vayas a equivocarte: el viejo sabe perfectamente cómo se manda un barco.

—Sí, sabe mandar muchas cosas; por ejemplo virar en redondo —dijo Bunty con tono desdeñoso mientras ayudaba a Ossie a ponerse el chubasquero.

Ossie se quedó como paralizado, con un brazo a medio meter en la manga, y contempló el pequeño y arrugado rostro de Bunty.

—¿Qué quieres decir con eso?

—¿Tú qué crees, compañero? Conque la mejor dotación de la flotilla, ¿eh? Y también la única que no ha hecho un solo disparo contra el enemigo. Piensa en la cantidad de veces que hemos vuelto grupas.

—No digas tonterías. No puedes culpar a Colisiones de eso.

—Yo me limito a repetir lo que dicen algunos de los muchachos, eso es todo. Puede que sea un buen comandante para tiempo de paz, pero todavía no sabemos cómo reaccionará en un combate.

Ossie se volvió, se puso el chubasquero, recogió bruscamente la gorra y se dispuso a enfrentarse con el ululante viento del nordeste.

Mientras observaba desde cubierta la lucha mantenida entre la falúa del comandante y las olas, Ossie recordó los viejos tiempos en que Wreyford tenía su yate particular, el *Felicity,* y la cantidad de veces que desde ese mismo lugar le había visto surcar las olas con el comandante en la caña, enfundado en su jersey blanco y ondeando al viento su pañuelo de seda. Ossie había tripulado muchas veces el yate... Y cómo patroneaba el viejo; era un marino nato, de eso no cabía duda. Y el *Glowworm* lo gobernaba con la misma pericia. Por eso resultaba tan extraño que un comandante experto como él pudiese encallar y entrar en colisión con aquellas condenadas barcazas de carbón. Bueno, todo era cuestión de mala suerte, nada más que mala suerte. Sin embargo, había algo de verdad en lo que decían los muchachos acerca de que era un patrón de tiempo de paz... ¿Qué clase de patrón sería ahora, en medio de la matanza de la guerra?

Bueno, nada se podría saber hasta que no estuviesen metidos en el lío y comenzasen a llover sobre ellos los pepinos. Ossie tenía la sensación de que aquella vez iba en serio, de que pronto averiguarían la verdad...

Wreyford subió por la escala, se puso firmes y saludó con toda solemnidad. El teniente de navío Fielden salió a su encuentro, y los dos se alejaron hacia proa: dos altas y voluminosas figuras, con la cabeza cubierta por la capucha de la trenca, parecían frailes vestidos de hábito. Ossie saludó cuando pasaron a su lado.

—Knowles —dijo el comandante—, dígale al teniente Campbell que quiero verle en el puente dentro de quince minutos.

Campbell, en mangas de camisa y con los ojos inyectados en sangre, comprobó por décima vez los circuitos de comunicación y los telémetros. Todos los aparatos de la Dirección de Tiro —D.T.— necesitaban reparaciones, pero Campbell no disponía de tiempo ni de recambios, de modo que tenía que limitarse a realizar continuas chapuzas.

Era un trabajo desesperante. Se sentía como un maestro de obras a quien piden que arregle una casa de muñecas. Todo su equipo habría cabido perfectamente en un sucucho de su último buque, un crucero. Campbell echaba de menos la amplitud de la Dirección de Tiro, donde había ocupado una butaca de metal y cuero situada en la parte más alta; tres suboficiales estaban siempre a su lado, y un rancho de marineros especialistas se sentaba a más bajo nivel. Pero aquí, en este abarrotado asesino, diseñado para destruir submarinos con cargas de profundidad y para atacar a los buques de superficie con torpedos, los cañones tenían una importancia secundaria; todo se sacrificaba en aras de la velocidad, la potencia y el almacenamiento de los "peces" y los "cubos de la basura" (1). El espacio dedicado al trabajo y alojamiento de los hombres quedaba reducido al mínimo, y todo el sistema de dirección de tiro para los cuatro cañones del 4,7 estaba apiñado en aquella D.T. en miniatura. Y en el *Glowworm*, por el momento, el oficial de tiro era también responsable de los torpedos, una operación totalmente distinta que se realizaba desde el puente.

El suboficial Knowles se asomó a la puerta, chorreando y sin aliento.

—A sus órdenes, mi oficial. El comandante desea verle en el puente dentro de quince minutos.

Campbell dejó escapar un suspiro y recogió las cuartillas en las que había escrito su informe.

—Gracias, Knowles.

Cuando Ossie se marchó Campbell se dirigió con tono desa-

(1) «Peces»: torpedos; «cubos de la basura»: cargas de profundidad. (N. del T.)

brido a los dos especialistas que, vencidos por el cansancio, se afanaban en volver a montar el inclinómetro:

—¿Es que piensan tardar toda la noche?

El marinero especialista Kernohan dejó en el suelo las herramientas y contestó irritado:

—Media hora más, señor.

—Procure que sean veinte minutos. Quiero probar los cañones "B" e "Y" en cuanto vuelva.

Cogió el pesado chaquetón de la silla donde lo había colgado y salió. Los marineros intercambiaron miradas de resentimiento.

—¿Sabes una cosa, Knob? —dijo Kernohan—. No me gusta ese engreído bastardo. Nada en absoluto.

En el camarote del comandante los ruidos del viento y de la mar llegaban amortiguados, reducidos a un lamento apagado y a unos crujidos placenteros. Wreyford se sentó ante su espaciosa mesa y abrió su cartera. A un lado de la mesa había unas bandejas de metal, todas ellas rotuladas; al otro lado se veía un gran marco de cuero con la fotografía de su mujer, Susan, sosteniendo en los brazos un niño envuelto en blancos pañales. Susan era una mujer morena, delgada, de frente despejada y grandes ojos risueños.

Fielden colgó las dos trencas mojadas y se dirigió hacia una butaca situada junto a una librería repleta de volúmenes sobre historia naval, reglamentos y navegación. Se sentó, estiró las piernas y desentumeció los dedos de los pies. Fielden era sumamente elegante en todos sus movimientos y en su manera de llevar la ropa, pero todo en él daba la sensación de naturalidad.

—De modo que se trata de Noruega, ¿verdad? —Su voz era tan refinada como su apariencia—. Y nos hacemos a la mar a las cero-una-treinta... Eso significa que algunos de los hombres no podrán dormir.

Wreyford asintió con un asomo de conmiseración, pero dijo:

—Bueno, casi todos podrán dormir tres horas.

Luego extendió una carta marítima sobre la mesa. Fielden sacó su pitillera y la abrió. Al oír el chasquido del cierre Wreyford levantó la vista.

—Lo siento. —Fielden cerró la pitillera—. Se me había olvidado.

Wreyford odiaba el humo del tabaco, especialmente en su camarote. Pero el comandante sonrió de pronto.

—No se preocupe, David. Puede fumar.

—No, no. En realidad no quiero fumar ahora. Es sólo la costumbre.

—Eso es precisamente lo que tengo contra el tabaco: es una costumbre.

—Sí, pero a mí me calma los nervios.

—¿Nervios usted, David? —Wreyford soltó una risita—. Fume si quiere.

—No, seré fuerte. —Se guardó la pitillera y, al cabo de un momento, añadió—: El hombre es un animal de costumbres, sin una sola excepción. —Wreyford le miró sin comprender, y Fielden señaló el escritorio con lánguido ademán—. ¿Qué me dice de todo eso? La forma en que se afana con esas bandejas de documentos... ¿Cómo llama usted a eso? —Había un brillo divertido en sus pálidos ojos azules; era el único a bordo que podía hablar de aquel modo al comandante.

—Yo lo llamo método, organización. —Wreyford se sentía ofendido—. Creo francamente que siendo ordenado se ahorra mucho trabajo.

Hubo una llamada a la puerta de roble. Wreyford dobló la carta para ocultar la zona a que pertenecía y dijo: "¡Adelante!" Entró Valentino, el repostero maltés, y al ver a Fielden vaciló un momento antes de dirigirse al comandante:

—El nuevo guardiamarina desea presentarse, señor.

—Ah, Rosinsky... Sí, dígale que pase.

—A sus órdenes, señor. —Valentino dudó, lanzó otra rápida y desesperanzada mirada a Fielden y añadió—: Mi comandante, ¿podría hablar con usted, por favor?

La expresión de la rugosa cara de Wreyford se endureció casi imperceptiblemente.

—¿Qué es lo que le pasa ahora?

Valentino hurgó en uno de sus bolsillos y sacó una carta.

—Se trata de mi hermana, señor, mi única hermana. Está muy enferma... muriéndose.

Wreyford, con los labios apretados, cogió la carta.

—Si no recuerdo mal, Valentino, la última vez se trataba

de su esposa. Pero cuando los de la asistencia social llegaron a su casa, se había recuperado milagrosamente.

Los oscuros ojos del repostero no pudieron mantener la pétrea mirada del comandante. De pronto rompió en sonoro y copioso llanto.

—Por favor, señor, yo no soy marinero. Soy un paisano contratado como repostero por la marina inglesa. Tengo derecho a despedirme.

—Claro que sí —asintió Wreyford gravemente—, pero existen varias razones por las que no puedo desembarcarle ahora. Y aunque pudiese, no creo que le fuese fácil llegar a Malta.

—¡No es justo, señor! —sollozó Valentino.

Wreyford miró la carta que tenía en la mano.

—Tiene usted toda la razón, Valentino; no es justo. Pero no hay nada que yo pueda hacer por el momento. Por favor, diga al señor Rosinsky que pase.

Valentino vaciló un instante. Luego se dirigió hacia la puerta con los hombros caídos. Wreyford suspiró y dejó cuidadosamente la carta en la bandeja marcada con la palabra "Personal".

—Hace que sus parientes le escriban esas cartas —explicó a Fielden, y este asintió—. Por lo visto no sabe que yo censuro toda la correspondencia que sale del barco...

De pronto se abrió la puerta y entró como un vendaval el guardiamarina. Se quitó la gorra que le habían prestado y la metió debajo del brazo izquierdo.

—Se presenta el guardiamarina Rosinsky, señor. Buenas tardes.

Wreyford giró sobre sus talones y vio frente a él una figura sorprendente. El pequeño Jackie llevaba una trenca que le llegaba hasta las espinillas, y había vuelto los puños para acortar las mangas. Wreyford, sin salir de su asombro, extendió lentamente la mano.

—Buenas tardes. Encantado de conocerle.

La cara del guardiamarina se iluminó con una simpática sonrisa, e inmediatamente estrechó la mano que le ofrecían.

—Encantado, señor. Es un placer...

Se oyó un crujido apagado, y del interior de la gorra comenzó a salir una espiral de papel de periódico. Wreyford, fascinado, contemplaba la escena en silencio.

El muchacho bajó la vista hacia la gorra e hizo un rápido movimiento para detener aquella serpentina.

—¡Maldita sea! Perdón, señor —dijo con voz entrecortada, y se sonrojó—. Tuve que rellenarla. —Hizo una bola con el papel y se la metió en un bolsillo—. Lo siento, señor.

Wreyford se aclaró la garganta, dio la vuelta a la mesa y abrió una carpeta que contenía los datos personales de Rosinsky.

—No le esperaba hasta el día diez. Ha llegado con tres días de adelanto, pero más vale así. Nos haremos a la mar dentro de unas horas.

La pequeña y sonrosada cara de Rosinsky se iluminó.

—Eso he oído. Ha sido una suerte que viniese hoy, ¿no es verdad, señor?

Fielden se sintió repentinamente invadido por una profunda lástima hacia los niños como aquel que se veían arrastrados a la fealdad y los peligros de la guerra.

—De momento no le incluiremos en las guardias —dijo Wreyford—. Necesitará algún tiempo para irse poniendo al día.

—Si me lo permite, señor, me gustaría ponerme a trabajar lo antes posible. Creo que conozco el barco a la perfección. —Llenó sus pulmones y comenzó a recitar a toda velocidad—: Eslora, 323 pies; manga, 33 pies; desplazamiento, 1.345 toneladas; velocidad máxima, 35 nudos; armamento, cuatro cañones del 4,7 y diez tubos lanzatorpedos de 21 pulgadas... —Se interrumpió apesadumbrado—. El armamento secundario... me parece que no me lo sé muy bien, señor.

—Siete ametralladoras.

Fielden se sorprendió al oír su propia voz. Rosinsky le dio las gracias con una sonrisa.

—Veo que se ha preparado bien —dijo Wreyford. Hablaba ahora con un tono burlón—. Me figuro que también sabrá algo sobre la historia del *Glowworm,* ¿verdad?

—Sí, señor, un poco —contestó Jackie al instante—. Ha estado en servicio activo desde la guerra civil española.

—Exactamente. En servicio activo... Pero no hemos visto mucha acción, ¿sabe? Tan sólo hemos tenido uno o dos... accidentes desafortunados.

Rosinsky asintió alegremente.

—Eso he oído, pero uno no puede tener mala suerte siempre, ¿verdad? Ya llegará nuestra oportunidad.

Wreyford se le quedó mirando un momento y quedó convencido de la total sinceridad del muchacho.

—Sí... Bueno, preséntese en el puente por la mañana. Creo que encontraremos trabajo para usted. Es mejor que descanse esta noche.

—A sus órdenes, señor. Muchas gracias.

Rosinsky dio media vuelta y se puso la gorra mientras se dirigía a la puerta; sin el papel de periódico, esta se le metió hasta las protuberantes orejas, obligando al muchacho a sostenerla con una mano para poder ver. Cuando la puerta se cerró tras él, Wreyford suspiró profundamente.

—¡Qué joven es, Dios mío, qué joven!

Fielden sonrió forzadamente.

—"¡Mira cómo llegan los jóvenes, con qué ligereza avanzan!"

Wreyford alzó una ceja, y Fielden se encogió de hombros como disculpándose.

—Es de Catulo —dijo.

—Gracias por su información. —Era esta una antigua broma entre ellos con la que Wreyford trataba de poner fin a las citas de Fielden. El resultado, sin embargo, siempre era el opuesto—. Yo no puedo creer que haya sido nunca tan joven.

—Yo nunca lo fui —dijo Fielden—. Al nacer yo ya era viejo y cínico.

El comandante consultó el reloj y guardó la carta.

—Vamos al puente.

Harry Trenton y Jim Campbell, cansados pero correctamente uniformados, les esperaban con sus informes. Wreyford les devolvió el saludo y se dirigió a Campbell:

—Oficial, hay una forma correcta y una forma incorrecta de saludar.

Campbell se le quedó mirando como si no pudiese creer lo que oía.

—La disciplina se basa en muchos detalles pequeños —prosiguió el comandante—. Veamos si puede saludar correctamente. ¿Quiere repetir el saludo, por favor?

Campbell se sonrojó y volvió a saludar. Cuando sus dedos tocaban la visera de la gorra, Wreyford le cogió de la muñeca.

—Lo que me figuraba. Usted dobla la muñeca. La mano y el brazo deben formar una línea... ¡Y haga el favor de juntar el dedo gordo con el índice! ¡Eso es! Ahora está mucho mejor, ¿no cree?

—Sí, señor.

El comandante hizo un gesto, y Campbell bajó la mano e hizo una profunda inspiración.

Fielden observaba la escena entre divertido e incómodo. El agraciado rostro de Trenton dejaba traslucir demasiado claramente sus pensamientos.

—¿Los informes?

Cada oficial sacó un sobre del bolsillo. Los torpes movimientos de Trenton denotaban su impaciencia. Wreyford le miró con acritud.

—Gracias. —La mirada del comandante no arredró a Harry—. Incluso en momentos como este hay que seguir las normas y redactar informes... por muy aburrido que pueda parecerle a usted, Trenton.

Harry no contestó, pero Fielden percibió un tic en las aletas de su nariz.

El comandante sacó los informes de los sobres y leyó los originales en silencio. Luego separó cuidadosamente las copias y se las entregó al segundo para que las archivase.

—Caballeros, nos haremos a la mar a las cero-una-treinta horas.

Campbell dio un respingo y cambió una mirada de asombro con Trenton.

—En ese caso, señor, es mi deber decirle que no puedo garantizar una buena dirección de tiro. Todo el equipo de la D.T. no es más que un montón de piezas inservibles. Necesito por lo menos dos o tres días.

—Teniente de navío Campbell, nosotros no tenemos los recursos de un crucero. Nadie le pide que desmonte la dirección de tiro y saque brillo a cada una de las piezas. Lo único que queremos es que funcione correctamente dentro de siete horas. Siete horas, ¿entendido?

El oficial de tiro abrió los brazos en señal de desaliento.

—Haré lo que pueda, señor.

—Está bien... Ahora vamos con usted, Trenton. Usted es un verdadero oficial de destructores. —Wreyford dirigió una significativa mirada a Campbell—. Usted está acostumbrado a trabajar de prisa. ¿Qué pasa con esa bomba?

Trenton se acercó al comandante.

—La bomba estará funcionando a tiempo, señor. Pero no puedo prometer nada respecto a lo que durará.

La voz de Wreyford bajó de tono cuando, blandiendo los informes ante la cara de Trenton, continuó:

—Usted se me presenta con una lista de piezas de recambio y yo se las consigo inmediatamente. Y, de acuerdo con su propio informe, se le han suministrado todas. ¿Es así?

—Sí, así es.

—Entonces ¿por qué me viene ahora con que no puede responder de un buen funcionamiento?

—Porque no se puede hacer que una maquinaria agotada funcione bien rellenando cuestionarios. —Temerariamente, Harry señaló con desprecio los informes—. ¡Ni redactando informes de mantenimiento por triplicado!

—¡Basta ya! —Wreyford no elevó la voz, pero se golpeó el muslo con el rollo de informes—. ¿Cree usted que no conozco el estado de mi barco? Ya sé que necesitamos una reparación a fondo, pero en este momento no pueden prescindir de nosotros. No hay más que hablar. Nos hacemos a la mar a las cero-una-treinta horas... y espero que el barco esté preparado para enfrentarse a cualquier eventualidad. ¿Lo han comprendido bien?

Trenton asintió ceñudo y Campbell contestó con un gruñido de conformidad.

El comandante dio media vuelta y los condujo al cuarto de derrota. Cuando Wreyford desplegó la carta bajo la pantalla de la lámpara, todos se agruparon a su alrededor.

—El *Renown* navegará desde su base con un rumbo de cero-cinco-cinco grados. —Fue recorriendo con el dedo las nítidas líneas negras que se abrían hacia el nordeste—. La flotilla se dividirá para formar pantallas aquí y aquí. Cuatro millas a babor y a estribor...

El sollado de marinería del *Glowworm* estaba tan abarrotado que los hombres casi no tenían sitio donde guardar sus cosas, así que Fielden había acomodado al nuevo guardiamarina con Harry Trenton. A Jackie le encantó el diminuto camarote desde el momento en que lo vio. Las delgadas y usadas mantas y el olor a sudor, grasa y ropa mojada eran exactamente lo que él había imaginado. Sacó el cepillo de dientes de la maleta, se sentó en su litera y comenzó a escribir una alegre carta a su madre en la que relataba todos sus percances y aventuras y subrayaba lo amable que había sido con él el comandante. Firmó la carta: "Tu hijo que te quiere, Jacob", y a continuación, entre paréntesis, añadió: "Guardiamarina de la Marina Real". Eso la haría sonreír. Metió la carta en un sobre y escribió las señas.

Se abrió la puerta y Trenton entró en el camarote. Sin hacer apenas caso de la amistosa sonrisa de Jackie, comenzó a quitarse bruscamente el uniforme y a ponerse la ropa de faena. Su indignación hacia el comandante iba en aumento. ¡Hacerle mudarse a toda prisa cada vez que quería verle...! ¡Aquello era el colmo! Se sentó en la litera y empezó a ponerse los zapatos, todavía con el ceño fruncido.

—¿Pasa algo malo? —preguntó tímidamente el guardiamarina.

—¡No, todo sigue condenadamente igual! —No era su intención mostrarse brusco con el muchacho, de modo que suavizó el tono de su voz—: ¡Son cosas del viejo y de su condenada mentalidad de funcionario! Todo ha de hacerse de acuerdo con las malditas ordenanzas.

Después de un breve silencio, Jackie preguntó:

—¿Qué hay que hacer con las cartas?

Trenton miró el sobre que el joven tenía en la mano, se volvió y cogió dos cartas suyas de la litera. Su mirada tropezó con la galaxia de fotos de muchachas en traje de baño que decoraban el mamparo. ¿Merecía la pena seguirles escribiendo? Hacía meses que no recibía ni siquiera una postal. Apartó la vista de las fotografías y extendió la mano para coger la carta de Jackie.

—Dámela a mí. Vendrá una lancha antes de que nos hagamos a la mar. La enviaré con las mías para que pase la censura.

Cuando Jackie le entregó la carta, Trenton se fijó en la dirección.

—E.I., el distrito de Whitechapel (1). —El muchacho sonreía, pero su voz había adquirido un tono desafiante—. Me figuro que soy el único guardiamarina en la historia de la Marina Real que ha conseguido estudiar en Dartmouth gracias a una beca de la Escuela Judía.

—Me alegro por ti. Eso es algo de lo que cualquiera estaría orgulloso —dijo Harry con toda sinceridad.

—Mi madre tiene una tienda de compraventa.

—Apuesto a que ella sí que está orgullosa, aunque tú no lo estés.

El muchacho se relajó y sonrió abiertamente.

—Casi no puedo creer en mi buena suerte... Me figuro que usted lo entenderá, señor... me muero de impaciencia por hacerme a la mar.

Como en respuesta a este deseo, el viento aulló con mayor fuerza e hizo que el barco se estremeciera.

—¿Te mareas con facilidad? —preguntó Trenton amablemente.

La sonrisa del muchacho se esfumó y en su lugar apareció una mirada desconcertada. Apoyó una mano en el mamparo.

—Pues... no lo sé. Nunca he ido más allá de la desembocadura del Dart.

Trenton rió divertido.

—Pues este es el tiempo ideal para salir de dudas.

Se levantó y salió del camarote para dirigirse hacia el húmedo calor de la sala de máquinas. Jackie permaneció sentado mientras que en su estómago comenzaba a brotar y rebullir una fría corriente de alarma.

WREYFORD estaba inclinado sobre su mesa, escribiendo una carta a Susan. Al cabo de un rato dejó la pluma y cogió la fotografía de su mujer y su hijo, y por alguna extraña razón los quiso en ese momento más que nunca. No se consideraba un hombre sentimental, pero aquella noche la emoción le producía un dolor casi físico.

Llamaron a la puerta, y cuando levantó la cabeza, ligeramente molesto, vio entrar a David Fielden.

(1) Barrio bajo de Londres. (N. del T.)

—El último informe meteorológico, señor.

El comandante dejó lentamente el marco sobre la mesa, cogió el informe y lo leyó.

—Continúa empeorando, David. Quizá podamos escapar un poco del temporal si navegamos hacia el este.

Fielden vio el cansancio y la tristeza reflejados en la cara del viejo y sintió un repentino cariño hacia él. "Pobre diablo, debe de sentirse tremendamente solo sin nadie con quien poder hablar, ni siquiera conmigo. Conoce perfectamente las condiciones en que se encuentran el buque y la dotación, pero aun así tiene que hacerse a la mar con este temporal y esta lluvia helada. El comandante de un barco sólo tiene a Dios por compañero y confidente..."

Fielden estaba a punto de preguntar si podía ayudar en algo cuando de las entrañas del buque brotó un poderoso y firme rugido, como el que debían de emitir los hambrientos leones encerrados en los pétreos subterráneos de los circos romanos. El corazón del *Glowworm* volvía a latir, comenzaba a bombear el vital vapor por el complejo sistema de tuberías y turbinas.

Fielden sonrió.

—Bien por nuestro Réprobo Harry.

Una sonrisa casi imperceptible borró las arrugas del cansado rostro de Wreyford cuando alargó la mano hacia el teléfono del mamparo.

—Aquí Trenton... Sí, señor, cuando usted mande. —Su voz sonaba empañada por el agotamiento. Ya no tenía fuerzas ni para sentir indignación. Le escocían los ojos. Recorrió con la mirada las filas de esferas donde bailaban las agujas y añadió—: Voy a parar otra vez, señor; sólo quería calentar un poco las máquinas.

—Haga lo que crea conveniente. —Wreyford hizo una pausa y luego dijo—: Buen trabajo, Harry.

Trenton esbozó una amarga sonrisa.

—Muchas gracias, señor —contestó sin un asomo de sarcasmo.

Colgó el teléfono y se quedó contemplando el retrato de la hermosa joven que estaba clavado encima del panel de control. Su cara de muñeca le recordaba muchas cosas agradables y lejanas: risas, cocteles y bailes. Harry guiñó un ojo a la muchacha. Estaba contento. Se sentía orgulloso de sí y de sus hombres.

Entretanto, Wreyford se paseaba nervioso por su camarote. Fielden estaba al teléfono, hablando con la D.T. Junto a la puerta aguardaba un señalero provisto de lápiz y bloc.

—Está bien, Jim —decía Fielden—. Sí, se lo diré al comandante. —Colgó el teléfono y se dirigió a Wreyford—: Campbell dice que ha hecho todo lo que ha podido.

El comandante refunfuñó y se volvió hacia el señalero:

—Bunts, comunique lo siguiente al *Renown*: "Terminadas las reparaciones. Estamos listos". Eso es todo.

El señalero cerró de golpe el bloc, dio media vuelta y desapareció como por arte de magia. Momentos más tarde los dos oficiales se quedaron paralizados al oír un bajo y lejano aullido que fue creciendo hasta convertirse en un agudo lamento: alarma aérea.

Wreyford cogió su casco y se dirigió al puente.

Los hombres del sollado de marinería se precipitaron sobre su equipo y corrieron hacia sus puestos de combate dando empujones y maldiciendo.

Una vez en el puente, Wreyford se puso las gafas de noche. No veía nada, pero por encima del aullido de las sirenas oyó el ronroneo de un avión. De pronto una de las grandes baterías antiaéreas de tierra abrió fuego. Rápidamente otras baterías se unieron al coro hasta llenar la noche con sus roncos ladridos, y pronto todos los cañones de los barcos estuvieron en acción.

Campbell gritaba órdenes a los cañones del *Glowworm* por el micrófono de la D.T., pero era tal el estruendo que sus palabras no se oían. Valentino estaba acurrucado en un rincón de la cocina, tapándose la cabeza con los brazos y gimiendo confusas oraciones. "No hay derecho, no hay derecho", repetía una y otra vez.

Todo Scapa Flow estaba iluminado por el poderoso despliegue de fuego. Las curvas trayectorias de las trazadoras se perdían en el cielo. El cañón "Y", en máxima elevación, disparaba rítmicamente. Los ojos de Ossie permanecían tranquilos y vigilantes mientras sus hombres trabajaban con eficiencia: un equipo bien entrenado que cubría su barco con una densa pantalla de fuego. Una bengala alemana empezó a chisporrotear cegadoramente a unos cien metros de la amura de babor. A la luz de su resplandor Ossie vio una figura sin casco que, apoyada en la borda, miraba hacia arriba con la boca abierta: era el guardiamarina Rosinsky. Corrió hacia él y de un empujón le puso a cubierto. Luego le colocó un casco en la cabeza y le gritó al oído:

—¡Hacerse matar es una falta de consejo de guerra!

De pronto se oyó un rugido cada vez más fuerte, y a la cegadora luz de la bengala se vio una sombra que avanzaba directamente hacia el *Glowworm* volando a menos de veinte metros sobre el agua. Un bombardero Junkers 88 de largo alcance. Ossie gritó instrucciones a su dotación, pero los artilleros ya estaban girando el cañón hacia el aparato.

En el puente, Fielden vio como el avión salía de la noche y dio un grito de alarma. Wreyford giró sobre sus talones y se quedó quieto, contemplando con ojos inexpresivos el avión que se acercaba a su barco. No hizo el menor esfuerzo para ponerse a cubierto, ni siquiera cuando el cañón del Junkers abrió fuego, levantando surtidores de agua alrededor de la proa, ni cuando los proyectiles barrieron la cubierta y martillearon el cañón "A". Uno de ellos estalló con terrible calor blanco dentro del montaje, matando instantáneamente a dos hombres y estrellando a otros cuatro contra los mamparos como si fuesen muñecos. El avión pasó rugiendo sobre el palo, e instantes después se perdió en la húmeda oscuridad.

El comandante seguía rígido, mirando hacia el destrozado montaje, que se destacaba ahora grotescamente a la luz de las voraces llamas. Por encima del continuo rugir de los cañones de la flota oía gritos pidiendo camilleros y mangueras, y también los lamentos de los heridos, esa horrible cacofonía de miembros arrancados, ojos ciegos y espantosa agonía.

Cuando Fielden se acercó a él, el comandante empezó a temblar. Se aferró a la regala de la batayola para tratar de controlarse, pero su esfuerzo fue inútil.

Fielden se quedó sorprendido. Nunca había visto a su austero y metódico patrón en ese estado. Sin embargo, paradójicamente, al mismo tiempo se sintió aliviado: el viejo también tenía, después de todo, algún defecto humano... Podía imaginar los pensamientos de Wreyford como si alguien se los gritase al oído:

"de todos los barcos reunidos en este abarrotado muelle, el enemigo tiene que elegir precisamente el mío para realizar su ciego ataque. ¿Por qué? Dios mío, *¿por qué nosotros?* Un desastre más, un nuevo baldón en nuestra hoja de servicio... otra cicatriz en el barco y otra mancha para mí..."

Fielden se apartó del comandante, descolgó un teléfono y dio órdenes a los camilleros y al rancho de Control de Averías. Cuando volvió junto al comandante, este no se había movido; seguía contemplando los destrozos de proa, pálido como la muerte y sin dejar de temblar.

—Los camilleros y el Control de Averías ya van hacia allá, señor —dijo Fielden con tono firme y tranquilo.

Wreyford permaneció inmóvil durante unos instantes; luego volvió la cabeza, lanzó un suspiro de resignación y parpadeó. Cuando habló, su voz era ronca y entrecortada:

—Baje a cubierta... y haga un cálculo rápido de los daños.

Las sirenas avisaron que había pasado la alarma, y los altavoces del *Glowworm* entraron en acción:

—¡Terminó la alarma! ¡Continúen las guardias de puerto!

Fielden y Rosinsky contemplaron en silencio el desfile de camillas hacia la enfermería. Doc, un gigantesco irlandés de nariz aplastada y rostro surcado por las cicatrices del rugby, se detuvo en la escotilla para hablar con el segundo comandante. Sus anchos hombros estaban encorvados, y en sus pequeños ojos brillaba la furia:

—Cuatro muertos y cinco heridos, uno de ellos muy grave.

Fielden hizo un gesto de asentimiento y se encaminó nuevamente hacia el puente.

El guardiamarina, aunque pálido, estaba sorprendentemente tranquilo mientras los camilleros pasaban a su lado. Sabía que estaba contemplando la despiadada realidad de la guerra moderna, desprovista de su espurio y artificioso atractivo. Los caminos de la gloria estaban sembrados de hombres como estos, destrozados, ciegos, abrasados.

Fielden entró en el camarote de Wreyford. El comandante tenía el rostro ceniciento, pero se había calmado.

—Si es posible trasladar a los heridos, diga al doctor que los desembarque. —Su voz se hizo más ronca—. Y también los muertos. ¿Qué daños hemos sufrido?

—Hay que soldar el montaje del cañón "A" y algunas planchas de cubierta.

—Comuníquese con el *Renown*. Diga a Whitehorn que estaremos preparados.

Los marineros estaban sentados alrededor de la mesa del sollado, conmovidos, silenciosos, deprimidos y expectantes. Keelie Grant apareció con una enorme bandeja llena de jarros de humeante cacao.

—¡Ya está aquí! —Trató de dar a su voz un tono alegre, pero todos permanecieron en silencio—. ¡Eh, Jockey, toca algo!

El Jockey estaba acurrucado en un rincón, leyendo una revista. Levantó los ojos y parpadeó indeciso.

—¡Sí, vamos, muchacho! —le animó Grannie Smith, y pronto otros le hicieron coro.

El Jockey se sacó la armónica del bolsillo, pero Tinker Bell miró a Grannie con ojos que echaban chispas.

—Muy bonito, ¿eh? Acaban de morir cuatro pobres desgraciados... y otros cuatro o cinco han quedado hechos una piltrafa. ¡Y a vosotros no se os ocurre nada mejor que poneros a tocar una condenada canción!

Grannie le contempló tranquilamente.

—¿Y qué quieres que hagamos, que organicemos un maldito funeral? Usa la cabeza o cállate de una vez.

Grant dirigió al Jockey una penetrante mirada, y el pequeño marinero se acercó lentamente a la mesa y se puso a tocar. Uno a uno se fueron uniendo a la melodía con canturreos y silbidos, y pronto aumentó el volumen de las voces y el ritmo de la canción se hizo más rápido. Alguien soltó una carcajada, y al instante los hombres empezaron a gritar a pleno pulmón. Cuando todos estuvieron riéndose de su propia desgracia, el Jockey fue subido a la mesa, donde comenzó a bailar como un bufón, sin dejar de tocar la armónica y dirigiendo a sus compañeros con los brazos. Sus voces apagaron los crujidos y lamentos del barco y el aullido del viento.

2235 horas: Kiel/6 de abril de 1940

El viento procedente de las heladas y desiertas aguas del Mar del Norte barrió la cubierta del crucero *Admiral Hipper* cuando este abandonaba el refugio de la enorme base naval junto con los cuatro destructores de su escolta y se deslizaba lentamente hacia el Skagerrak a través de las húmedas tinieblas.

Así comenzó la cadena de acontecimientos que, eslabón a eslabón, hora a hora, arrastraría al *Glowworm* a un épico destino en una batalla sin precedentes en la historia de la guerra naval.

SEGUNDA PARTE

LA BORRASCA

0200 horas: Scapa Flow/7 de abril de 1940

Cuando el poderoso *Renown* empezó a moverse lentamente hacia la boca de la base, recibió en su casco toda la fuerza del océano y su proa se elevó sobre las olas; sus lámparas de señales enviaban incesantes destellos a los destructores que con él se dirigían hacia el Mar del Norte.

Wreyford, una enorme figura encapuchada, dio las órdenes al timonel para comenzar a salir del canal. Fielden, inclinado sobre el planero en el cuarto de derrota, no lograba concentrarse en los cálculos; el fascinante enigma de Graham Wreyford no se apartaba de su mente.

Tenía que enfrentarse con la realidad: durante el ataque aéreo el comandante había perdido el dominio de sus nervios. ¿Por qué? Las largas manos de Fielden manejaban mecánicamente el compás. ¿Es en realidad un cobarde, como algunos afirman abiertamente? ¿Será verdad que siempre se ha aprovechado de los accidentes y averías para eludir el combate?

Fielden se sintió avergonzado por su falta de lealtad; no debía juzgarle sin pruebas concretas. Trataría de no volver a pensar en ello. Lo único importante por el momento era ocuparse de que el *Glowworm* no perdiese a los otros buques. Salió al alerón y miró hacia la noche, resguardándose los ojos para penetrar la oscuridad. Luego giró la muñeca para que un pequeño rayo de luz cayese sobre las diminutas cifras fosforescentes de su reloj.

0550 horas: *Admiral Hipper*/Mar del Norte/7 de abril de 1940

El reloj del almirante Mann era una voluminosa y complicada obra maestra de la artesanía suiza. El almirante lo llevaba siempre en la parte interna de la muñeca para sentir sus latidos contra su propio pulso. Consultó una vez más la hora y devolvió el mensaje de la Luftwaffe a von Scholtz.

—De modo que siguen en Scapa Flow, ¿eh? —Había una nota de desilusión en su voz. Se levantó de la silla de gobierno, pensativo y malhumorado, y comenzó a pasear por el puente acompañado de von Scholtz—. Pero todavía pueden salir. Y espero que lo hagan. Esto empieza a parecerse demasiado a la última guerra. ¡Necesitamos combatir!

—Pero primero tenemos que desembarcar las tropas. Si logramos llevar a los hombres a tierra sin que intervenga el enemigo habremos obtenido ya una gran victoria. —El tono de von Scholtz era educado y reflexivo.

Mann se detuvo y le miró con seriedad.

—No se consiguen victorias simplemente con proclamarlas, Max. No basta con deslizarse a hurtadillas a través de la oscuridad y de la niebla para luego correr otra vez en busca de refugio y gritar "¡Victoria!" por la sencilla razón de que no nos han descubierto.

Von Scholtz se sintió incómodo. Respetaba tanto a Mann y le tenía en tal estima que aquel ligero reproche le llegó a lo más hondo. Se dijo a sí mismo que era muy afortunado al servir a las órdenes de un comandante como él. Mann gozaba de renombre internacional como caballero de la vieja escuela y brillante marino.

—Hay tantas cuentas que saldar... —dijo el almirante, tratando de penetrar la oscuridad—. Allí, a nuestra proa, está Jutlandia.

Hace casi exactamente veinticuatro años, en estas mismas aguas, el hombre cuyo nombre lleva este buque disparó los primeros cañonazos en la batalla naval más grande del siglo.

Von Scholtz le miró atentamente y asintió.

—¡Pero Jutlandia fue una victoria alemana! Nos enfrentamos con unas fuerzas muy superiores y les infligimos dos veces más bajas que las que sufrimos nosotros.

—Es verdad. Y sin embargo... después de aquello nuestras unidades pesadas solamente dejaron Bight una vez para regresar a la base a toda prisa al primer signo de lucha. Irónicamente, nuestra victoria dejó a los ingleses dueños y señores de la mar, como lo siguen siendo hoy en día. Esperemos que salgan de Scapa Flow y nos den la oportunidad de terminar con esta situación...

0700 horas: H.M.S. *Glowworm*/Mar del Norte/7 de abril de 1940

MIENTRAS la escuadra navegaba hacia el este, con los destructores formando un bello escalón para proteger al elegante crucero de combate, el cielo había palidecido y se veían claros entre las nubes, pero el viento continuaba soplando con fuerza siete.

En la cámara del *Glowworm* se encontraban desayunando Doc, Campbell, Anderson y Kelsey, el oficial de transmisiones. Doc, impasible, mordisqueaba una tostada mientras observaba atentamente a Campbell, cuyo rostro estaba exangüe y húmedo. Campbell se llevó a la boca una porción de huevos revueltos, pero al comprender que sería incapaz de tragar se levantó de la mesa y se dirigió a la puerta con paso vacilante. Doc también se puso en pie y le cogió por el brazo.

—Puedo darte algo que te ayude, ¿sabes?

—No es necesario —repuso Campbell con voz inexpresiva—. Pronto estaré bien.

—¡No seas imbécil, hombre! Ya sabes lo que opina el comandante del mareo.

—Sí, lo sé. Gracias. —Campbell salió de la cámara andando como un autómata.

—¿Qué le pasa? —preguntó Kelsey.

Doc se limitó a encogerse de hombros, pero su mente consideraba el problema: "ese hombre está a punto de desmoronarse y sin embargo no acepta un solo gesto amistoso... Cree que no pertenece a nuestro grupo y se aisla de todos... ¡Es un tipo insoportable!"

Wreyford salió de su pequeño camarote de mar y subió al puente; después de unas horas de sueño tranquilo se encontraba mejor. Fielden se hallaba en el cuarto de derrota trazando un rumbo, y Rosinsky estaba de pie en la banda de babor. Al ver al comandante se cuadró y saludó.

—Buenos días, señor.

—Buenos días. Se ha levantado usted temprano —contestó Wreyford con tono amable. Luego se dirigió a Fielden a traves de la puerta de la cámara de navegación de forma más oficial—: Segundo, el viento está cayendo. Reduzca la velocidad a media. Voy a hablar a la dotación ahora mismo. —Cogió el micrófono y dijo—: Les habla el comandante. —En todo el barco los hombres interrumpieron sus faenas y se acercaron a los altavoces—. Dentro de unos días se espera que los alemanes invadan Noruega y Dinamarca. —Los hombres se miraron excitados—. Nuestra misión es vital, y el enemigo hará todo lo posible para evitar que logremos nuestro propósito. Somos un barco pequeño, pero con un poco de suerte desempeñaremos un papel importante. Ya va siendo hora de que cambie nuestra suerte. Sé que puedo confiar en ustedes, sé que todos cumplirán con sus obligaciones. Y les prometo que cuando regresemos todos tendrán un permiso como Dios manda, ¡aunque tenga que hablar con el primer lord del Almirantazgo!

En todo el *Glowworm* resonaron estridentes gritos de burla.

A dos mil metros sobre el mar y unas cuatro millas al nordeste de la escuadra inglesa, un Kondor alemán revoloteaba sobre las jaspeadas nubes en misión de reconocimiento.

El observador miró con sus prismáticos a través de un claro y vio una blanca y diminuta estela y un destello metálico.

—Destructor, marcación ocho en punto... ¡No, dos destructores! ¡Destructores ingleses!

El piloto hizo virar inmediatamente el gigantesco avión y echó hacia atrás las palancas de aceleración hasta casi silenciar los motores. Ahora también él veía los barcos: unas líneas grises y estrechas que se deslizaban a través del brumoso océano.

Mantuvo el avión en un viraje lento y descendente para inspeccionar otros claros. De pronto se envaró y enderezó el aparato.

—¡Mire, allí!

El observador enfocó el nuevo objetivo.

—¡Crucero! Crucero pesado.

—Compruebe nuestra posición —ordenó el piloto—. Y comunique esto inmediatamente. En clave. —Consultó su reloj y añadió—: Cero-siete-veintidós horas. Avistados crucero de batalla inglés y escolta de destructores. Rumbo cero-ocho-cero; velocidad estimada dieciséis nudos.

Durante toda la mañana la flota de Whitehorn fue avanzando hacia el este por un mar arbolado y bajo un cielo plomizo. A mediodía el buque insignia hizo señales a los destructores y estos giraron al unísono para tomar rumbo norte. El cielo se oscureció rápidamente a proa: unas nubes tormentosas, negras como el carbón, avanzaban a su encuentro desde el Artico. El viento comenzó a aullar con fuerza, la temperatura descendió cinco o seis grados en otros tantos minutos y las olas empezaron a romper levantando densas cortinas de espuma.

En las primeras horas de la tarde Wreyford relevó a Fielden. El segundo fue a su abarrotado y quejumbroso camarote, se sentó ante su pequeño escritorio, abrió con llave un cajón y sacó un grueso cuaderno de tapas negras. Era su diario secreto, y en él daba cuenta de las patrullas realizadas bajo el asfixiante calor del Mar Rojo o en el frío y gris Atlántico, todo ello intercalado con pensamientos íntimos, temores y esperanzas.

Desde hacía varias semanas sus anotaciones se limitaban prácticamente a dos temas: la guerra y Garry Wreyford. Se había esforzado por esclarecer su propia actitud hacia la guerra, y al tratar de definir la naturaleza y las intenciones del enemigo había llegado a una conclusión clara y al mismo tiempo había hallado una nueva fuerza moral.

"La Alemania de Hitler es un monstruo brutal y destructor que amenaza con erradicar el ancestral afán humano de perfección, no por desesperanzado menos digno de admiración", decía un párrafo. "Los nazis se proponen gobernar un mundo sin alma constituido por naciones de autómatas, ciegos y esclavizados. Y este monstruo debe ser detenido con sangre, pues *sólo* con sangre puede detenérsele. Así pues, debo estar preparado para verter un río de sangre, la mía y la de otros, sin vacilar ni sentirme culpable en ningún momento."

Al volver a leer ahora aquellas líneas, Fielden sonrió ante su pomposidad. ¿Qué pensaría Wreyford de esto? ¿Cómo se sentiría él? Era un tema del que nunca hablaban. No quiso leer lo que había escrito sobre el comandante, pues su actitud cambiaba constantemente y el retrato era borroso, incompleto...

Cuando tomó la pluma para escribir sobre los acontecimientos de las últimas treinta y seis horas, el buque chocó contra una enorme ola y se encabritó sobre la popa con un estremecimiento. Varios libros cayeron de los estantes. Fielden se agarró al escritorio para no perder el equilibrio y de pronto comprendió, con mayor claridad que nunca, que aquella forma de vivir era absurda para un hombre civilizado: encajonado en un húmedo y sofocante compartimiento de acero que subía y bajaba, que vibraba y se inclinaba sin cesar, día y noche, meses y meses, hasta hacer que le doliese cada músculo, hueso y articulación y que su mente de animal terrestre pidiese a gritos la calma, la firmeza y el espacio de su medio natural.

1740 horas: H.M.S. *Glowworm*/Mar del Norte/7 de abril de 1940

En el cuarto del sonar se oyó un apagado *ping*, un ruido débil y regular como el gotear de un grifo. ¡Un submarino! El suboficial mayor Truman se precipitó sobre el teléfono:

—Sonar a puente... ¡Contacto! ¡Marcación verde (1) cuatro-cinco!

(1) La palabra «verde» es sinónimo de «estribor», y «rojo» de «babor». (N. del T.)

Recibió un breve enterado y dio la distancia estimada: casi la máxima.

En el puente, cada vez más oscuro y frío, Jackie Rosinsky se inclinó sobre el planero para marcar la posición estimada del submarino. Wreyford, a su lado, observaba con satisfacción el eficiente trabajo del joven y el admirable dominio de sus nervios. Fielden, abrochándose la trenca, llegó corriendo desde su camarote.

—¿A qué distancia? —preguntó.

—Por lo menos nueve mil metros —repuso el comandante.

Fielden contempló el hostil crepúsculo. La mar era una espumosa caldera que lanzaba enormes y humeantes olas. En los oscuros senos las blancas venas destacaban con furia.

—Dentro de unos minutos anochecerá y no se verá nada a un palmo de distancia.

Wreyford le miró fijamente. Era un comentario extraño. ¿Se ocultaría algo tras él? ¿Le estaría ofreciendo una salida, una disculpa para no cumplir con su deber?

Se acercó a la escotilla y habló con voz firme al oficial de guardia, que era Anderson:

—Nos adelantaremos para hacer un reconocimiento. Avise al buque insignia. Veinte a estribor. Avante toda.

Cuando el *Glowworm* viró a su nuevo rumbo con las máquinas aumentando de potencia, los candeleros de estribor quedaron tapados por el agua. La proa comenzó a hender las enormes olas y el buque brincaba y vibraba violentamente. El viento era ahora huracanado y lanzaba la mar en rugientes cataratas sobre el castillo.

Eddie Nisbett se dirigió como pudo a los varaderos de popa y preparó los "cubos de la basura" para el disparo. Tenía las manos heladas y había perdido la sensibilidad en los dedos, pero su experiencia le permitía trabajar como un autómata, con increíble precisión. Paradójicamente, se sentía contento y pletórico de vida. Por encima del ruido y de los trallazos de la espumeante agua, se oyó cantar a sí mismo:

> "Oh, cómo me gusta estar a la orilla del mar,
> Oh, cómo me gusta estar a la orilla..."

Varias cubiertas más abajo, Trenton contempló el retrato de la seductora joven de tez dorada con mirada melancólica mientras se aferraba a una cabilla y gritaba por el teléfono:

—Por el momento la cosa va bien, señor, pero me gustaría poder reducir las revoluciones lo antes posible. —Echó un vistazo a las trémulas agujas de los manómetros, y después de escuchar unos segundos contestó—: Ah, seguimos en contacto... En ese caso no hay más que hablar: avante toda.

Cuando Rosinsky se asomó fuera del puente, se sintió empequeñecido por la inmensidad y el tremendo poder de la borrasca que les tenía aprisionados. Hasta donde alcanzaba la mirada, veía avanzar montañas de agua veteadas como mármol por la espuma y con nevadas crestas que rompían y humeaban en el viento. El agudo lamento de la borrasca parecía llenarlo todo: era como un interminable grito de locura. No tenía miedo, pero el violento balanceo del buque empezaba a afectarle; sentía un frío y creciente malestar en el estómago... Se llevó una mano a la frente y la notó perlada de sudor helado. "¡Oh, Dios mío", pensó, "voy a devolver! ¡Qué manera de hacer el ridículo!" Frenéticamente, empezó a hacer planes dictados por el pánico: "inventa alguna disculpa, lárgate del puente, no dejes que te vea el comandante".

Fielden vio la sudorosa y cenicienta cara del guardiamarina y comprendió que el muchacho tenía la batalla perdida. Si Rosinsky devolvía allí, el comandante se enfurecería. Pero mientras durase la tormenta ni el guardiamarina ni nadie podría abandonar el puente.

Hasta el momento, Wreyford no se había dado cuenta del malestar del guardiamarina. Estaba mirando al frente por la pantalla de visión clara cuando sonó brevemente el teléfono. Anderson lo cogió y dijo:

—Puente. —El teléfono chasqueó, zumbó y gimió. Anderson se volvió hacia Wreyford—: Hemos perdido el contacto, señor.

—Con este tiempo no me sorprende —asintió impasible el comandante—. Que reduzcan a avante media para esperar a los demás. —Miró a Fielden—. Réprobo Harry se pondrá contento.

El segundo comandante sonrió forzadamente y se adelantó para tapar al guardiamarina. Anderson volvió al teléfono y habló con la sala de máquinas.

—Me parece que va a servirme de poco —dijo, señalando el teléfono cuando lo colgó.

—Sí, tendremos que utilizar el sistema secundario —contestó Wreyford—. Haga que suba otro señalero al puente.

Fielden miró de soslayo al guardiamarina, que estaba recostado contra el mamparo del puente, abriendo y cerrando la boca. Iba a vomitar de un momento a otro. El comandante seguía hablando con Anderson. Fielden actuó rápidamente; se acercó al muchacho, rezando para que el comandante no se volviese, y de un empujón lo metió en el cuarto de derrota.

Jackie bendijo la oscuridad de aquel cuarto. Se agarró a la mesa, tan débil como un niño de pecho, al sentirse sacudido por un espasmo. "Dios mío", pensó, "en la vida me he encontrado tan mal. Habrá que verme, con esta ropa prestada en la que caben dos como yo, sudoroso, temblón y vomitando. ¡Y se supone que soy un oficial...!"

EDDIE NISBETT, solo en la popa, estaba tratando de volver a colocar en su sitio el seguro de las cargas de profundidad, pero había varias que se habían atascado en posición de fuego. Llevaba un cabo amarrado a la cintura y se movía paso a paso, sin soltar un asidero hasta encontrar otro.

Esta vez no cantaba. Luchaba contra el peso de las rugientes olas mientras escupía bocanadas de agua salada, y maldecía cuando le zarandeaba un golpe de mar o el flujo y el reflujo lo lanzaba de un lado a otro.

Una gigantesca ola rompió sobre los varaderos y los cubrió por espacio de varios segundos. Cuando se retiró, Eddie comprobó que dos cargas que se habían soltado rodaban peligrosamente. Se acercó como pudo a ellas y trató de empujarlas de nuevo hasta sus cunas, pero ya no le quedaban fuerzas...

NOBBY CLARK agachó la cabeza para resguardarse del granizo y de la espuma y avanzó penosamente hacia proa. Al llegar al puesto de ametralladoras, dio un salto y se refugió tras él al tiempo que una ola inmensa rompía contra la cubierta. Keelie Grant y el joven Dicky Bird —dos bultos negros y brillantes— estaban acurrucados allí, tiritando.

—Hola, Nobby —gritó Keelie al verle—. ¿Qué, sacando a pasear al perro?

—Me han llamado del puente —gritó Nobby a su vez.

Keelie golpeó sus auriculares con la yema de los dedos.

—Los teléfonos han vuelto a hacer una de las suyas. Me figuro que necesitan otro señalero.

Nobby hizo una mueca y siguió su camino, encorvado para protegerse de la espuma y el granizo. A muchas millas por proa un relámpago rasgó el cielo, y a su resplandor vio un objeto tirado en cubierta, aleteando débilmente como una foca varada. Se acercó como pudo, y al siguiente relámpago comprobó que se trataba de una balsa de salvamento que se había soltado. Alguien podría tropezar con ella y ser arrastrado por la borda. Tendría que volver a trincarla.

Las barbetas estaban enredadas. Nobby tenía los dedos agarrotados y no podía deshacer los nudos. Lleno de ira y de desesperación, lanzó un brutal puntapié a la condenada balsa... y perdió el equilibrio. Antes de que pudiese recobrarlo, una ola gigantesca rompió sobre él. Sintió que sus pies se levantaban de cubierta y que su cuerpo caía hacia atrás. Cuando el torrencial reflujo le lanzó por encima de la borda, sus pulmones estallaron en un penetrante aullido.

Keelie oyó el desgarrador grito y vislumbró una figura con traje de agua que braceaba entre la espuma y desaparecía hacia popa en la movediza y colérica oscuridad. "¡No, Dios mío, no! ¡El pobre Nob!" A su lado, Bird empezó a estremecerse y rompió en sollozos. Keelie le dio un revés en la boca y alcanzó el teléfono secundario.

1815 horas: H.M.S. *Renown*/Mar del Norte/7 de abril de 1940

Cuando en el puente del buque insignia se recibió la señal luminosa enviada por el *Glowworm,* el comandante se puso en comunicación con el camarote del almirante Whitehorn.

—¿Hombre al agua con este temporal? —dijo con tono áspero el almirante—. El agua está helada; no puede durar mucho.

—Aun así, señor, Wreyford solicita permiso para buscarle.

—¡Eso es una estupidez! —estalló, perdiendo la paciencia. ¿Qué se propondría ahora Wreyford? La flota no podía retrasarse ni se la podía debilitar por la pérdida de un hombre. Buscar en aquella ululante oscuridad no tenía sentido alguno. Sin embargo, Whitehorn sabía que si denegaba el permiso perjudicaría la moral de la dotación del *Glowworm*... y Dios era testigo de que ya dejaba bastante que desear.

—¡Maldita sea! Si Wreyford quiere hacer ese gesto inútil, que lo intente. Pero quiero verle en su puesto dentro de una hora. Una hora, que quede bien claro. Dele el punto de reunión.

1852 horas: H.M.S. *Glowworm*/Mar del Norte/7 de abril de 1940

—¿Una hora? ¡Pero, en nombre de Dios, si es imposible sobrevivir diez minutos en un mar como este! Lo más probable es que ya estuviera tieso antes de que virásemos.

El enorme corpachón de Doc llenaba el hueco de la puerta del camarote de Fielden como un toro enfurecido. Fielden continuó buscando sus gafas de noche en los cajones y dijo tranquilamente:

—El desdichado no tiene más medicina que la esperanza. ¿No le enseñaron eso en la facultad de medicina?

—¡Usted y sus condenadas citas! Todos somos unos desdichados en esta apestosa bañera. ¿Y cómo podría ser de otro modo cuando nos pasamos la vida volviendo grupas?

Fielden encontró las gafas, cerró el cajón y se enfrentó con Doc:

—Puede que sea inútil, pero el comandante quiere intentarlo.

—Lo que le pasa al comandante es que se aferra a cualquier disculpa con tal de poder volverse y eludir el combate.

Fielden se puso rígido.

—¡Lo que está diciendo es algo muy serio!

—¡También es serio lo que sucede! —replicó Doc, y entró en el camarote dando un portazo—. Mire, David, usted sabe tan bien como yo que esta maniobra no sirve para nada. ¡Y él también lo sabe! Hay que enfrentarse con la realidad, hombre: cada vez que salimos con la flotilla, el *Glowworm* se vuelve tarde o temprano. ¿Cómo puede esperar que los hombres tengan espíritu de lucha cuando mete el rabo entre las patas en cuanto olfatea la acción? Comprendo que pase una vez, incluso dos... ¡pero no siempre! Maldita sea, David, no hace falta ser un siquiatra para comprender hasta qué punto está afectando a los hombres.

La rabia se apoderó de Fielden; pero era una rabia culpable, porque Doc sólo estaba exponiendo en voz alta sus propias sospechas. Abrió la puerta de golpe y pasó como un rayo junto a Doc camino del puente.

Los poderosos reflectores del *Glowworm* barrían las olas, haciendo brillar sus espumosas crestas con fantasmal perversidad. Todos los serviolas del barco, embutidos en gruesas ropas empapadas, estuvieron forzando la vista durante una hora para tratar de descubrir algo en la turbulenta y negra mar, a pesar de que transcurridos los diez primeros minutos ninguno abrigaba ya la menor esperanza por su compañero perdido. Sin embargo, en el fondo del corazón, la mayoría de ellos se alegraban de que el comandante hubiese ordenado la búsqueda. Quizá fuera un gesto absurdo e injustificado, pero decente.

En la cámara de transmisiones, Campbell luchaba contra una ligera somnolencia. Solamente de una forma vaga se daba cuenta de la búsqueda y de lo que sucedía a su alrededor. Todo lo que sabía era que se encontraba atrapado en un barco al que odiaba y que le odiaba a él. Sintió que le invadía una nueva oleada de náusea. Se puso en pie y, agarrándose a las sillas y a las mesas, tratando desesperadamente de ocultar su angustia, se dirigió a toda prisa hacia la puerta. Kernohan le vio salir con burlona malevolencia y guiñó un ojo a sus compañeros.

—Es una suerte que esté lloviendo ahí fuera. Así se lavarán sus pecados.

Campbell oyó el comentario, pero se hizo el sordo y cerró de golpe la pesada puerta.

Justamente en el momento en que se cumplía la hora, una enorme ola surgió de la noche y se abalanzó sobre el *Glowworm*.

Todas las planchas y remaches se estremecieron con el espantoso impacto. El buque pareció detenerse en seco; luego se escoró hasta hundir profundamente el costado en el agua y lanzó a todos los hombres resbalando por cubierta como peleles.

En el puente de gobierno, Bobby Boyce, el joven timonel, consiguió parar la alocada caña y luego consultó el giroscopio para tratar de volver a rumbo. Su demacrada cara se arrugó en un gesto de desesperación e inmediatamente gritó por el tubo acústico:

—¡Timonel a puente! —Cuando una apagada voz contestó su llamada, Bobby trató de dar su informe de forma clara y tranquila—: Señor, el giroscopio se ha caído.

Wreyford se quedó mirando fijamente hacia proa a través de la pantalla de visión clara. Se había caído el giroscopio... Una desgracia tras otra; una terrible sensación de fatalidad nubló su mente. En las condiciones meteorológicas reinantes sería casi imposible navegar con la aguja magnética.

Logró sacudirse la paralizante sensación de desaliento e inmediatamente le invadió un extraño arrebato de furia; sintió deseos de emprenderla a puñetazos con el cristal del puente y gritar maldiciones contra el mar, contra su renqueante buque y contra los inexorables elementos; y también contra su grotesca mala suerte.

De pronto se dio cuenta de que Fielden le estaba hablando:

—Es la hora de cambiar el rumbo hacia el punto de reunión, señor.

—Va a ser condenadamente difícil volver a encontrar al *Renown* sin giroscopio.

—Sí. A no ser que amaine la tormenta.

—Hum... no parece muy probable. —Wreyford parecía despreocupado. Fielden le dirigió una mirada torva. El comandante se dio cuenta de su inquietud y frunció el ceño—. Bueno, si no lo encontramos nadie nos podrá culpar. Teníamos que detenernos a buscar a Clark, por escasas que fueran las probabilidades. Pobre hombre, morir así... Era uno de los mejores. —Su rostro adquirió de pronto la severidad de costumbre. Consultó la hora y añadió—: Está bien, vamos a trazar el rumbo hacia el punto de reunión.

Fielden entró con él en la cámara de derrota y encendió la lámpara situada sobre el planero. La bombilla verde iluminó con agradable resplandor las cartas y el complicado instrumento para trazar las derrotas. Cuando Fielden tomó el transportador, el comandante se puso rígido, soltó un gruñido y comenzó a olfatear el aire como una vieja melindrosa. A continuación miró hacia el suelo, y su cara pareció alargarse.

—¿Quién ha sido? —preguntó con voz helada—. ¿Quién ha vomitado aquí, segundo comandante?

Fielden no contestó. El comandante volvió a salir al puente y se quedó mirando con dureza a los marineros.

—¿Quién de ustedes ha hecho esa marranada? ¡Vamos, hablen!

Ninguno se movió, hasta que el guardiamarina salió de las sombras; su ropa prestada le daba un aspecto de niño abandonado.

—Fui yo, señor. Lo siento.

Wreyford se volvió hacia él con furiosa incredulidad.

—¿Usted? ¿Se marea usted?

—Me mareé, señor —contestó cándidamente el muchacho—. Pero ahora ya me encuentro bien, señor, de verdad. No tiene que preocuparse, señor; no volverá a suceder. Iba a ponerme a limpiarlo...

Wreyford le miró durante varios segundos buscando en su cara algún signo de insolencia, pero no encontró ninguno.

—Un hombre que se marea no sirve para nada a bordo de un destructor. ¿Por qué no me advirtió que se mareaba?

—Pues porque no lo sabía, señor. Quiero decir que no podía saberlo hasta que no saliese a la mar. Pero ahora ya estoy bien; creo que me he mareado por primera y última vez —dijo el guardiamarina sonriendo como un querubín.

Fielden se dio cuenta de que los marineros disimulaban sonrisas de satisfacción. Era algo maravilloso: la honradez e inocencia del muchacho estaban desarmando completamente al comandante... Wreyford siguió mirando al guardiamarina con gesto de impotencia y soltó un nuevo gruñido.

De pronto se oyó el agudo silbido del tubo acústico. Anderson contestó la llamada.

—Puente... Sí, sí, comprendido. —Luego se volvió hacia

Wreyford—. Señor, se han soltado unas cargas de profundidad en la toldilla.

Durante unos segundos Wreyford pareció encogerse y sus ojos se nublaron. Otra nueva desgracia... Luego se irguió y dijo secamente:

—¡Señalero!

Daddy Longmore dio un paso al frente y adoptó la posición de firmes.

—Ah, Longmore... Vaya al cañón "Y". Diga al suboficial Knowles que reúna unos hombres y vea lo que puede hacer. —Luego se dirigió a Rosinsky—. Vaya usted al Control de Averías. Knowles quizá necesite ayuda. Téngame informado.

El muchacho saludó y echó a andar, encantado de tener algo que hacer.

Daddy se dirigió lentamente hacia popa, esperando el momento oportuno para avanzar y agarrándose a lo que podía cada vez que una ola rompía en cubierta. Un relámpago iluminó fugazmente los varaderos de popa y pudo ver a Eddie Nisbett y a otros dos hombres, unidos por una cuerda, tratando de asegurar las cargas que rodaban por la cubierta. Aquellos barriles pesaban lo suficiente para aplastar a un hombre.

Ya casi había llegado al cañón "Y" cuando el *Glowworm* se escoró repentinamente. Sin inmutarse, se dejó arrastar de lado por la cubierta y extendió una mano para agarrarse a las cadenas de los candeleros.

Pero en lugar de cadenas solamente había un revoltijo de cables sueltos. Al precipitarse hacia el agua dando una voltereta, Daddy emitió un ronco grito. Ossie, acurrucado con su grupo detrás del montaje del cañón "Y", oyó un débil grito distorsionado por el viento.

—¿Qué diablos ha sido eso? —Asomó la cabeza y vio los cables rotos—. ¡Dadme un cabo!

Se quitó el chubasquero. Alguien le alcanzó un cabo con una gaza, y se la pasó rápidamente por la cintura. Se metió una linterna impermeable en el cinturón y se arrastró hacia la desnuda cubierta. La dotación del cañón fue largando cabo a medida que se acercaba, centímetro a centímetro, hacia la borda. En cuanto vio las cargas sueltas comprendió cómo se había roto la cadena. Entonces pidió a Dios que no se le echase encima ninguna.

Al llegar a la borda, se tumbó de bruces y dirigió el haz de su linterna hacia abajo. Milagrosamente, Daddy había quedado enganchado en una maraña de cables rotos. Colgado allí, medio inconsciente, tenía una pierna extrañamente retorcida. Cada vez que el buque se escoraba a babor, desaparecía bajo las negras aguas; cuando se escoraba a estribor, su cuerpo se elevaba para chocar con fuerza contra el costado. Era como un guiñapo que se debatía entre la muerte por asfixia y la muerte por aplastamiento.

Ossie guardó la linterna y se arrastró hasta que su pecho quedó fuera de la borda. Una rugiente ola rompió sobre él y le cubrió durante unos segundos interminables, sumiéndole en una helada y dolorosa oscuridad; luego quiso arrancarle del buque, pero él se aferró a los cables, y el cabo de su cintura permaneció firme. Cuando pudo respirar de nuevo, extendió el brazo y logró coger el fláccido brazo derecho de Daddy. Tiró con todas sus fuerzas y trató de retroceder.

—¡Vamos, compañero! Ya te tengo cogido. Suéltate la pierna. Aparta los cables con el otro pie.

El aturdido pelele pareció comprender y comenzó a patalear débilmente. Ossie tiró con todas sus fuerzas hasta llevar la cabeza de Daddy casi hasta el nivel de cubierta. Pero la pierna continuaba enganchada. Y ahora también Ossie estaba atorado; no podía volver a cubierta si no soltaba a Daddy.

—¡No puedo hacerlo yo solo! ¡Dios! ¡Que venga alguien a ayudarme!

Rosinsky, que se dirigía hacia popa, vio a los dos hombres forcejeando junto a la cadena rota. Avanzó cautelosamente, se tendió de bruces sobre la cubierta, cogió el cabo de Ossie y se fue acercando a ellos.

Ossie gritó por encima del estruendo de la tormenta:

—¡Enróllese el cabo a la cintura! ¡Espere hasta que se adrice!

El guardiamarina asintió, dio un tirón del cabo y aguardó. La dotación del cañón largó un poco. Perezosamente, el *Glowworm* se alzó sobre una ola.

—¡Ahora! —gritó Ossie.

El muchacho se puso de rodillas y se pasó rápidamente el cabo alrededor de la cintura. El cabo se tensó de nuevo. Se tumbó en cubierta justo a tiempo, pues de pronto el buque cayó en un seno y sumergió por completo a los tres hombres. Cuando el agua se retiró, Rosinsky se arrastró hacia el costado.

—¿Puede usted desengancharle la pierna? —dijo Ossie escupiendo agua desesperadamente.

El muchacho alargó el brazo y cogió los cables que sujetaban la despellejada pierna. Le llevó más de un minuto liberarla.

—¡Ya está! ¡Tire ahora!

Con grandes esfuerzos consiguieron elevar un poco a Daddy, pero cuando se preparaban para tirar de nuevo oyeron a sus espaldas un ruido sordo que les hizo volverse. Una de las cargas se movía lentamente hacia ellos.

Inmovilizados por el terror, vieron como la carga ganaba velocidad y se precipitaba hacia ellos. Estaba a menos de tres metros cuando otra ola barrió la cubierta, sumiéndoles de nuevo en su heladora oscuridad. Cuando pudieron levantar la cabeza, vieron que la carga se había precipitado al agua dos metros a popa de donde ellos se encontraban.

Volvieron a aunar sus fuerzas y consiguieron que el tronco de Daddy asomase por encima de la cubierta. Inmediatamente Ossie le pasó un cabo bajo los brazos. En la lejanía, hacia popa, se oyó un profundo y prolongado rugido y luego se levantó una columna de espuma. La carga había hecho explosión a treinta metros de profundidad.

Lump y otros dos marineros del Control de Averías llegaron al cañón "Y" cuando su dotación comenzaba a recoger el cabo. Pero ahora había tres hombres en el otro extremo. Lump vio lo que ocurría y cogió el cabo con sus inmensas manos; dos minutos más tarde el cuerpo inconsciente de Daddy era izado cuidadosamente al montaje del cañón.

Lump cogió la cabeza del pequeño Daddy en sus brazos y le miró con infinita ternura.

—Debe de tener la pierna rota —dijo.

—Eso es lo de menos —intervino Ossie, cuyos dientes no cesaban de castañetear—. Se ha tragado medio océano y está helado hasta el tuétano. Tenemos que bajarle para que le vea Doc.

Inmediatamente dos marineros de la dotación del cañón se pasaron un cabo por la cintura y se agacharon para coger a Daddy. Los demás les ayudaron en su difícil y peligroso viaje. Lump se acercó al guardiamarina, que se hallaba acurrucado en el montaje tiritando.

—Es mejor que se quite esa ropa mojada y se ponga otra —dijo.

—Pero antes de que se vaya... —Ossie buscó en un hueco debajo del cañón y sacó un paquete envuelto en tela encerada. El guardiamarina le miró sin comprender, y Ossie le guiñó un ojo—: Mi botiquín. Una lata de carne, galletas, cigarrillos y —con tono triunfal— ¡una botella de ron! —Sacó la botella, pero le temblaban tanto las manos que no pudo abrirla.

—¡Dámela! —dijo Lump.

Descorchó la botella y se la devolvió a Ossie, quien la pasó al muchacho.

—Usted primero..., señor.

Rosinsky se presentó en el puente media hora más tarde. Wreyford y Fielden se le quedaron mirando con incredulidad. La ropa que llevaba ahora le sentaba mucho peor que la anterior. Los pantalones formaban voluminosos pliegues en los tobillos y la trenca le llegaba más abajo de las rodillas.

El comandante consiguió al fin hablar.

—Por Dios, Rosinsky, ¿no podía usted haber pedido ropa a alguien más de acuerdo con su talla? Venga conmigo.

Acompañado por el muchacho, se dirigió hacia su camarote de mar, abrió un cajón y sacó un elegante chaquetón que ofreció al guardiamarina.

Sin pronunciar palabra el muchacho se quitó la inmensa trenca y se puso el chaquetón. Con excepción de las mangas, le quedaba bastante bien... como chaquetón tres cuartas. Remangó un poco las mangas, se miró en el espejo e inmediatamente negó con la cabeza.

—No puedo quedármelo, señor... Quiero decir que está tan nuevo... Muchas gracias de todas formas.

Hizo ademán de quitárselo, pero Wreyford le interrumpió con voz seca:

—No quiero tenerle en el puente como si fuese un maldito espantapájaros! ¡Quédeselo!

—Bueno, en ese caso, señor... Es usted muy amable. Le prometo que lo trataré con cuidado. —Rosinsky se alisó el chaquetón.

Wreyford carraspeó.

—Me han dicho que ayudó a Knowles a rescatar a Longmore.

—No fue exactamente así, señor. Es que dio la casualidad de que yo pasaba por allí en ese momento, pero el suboficial Knowles ya había hecho todo lo difícil. Yo me limité a echarle una mano para regresar al cañón "Y". —Volvió a mirarse en el espejo y dijo sonriente—: ¡Ojalá que me pudiese ver así mi novia!

Wreyford le miró seriamente:

—¿Cómo se llama?

Rosinsky se volvió sorprendido y se ruborizó.

—Lily Goldman... Trabaja en una fábrica de municiones, pero está estudiando dibujo y pintura. Va a clases nocturnas. Quiere ser diseñadora de modas... cuando esto se acabe.

—¿Pinta bien?

—¡Estupendamente! No es que yo entienda ni la mitad de lo que hace, pero Lily dice que uno pinta lo que siente, no lo que ve.

—Podía convencerla para que haga las dos cosas. Que primero sienta profundamente lo que ve y que luego lo pinte.

—¡Caramba, eso merece la pena recordarlo! Le diré lo que voy a hacer: cuando regresemos la traeré para que la conozca. Entonces podrá aconsejarla usted directamente. A usted le hará más caso.

El comandante sonrió.

—Yo no confiaría en que las jóvenes hagan caso de... la vieja generación.

—Usted piensa así, señor, porque no conoce a Lily. Estoy seguro de que usted le caerá bien. —Hizo una pausa y luego añadió—: Me casaré con ella en cuanto pueda. No tiene ningún sentido esperar cuando se está seguro, ¿verdad?

—Ninguno. —Wreyford no se reconocía a sí mismo—. Bueno, tenemos que volver al puente.

—A sus órdenes, señor —dijo el muchacho al tiempo que recogía la trenca—. Si me permite decirlo, señor, me considero muy afortunado al poder servir a las órdenes de un comandante como usted. —Saludó con toda corrección y salió al puente.

Wreyford se quedó muy quieto durante más de un minuto, como perdido en su pequeño camarote.

0630 horas: *Admiral Hipper*/Mar del Norte/8 de abril de 1940

La carta no mostraba ninguna nueva señal de la situación de la flota inglesa; la última correspondía a los datos enviados por el Kondor hacía más de veinticuatro horas. Esto no era extraño, pues la inesperada borrasca había cegado a los submarinos y dejado en tierra a todos los aviones. Pero Mann, basando sus cálculos en la última situación, sabía que el *Renown* y su escolta podrían estar entrando en su zona en aquellos momentos.

—Señor, solicito permiso para enviar dos destructores en misión de descubierta —dijo von Scholtz.

—Está bien, comandante.

Era lo único que podían hacer. Si con las primeras luces del día los destructores localizaban al enemigo, el *Hipper* y su escolta podrían realizar una maniobra evasiva y tratar de pasar inadvertidos. "¡Dios, lo que daría por tener ocasión de combatir!" Pero era imposible con 1.200 hombres a bordo y 600 más en los destructores. No, no se podía hacer nada hasta después del desembarco...

Von Scholtz habló por teléfono con el oficial de comunicaciones.

—Diga al *Bernd von Arnim* y al *Paul Jakobi* que se adelanten a toda máquina.

El coronel Zeltmann, arrebujado en su capote de cuero, se paseaba por la oscurecida cubierta. La mayor parte de sus hombres estaban ahora bajo cubierta, bien desayunando —aquellos que aún tenían apetito— o bien tratando de conseguir unas horas de sueño en los abarrotados sollados. Los pocos que quedaban en cubierta no estaban precisamente en las mejores condiciones.

El coronel se les quedó mirando; aquellas eran sus tropas de asalto: unos peleles boqueantes y estremecidos de frío. ¿De qué servirían cuando llegasen a su destino? Se sentía dominado por la furia y culpaba irrazonablemente a la marina. Desde que embarcó se dio cuenta de la antipatía que le profesaba el almirante. Mann era el típico oficial superior de la marina: "un caballero de la vieja escuela". ¡No había sitio para los de su clase en el ejército del Tercer Reich!

Al acercarse a las torres de proa, el coronel se sintió aliviado al ver al sargento Neuhofer de pie, hablando con gravedad a los hombres de su patrulla de demolición. Ernst alumbraba con una linterna un mapa extendido sobre cubierta al tiempo que fumaba uno de sus gruesos y cortos cigarros. Zeltmann se escondió en la sombra y observó la escena.

Metchik, en cuclillas frente a Neuhofer, revisaba amorosamente los explosivos y detonadores sin dejar de escuchar. Schiller estaba acurrucado a su lado, tiritando, y Stummer, pálido, desmadejado y con los ojos vidriosos, aparecía sentado con la espalda apoyada en el mamparo.

—Nuestra misión consiste en volar esta casamata —explicó Neuhofer señalando un punto del mapa con su puro.

—Con lo que yo tengo, sargento, podríamos volar la ciudad entera —dijo alegremente Metchik.

—No lo dudo, cabo. Pero lo que nos proponemos es capturarla intacta. Y esta casamata es la clave.

—No lo entiendo —intervino Schiller—. ¿Para qué queremos invadir un maldito país como Noruega? El noventa por ciento cubierto de hielo...

Ernst le interrumpió con voz cortante:

—¡Un soldado no hace esa clase de preguntas! Tenemos nuestras órdenes y las cumpliremos. Y de ahora en adelante mantendrás cerrada tu maldita boca. —Luego se volvió hacia el inerte Stummer y le gritó—: ¡Y tú, Stummer, a ver si te comportas como un hombre!

Stummer se estremeció y comenzó a respirar profundamente al tiempo que trataba de enfocar su visión.

—En cuanto estemos en tierra me encontraré perfectamente, sargento, ya lo verá...

Ernst soltó una carcajada burlona y se volvió; entonces vio a Zeltmann dirigiéndose hacia ellos. Se quitó el cigarro de la boca y gritó:

—¡Atención!

Todos se pusieron de pie; Stummer se balanceaba como si estuviese ebrio.

—¿Todo bien, sargento?

—Sí, señor; sin novedad.

El coronel miró al sudoroso Stummer.

—Perfectamente; continúen.

Ernst saludó con precisión de revista y Zeltmann le devolvió el saludo y se alejó. El cuero mojado de su abrigo dejaba escapar suaves crujidos. Ese Neuhofer era un buen soldado: firme, sin imaginación, disciplinado... Y había muchos como él, muchísimos...

Madrugada: H.M.S. *Glowworm*/Mar del Norte/8 de abril de 1940

Al contemplar a través de los prismáticos el temprano amanecer, los cansados ojos de Wreyford sólo distinguían la desolación de las olas y los remolinos de aguanieve. Ni rastro del *Renown* y los destructores. Se quitó los prismáticos de los ojos y Fielden no pudo ver expresión alguna en su cara.

—Bueno, esto se acabó, David. Hemos perdido contacto con el resto de la flota.

—Habrá que oír al almirante, señor. Nos dio una hora —dijo Fielden, tratando de ocultar la amargura que sentía.

—¿Y qué demonios puede decir? El fue quien nos hizo salir con el buque en estas condiciones.

"Oh, Dios mío, otra vez la misma historia..."

—Parece que la tormenta está amainando, señor. Todo lo que tenemos que hacer es seguir navegando en zigzag. Con un poco de suerte le encontraremos.

Wreyford hizo una mueca y contempló el oscuro cielo.

—Estamos dentro del Círculo Polar Artico. Volverá a arreciar en cualquier momento.

Fielden no pudo contener su rabia y su desprecio.

—¿Qué hacemos entonces, señor? ¿Dar la vuelta e irnos a casa?

Wreyford habló con su tono habitual, entrecortado y calmoso:

—Escuche, David, no tenemos forma de saber exactamente nuestra posición, pero debemos de estar a menos de sesenta millas de la costa noruega. Nosotros solos no podemos acercarnos más. —Golpeó con los dedos el informe de averías—. Y mucho menos en estas condiciones.

Tendió el informe a Fielden.

—¡Ya lo he visto! —rechazó este casi groseramente.

Wreyford permaneció en silencio durante unos segundos. Por fin dijo:

—Si no avistamos a la flota dentro de quince minutos, volveremos a la base. Vaya a trazar el rumbo, por favor.

Fielden no se movió.

—No podemos hacer eso, señor.

El comandante le miró con el ceño ligeramente fruncido.

—¿Qué propone usted? Después de una noche como la que hemos pasado, también ellos pueden estar fuera de rumbo, y desde luego no podemos romper el silencio de radio. Por favor, trace el rumbo.

Fielden vaciló un momento; luego dio media vuelta y se metió apresuradamente en la cámara de derrota. Cogió el transportador y un lápiz, y nada más apoyarlo sobre la carta rompió la punta. Empezó a jurar y maldecir en voz alta.

Wreyford le oyó, al igual que todos los que estaban en el puente. El comandante entró en la cámara de derrota, corrió la pesada cortina y se acercó a Fielden.

—David, es otra jugada del gafe —dijo con voz cansada—. El gafe particular del *Glowworm*.

—¿De veras, señor? —Su tono era acusatorio, y tan cortante como la navaja con la que estaba sacando punta al lápiz.

—¿Qué quiere decir? —preguntó Wreyford ofendido—. No estará pensando que me gusta dar la vuelta, ¿verdad?

—No lo sé, señor. ¡Le juro que no lo sé!

Wreyford rodeó la mesa; a la verde luz, su cara tenía un aspecto pétreo.

—Creo que hará mejor en explicarse.

Fielden dejó de afilar el lápiz.

—¡Maldita sea! ¡Claro que voy a hacerlo! ¿Por qué es siempre nuestro barco el que da la vuelta antes de que empiece el combate? ¿Es el barco... o es usted?

—¡Dios mío, David! ¿Sabe lo que está diciendo?

Pero ya no podía detener a Fielden.

—Usted le llama mala suerte, gafe. Es posible que fuese verdad antes, pero ¿y ahora? ¿Fue mala suerte lo que nos hizo volvernos en plena noche para realizar una búsqueda inútil?

—Teníamos que intentarlo... ya se lo dije. —La voz de Wreyford temblaba de ira—. ¿Se atreve a insinuar que fui yo quien lo planeó todo? ¿Cree que fui yo quien empujó a ese hombre al agua? ¿Que fui yo quien tiró el giroscopio? ¿Que fui yo quien destrincó las cargas?

El asombro de Wreyford era tan patente que la rabia de Fielden se desvaneció. Inclinó la cabeza y dijo:

—No, no... Lo siento. Es posible que tenga razón. Puede que sea el *Glowworm* quien rehuya el combate... Pero usted se somete a él con demasiada facilidad. ¡Qué demonio! ¡Olvidémoslo!

Al levantar la cabeza vio la desesperanza y la confusión que había sembrado en el corazón de Wreyford. El comandante estaba considerando algo en lo que antes ni siquiera se había atrevido a pensar.

—Mi comandante, barco por la amura de babor.

La voz de Rosinsky, desde el puente, sonaba clara, firme, juvenil. Aquello rompió la tensión. Wreyford volvió apresuradamente al puente y Fielden lo siguió.

—¡Babor dos-cinco, señor! —cantó la voz del guardiamarina.

El comandante enfocó con los prismáticos una diminuta mancha oscura. A su lado, Anderson y Fielden graduaban sus prismáticos.

—Destructor —dijo Wreyford con calma.

Los marineros que se encontraban en el puente sonrieron satisfechos. Al fin habían restablecido el contacto. Pero los oficiales, con expresión grave, seguían enfocando el destructor.

—¡Dos destructores! —anunció de pronto Anderson.

Casi inmediatamente, Fielden descubrió otra manchita a la derecha de la primera. Los dos buques se dirigían hacia el este, cruzando el rumbo del *Glowworm*.

—Sí —dijo Wreyford en voz baja—. Dos destructores... pero... —Se interrumpió y bajó lentamente los prismáticos.

—¡Pero no son nuestros! —concluyó Fielden.

Tras un momento de silencio, Wreyford ordenó secamente:

—Pida que se identifiquen.

El señalero de guardia se dirigió al alerón de babor y al momento comenzó a accionar la lámpara con sus manos enfundadas en mitones. Wreyford se rascó el muslo cuando el primer destructor inició la respuesta.

—Sueco —leyó en voz alta.

—¡Diez a uno a que es mentira, señor! —dijo Fielden con repentina urgencia.

Wreyford tenía el rostro ceniciento. Abrió la boca para hablar, cambió de parecer y volvió a enfocar con los prismáticos los lejanos buques. Cuando sus contornos se hicieron más nítidos vio dos fogonazos, y un momento más tarde todos oyeron el zumbido de los proyectiles por el aire.

—Diez a babor. Avante toda. ¡Zafarrancho de combate!

La orden, como un acto reflejo, surgió de Wreyford firme y clara. Instantes después, mientras los proyectiles enemigos aún cruzaban el aire, comenzaron a resonar en el *Glowworm* los timbres de alarma y toda la dotación se puso en movimiento. El destructor viró y comenzó a aumentar las revoluciones, y los proyectiles hicieron explosión en el agua, a unos treinta metros de su costado de estribor, levantando blancas columnas de espuma. El buque se elevó en la superficie del mar como si tratase de esquivar la acometida. Ya una segunda descarga aullaba en las alturas.

En la enfermería, situada muy por debajo de la línea de flotación, Daddy Longmore yacía medio inconsciente a causa de las drogas; a pesar de ello, el pánico se apoderó de él cuando oyó la explosión de la segunda descarga y sintió elevarse nuevamente el buque; era el miedo que siempre le había invadido al pensar que pudiera quedar atrapado bajo la cubierta de un buque que se hunde. *Tenía que subir a cubierta como fuese...*

Comenzó a incorporarse en la litera, pero su pierna escayolada le pesaba tanto como una bola de presidiario. Se dejó caer en la litera, jadeante, mientras una tercera descarga se acercaba al buque con un aullido.

Los timbres sonaban sin cesar. En la D.T., los marineros de Campbell suministraban a su equipo la información que recibían del puente: deriva, distancia estimada, rumbo y velocidad del blanco. El equipo proporcionaba automáticamente datos que se pasaban a los artilleros. Campbell, con los ojos doloridos y la cabeza dándole vueltas, pedía a Dios que no se averiase.

En la toldilla, Ossie Knowles tenía en sus puestos a los experimentados servidores de su cañón: los cargadores, preparados para pasar la munición; el apuntador, manteniendo la manecilla precisamente sobre el indicador del director automático de tiro.

Ossie renegó, y Jim Campbell renegó, cuando una nueva descarga hizo explosión cerca de la amura de babor, escorando el buque hasta sumergir su obra muerta. Daddy Longmore renegó al ser lanzado contra la barandilla de la litera. Y Fielden se oyó renegar cuando la espuma chocó contra el cristal del puente y vio que Wreyford permanecía impasible, aferrando los prismáticos que le colgaban del cuello. "¿Qué demonios estará esperando? ¡La próxima descarga puede hacernos saltar en pedazos!" Se acercó al comandante y le cogió de un brazo:

—¡Señor, por el amor de Dios!

Wreyford se estremeció e hizo una profunda inspiración.

—¡Abran fuego! —dijo. Su voz era un ronco murmullo que solamente Fielden oyó. Inmediatamente carraspeó y repitió con su tono acostumbrado—: ¡Abran fuego!

El cañón "Y" de Ossie fue el primero en disparar; le siguió el cañón "B", al mando de Bunty Baker y en el que Tinker Bell sonreía excitado mientras pasaba los proyectiles. Los cañones "A" y "X" sólo se demoraron unos segundos. El *Glowworm* pareció incendiarse cuando los cuatro cañones del 4,7 comenzaron a disparar rítmicamente. Una cuarta descarga enemiga hizo explosión a escasos metros de la popa, pero todavía no habían sufrido daño alguno.

Rosinsky, con los prismáticos fijos en los adversarios, vio una enorme llamarada en el destructor más cercano.

—¡Un impacto, señor! —chilló.

Wreyford y Fielden se llevaron rápidamente los prismáticos a los ojos y vieron el resplandor del fuego en el destructor enemigo. Y mientras miraban, los dos destructores dejaron de disparar y viraron. Fielden no podía creerlo: ¡se retiraban!

En la popa del buque más cercano podía verse claramente la bandera nazi. Nuevas descargas explotaron alrededor de los buques alemanes; pero estos, gracias a su mayor velocidad, se alejaron rápidamente hacia el norte hasta esfumarse en la bruma.

Wreyford bajó los prismáticos; aunque ceñudo, parecía mucho más calmado.

—¡Alto el fuego! —ordenó.

Fielden se acercó a él con ojos relucientes.

—Uno de ellos está gravemente averiado, señor. ¡Podríamos darle alcance!

—No.

El monosílabo apagó bruscamente el entusiasmo de Fielden.

—Pero... no podemos dejarles escapar...

Wreyford estalló inesperadamente:

—¡He dicho que no! ¡Maldita sea, David, no lleve las cosas demasiado lejos! ¡Convoque una reunión de oficiales!

Fielden quedó boquiabierto.

—¿Una reunión de oficiales? ¿Ahora?

—Ahora mismo.

Fielden, desconcertado, se alejó para cumplir la orden. Estaba casi seguro que desde los tiempos de Isabel I ningún comandante inglés había ordenado una reunión de oficiales con el enemigo tan cerca. Una decisión absurda, una imperdonable pérdida de tiempo...

Campbell, pálido y aturdido, llegó el último. Cuando Wreyford contestó su saludo, le dijo secamente:

—Junte ese pulgar, Campbell; no está usted haciendo auto-stop.

Los demás oficiales le miraron incrédulos, y Fielden tuvo que agachar la cabeza para ocultar su desesperación. "¡Dios mío, en un momento como este!" Trenton cambió una mirada furtiva con Anderson, y los ojos de Doc brillaban de ira.

Wreyford les dio la espalda y miró hacia la dirección en que había desaparecido el enemigo. Se apretó la pierna derecha con tal fuerza que se hizo daño, pero no sirvió de nada: el temblor era demasiado intenso, y el comandante tenía miedo de que los demás lo notasen.

—Caballeros, hemos de tomar una decisión. —Habló reflexivamente, como si no se hubiese dado cuenta de las sospechas y la hostilidad de sus oficiales—. Primero, creo que debemos repasar algunos hechos... La mayoría de los hombres no han dormido en más de treinta y ocho horas. El tiempo no tiene trazas de mejorar, así que no podemos seguirles. —Se detuvo; hubo algunos débiles murmullos de asentimiento—. Y todos conocemos las condiciones del buque... —Se volvió para mirarles, como desafiándoles a contradecirle, pero nadie habló—. Muy bien. Ahora, caballeros, debemos hacernos una pregunta: ¿por qué se ha retirado el enemigo? Eran dos y sabían que estábamos solos. Trenton, ¿por qué cree usted que se retiraron?

Harry, que aún vestía su sudada ropa de faena y llevaba la guerrera sobre los hombros, se aclaró la garganta y dijo con voz ronca:

—Solamente puede haber una razón. Por ahí debe de andar oculto algún buque de línea y quieren atraernos hacia él.

Se produjo un largo silencio; todos permanecían inmóviles y preocupados. Wreyford asintió solemnemente.

—Exacto. Por tanto, debemos elegir entre una serie de acciones. En primer lugar, podemos romper el silencio de radio ahora mismo y alertar al *Renown* y a los otros.

Campbell salió de su letargo.

—Pero señor, el enemigo interceptará nuestra comunicación —dijo con voz ronca.

Wreyford le miró fijamente y por primera vez se dio cuenta de su estado.

—Eso es... e inmediatamente realizará una acción evasiva. Está bien, pasemos a la segunda solución. Podemos continuar hacia Narvik con la esperanza de encontrar el resto de la flota y enviar una advertencia mediante señales visuales.

—¡Pero eso nos llevaría horas! —estalló Trenton—. Y mientras nosotros andamos buscando a la flota, el enemigo puede escapar tranquilamente.

Wreyford sostuvo su furiosa mirada.

—Exacto. —Hizo una pausa y continuó—. Ganaríamos tiempo dando la vuelta y regresando a la base.

Sus palabras fueron acogidas con un silencio de incredulidad. Fielden sonrió con amargura y se dirigió hacia el alerón.

Wreyford no pareció notar el despectivo gesto de su segundo.

—Dentro de tres horas habríamos salido de estas aguas, y entonces podríamos arriesgarnos a enviar un radio cifrado. Aunque el enemigo lo interceptase, no lo relacionaría necesariamente con nosotros.

Fielden se volvió con los ojos llameantes y los puños crispados, perdida ya la paciencia y la discreción.

—¿Y qué diría usted en el radio, comandante? ¡Santo Dios, puede que estemos dejando pasar un convoy de tropas! ¡Quizá una fuerza de invasión! ¡Nuestra obligación es averiguarlo! ¡Lo antes posible!

—¿Propone que vayamos tras ellos? —preguntó Wreyford con una fría mirada—. ¿Un destructor contra... sabe Dios qué?

—¡Sí, señor! ¡Precisamente eso! Yo creo que debemos aceptar el riesgo... y supongo que todos estarán de acuerdo conmigo. —Y temerariamente añadió—: Por desgracia no podemos someterlo a votación. ¡Usted es el que manda!

—¡Comprendo muy bien la situación! —repuso secamente Wreyford, mirando a sus oficiales—. Si he convocado esta reunión ha sido precisamente para conocer sus opiniones.

—No hay tiempo para discutir el asunto, señor. Los destructores enemigos se alejan mientras nosotros perdemos el tiempo aquí. —Fielden trató de calmarse y avanzó hacia el comandante—. En el nombre de Dios, vamos a ver qué es lo que hay allí. Y causemos todo el daño que podamos... antes de que nos hundan.

Se oyó un murmullo, y Wreyford, al ver la decisión reflejada en el rostro de sus oficiales, notó que la voz se le quebraba.

—Se dan ustedes cuenta... de que tal vez nunca logremos atravesar la escolta de destructores.

El joven guardiamarina se adelantó y dijo serenamente:

—A pesar de todo, señor, debemos intentarlo. Eso es lo que está usted tratando de decir, ¿verdad? Y yo estoy completamente de acuerdo con usted, señor.

Wreyford se sintió derrotado. No sabía qué decir. "¡Dios mío, qué inocencia, qué increíble inocencia!", pensó. Luego bajó la mirada hacia la pequeña figura vestida con aquellas ridículas ropas, y cuando vio la ilusión reflejada en sus juveniles facciones su expresión cambió. Aquella desnuda sencillez —"¡Debemos intentarlo!"— lo decidía todo. Se dirigió al micrófono.

—Atención, por favor. Les habla el comandante.

Por todo el barco los hombres quedaron inmóviles, mirando hacia los altavoces.

—Vamos a ir tras ellos. Como no conocemos la magnitud de sus fuerzas, nuestra misión consistirá en determinarla, identificar su buque insignia y enviar una advertencia a nuestras unidades. Para conseguirlo tendremos que abrirnos paso a través de la escolta de destructores. Ya hemos averiado uno con una insuperable acción artillera.

Ossie examinó las caras de su dotación, ladeó la cabeza e hizo un guiño. Algunos sonrieron, pero otros eran demasiado jóvenes y parecían desconcertados.

—Podemos dar su merecido a los otros barcos. Sé que cada uno de ustedes cumplirá con su deber.

Bill Truman, en el cuarto del sonar, balanceaba su silla mientras escuchaba. "La patria lo espera, ¿eh?", pensó. "Bueno, allá vamos de cabeza hacia nuestras condenadas tumbas."

—Esta no es ni mucho menos la primera vez que hemos salido con unidades de la flota y hemos terminado solos. Pero hoy las cosas son diferentes. Al *Glowworm* se le presenta la oportunidad de demostrar lo que puede hacer cuando se encuentra a solas con el enemigo. Sé que no me defraudarán.

Los altavoces enmudecieron. El tiempo pareció detenerse; nadie se movió ni habló. Todo el barco, excepto por el latido de su propio corazón quedó en silencio. Y de pronto se rompió el hechizo; los hombres empezaron a moverse y a iniciar los preparativos para el inminente combate.

En la enfermería, Daddy volvió a pedir ayuda; pero no recibió respuesta. Se agarró al borde de la litera, apretando las mandíbulas para soportar el dolor. Al fin consiguió alzarse por encima de la barandilla, cayó pesadamente sobre la cubierta y empezó a arrastrarse hacia la escala.

En el cuarto de máquinas, Wally Hobson, el corpulento marino especialista, sorbió ruidosamente de un cacharro de agua fría y se echó por la cabeza lo que sobraba. Luego se dirigió hacia su puesto para vigilar los manómetros.

Ossie, que se encontraba junto al cañón "Y", oyó un agudo silbido y se dirigió hacia proa. Bunty Baker, del cañón "B", le esperaba al socaire de los tubos lanzatorpedos, situados a medio camino entre sus respectivos cañones. Encendió dos cigarrillos tras varios intentos, ofreció uno a Ossie y dijo:

—Creo que al fin vamos a salir de dudas respecto al patrón.

—Sí, yo también lo creo —contestó Ossie, mirando hacia la enorme extensión de agua heladora y encrespada—. ¿Qué es lo que habrá allí delante?

—Sea lo que sea, es mayor que nosotros —repuso Bunty—. No tenemos ninguna probabilidad. Estamos completamente solos —dijo despreocupadamente.

—Ninguna probabilidad —repitió Ossie como si se tratase de una letanía del oficio de difuntos.

—Sólo quería desearte buena suerte.

—Suerte, compañero —dijo Ossie, y estrechó la mano que le tendía Bunty. Luego ambos regresaron a sus respectivos cañones.

TERCERA PARTE

LA BATALLA

0735 horas: H.M.S. *Glowworm*/Mar del Norte/8 de abril de 1940

El destructor de Su Majestad *Glowworm,* un punto diminuto en la inmensidad de las desoladas y tormentosas aguas del Mar del Norte, navegaba a toda máquina con rumbo nordeste en persecución de su presa. Había tragado el anzuelo y se dejaba conducir hacia su propia destrucción.

Wreyford estaba situado en el centro geométrico del puente, y Fielden se movía inquieto a su alrededor. Rosinsky había sido destinado a la sección de Control de Averías.

Una vez tomada su decisión, el comandante parecía tan tranquilo y confiado como si se tratase de un ejercicio rutinario. Se acercó a la pantalla de visión clara y estudió las tumultuosas aguas que se extendían a proa.

—Los submarinos no podrán atacarnos con este tiempo —comentó—, pero a nosotros tampoco nos será fácil disparar nuestros torpedos.

Fielden asintió gravemente mientras se esforzaba en ver a través de los remolinos de aguanieve.

—¿Y si nuestros torpedos no funcionan? —preguntó—. Es indudable que nos encontraremos ante una artillería infinitamente superior a la nuestra.

—Entonces —contestó Wreyford— trataré de abordar a su buque insignia.

Sí, naturalmente, esa era la respuesta que cabía esperar: "*Colisiones*" *Wreyford*... ¡Sólo que esta vez no sería una barcaza de carbón ni el espigón de un muelle! Esta vez se proponía llevar al *Glowworm* hasta las entrañas del buque insignia enemigo... Estaba planeando un suicidio. En la guerra naval moderna existe una ley tan imperativa como la de la gravedad: "Dios está del lado de la flota mejor artillada".

Sin embargo, Fielden estaba convencido de que era la única decisión honorable que podían tomar. "Localizar, identificar, combatir, destruir", esa era la consigna. Maravillado, analizó el tenso rostro del comandante; no pudo descubrir el menor asomo de duda o renuencia. Al fin este hombre había decidido cruzar su Rubicón; ya no había regreso posible.

—¿Está usted de acuerdo con mi plan, David? —preguntó el comandante.

—Sí, siempre que enviemos un mensaje en cuanto hayamos evaluado sus fuerzas. —Después, en voz baja, añadió—: "Ningún comandante cometerá un error si sitúa su buque al costado del enemigo".

Al escuchar las palabras de Nelson, Wreyford sonrió agradecido. Luego volvió a mirar hacia proa y dijo con voz que sólo Fielden oyó:

—"Haz aquello que temes hacer y el temor se desvanecerá como por ensalmo."

Doc y sus ayudantes estaban atareados convirtiendo en quirófano de emergencia la cámara de oficiales. La mesa destinada a las comidas era ahora mesa de operaciones, y sobre el mostrador del bar estaban alineados el equipo de transfusiones, los esterilizadores y el instrumental.

Daddy Longmore, con los dientes apretados para combatir la crenciente debilidad, subía centímetro a centímetro por la escala arrastrando su pierna destrozada. De cuando en cuando se paraba para recobrar el aliento y pedir ayuda, pero nadie le oía: todos estaban en sus puestos de combate.

En el sollado de proa, Lump y otros dos marineros estaban lampaceando el agua embarcada. Se oyeron unos ruidosos pasos en la escala y apareció Rosinsky, procedente del Control de Averías; Lump se incorporó al instante y sonrió amistosamente.

—Dejen eso —ordenó el guardiamarina con voz firme—. Necesitamos más hombres en las brigadas contra incendios. Vengan por aquí.

Todos le siguieron inmediatamente.

En el puente, el comandante se dirigió nuevamente a Fielden:

—¿Se ha dado cuenta de que Campbell está mareado?

—Sí, pero hará su trabajo. Ya consiguió un impacto en aquel alemán.

El comandante suspiró, y sus ojos se volvieron vidriosos al evocar pasadas acciones.

—¿Recuerda aquel transporte en el Mediterráneo, David? Iba tan cargado como un barco negrero. Siete mil hombres... siete mil. ¡Y nosotros podíamos haberlo salvado! Aquellas lanchas torpederas tuvieron que pasar rozando nuestra proa.

—Es posible. Pero olvida usted que no había luna. Era una noche tan negra...

El comandante, sin embargo, continuó como si no le hubiese oído:

—Nuestro serviola de proa debiera haberlas visto... si hubiese estado alerta en lugar de vomitando las entrañas. ¡Más de dos mil vidas perdidas sólo porque un hombre estaba mareado!

—Señor, hay muchos hombres que se marean pero cumplen con su deber —dijo Fielden en voz baja—. Y estoy seguro de que Jim cumplirá con el suyo.

Wreyford le dirigió una mirada escrutadora y la expresión de tristeza se borró de su rostro.

—Sí, yo también lo creo. Todos cumplirán con su deber.

Luego, ante el asombro de Fielden, comenzó a recitar:

"Liberados del amor a la vida,
de la esperanza y del temor,
elevamos nuestras humildes gracias
a los dioses que el mundo rigen
porque los hombres no sean inmortales,
porque los muertos no resuciten jamás,
porque hasta el más cansado de los ríos
encuentre su eterno descanso en la mar."

—¿Es de Swinburne?

—No lo sé —confesó Wreyford—. Es un poema que solía recitar mi padre. Era un hombre triste, pesimista, resignado ante la inhumanidad del hombre para con el hombre, pero siempre dispuesto a amar a sus semejantes. —De pronto golpeó con los puños la pequeña repisa que había ante él, haciendo tintinear los teléfonos—. ¡Maldita sea, David, era la persona más buena que he conocido! Ni siquiera podía soportar el pensamiento de que alguien sufriese. Siempre tenía una frase cariñosa hasta para el más empedernido de los malhechores. —Hizo una pausa y prosiguió con voz de hastío—: Era un loco, David. Un loco amable y encantador; un hombre irresistible. Muchos de sus pensamientos, demasiados, hicieron mella en sus hijos: una pésima preparación para el mundo en que vivimos. Creo que yo me hice marino cuando murió como una especie de desafío... por haberme anulado, por haberme herido con su bondad. ¿Me comprende usted?

—Sí, creo que sí.

—Entonces sabrá por qué no encajo aquí. Soy un oficial de tiempo de paz que se ha visto atrapado en una guerra.

Fielden sintió una punzada de remordimiento.

—A ningún hombre cuerdo le gusta la guerra, Garry. —El familiar diminutivo se le escapó sin querer.

—¡Entonces el mundo debe de estar gobernado por locos!

—Wreyford inclinó la cabeza—. Tenía usted razón; soy un maldito cobarde.

—¡Yo no dije eso! —replicó inmediatamente Fielden, profundamente avergonzado.

—Lo leí en sus ojos, David. Pero no se preocupe. ¡Dios, cómo me gustaría hacer unas cuantas preguntas a los hombres que nos metieron en esto! —Wreyford miró a Fielden con ojos tristes y le tocó el brazo—. No se preocupe tanto, David, pronto estaré bien. Lo peor fue tomar la decisión.

Siguió un prolongado e íntimo silencio. Los dos oficiales volvieron a sus puestos para mirar hacia proa, y a los pocos minutos la cortina de aguanieve se hizo menos densa. Por babor, a menos de dos millas, un destructor enemigo se dirigía hacia ellos por la montaña rusa de las olas. Wreyford bajó los prismáticos, cerró los ojos e hizo una profunda inspiración.

—¡Quince a babor! ¡Abran fuego! —ordenó.

El *Glowworm* y el *Paul Jakobi* abrieron fuego casi simultáneamente. A los veinte segundos el fuego automático de Campbell había conseguido un impacto en la popa del enemigo. Pero instantes después el *Glowworm* recibió un impacto directo en la D.T. La explosión barrió la pequeña cámara y Campbell se vio lanzado contra la cubierta, envuelto en una inmensa ola de calor. El aire se llenó de un humo acre y asfixiante que le hizo jadear desesperadamente. Sus ojos empezaron a lagrimear, y los gritos de los heridos asaltaron sus oídos y paralizaron su cerebro. Medio cegado, consiguió levantarse, se limpió los ojos... y vio que el compartimiento se estaba inundando. Un agua oleaginosa comenzaba a subir por los mamparos, formando remolinos entre los retorcidos y convulsos cuerpos de sus hombres. Se dio cuenta de que su ropa estaba hecha jirones y de que sangraba por un corte en la frente, pero no sentía dolor alguno.

Luchó contra el aturdimiento y el pánico y examinó el caos: todo el equipo había quedado reducido a un revoltijo de piezas destrozadas. El agua, que continuaba subiendo, ya le llegaba hasta los muslos.

Se acercó chapoteando hasta el transmisor, rogando a Dios que funcionase, y dijo con voz áspera:

—¡Tiro a discreción! ¡Tiro a discreción! ¡Den el enterado! ¡Den el enterado!

Con la dirección de tiro inservible, los cañones del 4,7 habían quedado sin cerebro; tenía que comunicar a los artilleros que debían actuar por su cuenta.

Esperó apoyado en el destrozado escritorio, respirando dificultosamente mientras el agua helada le subía lentamente hasta la cintura. Cuando volvió a alzar el micrófono vio a Kernohan avanzando hacia él, balbuciendo y lloriqueando, haciendo desesperados esfuerzos por mantener su cara ensangrentada fuera del agua. Campbell se acercó a él y extendió el brazo.

Sintió que una mano se aferraba a los jirones de su ropa. Rodeó al hombre con el brazo.

—Todo irá bien. Ya te tengo, todo irá bien.

Volvió penosamente al micrófono para tratar de comunicar con los jefes de pieza, sin dejar de abrazar a Kernohan como si se tratase de un niño desvalido. Uno a uno, de forma casi inaudible en medio del fragor de la batalla, los puestos fueron dando el enterado.

—¡Cañón "A" en tiro local! ¡Cañón "A" en tiro local!

El agua le llegaba ya a la altura del pecho y Kernohan, aferrándose a él con más fuerza, comenzó a lloriquear de nuevo. Campbell le sacudió y le gritó con inexplicable furia:

—¡Cállate, imbécil!

—¡Cañón "B" disparando a discreción!

—¡Cañón "X" en local, señor!

—¡Cañón "Y" sin novedad, señor! ¡Disparando a discreción! —La voz de Knowles sonaba remota pero segura.

Y entonces se apagaron las luces.

—¡Señor!

Fielden estaba señalando hacia proa, y su voz tenía un tono agudo y urgente. Wreyford se volvió al instante. Hacia estribor, un segundo destructor salía de detrás de la cortina de granizo. Sus cañones hicieron fuego, y a unos ochenta metros a proa se alzaron blancas columnas de espuma. La trampa se iba cerrando.

—Comiencen a lanzar humo —ordenó Wreyford sin perder la calma—. Veinte a estribor.

El *Glowworm* viró a estribor, y de la chimenea de popa empezó a brotar una columna de espeso humo negro que fue a posarse sobre la blanca estela. Ahora toda la superficie del mar alrededor del *Glowworm* estaba sembrada de blancos surtidores: el fuego cruzado se acercaba al objetivo.

Los servidores de los cañones del destructor inglés devolvían el fuego incesantemente. Los cañones "A" y "B" habían girado para cubrir al nuevo atacante, mientras los "X" e "Y" continuaban disparando contra el *Paul Jakobi*.

Las bajas de la Dirección de Tiro se trasladaron al improvisado quirófano. Doc comenzó a ocuparse de ellos con rapidez y destreza; con sus grandes y peludas manos restañaba la sangre mientras de sus labios manaba un furioso rosario de maldiciones en gaélico.

Campbell se presentó en el puente tambaleándose, blanco como el papel y tapándose la herida de la frente con un pañuelo ensangrentado.

—Señor, la D.T. ha recibido un impacto directo. Todos los cañones están en tiro local.

—De acuerdo —repuso Wreyford sin inmutarse—. ¿Está usted bien?

Campbell, todavía aturdido, asintió. Wreyford se volvió inmediatamente para observar el otro destructor, identificado como el *Bernd von Arnim*, que se encontraba casi exactamente en su proa. Wreyford se dirigía en línea recta hacia él para tratar de detenerlo o disminuir su andar, mientras quedaba a cubierto del otro buque enemigo por la cortina de humo.

Durante noventa interminables segundos los dos destructores, sin dejar de lanzar proyectiles, se dirigieron a toda máquina el uno hacia el otro. De pronto, en rápida sucesión, dos inmensas lenguas de fuego brotaron de la toldilla del enemigo. El destructor se escoró y viró, presentando su costado a los artilleros ingleses. Wreyford mantuvo el rumbo durante otros sesenta segundos y vio como otro impacto abría un tremendo boquete en el costado del *Bernd von Arnim*. Por el momento el destructor alemán ya no combatiría más.

—Paren el humo. Toda a estribor.

El *Glowworm* viró hacia su propia cortina de humo. Al cesar el fuego, se oyó por todo el barco un extraño ruido, un ruido que no se había escuchado en aquel buque desde hacía muchísimo tiempo. Los hombres estaban lanzando a todo pulmón gritos de alegría.

Fielden miró al comandante y vio que tenía los ojos húmedos y brillantes; pero su expresión reflejaba una dolorosa tristeza. Wreyford navegó al amparo de la cortina de humo durante tres minutos sin que el *Paul Jakobi* diera señales de vida.

—Vamos a echar un vistazo. Veinte a babor.

Comenzaron a atravesar la cortina de humo, y antes de llegar al otro lado empezaron a virar de nuevo a estribor para no estar a la vista del enemigo más que unos segundos. El humo se hizo menos denso, la luz aumentó y se encontraron al descubierto. Allí, a menos de mil metros de su aleta de babor, estaba el *Paul Jakobi*. Avanzaba a toda máquina en sentido contrario, mientras desde el puente la lámpara de señales lanzaba destellos hacia algo que se encontraba muy alejado en dirección sudeste.

Se produjo un rápido intercambio de fuego, pero antes de que ambos buques pudiesen encontrar la distancia el *Glowworm* ya se había internado en la negra cortina de humo. Al llegar al otro lado el comandante dijo gravemente a Fielden:

—Estaba enviando mensajes al grueso de su fuerza.

—Sí, seguramente para pedir ayuda. Si logramos hostigarle un poco para retenerle, quizá podamos atraer a su buque insignia.

Wreyford estaba extrañamente sereno.

—Eso mismo estaba pensando yo. Si jugamos al escondite saliendo de la cortina y ocultándonos rápidamente... Encárguese de que los suboficiales de los cañones comprendan lo que nos proponemos hacer.

Mientras Fielden se dirigía hacia los teléfonos acústicos, Wreyford llamó a Campbell:

—Campbell, vamos a reservar los torpedos para el grandullón. Haga el favor de comprobar ahora mismo todos sus sistemas de puntería y comunicación. Con esta mar la cosa se complica, de modo que quiero que sea usted mismo quien los dispare.

El ceniciento y maltrecho Campbell se irguió y se alejó tambaleándose.

0800 horas: *Admiral Hipper*/Mar del Norte/8 de abril de 1940

El buque de línea alemán navegaba hacia el norte en medio de la borrasca, abriéndose paso a través de las montañosas olas. En la toldilla, un marinero embozado en una bufanda picaba las horas en la campana del buque. El viento, al transportar las campanadas, les daba un tono lúgubre y fantasmal.

Al cálido abrigo del enorme puente, el almirante Mann acababa de leer el mensaje del *Paul Jakobi* solicitando ayuda. Se dirigió a grandes zancadas hacia el planero. Von Scholtz, Stenz y otros oficiales se agruparon a su alrededor. El coronel Zeltmann, aunque algo apartado, escuchaba con atención. Stenz marcó la posición del combate sobre la carta: unas quince millas al noroeste de la situación del *Hipper*. Mann, pensativo, tamborileó con los dedos sobre el planero. De pronto dio un manotazo sobre la carta.

—El buque enemigo debe de pertenecer a la escolta de ese crucero pesado. Estará en misión de exploración, así que los demás no pueden andar muy lejos. —Sus ojos se achicaron, y con voz vibrante de excitación añadió—: ¡Vamos a virar y a tratar de establecer contacto!

Todos se miraron preocupados, hasta que von Scholtz preguntó:

—¿Antes de desembarcar las tropas, señor?

—No tenemos otra solución, comandante. Si los ingleses se encuentran tan cerca, pueden sorprendernos y atacar mientras estamos en pleno desembarco. No quiero correr ese riesgo.

Von Scholtz asintió. Mann volvió a su silla de navegación, los oficiales se dirigieron hacia sus puestos y Stenz se ocupó de trazar sobre la carta el nuevo rumbo.

Zeltmann, con mirada torva, permanecía en silencio. Había notado las ganas que Mann tenía de combatir y la muda y unánime respuesta de los oficiales más jóvenes. "¡Maldita sea la marina!", pensó. "¡Malditos buscadores de gloria! Solamente les importa su guerra privada; la totalidad de la operación les tiene sin cuidado. Y tampoco piensan en mis hombres, ni en lo que tendrán que soportar en una batalla naval. ¡Si no consigue desembarcar a mis tropas según el plan previsto, por Dios que he de ver a Mann degradado y destituido!"

Cuando el gigantesco buque tomó el nuevo rumbo, los soldados que se hallaban en cubierta y no estaban demasiado mareados para notar nada vieron como los inmensos cañones aumentaban su elevación y giraban hacia el oeste. Algo se salía de los planes, y presintieron el peligro. Dejaron de jugar a las cartas o leer revistas y se congregaron en la banda, desencadenando una babel de conjeturas.

Stummer se sentía demasiado débil y Schiller demasiado aterido y enfermo para moverse del rincón donde se encontraban envueltos en mantas, pero Metchik se unió a Ernst y oteó el brumoso horizonte.

—¿Qué pasa? ¿Por qué estamos virando? —preguntó el cabo.

—¿Cómo quieres que yo lo sepa? —refunfuñó Ernst—. ¿Cómo está Stummer?

—Creo que mejor.

Ernst soltó un gruñido y, frunciendo el ceño, contempló el mar. El suboficial Hart, corpulento y risueño, avanzó sin dificultad alguna por la movediza cubierta. Ernst se volvió.

—¿Por qué hemos virado? —preguntó—. ¿Estamos ya cerca del lugar de desembarco?

Hart negó con la cabeza.

—No. Estamos alejándonos de la costa.

Metchik y Ernst, visiblemente intranquilos, volvieron a mirar hacia el oeste. Hart comenzó a liar un cigarrillo. Unos minutos después el horizonte de la mar pareció oscurecerse aún más, hasta que apareció una línea oscura entre el agua y el nublado cielo.

—¿Qué es eso tan negro? —preguntó Ernst.

El atezado rostro de Hart se convirtió de pronto en un bloque de roble.

—Humo.

Se alejó rápidamente, dejándoles mudos de asombro. Luego, cuando sus ojos volvieron a fijarse en la oscura banda que se extendía por el horizonte, el viento cayó momentáneamente y pudieron oír el lúgubre retumbar de los cañones.

H92

0815 horas: H.M.S. *Glowworm*/Mar del Norte/8 de abril de 1940

El *Glowworm* salió de detrás de la cortina de humo y empezó a disparar. Al cabo de treinta segundos la dotación del cañón "A" lanzaba gritos de alegría anunciando un impacto en el pique de proa del buque alemán. El *Paul Jakobi,* que ahora avanzaba a toda máquina hacia el sur, contestó inmediatamente. Sus proyectiles cayeron cerca del *Glowworm,* pero nuevamente este se retiró a su refugio sin sufrir daño. La cortina de humo comenzaba ya a desgarrarse ante la creciente violencia del viento. Wreyford ordenó hacer más humo, y pronto se formó otra algodonosa cortina dentro de la primera. Debido quizás a una asociación de ideas, el comandante fue a su camarote de mar a buscar una pipa. Se la introdujo en la boca con gesto casi desafiante.

—¿Alguien me puede dar un poco de tabaco? —preguntó.

Uno de los marineros, Dunlop, le ofreció una bolsa de tabaco y cerillas. Mientras el comandante llenaba la pipa, Fielden le observaba asombrado y sonriente. Wreyford encendió una cerilla, le dirigió una de sus raras sonrisas y dijo entre chupadas.

—Ya sé, ya sé... Hacía años que no fumaba. Siempre pensé que el tabaco era una debilidad, pero hoy no he podido resistirlo.

Nuevamente el segundo comandante quedó maravillado del cambio experimentado por Wreyford después de la reunión de oficiales. Pero se preguntaba si este conservaría su calma y confianza al llegar el momento de enfrentarse con el buque insignia.

0835 horas: *Admiral Hipper*/Mar del Norte/8 de abril de 1940

El buque insignia se acercaba a la cortina de humo a toda máquina. Ahora se distinguía perfectamente al *Paul Jakobi,* con la toldilla incendiada. El destructor volvió a enviar un mensaje con su lámpara de señales, y Mann lo leyó incrédulo, con el ceño fruncido.

—¿Sigue sin haber más que un solo buque enemigo?

—Eso parece, señor —contestó el oficial de transmisiones—. Pero, como usted dice, debe haber otros detrás de esa cortina de humo.

—Tenemos que averiguarlo inmediatamente.

Zeltmann se adelantó.

—Mi almirante, llevo mil doscientos hombres a bordo de este buque. Cualquier nuevo retraso impedirá que desembarquen según lo planeado.

Mann le dirigió una fría mirada.

—No sería prudente continuar sin mis destructores, coronel. Y si efectivamente hay allí una fuerza enemiga, sería una locura dejar que nos encerraran en el fiordo. —Hizo girar su silla, dando la espalda al coronel de las SS, y se dirigió al oficial de transmisiones—: Tenemos que averiguar inmediatamente la composición exacta de su fuerza. Ordene al *Paul Jakobi* que haga una penetración rápida.

0841 horas: Mar del Norte/8 de abril de 1940

El destructor alemán atravesó la cortina de humo y por una rara coincidencia se encontró a sólo unos ochocientos metros a popa del *Glowworm*. Ambos buques abrieron fuego simultáneamente, y ninguno podía fallar. Esta vez el *Glowworm* llevó la peor parte. Recibió varios impactos en el casco, y en la cubierta de proa se produjo un importante incendio. Uno de los servidores del cañón "A" murió instantáneamente y otros dos resultaron heridos por la metralla. El insoportable calor obligó a los supervivientes a abandonar sus puestos, y la munición empezó a estallar.

El *Paul Jakobi,* arrastrando una maraña de cables, volvió a ocultarse tras la cortina de humo. El *Glowworm* viró 180 grados.

—¡No dejen que se extienda el fuego! ¡Informen de las averías bajo cubierta! —gritó Anderson por los teléfonos acústicos.

Fielden se encontraba junto Wreyford. El comandante estaba pálido pero tranquilo, no como la última vez que contempló una proa en llamas.

—¿Sabe usted por qué ha atravesado la cortina? —preguntó.

—El grandullón se ha acercado y le ha ordenado que le dé nuestra situación, supongo.

Wreyford asintió lentamente con la cabeza.

—¡Maldita sea, vamos a salir de dudas! ¡Toda a estribor!

Fielden, sorprendido, pasó la orden. Al instante tuvo que agarrarse a la batayola para guardar el equilibrio cuando el *Glowworm,* con el castillo convertido en un volcán, viró bruscamente 90 grados y se internó en el denso humo.

Todos los hombres del puente aguzaron la vista cuando el *Glowworm* empezó a salir de la cortina. A través de los últimos jirones de humo distinguieron al *Paul Jakobi* alejándose penosamente hacia el norte. De pronto, Fielden lanzó un grito y señaló hacia el sudoeste: procedente de la grisácea bruma, el buque insignia alemán —inmenso, majestuoso, aparentemente indestructible— se acercaba a toda máquina.

Wreyford se llevó los prismáticos a los ojos.

—¡Crucero pesado de diez mil toneladas! —Habló clara y rápidamente, sin quitarse la absurda pipa de la boca—. ¡Madre mía, pero si es el *Admiral Hipper!* ¡Comunique con el *Renown...* y con el Almirantazgo!

Fielden cogió el teléfono acústico:

—Puente a cámara de transmisiones.

—Lleva tropas... Es un desembarco, no cabe duda —dijo Wreyford.

Luego, a través de los potentes prismáticos, vio claramente como los enormes cañones del *Hipper* giraban lentamente hacia ellos. Distinguió el resplandor de la primera salva, y oyó el estampido antes de que estallaran los proyectiles: un ruido atronador que hizo encogerse a todos los que se encontraban en el puente.

Las explosiones levantaron al *Glowworm* del agua y llenaron de metralla el aire. Un proyectil hizo blanco casi directamente sobre el puente, arrancando parte del palo, antenas y cables. La onda expansiva lanzó a Anderson y a Dunlop por la borda. Otros dos marineros fueron lanzados contra los mamparos, y quedaron inconscientes. Fielden yacía en cubierta apretándose el costado izquierdo.

Otro proyectil hizo blanco en el pique de proa, delante del lugar donde Rosinsky y su equipo trataban de controlar el fuego. Los heridos yacían amontonados, retorcidos como pingajos, o salían tambaleándose o arrastrándose de entre el humo, pidiendo ayuda. Rosinsky sentía un dolor lacerante en el hombro derecho. Había quedado tumbado boca abajo y durante algún tiempo ni siquiera pudo moverse. Luego notó que le chorreaba sangre por la barbilla.

Unas manos inmensas le cogieron por los sobacos y le pusieron en pie. Lump, con las cejas y el cabello chamuscados, examinó la ensangrentada cara del muchacho.

—No se preocupe, señor. Tiene un corte en el labio. Eso es todo.

Rosinsky se aplicó un pañuelo sobre el labio con la mano izquierda y avanzó tambaleándose. Tenía que enterarse de los daños sufridos e informar al comandante.

El *Glowworm* no podía responder al ataque, pues el crucero alemán se hallaba todavía fuera del alcance de los 4,7. Wreyford viró en redondo y se alejó a toda máquina hacia la cortina de humo, mientras el oficial de transmisiones Kelsey comenzaba a transmitir el vital mensaje. Por unos instantes pareció que el *Glowworm* podría escapar sin sufrir más daño, pero entonces se oyó la segunda andanada...

Daddy, alzándose sobre los últimos peldaños de la escala, vio a Doc y sus ayudantes tratando a los heridos en la cámara. Reunió todas sus fuerzas y se arrastró hasta la puerta, pidiendo ayuda con voz débil. Uno de los enfermeros acudió a toda prisa en su auxilio. Daddy extendió una mano y sonrió forzadamente:

—Dios, compañero, me habéis dejado olvidado ahí abajo. No habría tenido la menor oportunidad.

El enfermero le cogió la mano y se inclinó hacia él. En aquel momento oyeron el agudo silbido de los proyectiles, y los dos hombres se quedaron paralizados, conteniendo la respiración y mirándose a los ojos.

La averiada proa del *Glowworm* se hallaba tan sólo a unos cincuenta metros de la cortina de humo cuando, en rápida sucesión, los proyectiles cayeron sobre él: uno, dos, tres.

0902 horas: Almirantazgo, Londres/8 de abril de 1940

Se oyeron tres suaves zambullidas cuando los preciosos terrones de azúcar se hundieron en el fuerte y humeante té. El capitán de navío Charles Alan Dunsmore, oficial de guardia de operaciones del Almirantazgo, se llevó lentamente el jarro a los labios.

Sonaron unos golpes en la puerta y entró un miembro del cuerpo auxiliar femenino.

—Señor, se acaba de recibir esto del *Glowworm*.

Dunsmore dejó el jarro, se levantó de un salto y se acercó al mapa que cubría la pared mientras leía el mensaje.

—¡Dios mío, se ha enzarzado con el *Admiral Hipper!* —exclamó, y marcó rápidamente la posición en el mapa—. Frente a Trondheim. ¿Cómo diablos habrá llegado hasta allí? —Permaneció unos instantes contemplando el solitario alfiler y luego se volvió—. Máxima prioridad. Para el almirante Whitehorn y el jefe de operaciones.

La auxiliar comenzó a tomar nota.

—Deles esta posición, pero haga constar que es sólo aproximada. —Volvió a consultar el mensaje—. El *Hipper* lleva una escolta de destructores, entre ellos el *Paul Jakobi* y *Bernd von...* —Se detuvo bruscamente y, con el ceño fruncido, levantó la vista—. ¿Qué pasa con el resto del mensaje?

—Eso es todo lo que se ha recibido, señor. No lo terminaron —repuso la auxiliar tranquila y gravemente.

0903 horas: Mar del Norte/Frente a Trondheim/8 de abril de 1940

El *Glowworm* estaba medio destrozado. Había conseguido refugiarse en la cortina de humo, pero uno de los proyectiles de la segunda descarga del *Hipper* había hecho explosión en la sección de proa del cuarto de máquinas, matando a casi todos los fogoneros y marineros especialistas y reventando la tubería principal de vapor; otro proyectil, al pasar a través de la cámara, había acabado con Doc y todos los heridos y enfermeros; y finalmente un tercero había destruido la cámara de transmisiones.

En la sala de máquinas, entre el sibilante vapor, Réprobo Harry Trenton yacía bajo un amasijo de tubos y planchas. Wally Hobson se arrastró hasta él, levantó los retorcidos hierros y trató de llevarle hacia la escala. Trenton permanecía consciente, pero Wally vio que cada latido de su corazón hacía brotar de sus piernas destrozadas un río de sangre.

Harry soltó un gruñido y se agarró con fuerza al brazo de Hobson.

—¡No, maldita sea! ¡Escúchame! ¡La tubería principal de vapor está inservible! Dile al viejo que le queda muy poco tiempo, que pronto empezaremos a perder presión. Vete a las válvulas de emergencia y da toda la potencia que nos queda.

El corpulento marinero miró la torturada cara de Trenton y dijo con voz quebrada:

—Sí, señor; me encargaré de ello.

—¡Lárgate entonces y pon manos a la obra! —ordenó Harry entre espasmos, y dejó caer hacia atrás su cuerpo estremecido.

Wally dudó un momento y luego se dirigió con andar vacilante hacia la escala. Cuando pasó junto al combado panel de control vio a través de la asfixiante nube de vapor el retrato de la joven retorciéndose con el espantoso calor, que distorsionaba sus largas piernas y su absurda cara de muñeca; el esbelto cuerpo se estaba convirtiendo en un espectral manchón.

En el puente bajo, Boyce, el joven timonel, recobró el conocimiento; al ponerse en pie en medio de los hierros retorcidos sintió una oleada de vértigo, pero no dolor. Le martilleaba la cabeza, y comprobó que del brazo izquierdo, que le colgaba como un trozo de cabo, goteaba sangre. La caña giraba alocadamente hacia derecha e izquierda. Trató de pararla con la mano derecha, pero le fue imposible detenerla. Entonces se sujetó el brazo izquierdo por la muñeca, lo levantó y lo dejó caer entre las cabillas. Con la mano derecha se aferró a la rueda y echó todo el peso de su cuerpo sobre ella.

La pesada caña le zarandeó y estuvo a punto de arrojarle a cubierta. Y de pronto llegó el dolor, avanzando por el brazo hasta el hombro y el pecho para luego pasar a la cabeza y restallar en el cráneo. No pudo reprimir un grito de agonía y faltó poco para que se desvaneciera, pero sujetó firmemente la rueda y logró detenerla. El equipo de gobierno estaba intacto.

Rosinsky, sin dejar de apretarse el pañuelo contra el labio, trepó como pudo hasta el averiado puente. El comandante estaba hablando a voces por un teléfono acústico de emergencia.

—¡Está bien, Hobson, manténgase en avante toda mientras pueda! —Al volverse, Wreyford vio al guardiamarina—. Está usted herido.

Rosinsky trató de cuadrar los hombros, pero una oleada de dolor le hizo tambalearse. Respiró profundamente y dijo con voz que parecía venir de muy lejos:

—No es nada, señor.

—Está bien, deme su informe.

—El fuego del castillo continúa bajo control, señor. —Se esforzó en ordenar sus pensamientos—. Pero hay otros incendios bajo cubierta... No sé cuántos, porque no podemos acercarnos. —Su diminuto cuerpo se vio sacudido por un espasmo—. El cañón "A" está inservible, y creo que ha muerto toda su dotación. Y el montaje del "B" está atascado.

Wreyford sacó su enorme pipa del bolsillo y comenzó a golpearse con ella los dientes mientras observaba atentamente al guardiamarina. Luego dijo con sorprendente afabilidad:

—Me parece que me ha estropeado el chaquetón, muchacho.

Rosinsky bajó la vista hacia la pechera manchada de sangre.

—Dios mío. Lo siento, señor. En cuanto volvamos haré que lo limpien, se lo prometo.

—Le cojo la palabra. —Había ahora una extraña ronquera en la voz del comandante—. Está bien, vuelva a su puesto.

Rosinsky se cambió de mano el pañuelo empapado, saludó y se alejó con paso más firme. Wreyford se acercó al mamparo de estribor, donde yacía Fielden apretándose el costado.

Campbell, de regreso después de haber comprobado los tubos lanzatorpedos, se disponía a vendarle la herida. Fielden tenía la cara bañada en sudor, y su voz sonaba débil y monótona.

—No malgaste el tiempo —dijo—. El grandullón aparecerá de un momento a otro.

Por la comisura de los labios le brotó un hilillo de sangre. Wreyford y Campbell cambiaron una mirada que no presagiaba nada bueno: el pulmón estaba perforado... El comandante se guardó bruscamente la pipa en el bolsillo y apartó la vista. Tratando de ocultar su dolor, se dirigió hacia el astillado y ennegrecido parabrisas y observó con los prismáticos la cortina de humo, pero todo parecía borroso. Parpadeó, volvió a enfocar los prismáticos y comenzó a explorar de forma lenta y minuciosa, tratando de descubrir la vaga sombra que aparecería de un momento a otro en el huidizo humo... "Dios mío, no permitas que sea otro destructor, haz que sea el *Hipper*", pensó.

0910 horas: *Admiral Hipper*/8 de abril de 1940

El *Hipper* se acercaba a media máquina hacia el lugar donde el destructor inglés se había desvanecido en la cortina de humo. Mann miraba ceñudo hacia la proa.

—Ha recibido por lo menos cuatro impactos, pero sigue a flote... y quizá todavía esté en condiciones de continuar luchando. —Meditó un instante y luego sacudió la cabeza—. Esto está durando demasiado. Tenemos que cruzar la cortina y acabar con él. ¡Avante toda!

Von Scholtz dio el enterado a la orden y fue a hablar con sus oficiales. El coronel Zeltmann, jurándose que el almirante respondería con todas sus acciones ante las autoridades de Berlín, abandonó el puente para reunirse con sus hombres. Casi todos los soldados estaban en la banda. El coronel se acercó al sargento Neuhofer. Estuvo a punto de enviar a todos abajo, pero lo pensó mejor; si no sabían lo que estaba ocurriendo, se sentirían atrapados.

—Sargento, que los hombres se pongan a cubierto.

—¡Sí, señor! —Ernst se abrió paso a lo largo de la banda, gritando órdenes y dando empujones—. ¡Apártense de la banda y agachen la cabeza! ¡Muévanse!

Cuando el último soldado hubo encontrado un refugio donde guarecerse, el *Hipper* se encontraba a menos de quinientos metros de la cortina.

0914—1000 horas: Mar del Norte/8 de abril de 1940

La cortina de humo se iba desvaneciendo con rapidez. Las fuertes rachas de viento abrían claros en la parte alta. Un serviola del *Glowworm* permanecía en la cofa a pesar de las llamas que se alzaban hacia él desde cubierta. De pronto, a través de uno de los claros, vio el gigantesco palo mayor del *Hipper* perforando la barrera a menos de media milla por la popa y dio un grito para avisar al puente.

Sorprendentemente, el *Glowworm* todavía mantenía casi todo su andar, pero Wreyford sabía que cada segundo era vital. El azar había decidido que el crucero alemán apareciese a muy corta distancia. Debía elegir rápida y astutamente el rumbo para acercarse lo más posible al crucero alemán y aprovechar al máximo los torpedos de Campbell.

—¡Toda a estribor! ¡Preparados para lanzar los torpedos! ¡Los de babor en primer lugar!

Campbell, pálido pero con un gesto de inquebrantable resolución, se dirigió hacia el medio destrozado alerón de babor.

—Buena suerte, Jim —dijo Wreyford en voz baja cuando pasó a su lado.

Campbell le miró, asintió con la cabeza y siguió su camino. Se sentía sobrecogido por la ola de excitación que le embargaba.

Valentino, tosiendo y temblando como si tuviera fiebre, salió a la cubierta barrida por el vendaval. El humo y el calor le habían obligado a abandonar la asfixiante cocina, donde se había refugiado por espacio de más de una hora. Con ojos enloquecidos, contempló horrorizado las rugientes llamas de proa y las destrozadas antenas.

Empezó a abrirse paso hacia popa para alejarse lo más posible del fuego; avanzaba pegado a la superestructura, como un ciego que buscase su camino tanteando un muro desconocido para él. Se acercó al cañón "Y" y se detuvo de pronto, sacudido todo el cuerpo por las arcadas, al ver a dos hombres arrebujados en unas mantas manchadas de sangre, temblorosos como niños perdidos. Ossie Knowles, inclinado sobre los heridos, les estaba dando de beber tragos de ron. El mismo tomó un sorbo y luego, al incorporarse, vio a Valentino.

—¿Qué te pasa, Rudi? —pregunto con forzada afabilidad—. ¿Estás herido? —El repostero no contestó; permanecía recostado contra la superestructura, mirando a su alrededor con ojos desorbitados—. ¿No deberías estar abajo? —Tampoco hubo respuesta. Ossie le cogió por un hombro y le zarandeó—. Entonces puedes ayudarme. Necesito otro cargador. —Señaló con el pulgar hacia el cañón y los dos supervivientes. Valentino retrocedió acobardado, sacudiendo la cabeza. Ossie volvió a agarrarle bruscamente—. ¡Vamos, maltés! Te encontrarás mucho mejor si tienes algo que hacer, puedes creerme.

Valentino se dejó conducir dócilmente hacia el cañón.

Campbell manipuló la mira del lanzatorpedos de babor. El choque del buque contra una ola le produjo una serie de arcadas. Cuando volvió a abrir los ojos, Wreyford estaba a su lado, contemplando fijamente la cortina de humo.

—Tiene que aparecer de un momento a otro —dijo el comandante casi con alegría—. Mantendré este rumbo todo el tiempo que pueda. ¿Conforme?

—Conforme, señor —repuso Campbell con voz ronca.

Wreyford le dirigió una mirada inquisitiva, pero no dijo nada. Campbell se inclinó por encima del alerón y miró hacia popa. Casi a mitad de la eslora del buque, sentado en una plataforma elevada, expuesto al viento y a la espuma, Keelie Grant se hallaba alerta para operar los disparadores. Debajo de él, en cubierta, a veces con el agua hasta la cintura, Eddie Nisbett manejaba los controles eléctricos que dirigían la puntería de los tubos.

Campbell volvió a comprobar el sistema de comunicaciones:

—Puente a tubos de babor. ¿Me oyen bien?

Grant, que era quien tenía puestos los auriculares, levantó la vista hacia el puente y alzó el pulgar en señal de asentimiento.

—Alto y claro, señor.

—Está bien, permanezcan alerta.

Campbell se irguió y se enjugó los ojos, que no cesaban de lagrimear. Instantes después, Wreyford se inclinó hacia adelante y señaló con la mano. A media milla de distancia, una mole gris se acercaba amenazadora a través de la tenue cortina de humo.

—Blanco a cuatro-cero grados rojo, distancia ochocientos metros. ¡Fuego, fuego! —La voz del comandante resonó en el puente, y un marinero se apresuró a repetir la orden por los teléfonos acústicos. Campbell alineó la mira y empezó a transmitir los datos a Grant.

Las dotaciones de los cañones que aún podían disparar, el "X" y el "Y", hicieron girar rápidamente los montajes hacia el enorme blanco. En el cañón "B", situado debajo del puente, los hombres de Bunty Baker y otros dos del equipo de Control de Averías se esforzaban por desatascar el montaje, inmovilizado al incrustarse debajo de él un fragmento de metal procedente del destrozado chigre de proa. Tinker Bell no cesaba de proferir maldiciones mientras hacía palanca desesperadamente con una barra de hierro.

Wreyford vio como los cañones de proa del crucero pesado viraban y reducían el ángulo de tiro hasta quedar apuntados al *Glowworm*. Durante aquellos segundos, antes de que ambos buques abriesen fuego, sintió la terrible magnitud de lo que hacía. Parecía tener una doble personalidad: desinteresado, como espectador frío y calculador, de un lado; tenso y embargado por la tristeza del otro. "Sé perfectamente cuál es mi obligación", pensó, "y es como si me estuviera observando a mí mismo. Mis hombres van a morir por mi decisión, y ellos lo saben tan bien como yo; y sin embargo esto no es del todo real, hay una parte de mí que está disociada... Este es el momento que siempre he temido. Y ahora ese momento ha llegado, inevitable, y me tengo que enfrentar a él. Y de pronto ha desaparecido el miedo, y ya sólo queda el anhelo de hacerlo bien, de que todo lo que ya hemos perdido no haya sido en vano."

Apartó la vista del enemigo y dirigió una mirada a su alrededor. A pesar de la gris y mortecina luz, todo parecía más nítido. Se sintió conmovido al recrear en su mente los familiares rostros de David, de Campbell y de los marineros. El pequeño mundo del que él era señor se había agigantado hasta convertirse en algo inmensamente querido para él.

De pronto todo pensamiento quedó anulado por el loco fragor del combate. El *Glowworm* se estremeció cuando a su alrededor empezaron a brotar gigantescas columnas de espuma.

Los oficiales del *Hipper* se aferraron a lo primero que encontraron a mano cuando uno de los pequeños proyectiles del *Glowworm* hizo explosión en el puente bajo. El parabrisas saltó en pedazos y uno de los fragmentos pasó rozando la cabeza del almirante, que ni siquiera se movió; permaneció impasible en el alerón y luego miró hacia cubierta.

Ritter, un joven artillero de la dotación de un puesto secundario, estaba caído sobre el blindaje en la inconfundible postura de la muerte.

Por toda la cubierta se veían soldados tumbados boca abajo, algunos de ellos heridos. Mann volvió a entrar en el puente y se dirigió a Stenz:

—Ha habido bajas en cubierta. Informe al oficial médico.

Al lado de Schiller, un hombre herido en el muslo no dejaba de gritar. Schiller se puso en pie y echó a correr ciegamente, tropezando con los hombres caídos, presa de un pánico incontenible. Ernst salió en su persecución, se lanzó sobre él y logró derribarlo. Ambos chocaron contra la cubierta un instante antes de que otro proyectil inglés hiciese explosión en una torre. El impacto no causó daños en el blindaje de acero, pero la metralla empezó a silbar por el aire, e inmediatamente se oyeron nuevos gritos. Schiller pataleaba y se debatía, y Ernst tuvo que golpearle en la mandíbula. El muchacho se desplomó, desmadejado y tembloroso, como en trance.

Valentino, que había ocupado el puesto del cargador herido, trabajaba como un sonámbulo, aplacado el miedo por el continuo y repetido proceso. Sordo al clamor de la batalla y ciego al fuego y al acero que llovían a su alrededor, estaba como hipnotizado por los suaves movimientos de los frenos hidráulicos del cañón; músculos poderosos y flexibles que recibían y absorbían los tremendos choques de las explosiones. Ossie, un virtuoso del 4,7, sabía que al menos uno de sus disparos había hecho impacto en la superestructura del *Hipper*. Pero ahora tenía dificultades para apuntar; la espuma que levantaban las descargas del enemigo apenas le permitía ver el blanco.

De pronto se produjo una atronadora explosión justo a popa del puente y una ola de calor derribó a los artilleros. Cuando se aclaró el humo vieron que el cañón "X", a proa de ellos, había quedado reducido a un montón de ennegrecida chatarra. Grannie Smith y cuatro de sus servidores, todos heridos, salieron arrastrándose de entre los humeantes y retorcidos hierros; dos de ellos se movían ciegamente en círculo, como insectos medio aplastados.

Uno de los servidores de Ossie trató de adelantarse para ayudarles, pero el suboficial le detuvo:

—¡No! ¡Sigue cargando!

Cuando los heridos se refugiaron tras su cañón, todo lo que Ossie pudo hacer fue entregar a Smith su botiquín.

En un oscuro pañol, varias cubiertas más abajo, Hobson mantenía abiertas al máximo las válvulas de emergencia. Medio desnudo, con la piel manchada de sangre y grasa, respirando más vapor que aire, tensos y trémulos los macizos músculos de sus brazos y hombros, Hobson era el solitario Atlas que sostenía el pequeño y agonizante mundo del *Glowworm*. La presión continuaba bajando, la potencia se agotaba rápidamente... Hobson sentía cómo el destructor moría en sus manos...

Campbell esperó a que se aclarasen las columnas de espuma y volvió a apuntar al *Hipper*. La distancia era razonable y el ángulo bueno... pero la mar estaba demasiado agitada. Una arcada de bilis le subió a la garganta y se le nubló la vista. Tosió ásperamente, y la imagen del buque enemigo reapareció con claridad.

Wreyford permanecía a su lado, mordisqueando la pipa apagada. Campbell tuvo que gritar sus últimas instrucciones por el micrófono:

—¡Está entrando en campo! ¡Firmes ahí...! ¡Fuego!

En la plataforma de disparo de babor, Keelie Grant tiró del disparador con dedos ateridos. Los cinco enormes torpedos golpearon la empinada ladera de una ola con poderosos rebotes, levantando una nube de espuma. Uno de ellos cogió la cresta de la ola y saltó con la proa hacia el cielo; pareció elevarse verticalmente, como un cohete, para luego quedar suspendido en el aire...

—¡Maldita sea!

Keelie salió de la plataforma y cayó de costado en la cubierta. Al volverse vio el torpedo todavía suspendido en el aire, y tuvo la certeza de que iba a caer sobre la cubierta. El tiempo pareció detenerse, hasta que, lenta y perezosamente, el torpedo se inclinó, se lanzó de cabeza en el seno de una ola y se hundió.

Keelie se incorporó, flexionó el brazo, dolorido por la caída, y vio que los demás torpedos se alejaban, perforando las monstruosas montañas de agua, en dirección al enemigo.

Mann enfocó los prismáticos hacia las cuatro borrosas y quebradas líneas que, pespunteando las grises y movedizas olas, se dirigían hacia un punto situado a su proa.

—¡Toda a estribor!

Pasaron unos segundos preciosos antes de que el pesado buque comenzara a caer con exasperante lentitud. Los torpedos se acercaban surcando las turbulentas aguas. Ya sólo quedaban tres: uno de ellos debía de haberse hundido al encapillar una ola.

El crucero viraba ahora suavemente. Al cabo de otros treinta segundos Mann tuvo la certeza de que los torpedos pasarían sin peligro por el costado de babor. Bajó los prismáticos y ordenó:

—¡Caña a la vía! ¡Vamos a virar y a terminar con él de una vez!

Wreyford, desalentado, inclinó la cabeza, pero reaccionó inmediatamente.

—¡Toda a babor! —ordenó.

Vio como Campbell, pálido como un muerto, se dirigía al otro alerón para preparar los torpedos de estribor. Luego se acercó a Fielden. Había dejado de sangrar, pero su respiración era anhelante y sus ojos estaban nublados. Tenía las mejillas cubiertas de barba, y Wreyford notó con sorpresa que alrededor de la boca y el mentón los pelos eran completamente blancos, lo que daba a la parte inferior de su cara ese aspecto conmovedor característico de los perros viejos.

Cuando el *Glowworm* comenzó a perder andar, Wreyford sintió debilitarse el pulso de su buque. "¡Y David está muriendo con él! David, el único hombre a quien puedo llamar mi amigo, el único con quien puedo hablar y el único que tiene el valor y la honradez de decirme lo que piensa." Bajó la vista hacia el delgado y aristocrático rostro, ahora tan extrañamente viejo, y deseó con toda su alma poder decirle algo confortante. Pero no encontraba palabras; se limitó a tocarle el hombro y dirigirle una débil sonrisa. Luego se levantó y entró en la cámara de derrota... Ya no era necesario marcar el rumbo, pero había que ocuparse del cuaderno de bitácora.

Volviendo la cabeza con un esfuerzo, Fielden le vio alejarse. Sus sentidos estaban embotados, pero su mente permanecía despejada y daba vueltas a un pensamiento triste y afectuoso: aquel hombre amable y escrupuloso hasta la exasperación tenía de pronto la historia en sus manos y parecía no darse cuenta.

El jockey y los otros tres hombres que trabajaban en el pañol de municiones de popa no oyeron la espantosa explosión, pues se produjo demasiado cerca. El proyectil estalló dos compartimientos más allá. La escotilla voló hacia dentro, y la pesada plancha de metal aplastó a un marinero contra el mamparo. Aunque se apagaron las luces, el pañol continuó iluminado por un vacilante resplandor: al otro lado de la destrozada escotilla el pasadizo era un hirviente infierno. Los otros dos marineros se pusieron de pie, cubriéndose la cara con los brazos. Las llamas avanzaban hacia ellos. El aire era abrasador, y en cuestión de segundos la munición almacenada podría hacer explosión.

—¡Fuera! ¡Tenemos que pasar por el fuego!

El Jockey agarró al hombre que tenía más cerca, Keegan, y le sacudió frenéticamente. Keegan se quedó mirando las llamas y de pronto avanzó hacia la puerta, pero retrocedió lanzando un grito ahogado.

—¡Es nuestra única salvación! —chilló el Jockey.

Se tiró de la ropa, tratando de cubrirse la cara y las manos, cerró los ojos, inclinó la cabeza y se lanzó a través de la escotilla para desaparecer entre las llamas. Keegan lanzó un gemido, se cubrió la cabeza con los brazos y se precipitó tras él.

El otro hombre, al verse solo, se apretó contra el mamparo y empezó a sollozar de terror. El calor se hizo más intenso. Sus pulmones estaban a punto de estallar, y notó que el pelo empezaba a chamuscársele. Se abalanzó hacia el muro de llamas, pero su aliento abrasador le hizo retroceder. Lo intentó dos veces más; era como lanzarse contra una barrera de lanzas. Lenguas de fuego avanzaban por el suelo a su alrededor. Se dejó caer de bruces contra las hileras de proyectiles, tembloroso y con los ojos firmemente cerrados en espera de la aniquiladora explosión...

El Jockey salió a cubierta cerca del cañón "Y". Ossie y sus hombres quedaron paralizados al ver pasar aquella fantasmal aparición, que corrió velozmente hacia los imbornales y allí se desmoronó como un pequeño fardo de ardientes trapos. Una ola rompió sobre él y apagó las llamas.

Luego apareció Keegan. Ardiendo como una tea y dando alaridos, se dirigió en línea recta hacia la borda y se lanzó de cabeza al mar.

Ossie se puso a chillar para sacar a los hombres de su estupor y avanzó por la retorcida cubierta hacia el pequeño y tembloroso cuerpo del Jockey. Pero no había dado tres pasos cuando se produjo una estruendosa explosión que lo lanzó contra el montaje, desde donde vio abrirse una enorme brecha diagonal justo a proa de su cañón. El pañol de municiones de popa había volado.

Wreyford se asomó al alerón de estribor y contempló la escena de la catástrofe. Junto a él, Campbell se inclinó hacia un lado y vomitó violentamente. Wreyford se incorporó y se le quedó mirando en silencio. Campbell hizo una profunda aspiración y volvió a ocuparse del visor de tiro.

—¡Atención! ¡Se acerca!

—¡Preparados, señor! —Keelie agarró la palanca de disparo y gritó a Nisbett—: ¡Puedes apostar tu condenada vida a que esta vez lo conseguimos!

Ninguno de los dos recibió el menor aviso. El proyectil estalló a unos cinco metros de ellos. Keelie quedó decapitado, y Nisbett fue lanzado por los aires y se estrelló contra un mamparo. Campbell se arrancó los auriculares, se inclinó sobre la batayola y miró hacia popa.

—¡Dios mío, Dios mío! —repitió una y otra vez. Luego se

lanzó escala abajo y se dirigió hacia los tubos lanzatorpedos.

Wreyford estaba mirando hacia proa y no le vio marchar, pero Fielden contempló los auriculares que colgaban del cable a dos metros de su cara y comprendió lo que había ocurrido: los hombres de los tubos estaban fuera de combate y Campbell se proponía disparar él mismo los torpedos... a ciegas. Trató de levantarse, y lo consiguió al tercer intento. Al enderezar el cuerpo, una punzada de dolor le traspasó el pecho. Reprimió un grito de agonía y, apoyando un hombro contra el mamparo, se fue acercando lentamente al visor.

Por fin consiguió alcanzar los auriculares. Le temblaban las manos y apenas tenía sensibilidad en los dedos, pero logró ponérselos. Cuando habló, las palabras le dejaron un gusto de sangre en la boca:

—Puente a tubos. ¿Me oye bien, Guns?

Pasaron unos segundos antes de que Campbell respondiese; su débil voz parecía llegar de otro planeta. Fielden no comprendía las palabras, pero eso carecía de importancia. Con tal de que Campbell pudiera oírle a él...

El dolor del pecho casi le hizo doblarse por la cintura, pero se aferró al visor. Veía al *Hipper* avanzando a toda máquina hacia ellos a menos de quinientos metros de distancia. Comenzó a manipular el visor y fue tartamudeando los datos.

A TRAVÉS de los prismáticos, Mann veía ahora el *Glowworm* como un punto de humo y fuego velado intermitentemente por los surtidores de espuma que levantaban los proyectiles del *Hipper*. A pesar de ello mantenía el rumbo, y cuando el destructor se elevó como un delfín sobre una ola inmensa, Mann vio la solitaria figura de un hombre junto a los tubos lanzatorpedos.

—¡Dios mío! ¡Lo va a intentar otra vez!

CAMPBELL oía la voz de Fielden a través de los auriculares, pero cuando bajó de la plataforma para alinear los tubos con arreglo a los nuevos datos comprobó que los motores eléctricos estaban averiados. Comenzó a alinearlos a mano. Sentía debilidad en los brazos, y las piernas apenas le sostenían; sus movimientos eran torpes, pero poco a poco los tubos quedaron apuntados en la nueva dirección. Rogando al cielo que el enemigo no hubiese alterado el curso, subió nuevamente a la plataforma. Se colocó los auriculares y gritó por el micrófono:

—¡Tubos a puente, tubos a puente!

Al fin le llegó la ronca y cansada voz de Fielden:

—¡Fuego, fuego, fuego...!

Campbell tiró de la palanca, y los cinco largos cilindros saltaron al mar. Cuando la espuma se fue aclarando, comprobó que avanzaban en línea recta, atravesando limpiamente las olas.

Von Scholtz y Mann habían visto salir los torpedos. La distancia era sólo de unos cuatrocientos metros, pero la voz del almirante sonó clara y confiada:

—¡Toda a babor!

Ernst Neuhofer dejó a Metchik con el inerte Stummer y con el tembloroso Schiller y se arrastró hacia la borda. La escena no se le olvidaría jamás: el destrozado y llameante destructor británico, amenazadoramente cercano, seguía avanzando hacia ellos, y cinco estelas de torpedos, rectas como lanzas, corrían a través de las turbulentas aguas.

Ernst quiso correr a refugiarse en la banda opuesta, pero los veloces torpedos le tenían hipnotizado. Se sentía indefenso. El era un luchador; aquellos fantasmales enemigos blancos, sin embargo, eran algo con lo que no se podía luchar.

El *Hipper* empezó a virar, y entonces vio como su artillería lograba otro impacto a popa del puente del *Glowworm*.

La explosión lanzó a Wreyford como un pelele a través del puente hasta la escotilla del cuarto de derrota. Había perdido el casco, pero no creía que estuviese herido. Consiguió ponerse en pie y avanzó tambaleándose hasta el alerón de babor. Allí, doblado sobre el visor, se hallaba Fielden.

Wreyford se llevó los prismáticos a los ojos y comprobó casi al instante que cuatro de los torpedos pasarían a popa del crucero; su única esperanza era el quinto. El *Hipper* continuaba virando rápidamente...

Fielden se tambaleó y chocó contra su hombro. La respiración del segundo había quedado reducida a una serie de roncos y borboteantes accesos de tos. Wreyford le ayudó a sostenerse y siguió observando el quinto torpedo... hasta que este se perdió de vista justo a popa del espejo del crucero.

Fielden se derrumbó y Wreyford le tendió cuidadosamente en cubierta. El comandante se despojó del chaleco salvavidas, se quitó la trenca y envolvió con ella a Fielden; luego improvisó una almohada con su guerrera.

Mann dejó escapar el aire que había retenido en los pulmones.

—¡Caña a la vía!

A su lado von Scholtz, perdida su habitual flema, amenazaba al destructor inglés con el puño y gritaba enfurecido:

—¡Fuego! ¡Fuego! ¡Hundidlo!

El *Hipper* concluyó la virada y una vez más sus cañones dispararon casi a boca de jarro, pero el agonizante destructor continuaba avanzando y devolviendo el fuego con un solo cañón.

Mann no comprendía cómo aún se mantenía a flote. Sabía que el coronel Zeltmann, erguido y altanero, le estaba contemplando desde lo alto de la escala. Avanzó entonces hacia la batayola de proa y volvió a alzar los prismáticos para evitar encontrarse con su mirada.

Fielden movió los labios y Wreyford se inclinó sobre él.

—Solamente queda una jugada, Garry.

Wreyford apenas distinguía sus gangosas palabras.

—Tú lo lograrás... Entre tú y el *Glowworm* lo conseguiréis.

Wreyford, incapaz de articular una sola palabra, se limitó a asentir.

"Tú lo lograrás." Fielden notó que la vista se le nublaba y cerró los ojos. Tras sus párpados comenzaron a proyectarse vívidas y entrañables escenas. Se hallaba a un millón de millas del océano; ahora estaba en su hogar, con sus hayas y sus robles. La pequeña mansión estilo Tudor, fresca y vacía, tan maravillosa en su vetustez... "Dios mío, ¿quién vivirá allí ahora? Yo soy el último Fielden. No dejo a nadie, nada, ni siquiera una tumba. ¡Solamente los árboles! Quiero ver los árboles, los gigantescos y verdes árboles, necesito volver a ver los árboles..."

La cabeza de Fielden cayó hacia adelante. Wreyford le tocó

el enmarañado cabello y contempló su delgado rostro. La pena y el ultraje eran como un ciego y palpitante dolor; aquella muerte era algo físico para él, como una amputación.

Se levantó y permaneció inmóvil, más solo que nunca. Un hombre derrotado y condenado, sin gorra y en mangas de camisa, con el cabello y las ropas ondeando al viento procedente del Artico. La borrasca bullía también en su interior.

Wreyford miró en torno suyo: aquel barco maldito, el hazmerreír de la flotilla, se comportaba ahora magníficamente, sin resignarse a morir a pesar de que sus heridas eran mortales... La muerte lo invadía todo. Y allí, en el puente, una muerte más cercana que las demás: el cadáver de David a sus pies. Miró hacia la maraña de destrozadas jarcias y antenas y se preguntó si su mensaje habría llegado al *Renown* o al Almirantazgo antes de que Kelsey y su equipo de transmisiones fueran eliminados, o si por el contrario todo aquel martirio habría sido completamente inútil.

Al cabo de un rato se dio cuenta de la presencia de Truman a su espalda. El contramaestre tenía el brazo izquierdo empapado en sangre y el anguloso rostro manchado de carbonilla y suciedad.

—Mi comandante, acabo de estar abajo y Hobson me ha encargado que le diga que dentro de unos minutos se nos acabará la presión.

Wreyford asintió solemnemente:

—Gracias, contramaestre.

Levantó la cabeza y a través del humo vio al *Hipper* avanzar a toda máquina en un rumbo que le haría cruzar su proa. Volvió a mirar el cadáver de Fielden: "Sí, David, solamente queda una jugada, una jugada en la que puedo presumir de ser un maestro consumado". Se acercó al mamparo y cogió el micrófono. Su voz resonó por encima del estruendo de la artillería:

—¡Preparados para abordaje! ¡Preparados para abordaje!

Sólo unos cuantos supervivientes del *Glowworm* oyeron la orden del comandante, pues gran parte del sistema de comunicaciones ya no funcionaba. A pesar de ello, la orden se difundió con pasmosa rapidez: se pasaba a gritos, mediante señales con los brazos o transmitida por hombres que corrían agachados de puesto en puesto.

Era un ejercicio que conocían de memoria. Por todo el buque los hombres se tendieron boca abajo en cubierta, con excepción de los del puente y otros dos que eran imprescindibles para la maniobra: Wally Hobson, que seguía vigilando las válvulas, medio asfixiado, en la cámara de emergencia, y Bobby Boyce, aferrado a la caña en el destrozado puente bajo, mientras soltaba una maldición tras otra a causa del dolor de su brazo.

A proa, Rosinsky hizo que Lump y los demás afirmasen las mangueras con trozos de hierro para que el agua siguiese inundando el foco del incendio. Luego los llevó al lado de Baker y sus hombres y los puso a cubierto tras el montaje del atorado cañón "B".

El guardiamarina se arrastró hacia proa, levantó la cabeza y, a través de las llamas, vio la imponente mole del crucero surcando la furiosa mar. Sus inmensas torres vomitaban fuego con ruido tan atronador que tuvo que cubrirse la cabeza con los brazos.

Uno de los proyectiles atravesó el pique de proa del *Glowworm* e hizo explosión en sus entrañas. La proa se levantó, y cuando Rosinsky volvió a alzar la cabeza, comprobó que el fuego que habían estado combatiendo durante lo que le parecían horas se había apoderado en un segundo de toda la parte del buque a proa del puente.

PARA Mann, el destructor inglés semejaba ahora un pequeño atolón de fuego rodeado de columnas de agua. Su armamento secundario —incluidas las ametralladoras— se había unido al ataque del *Glowworm,* pero aquel destrozado y llameante casco continuaba moviéndose, *directamente hacia ellos...*

Tardó algún tiempo en dar crédito a lo que veía. "Estamos cerca", pensó, "pero no puede seguir avanzando." Sin embargo, los segundos pasaban y la distancia iba disminuyendo. Entonces von Scholtz se acercó al almirante y le tocó el brazo.

—¡Santo cielo, quiere abordarnos!

Mann ya no podía rechazar aquella posibilidad.

—¡Toda a babor!

Al dar la orden supo que la posibilidad se había convertido en probabilidad, y comprendió que quizá fuera demasiado tarde, que el *Hipper,* con su amplio radio de virada, tal vez no tuviera tiempo de evitar la colisión...

TRUMAN se agachó cuando un trozo de metralla cruzó silbando el puente. El comandante seguía asomado al alerón de estribor para poder distinguir algo a través del humo. El *Hipper* había iniciado la virada a fin de apartarse de su rumbo.

—¡Veinte grados a estribor!

Truman se acercó al tubo acústico y pasó la orden a Boyce. Pareció transcurrir una eternidad antes de que el *Glowworm* empezase a cambiar de rumbo. El viento arrastraba ahora el humo hacia babor, y el comandante veía claramente al enemigo, unos doscientos metros a proa, virando en un cerrado arco. Sus enormes cañones habían cesado de disparar, pues el blanco quedaba ahora demasiado bajo, pero el armamento secundario no dejaba de enviar proyectiles por encima de las tormentosas aguas.

—¡Caña a la vía, y firme ahí!

Wreyford dio la orden con voz potente y clara, y nuevamente Truman la transmitió al puente bajo.

—Firmes en dos-nueve-cinco. —Las palabras del joven timonel sonaban roncas y lejanas.

Y entonces Truman sintió que fallaba el cansado corazón del *Glowworm:* el buque pareció detenerse en el seno de una ola. Su propio corazón dejó de latir por un instante.

—¡Se acaba la presión, señor!

Wreyford descargó un puño sobre la batayola y gritó como nadie le había oído gritar antes:

—¡Vamos, viejo, vamos!

Y a Truman le pareció que el *Glowworm* comprendía, que se esforzaba en alcanzar la cresta de una ola... para continuar después su lento avance.

MANN permanecía completamente inmóvil. En efecto, ya era tarde; su gigantesco buque era demasiado perezoso y viraba con lentitud. La colisión era inevitable... a menos que el *Glowworm* quedase detenido o volase por los aires.

Una furia ciega se apoderó de él; furia contra sí mismo y contra los dos destructores de su escolta cuyo fracaso le había metido en aquella trampa. Y sin embargo supo reconocer que estaba presenciando y sufriendo las consecuencias de un acto supremo de heroísmo.

Bajo la cubierta del *Glowworm* todo empezaba a desintegrarse. Oleadas de llamas se enseñoreaban de los pasillos, y las explosiones de los proyectiles destrozaban sus entrañas y dejaban escapar riadas de petróleo, agua y nubes de vapor.

Con cada sacudida, la caña del timón golpeaba con saña el brazo herido de Boyce, arrancándole gritos de dolor. El calor y el humo se estaban haciendo insoportables. Bajo la cubierta del moribundo buque, Wally Hobson, medio inconsciente, permanecía de rodillas. El vapor no le permitía ver los manómetros, pero las vibraciones que pasaban a través de su cuerpo le indicaban que la presión se estaba agotando. Sujetó con más fuerza las válvulas de emergencia.

Los que se habían refugiado tras el montaje del cañón "B" se vieron obligados a retroceder a causa del nuevo incendio de proa. Se agruparon junto a la superestructura del puente, y Rosinsky comprobó con asombro que las mangueras abandonadas por sus hombres todavía funcionaban. Y también vio que una lengua de fuego lamía las cajas de municiones del cañón "B". Inmediatamente salió corriendo, agachado, cogió una manguera y dirigió el chorro hacia las cajas, empapando la munición. Luego dejó caer la manguera y arrastró una de las cajas hasta situarla detrás del blindaje.

Bunty y los demás le gritaban que se agachase, pero él volvió en busca de la segunda caja. Las balas de las ametralladoras cruzaban el humo y las llamas. De pronto sintió un golpe que lo lanzó contra el montaje. Quedó unos momentos en pie, como un animal abandonado por su dueño, y luego sus piernas se doblaron y cayó de bruces.

Una rabia impotente se apoderó de los hombres de Baker y del Control de Averías. El guardiamarina representaba algo especial para ellos; era un novato que les pertenecía a todos como una especie de mascota. Para un hombre, sin embargo, el guardiamarina representaba mucho más: Lump se había nombrado a sí mismo guardián de Rosinsky, y su fracaso no podía haber sido mayor. Lanzó un gemido y se dirigió hacia el cadáver. Tinker trató de detenerle, pero Lump le apartó como si fuese un pelele.

Agachado, balanceando los brazos como un mono gigantesco, Lump corrió hacia el cañón "B", cogió el ligero cuerpo en sus poderosos brazos e inició el regreso. El viento roló y aplastó el humo contra la cubierta; entonces todos pudieron ver claramente el inmenso casco gris del crucero a unos cien metros de distancia.

Lump echó a correr en zigzag, y de pronto abrió fuego una ametralladora situada en la elevada proa del *Hipper*. La ráfaga de proyectiles avanzó por cubierta como un reguero de pólvora y fue punteando la amplia espalda de Lump. Este vaciló y fue dando traspiés hasta la borda. Entonces un bandazo del buque arrojó a Lump al agua con el cuerpo del guardiamarina abrazado contra el pecho.

Tinker lanzó un grito salvaje, se incorporó y miró a su alrededor con ojos que echaban chispas. Unos metros a proa, en el lado de estribor, peligrosamente cerca del incendio, se balanceaba una ametralladora Lewis. Antes de que pudieran detenerle, Tinker inició una veloz carrera, zigzagueando agachado por entre las llamas, hasta llegar a la ametralladora. La hizo girar y, con los pies muy separados, abrió fuego contra la superestructura del crucero alemán. Largos tentáculos de llamas lo envolvieron como si quisieran arrastrarle al corazón del infierno. Su cuerpo estaba totalmente expuesto al fuego del enemigo. Cuando las balas empezaron a silbar a su alrededor, apretó los dientes con sonrisa de salvaje júbilo y, soltando una retahíla de maldiciones, siguió desafiando al coloso sin más arma que la vieja Lewis.

Acababa de tirar el tambor de municiones vacío y estaba agachado buscando otro cuando el fuego cruzado del *Hipper* lo alcanzó. Se dobló sobre sí mismo y se llevó las manos al vientre; luego levantó la cabeza y miró con odio hacia el crucero cuyo casco, tan sólo a unos sesenta metros de distancia, se alzaba como el muro de una prisión. Enseñó los dientes en un gesto final de rebeldía. Después cayó de cabeza por el enorme boquete rojo que se abría en cubierta como un rugiente volcán.

Wreyford y Truman presenciaron la escena desde el puente. El contramaestre juró por lo bajo. El comandante cerró los ojos

e inclinó el cuerpo hacia adelante como si le hubiesen asestado una puñalada en el vientre. Casi inmediatamente se produjo una cegadora explosión sobre sus cabezas. Lo que quedaba del palo mayor cayó atravesado sobre los cables de las sirenas, y por encima del clamor de la batalla se oyó un aullido endemoniado, un sonido demencial y ensordecedor.

Sobre el puente cayó una lluvia de fragmentos del palo. Wreyford miró hacia arriba, pero inmediatamente dirigió su atención al *Hipper,* que en aquel momento empezaba a cruzar su proa. La distancia era inferior a cincuenta metros. El acantilado de acero de su casco se elevaba y caía más de seis metros, y Wreyford recordó de pronto que todavía se hallaban en plena borrasca.

El fuego del *Hipper* casi había cesado; el violento balanceo dificultaba la labor de los servidores de las ametralladoras, y la proximidad de los buques no permitía a los artilleros apuntar tan bajo. El aullido de las sirenas del *Glowworm* pareció aumentar de tono y de volumen.

Truman apretó instintivamente la espalda contra el mamparo y atiesó las piernas. Wreyford, a proa del puente, apoyó las manos en la astillada madera de la batayola y se preparó para el choque. Miró hacia arriba y vio a los oficiles del *Hipper* agrupados en el puente; sus caras no eran más que borrones blancos tras el parabrisas salpicado de sal. No sentía enemistad ni orgullo, sino únicamente una momentánea y fría curiosidad. Nunca había visto al enemigo hasta entonces.

El *Glowworm* avanzó lentamente, chapoteando, chocó contra una empinada ola y se detuvo un instante en la cresta. Luego, cuando su destrozada y llameante proa empezó a caer, encontró como por milagro una reserva final de potencia y se deslizó por la suave pendiente de agua.

Von Scholtz y Stenz se apartaron del parabrisas de estribor en busca de apoyo al ver tan cerca aquel buque condenado, aquel brulote suicida que se precipitaba contra ellos con las sirenas aullando. Cuando el *Glowworm* se abalanzó sobre el *Hipper* desde lo alto de aquella montaña de agua, solamente Mann y Zeltmann permanecieron en la banda de estribor del puente.

El almirante miró hacia abajo y vio al comandante inglés:

una figura solitaria, con la cabeza descubierta y en mangas de camisa, que permanecía completamente inmóvil en su puesto de mando, en medio de la humareda, sin apartar los ojos del puente del *Hipper*.

Cincuenta metros... cuarenta... treinta... Durante unos segundos que parecían interminables, mientras los dos buques se dirigían hacia su mortal abrazo, ambos comandantes se miraron fijamente.

Cuando la incandescente proa del *Glowworm* se hundía en las heladas aguas del océano, surgían del mar enormes y sibilantes nubes de vapor. El destructor se elevó nuevamente hasta la mitad de una ola. Luego la proa cayó al otro lado y fue a estrellarse contra la amura del *Hipper* a popa del ancla.

Se oyó un tremendo y prolongado rechinar de metal. La proa del destructor se incrustó profundamente en las entrañas del crucero; penetró más de cuatro metros, abriendo una brecha que empezaba debajo de la línea de flotación y llegaba casi hasta la cubierta. Lo que quedaba del palo mayor del *Glowworm* se desprendió de los cables, y súbitamente cesó el ensordecedor aullido de las sirenas.

El gigantesco crucero se estremeció como una manzana de casas durante un terremoto, pero siguió su marcha, arrastrando consigo al destructor. Poco a poco, sin embargo, fue perdiendo velocidad a causa del lastre.

Al elevarse y descender los buques con distinta cadencia, el frotamiento abría aún más la herida del *Hipper*. De pronto surgió de las entrañas del crucero el apagado ruido de una explosión. Miles de litros de agua potable de los tanques situados a proa se desbordaron en enorme catarata. A los pocos segundos, entre densas nubes de vapor, el fuego de proa del *Glowworm* quedó extinguido.

El *Hipper* siguió avanzando tenazmente, haciendo girar la popa del destructor inglés hasta que los buques formaron un ángulo de unos cuarenta y cinco grados. El crucero sufrió mayores desgarros, y de pronto empezaron a surgir por debajo de la línea de flotación grandes burbujas negras.

Petróleo. Los tanques de combustible del *Hipper* se habían roto.

MANN ABRIÓ EL parabrisas de estribor y examinó la enorme brecha y la destrozada proa del *Glowworm,* aferrado a su presa como un podenco al cuello de un ciervo. La proa y el puente del buque inglés quedaban ocultos por una densa capa de vapor, pero más a popa se veían varios incendios.

—¡Tenemos que separarnos de él antes de que vuele! —gritó el almirante en un tono que ninguno de sus oficiales había oído antes—. ¡Comandante, vamos a tratar de virar hacia él! ¡Toda la caña a estribor!

Zeltmann, que se encontraba a su lado, le miraba con ojos acusadores, pero Mann ni siquiera parecía haberse dado cuenta de su presencia. El coronel giró sobre sus talones, se dirigió a la otra banda del puente y observó la cubierta principal. La mayoría de los hombres estaban de pie, gritando desconcertados. Su modo de moverse, chocando unos con otros, mostraba el grado de pánico que les invadía. Zeltmann comenzó a bajar la escala.

Ernst se abrió paso entre la multitud y se acercó al suboficial Hart, que estaba junto a la borda. Ambos miraron hacia abajo, hacia aquel casco rodeado de humo y vapor que flotaba en medio de una mancha de petróleo, y Ernst vio a un hombre alto que observaba fríamente el crucero desde el puente. "¡Ese es, ese es el enemigo, el primer inglés que he visto en mi vida! ¿Cómo podrá permanecer tan tranquilo, como quien se asoma a la ventana al levantarse? ¿Por qué no le mata alguien?"

TRUMAN cogió a Wreyford por el codo.

—¡Señor, hemos perforado sus tanques! ¡Los hemos destrozado!

Wreyford contempló la negra mancha de grasa y asintió pensativamente.

—Pues sí, eso es lo que hemos hecho. —Su tono no delataba emoción alguna.

Una ametralladora abrió nuevamente fuego desde la cubierta del *Hipper.*

Truman miró hacia arriba y vio las inexpresivas caras de los soldados que se alineaban en la borda del crucero. Volvió a tocar el brazo del comandante y dijo:

—Señor, será mejor que nos retiremos un poco hacia atrás.

Wreyford le miró parpadeando y se dejó conducir a la escotilla del cuarto de derrota.

Ossie Knowles y Valentino, refugiados tras el blindaje, eran los únicos supervivientes de la dotación del cañón "Y". Cuando las primeras ráfagas de ametralladora silbaron sobre sus cabezas, Ossie dio un codazo al maltés y le señaló la caja de municiones.

—Quedan tres pepinos, compañero. Y no hemos oído a nadie ordenar "alto el fuego", ¿verdad?

Los ojos pardos le miraron con reproche, y luego Valentino se santiguó. Juntos cargaron el cañón e hicieron fuego. El proyectil abrió un limpio boquete redondo en el costado del *Hipper,* y volvieron a cargar sin prisas.

Wreyford oyó la explosión del primer proyectil. Cuando salió al alerón vio como el cañón "Y" lograba otro impacto en el *Hipper,* y luego un tercero. De pronto, al reconocer a Valentino, quedó paralizado por la sorpresa.

Camarero, civil... Una pena infinita invadió al comandante, un inmenso sentido de responsabilidad, un profundo asombro ante la fuerza de voluntad de sus hombres... Todos habían cumplido con su deber. Ya todo había terminado y no quedaba nada que sacrificar. Sólo podían esperar a que el enemigo se separase de ellos e hiciera volar por los aires los agonizantes restos del *Glowworm.*

Se oyó un prolongado crujido de metal desgarrado cuando los dos buques comenzaron a separarse. El *Glowworm* viró en redondo y quedó escorado a estribor, balanceándose y cabaceando. El agua empezó a entrar a raudales por su destrozada proa. El *Hipper,* perdiendo petróleo y con los tanques de agua potable vaciándose por la enorme herida del costado, se fue alejando.

En el *Glowworm* sólo se oía el aullido del viento ártico, el monótono rugir de las llamas a popa y el borboteo del agua al inundar el casco.

—Contramaestre, abandono del buque —dijo Wreyford tranquilamente.

—A sus órdenes, señor. —Truman corrió hacia el alerón de estribor, se asomó por encima de la batayola y gritó—: ¡Abandonar el buque! ¡Abandonar el buque!

La orden se difundió rápidamente por toda la cubierta.

Campbell, andrajoso y agotado, se presentó en lo alto de la escala. Contempló un instante el cadáver de Fielden y luego se acercó al comandante.

—Siento que fallaran los torpedos, señor.

—Hizo lo que pudo, Jim —contestó Wreyford casi con afabilidad—. Las condiciones no eran precisamente ideales.

Campbell se quedó mirando al *Hipper* y dijo:

—Le hemos abierto una buena brecha. Tendrá que regresar inmediatamente a su base.

—Esperemos que tenga usted razón. —Luego, tras un breve silencio—: Ocúpese de que los heridos sean los primeros, Jim. Instálelos en los flotadores y en las balsas. Dese prisa.

Campbell saludó con marcialidad y abandonó el buque en compañía de Truman.

El *Hipper* seguía alejándose. Sus enormes cañones ya estaban girando para administrar al *Glowworm* el tiro de gracia. Wreyford dio la vuelta y entró en el cuarto de derrota. Buscó entre los hierros retorcidos y encontró al fin el cuaderno de bitácora. Luego se dirigió a su camarote de mar, se puso una guerrera y una gorra y se acercó al astillado espejo del mamparo. La cara que le miraba con ojos inquisidores era casi la de un extraño. "Hay algo que todavía necesita explicación, pero ¿qué es? David podría decírmelo... si aún viviese. ¿Cuál es el misterio? ¿Qué es lo que quiero saber?" El desconocido le miró con el ceño fruncido. "Es él, sí, él es el enigma. ¿Cómo ha podido hacer lo que ha hecho, *cómo?*"

Mann no podía apartar los ojos del *Glowworm;* aquel destructor condenado a muerte parecía fascinarle. Le obsesionaba la imagen del comandante enemigo, solo en el destrozado puente...

Oyó una tos discreta y se volvió. Stenz juntó sonoramente los tacones.

—El informe preliminar de averías, señor. Siete tanques de combustible destruidos. Hemos perdido la totalidad del agua potable, y el sistema de refrigeración no funciona. Hacemos mucha agua bajo cubierta.

Von Scholtz y Zeltmann estaban justamente detrás de Stenz. El comandante habló con tono desolado:

—Tendremos que volver inmediatamente a Kiel, señor.

El coronel se estremeció como si le hubiesen abofeteado y clavó los ojos en el rostro del almirante. Mann sostuvo su mirada y luego se volvió otra vez hacia el *Glowworm*. Durante los escasos segundos que había dejado de observarlo su escora había aumentado. Las enormes olas que lo sitiaban golpeaban furiosamente contra la proa hendida y rompían dentro de sus entrañas, deseosas de llevarlo cuanto antes a su tumba. En su mente volvió a formarse la imagen de aquella figura solitaria en el destrozado puente...

—¡Paren las máquinas! —ordenó el almirante—. Quizá podamos recoger a algunos de los supervivientes.

Se produjo un silencio cargado de electricidad. Zeltmann se adelantó, tenso como un gato a punto de saltar sobre un pájaro.

—¡No puede hacer eso! El buque enemigo aún está a flote. ¡Puede volver a atacarnos mientras estamos parados!

Mann contempló de nuevo el escorado buque inglés, envuelto en llamas.

—No, ya no le queda nada con que hacerlo. Ya ha dado todo lo que tenía.

Von Scholtz, desconcertado, cambió una mirada con Stenz y se acercó al almirante.

—Señor, usted mismo dijo que debía de haber más buques ingleses en la zona.

—¿Dónde están entonces, comandante? —Miró a todos de hito en hito y su tono se hizo ligeramente despreciativo—. Caballeros, no hay necesidad de salir corriendo para casa. Todavía no. Paren las máquinas. —Luego Mann susurró al oído de von Scholtz—: Hay tantas cosas que arreglar... y muchas formas de hacerlo, Max. Por favor, avise al doctor. Dígale que esté preparado para tratar a los supervivientes.

Von Scholtz dio un taconazo y se dispuso a cumplir la orden. Pero Zeltmann volvió a la carga:

—¡Almirante Mann, no tiene usted derecho a exponer a mis hombres a nuevos peligros! Sin duda no ignora que el Führer ha ordenado que ningún buque se detenga en mar abierta, ni siquiera para recoger a nuestros propios supervivientes.

—Lo sé perfectamente, gracias.

—¿Se atreve a desobedecer las órdenes personales de Hitler? —chilló Zeltmann—. ¿Va a poner en peligro las vidas de soldados alemanes para recoger a unos cuantos ingleses? Santo cielo, ¿de qué lado está usted?

El almirante miró fijamente al coronel.

—¿Yo? Yo estoy del lado de los marinos —contestó.

Zeltmann sostuvo la dura mirada por espacio de unos segundos. Luego giró sobre sus talones y se dirigió a la otra banda del puente, desde donde, erguido como un poste, se puso a contemplar el enfurecido océano.

—¿Por qué hemos parado? ¿Por qué?

Metchik no contestó; frunció el ceño y llevó una botella de aguardiente a los temblorosos labios de Schiller. El muchacho tragó un poco, apartó la botella de un manotazo y empezó a toser.

Ernst se separó de los hombres amontonados junto a la banda, fue hacia ellos y, con las piernas separadas, se quedó contemplando amenazadoramente el reducido grupo: Metchik, con su mirada aviesa, apurando la botella de aguardiente; el tembloroso y desdichado Schiller, y el antropoide Stummer, pálido y agotado.

Schiller se arrastró hasta Ernst y se agarró a una de sus piernas.

—¿Por qué nos hemos detenido? ¿Vamos a hundirnos?

Ernst se soltó violentamente y gritó:

—¡Diga "sargento" cuando se dirija a mí, hombrecito! ¡Y deje de lloriquear, o le juro que le daré una azotaina!

Metchik se echó a reír groseramente. Schiller retrocedió, dolido y avergonzado.

—Lo siento, sargento. —Le castañeteaban los dientes—. Es el frío. Yo... yo no puedo... soportar el frío.

Ernst escupió.

—Permanezcan aquí —les dijo con aspereza—. No se muevan. Ya no hay nada que temer. El buque inglés se está hundiendo.

El sargento se alejó y encontró a Hart entre los hombres situados junto a la borda.

—¿Qué va a pasar ahora? —preguntó.

El suboficial le dirigió una mirada intranquila.

—Creo que vamos a recoger a los supervivientes.

Ernst estudió las tempestuosas y grasientas aguas que les separaban del destructor.

—Pero ¿cómo van a arriar los botes con esta borrasca?

—No lo haremos —contestó Hart, y señaló con la cabeza hacia el *Glowworm*—. Son ellos los que tienen que acercarse. Recogeremos a los que lleguen hasta nosotros.

La toldilla del *Glowworm* estaba muy hundida y escorada, pero era la única parte que todavía no había invadido el fuego. Bajo la atenta vigilancia de Campbell y Truman, los heridos fueron llevados allí por sus camaradas, fantasmales y tambaleantes parejas que se abrían paso entre espirales de humo por la movediza e inclinada cubierta.

Después de atar a los heridos a flotadores y balsas, los depositaban en el mar, donde las olas y el viento se encargaban pronto de alejar las frágiles embarcaciones.

Aquellos fueron los afortunados, porque pronto no quedaron ni flotadores ni balsas. Campbell ordenó entonces a Truman y sus ayudantes que atasen salvavidas a los hombres imposibilitados que aún quedaban a bordo y les empujasen al mar. Ninguno viviría más que unos pocos minutos en aquel agua helada, pero era lo único que podían hacer por ellos.

Mientras bregaba, Campbell no dejaba de maldecir y de luchar contra las náuseas y la repugnancia: envolver a aquellos seres silenciosos y ensangrentados en los voluminosos chalecos salvavidas para abandonarlos luego a la furia del océano no se diferenciaba en mucho de un asesinato en masa.

Wally Hobson consiguió salir de las profundidades del buque a base de rabia y fuerza bruta; arañando, rompiendo y empujando se abrió paso a través de las incandescentes y retorcidas entrañas del buque. Una vez en cubierta, inhalando a raudales el helado aire y con el cuerpo escocido por la salina espuma de las olas, se dirigió pesadamente hacia popa. Allí, separado de los otros heridos, yacía un diminuto cuerpo vestido sólo con ropa interior. No había sido posible taparlo con una manta porque todo su cuerpo era una horrible quemadura. Wally tardó algún tiempo en reconocerlo.

—¿Cómo van las cosas, Jockey?

Los resecos labios se movieron, pero ningún sonido salió de ellos. En los ojos, sin embargo, se leía una clara y desesperada petición de ayuda.

—Sí, sí, no te preocupes, camarada, yo te sacaré de esta. Quieres venir conmigo, ¿verdad?

Con un esfuerzo sobrehumano, el Jockey hizo una débil señal de asentimiento. De su chaleco salvavidas sólo quedaban unos fragmentos de corcho renegrido. Wally encontró otro chaleco y comenzó a ponérselo, pero el Jockey se desmayó inmediatamente. Terminó de ajustarle el salvavidas, levantó el pequeño y encogido cuerpo, pasó con sumo cuidado sobre la cadena de los candeleros y se metió en el agua.

El frío le dejó paralizado. Una ola le separó del buque, le atrajo hacia su seno y le sumergió en la blanca rompiente. Wally movió las piernas desesperadamente, salió a la superficie y se esforzó en mantener a flote la cabeza del Jockey. Los dos estaban ya totalmente cubiertos de negro petróleo.

Nadó durante mucho tiempo, tragando e inhalando petróleo, hasta quedar exhausto y medio ahogado. Entonces una balsa se acercó a él. Levantó el cuerpo del Jockey y sintió como se lo quitaban de los brazos. Pero no quedaba más sitio. Wally se agarró a la balsa y siguió moviendo las piernas. La grasa le impedía abrir los ojos y le taponaba la boca y la nariz. El frío era como un enorme peso que le arrastrase hacia las profundidades.

Bunty Baker, herido en un hombro, estaba apoyado contra el varadero de popa del *Glowworm*. Había rehusado ocupar un sitio en las balsas en tanto no se hubiese evacuado a los heridos más graves. Ossie encendió un cigarrillo y se lo puso entre los pálidos labios, contraídos por el dolor.

—Gracias —musitó Bunty, y luego preguntó—: ¿Ha visto alguien al patrón?

—Sí. Bill Truman dice que está bien.

—Ha hecho un buen trabajo, ¿verdad? Creo que les ha ganado la partida.

—Y que lo digas. Ahora deja que te ponga este otro chaleco. —Pero cuando Ossie se disponía a atar el salvavidas a su camarada, Campbell se acercó corriendo, le cogió del hombro y se lo llevó consigo. El teniente de navío miraba fijamente hacia popa.

—¡Knowles... Knowles! —exclamó con voz ronca—. ¡Las cargas de profundidad! Algunas siguen en posición de fuego. ¡Cuando el buque se hunda hará volar por los aires todo lo que se encuentre en un radio de cien metros! —Como si quisiese subrayar la urgencia de estas palabras, el buque dio una nueva cabezada. Campbell inició el avance hacia popa—. Voy a tratar de ponerlas en la posición de seguro. Haga que todo el mundo abandone el buque lo antes posible.

—A sus órdenes, señor.

Ossie corrió hacia Bunty para terminar de ajustarle el salvavidas. Pero Bunty le agarró de la muñeca y señaló asombrado hacia babor.

—¡Mira... se han detenido!

Ossie y otros marineros se volvieron en redondo. El *Hipper* se había puesto al pairo a menos de un cable de distancia, y por toda la cubierta se veían hombres afanados en arrojar por el costado cabos y gigantescas redes.

—¡Están arriando redes! —gritó Bunty—. ¡Dios mío, van a recogernos!

Una oleada de esperanza invadió a los que aún permanecían a bordo. Los heridos levantaban la cabeza para asegurarse de que era cierto. Ossie saltó a la medio derruida plataforma de un reflector situada en la base del palo mayor y, haciendo bocina con las manos, gritó:

—¡Muchachos, dirigíos al crucero! ¡De prisa! ¡Dirigíos al crucero!

Su grito fue oído por todos los que estaban en el agua, e inmediatamente comenzaron a bogar, lenta y desesperadamente, a través de los doscientos metros de agua helada, sucia y enfurecida que les separaba del crucero.

El camarote de Wreyford era una humeante ruina. Uno de los mamparos había caído hacia el interior. Fragmentos de muebles carbonizados, libros y archivos, papeles y pertenencias personales aparecían tirados por el suelo. El escritorio, aunque desordenado y fuera de su sitio, estaba intacto. El comandante levantó una silla, la arrimó al escritorio, barrió los papeles con la mano y se sentó; luego abrió el cuaderno de bitácora y consultó su reloj, tratando de calcular el tiempo transcurrido desde que entrara en el camarote. Sacó su Parker e hizo la siguiente anotación:

> 0930 horas (aproximadamente). El buque se ha separado del enemigo. No nos queda presión. Nos hundimos. He ordenado "Abandono del buque".

Se levantó, buscó en medio de aquel desorden y recogió los libros de claves y todos los documentos y carpetas que pudo encontrar. El cajón inferior del escritorio estaba atascado, pero a fuerza de patadas y tirones consiguió abrirlo unos centímetros y sacar su cartera de documentos. Metió todo dentro, la cerró y se guardó la llave en el bolsillo.

Cuando se disponía a salir pisó un cristal. Al oír el crujido, se detuvo, recogió la fotografía y la sacó del marco destrozado. Contempló los grandes ojos luminosos. "Susan, querida Susan, tan dulce y tan fuerte al mismo tiempo. ¿Dónde está ahora el refugio que tú me brindabas? Contigo siempre pude hablar. Tú siempre lograbas arrancarme palabras y pensamientos cuya existencia yo ni siquiera sospechaba. Si pudiese hablar ahora contigo, Susan, contarte todo lo que ha sucedido hoy, toda esta trágica farsa que está a punto de terminar definitivamente..."

"Hay tantas cosas que no puedo explicarme, por más que me esfuerzo... Pero con la calma y la luz de un nuevo día, y con tu ayuda, tal vez pueda encontrar la respuesta. Ahora solamente tengo preguntas. ¿Tiene alguna finalidad todo este sufrimiento humano? ¿Surgirá algo bueno e inesperado de tanta carne quemada y desmembrada? Hasta hoy no pude endurecerme para matar. Hasta hoy no fui capaz de sacudirme el sentimiento de mi propia irrealidad, ese sentimiento que me impedía comprometerme a mí mismo, a mis hombres, a mi buque..."

"Bueno, ahora ha sucedido, ya todo ha acabado, no hay nadie a quien juzgar. Yo lo he hecho; he matado a mis hombres, he matado a mi buque... ¡Dios mío, si hay aquí un vencedor, es la fría y despiadada mar!"

"Heme aquí, pues: el Supremo Ejecutor. Ahora mato bien, y entierro bien. ¿Podrías vivir conmigo, Susan, amarme después de esto?"

Campbell, con el agua helada hasta la cintura y sumergido de cuando en cuando por una rugiente y poderosa ola, inspeccionaba los varaderos, retorcidos por las explosiones. Varias cargas estaban a punto de soltarse; algunas espoletas se habían atascado en posición de "fuego", pero con sus manos ateridas y despellejadas no podía hacerlas girar. Le envolvió una nueva ola y apenas tuvo fuerzas para sujetarse; sabía positivamente que la próxima le arrastraría consigo y estuvo a punto de rendirse y acabar de una vez con tanto sufrimiento.

Consiguió trepar por la inclinada cubierta hasta el refugio de la plataforma del reflector y se dejó caer junto a Truman, Ossie y Bunty.

—No hay nada que hacer, Knowles. ¡Saque a todo el mundo de aquí lo antes posible!

Ossie se quitó los zapatos, y cuando se agachaba para coger a su compañero vio que alguien se acercaba desde el puente. Era el comandante, correctamente vestido, con la gorra puesta y los hombros echados hacia atrás. No llevaba chaleco salvavidas. La cubierta estaba muy escorada y el buque no cesaba de cabecear y balancearse; el viento soplaba en fuertes rachas, pero Wreyford avanzaba en línea recta, y Ossie habría jurado que ni siquiera le alcanzaba una gota de espuma. Bajo el brazo izquierdo llevaba la cartera de documentos como si se dirigiese a una conferencia en tierra.

Campbell, Ossie y Truman se cuadraron y saludaron. Ossie se quitó el cigarrillo de los labios y lo arrojó lejos, pero se sentía ridículo con los zapatos en la mano. Wreyford miró a Bunty y dijo:

—¿Se encargará usted de él, Knowles?

—Sí, señor, no se preocupe por nosotros.

—Muy bien. —Luego se dirigió a Campbell—: ¿No quedan más balsas, Guns?

—Me temo que no, señor —contestó este, tratando de que no se oyese el castañeteo de sus dientes y señalando con la cabeza hacia el *Hipper*—. Por lo menos los heridos más graves tendrán alguna probabilidad de alcanzar el crucero. Los demás tendremos que nadar.

Wreyford no dirigió la vista hacia el *Hipper*. Con los labios firmemente apretados, miró de nuevo a Bunty y luego a los otros heridos. A pesar de su compostura y la calma de su voz, todos pudieron leer en sus ojos la tristeza que le embargaba.

—Es sorprendente, ¿verdad? Me refiero a que se haya detenido para recoger a los supervivientes. Bueno, saquen de aquí al resto de los hombres lo antes que puedan. Y ustedes no se entretengan demasiado.

Obedeciendo a un impulso repentino, Ossie se adelantó, cogió un chaleco salvavidas y se lo ofreció a Wreyford.

—Mi comandante, si no tiene inconveniente... Lo ordena el reglamento, ya sabe.

Una débil sonrisa casi borró las arrugas del cansado rostro de Wreyford. Cogió el salvavidas y se lo echó al hombro. El y Ossie se miraron a los ojos.

—El viejo *Glowworm*... Estamos orgullosos de él, señor.

—Sí —contestó Wreyford sin dejar de sonreír—. "Procure no abordar a nadie", me dijo el almirante Whitehorn... Creo que ya no hay quien me quite el mote de Colisiones Wreyford, ¿verdad?

Ossie le devolvió la sonrisa.

—Sí, señor, creo que ya no hay quien se lo quite.

Wreyford giró sobre sus talones y se alejó hacia proa. Por el camino se detuvo un momento y arrojó la cartera al mar. Permanecieron unos instantes mirándole, y Truman movió la cabeza con asombro: todo aquello era irreal como un sueño. "Si vivo para contar lo ocurrido, ¿quién va a creerme", pensó. "Después de tantas burlas, ¿cómo vamos a hacerles comprender el heroico comportamiento del *Glowworm* y de Garry Wreyford?"

Truman y Ossie volvieron junto a los heridos. Ossie se inclinó de nuevo para recoger a su camarada, vaciló y miró a Campbell, que se alejaba en pos de Wreyford.

—Mi oficial —le llamó—, ¿no podría echarnos una mano?

Campbell dio la vuelta y ayudó a bajar a Bunty por la escorada cubierta hasta el costado sumergido. Antes de meterse en el agua, Ossie le dirigió una severa mirada.

—El patrón ha dicho que no nos entretengamos.

—Debería haberle avisado del peligro de las cargas —dijo Campbell enfadado consigo mismo—. Tengo que prevenirle.

Se alejó dando tumbos. Truman miró a Ossie, se encogió de hombros y se metió en el agua.

Ossie, con Bunty en brazos, esperó el momento oportuno. La popa se sumergió. "¡Ahora!", dijo, y dobló las rodillas. El frío le cortó la respiración y una ola lo arrastró hasta un seno cubierto de grasa, pero Ossie comenzó a mover rápidamente las piernas, pasó un brazo por los tirantes del salvavidas de Bunty y con el otro empezó a nadar hacia el distante crucero.

Campbell descubrió al comandante unos metros a proa del incendio principal, sacando a un hombre medio quemado por una escotilla. Evidentemente, Wreyford estaba haciendo una última ronda y ayudando en lo posible a los heridos que todavía quedaban a bordo. Cuando Campbell se dirigía hacia él, el *Glowworm* dio una cabezada y se escoró aún más; el oficial trató de agarrarse a un pescante, pero no lo consiguió y cayó al mar.

Inmediatamente fue apartado del buque, envuelto en una ola enorme y sumergido en una mancha de petróleo. Cerca de él vio una balsa llena de hombres, algunos con la mitad inferior del cuerpo en el agua, bogando o pataleando. Varios marineros le llamaron, pero no les hizo caso. "No, yo soy un oficial, y la balsa ya va demasiado cargada", pensó. "Tengo que llegar por mis propias fuerzas."

Ossie luchaba por mantener la inerte cabeza de su camarada fuera del agua; Bunty se desmayaba a cada instante. De pronto apareció a su lado un trozo de madera de una balsa destrozada con un hombre, tan grasiento que relucía como una foca, tumbado encima. Ossie movió pesadamente las piernas y consiguió asirse a la madera. El hombre levantó la cabeza, y unos ojos blancos le miraron desde la aceitosa máscara negra. A Ossie le costó trabajo reconocer a Grannie Smith, medio ahogado e incapaz de avanzar a causa de las heridas. "¡Maldita sea, ahora tengo que cargar con dos!"

El estómago de Ossie se contrajo dolorosamente; eran los primeros síntomas de un calambre. La madera estaba resbaladiza, pero consiguió izar el cuerpo de Bunty junto al de Grannie. Una ola rompió sobre él, le zarandeó y le impulsó bajo el agua. Cuando logró salir de nuevo a la superficie, el fragmento de balsa se hallaba ya a unos diez metros, girando y cabriolando como si quisiera sacudirse a sus inertes e indefensos pasajeros.

ZELTMANN, con los labios exangües, descendió a cubierta y se acercó a la banda. Los hombres que le rodeaban, marineros y soldados, no se dieron cuenta de su presencia; todos tenían los ojos fijos en el mar.

La luz que se filtraba a través del bilioso cielo daba al enfurecido océano un aspecto sobrenatural. Los miles de litros de petróleo que habían manado de la herida del *Hipper* no habían conseguido calmar la ira de las olas; las explosiones del hirviente océano y las manchas de agua negra y de blanca espuma hacían aún más sobrecogedora la escena. Sólo cerca del crucero, por cuyo casco destrozado seguía manando el negro y espeso torrente, estaba la mar un poco más calmada; sus movimientos eran lentos, repugnantes, como los de una capa de limo que ondulase y respirase.

A unos trescientos metros de distancia, el destructor inglés continuaba hundiéndose: la cubierta estaba casi totalmente ladeada y la popa sumergida, y el humo que brotaba de sus múltiples incendios se extendía sobre el agua como una nube inmensa. El casco derivaba con rapidez. El trecho de agua que separaba ambos buques aparecía sembrado de diminutas manchas negras: eran hombres que nadaban, hombres hacinados en flotadores y balsas, hombres aferrados a trozos de madera...

Zeltmann observaba la escena consternado e incrédulo. Agarrado a la regala de la banda, veía a los marineros alemanes descender por las peligrosas redes *para rescatar ingleses*... E incluso en su presencia, varios de sus propios hombres se despojaron de fusil, equipo y capote y se dispusieron a ayudar.

Abrió la boca para gritar una orden, pero una ráfaga de viento cortó sus palabras antes de que hubieran salido de la garganta. Cada vez acudían más soldados a la banda para coger cabos y gritar frases de aliento a náufragos más próximos. El coronel comprendió que había perdido ya el control de la situación y que sería inútil tratar de detenerlos. Por otra parte, los soldados eran hombres de acción, y no podía pedírseles que permaneciesen cruzados de brazos mientras los marineros se jugaban la vida.

Algunos náufragos se encontraban ya a menos de cien metros de las redes del *Hipper,* pero el viento los estaba arrastrando hacia popa. Zeltmann vio a un nadador solitario que se acercaba lentamente y que de pronto dejó caer la cabeza, exhausto. Fue arrastrado por una ola y ya no volvió a aparecer. Una balsa cargada se aproximó cabalgando sobre la cresta de una ola. Un hombre saltó al agua y trató desesperadamente de agarrarse a los brazos que le tendían desde el buque, pero desapareció bajo una ola cubierta de grasa. Zeltmann comenzó a maldecir en voz alta: maldijo a la marina, al almirante, a los ingleses, a la cruel y despiadada mar...

Campbell salió como pudo de la mancha de grasa y se tumbó de espaldas para limpiarse los ojos y expulsar de sus pulmones los gases producidos por el petróleo. La mar tan pronto se elevaba como se sumergía, y comprendió lo que había ocurrido con muchos de sus compañeros. Al no poder nadar de una manera continuada, el frío les había paralizado y había embotado su cerebro hasta obligarles a rendirse. "Y eso es lo que me está ocurriendo a mí", pensó. "Me siento más pesado por momentos."

Otra ola le levantó, y pudo ver el *Glowworm.* Estaba tumbado sobre el costado de estribor, con la popa totalmente sumergida. Un instante después la superficie del mar se estremeció como una masa de gelatina, se hinchó y empezó a hervir. Luego se elevó hasta formar una enorme columna blanca. Campbell sintió un golpe brutal en el estómago, y el retumbar de la explosión le hirió los tímpanos. Una balsa ascendió majestuosamente hacia el cielo, desperdigando heridos, y a continuación una fuerte racha de viento convirtió la columna de espuma en una cortina que ocultó al destructor.

Campbell conocía perfectamente la naturaleza de aquella horrible erupción: como él temiera, un golpe de mar había desprendido de su varadero una de las cargas en posición de "fuego". Y lo más probable era que aquella primera explosión hubiera soltado otras cargas de profundidad de la popa del *Glowworm.*

Esperó, contando los segundos. Se produjo una nueva explosión, mucho más fuerte que la anterior. Sintió otro golpe tremendo, y a continuación oyó un prolongado rugido.

La onda expansiva le zarandeó violentamente, sacándole del mortal letargo que invadía su cerebro y desentumeciendo sus músculos. Una nueva ola le levantó y le arrastró, y de pronto se encontró nadando con rítmicas y potentes brazadas. No volvió la vista atrás.

Ernst Neuhofer estaba ayudando al suboficial Hart y un grupo de marineros a arriar una pesada red por el costado. El sargento volvió la cabeza y gritó:

—¡Eh, Metchik! ¡Y vosotros también! ¡Venid aquí!

Metchik, Stummer y el joven Schiller, un fantasma boqueante y de ojos vidriosos, acudieron a echar una mano. Entre todos colgaron la red y luego, trabajando con la armonía y la seguridad de un grupo de acróbatas, desamarraron las balsas salvavidas, afirmaron cabos a las mismas y las arriaron al mar para dejarlas derivar más allá de la popa del *Hipper*. De este modo, los náufragos que se viesen arrastrados demasiado lejos aún tendrían la posibilidad de salvarse.

Ernst vio que el coronel Zeltmann se acercaba a ellos con gesto amenazador. Pasó rápidamente el cabo a Metchik y se cuadró. Durante unos veinte segundos Zeltmann le taladró con la mirada; luego volvió la lista hacia el mar.

—¡Continúe, sargento! —dijo con un lento gruñido que parecía haberle sido arrancado a la fuerza.

Valentino gimió cuando una racha de viento rozó la cresta de una ola y le lanzó la helada espuma a la cara. "Ritmo, hay que mantener el ritmo..." Oía la potente voz de su padre cuando les enseñaba a nadar desde el bote pesquero anclado en las azules y tranquilas aguas de Gozo. "Ya conocéis los movimientos, pequeños. Id haciéndolos y perderéis el miedo. Pronto flotaréis sobre las olas como las gaviotas al posarse en el mar. Recordad el ritmo: uno... y... dos... y... tres... y... uno..."

Se puso a contar y, a pesar del nerviosismo, empezó a mover acompasadamente los miembros. No obstante, aunque llevaba puesto el chaleco salvavidas, parecía carecer de flotabilidad; le costaba trabajo llevar la cabeza alta e iba tragando agua. "Siempre fui un mal discípulo, querido padre, y sé que te defraudé."

Una ola que rompió sobre él le hizo perder el ritmo y estuvo a punto de ahogarle. Cuando volvió a la superficie, sus manos tocaron algo sólido: madera. Se agarró al fragmento de la balsa y se encontró con los grasientos rostros de Baker y de Smith, tendidos con piernas y brazos abiertos e inmóviles como cadáveres.

Valentino se izó hasta apoyar el pecho en un extremo del flotador y empezó a mover las piernas como una rana, impulsándolo hacia el *Hipper:* uno... y... dos... y...

Al cabo de un rato Grannie alzó la cabeza y movió los azulados labios:

—El bueno del maltés. Has venido a hacernos una taza de té, ¿verdad, compañero?

Los PRIMEROS supervivientes fueron llegando al *Hipper*. Hobson, medio inconsciente, empujaba un flotador en el que iba el desmadejado cuerpo del Jockey. Sus movimientos eran automáticos; estaba obsesionado con la idea de nadar y empujar. Un cabo cayó a su lado, pero no pudo alcanzarlo.

Hart se inclinó sobre la borda y gritó:

—¡Acérquese a las redes! ¡Es más fácil agarrarse a las redes!

Otras voces se unieron a la suya. Alguien lanzó otro cabo, pero se quedó corto.

Hart empezaba a desesperarse.

—¡Las redes, las redes! —vociferaba sin cesar, hasta que por fin dijo a Ernst—: ¡No nos entienden!

Schiller se abrió paso entre ellos, se asomó y comenzó a gritar roncamente en inglés. Pero todo fue en vano. El flotador iba derivando hacia popa y alejándose del casco. Los marineros colgados de las redes lanzaban cabo tras cabo, y algunos caían sobre el flotador, pero los agotados ingleses no hacían nada por cogerlos. Entretanto, el mar los seguía arrastrando.

Ernst no pudo soportarlo más. Se desabrochó el correaje de su pesado equipo, y Zeltmann y los demás le observaron asombrados mientras salía por la borda y descendía por la red casi hasta el nivel del agua. Una ola enorme, cubierta de petróleo, avanzó furiosa a lo largo del costado y le sumergió por completo. El frío lacerante y el peso del agua estuvieron a punto de arrancarle de la red, pero una extraña fuerza le hizo resistir. Cuando

el agua se retiró, vio el flotador deslizándose hacia él cerca del casco. Extendió el brazo izquierdo, esforzándose en llegar lo más lejos posible.

Como en sueños, Hobson vio la mano, cada vez más próxima, tan sólo a unos centímetros de su cara. Era una mano fuerte, callosa, con la palma despellejada. "¿De quién es esta mano? ¿Qué es lo que quiere? Quiere ayudarme, quiere ayudarme a mí." El brazo derecho le pesaba como plomo, pero logró levantarlo centímetro a centímetro.

Las manos se encontraron y se entrelazaron. La mano de Hobson estaba resbaladiza por el petróleo, pero Ernst consiguió agarrarle de la muñeca y tirar de él hasta la red. Luego estiró rápidamente el brazo y sujetó el flotador. Colgado allí, sin poder moverse, rogó al cielo que alguien bajase a ayudarle antes de que llegara otra ola.

Schiller miró hacia abajo y empezó a temblar. Encontradas emociones luchaban en su interior: el miedo de las frías y paralizantes aguas del Artico; una inmensa compasión por aquellos pobres infelices, sucios y helados, que se ahogaban ante sus ojos, y una secreta envidia del valor y la fuerza física de Neuhofer.

Dominó el temblor que le invadía y comenzó a despojarse del correaje. Metchik le miró asombrado y luego también él se desabrochó las hebillas. Los dos soldados alemanes bajaron juntos por la red.

Ernst comenzó a maldecir entre dientes al notar que el grasiento y encabritado flotador se le escapaba. Los marineros habían descendido hasta el final de la red para sostener al hombre que Ernst sacara del agua, pero el otro inglés continuaba en el flotador: un bulto negro, pequeño y ligero como un niño. Ernst sabía que la próxima ola le arrebataría el flotador, pues ya no le quedaba fuerza en la mano para sujetarlo.

Entonces vio que Schiller descendía por la red con la agilidad y rapidez de un trapecista al terminar su número. El muchacho se dio la vuelta y se lanzó de cabeza al agua. Salió a la superficie algo alejado del flotador, y por un instante Ernst tuvo la certeza de que sería arrastrado por las olas. Sin embargo, consiguió agarrarse al flotador con una mano y lo empujó contra la red. Con la otra mano cogió el brazo del náufrago abrasado y lo fue arrastrando hasta el extremo del flotador que quedaba más cerca del casco. Con la ayuda de Ernst, Schiller izó al segundo superviviente hasta situarle al lado de su camarada.

Metchik y otros soldados bajaron por la red, y momentos después los dos heridos estaban en la cubierta del *Hipper*.

Ernst y Schiller se apartaron del alcance de las olas, se afianzaron en la red y se dispusieron a descansar. El sargento miró al muchacho. Estaba tiritando violentamente, pero al cabo de un instante señaló hacia el agua, y Ernst vio a varios nadadores solitarios que se acercaban con grandes esfuerzos.

Schiller se agachó en medio de la maraña de cabos y se quitó las botas.

La suerte acompañaba a Ossie, pues se había librado milagrosamente de las manchas más espesas de petróleo. Ahora, de repente, la proa del crucero se alzaba sobre él. Dejó que la mar le arrastrase por el costado, cogió el primer cabo que pudo alcanzar y se pasó una gaza por la cintura. El cabo se tensó, y al rato sintió que le izaban con tirones fuertes y rítmicos. Ossie apoyó los pies en el casco y empezó a trepar por el costado.

Vio a los hombres que gesticulaban y gritaban desde arriba y comprendió que trataban de indicarle que se dirigiese hacia las redes, pero un inquebrantable espíritu de desafío le hizo ignorar los consejos. Un suboficial de la armada inglesa no obedecía órdenes del enemigo. Además, aún quedaban los heridos, y las redes eran su única esperanza. Apretó los dientes, agarró con fuerza el rugoso cabo, envaró las piernas y siguió trepando, hasta que varias manos le sujetaron firmemente y le dejaron en cubierta. Entonces se le doblaron las piernas y cayó sobre la cubierta del barco que tan sólo unos minutos antes se había esforzado en destruir. Su cara se hallaba a unos centímetros de una enorme bota negra, una bota alemana. La bota se movió, se acercó... y de pronto se confundió con una negrura aún más densa.

Ernst descendió de nuevo por la red al acercarse otro flotador y vio que su ocupante se ponía de rodillas para alcanzar un cabo. El flotador volcó. El hombre cayó al agua y fue arrastrado inmediatamente por las olas. Ernst iba a lanzar un grito cuando

Schiller pasó volando ante él y golpeó el agua como un nadador de competición. Esta vez tuvo que nadar unos treinta metros entre olas inmensas. Cuando llegó junto al inglés, le cogió por los hombros, le puso hábilmente de espaldas y empezó a remolcarle.

Ernst y Metchik avanzaron de red en red hacia popa para aguardar su llegada. Entre los dos sacaron del agua al medio ahogado inglés y lo pasaron a los hombres situados más arriba. Metchik cogió una cuerda que colgaba a su lado, hizo una gaza y se la tendió a Schiller cuando este se disponía a encaramarse a la red.

—Toma, Johann, pásatela por la cintura.

Zeltmann permanecía como hipnotizado junto a la barandilla, sin apartar los ojos de los marineros y soldados que subían y bajaban por la red, agitando los brazos y gritando. Eran *sus* soldados. Había visto a Neuhofer arriesgar la vida una y otra vez; había visto a Schiller lanzarse al agua en dos ocasiones para salvar vidas enemigas. De pronto alzó la barbilla, miró severamente al inmóvil Stummer y bramó:

—¿Qué le pasa, soldado? ¡Vaya ahora mismo a ayudar a sus camaradas!

Stummer juntó ruidosamente los tacones.

—¡A sus órdenes, mi coronel! —repuso, y comenzó a desabrocharse el correaje.

El oficial médico del *Hipper,* un hombre de mediana edad, cargado de espaldas y de cabello entrecano, examinaba a los supervivientes ingleses en compañía de sus enfermeros. Mientras administraba morfina a los heridos, repetía una y otra vez en un inglés que dejaba mucho que desear:

—Ahora ya está a salvo. Esto le quitará el dolor.

Los enfermeros envolvían en gruesas mantas a los sucios, temblorosos y agotados hombres. Un rollizo camarero hizo su aparición con una enorme bandeja llena de humeantes tazones de café.

Cuando Ossie abrió los ojos, comprobó que estaba tumbado al abrigo de una torre, cubierto por una manta. El camarero le tendió un tazón de café. Ossie se incorporó y buscó anhelosamente la cara de Bunty, pero sin resultado. Un suboficial se acercó a él y se le quedó mirando con curiosidad. Al coger el tazón la manta le había resbalado del hombro derecho, y vio que el alemán tenía los ojos fijos en el distintivo de su graduación. "Sí, Fritz, tenemos el mismo grado."

Hart sacó una lata de cigarrillos, encendió uno, se inclinó y lo acercó a la boca del inglés.

Ossie se lo puso en la comisura de los labios e hizo una inclinación de cabeza.

—Gracias, camarada —dijo, y mientras Hart se alejaba aspiró profundamente el humo.

Otro flotador llegó al costado, brincando como un potro salvaje. Vistos desde la cubierta del crucero, Bunty y Grannie semejaban dos sacos viejos de carbón. Valentino continuaba en el agua, moviendo acompasadamente las piernas para mantener el flotador pegado a las redes: una... y... dos... y...

Esta vez Ernst pudo bajar directamente al flotador para hacer firme un cabo. Con la ayuda de Metchik, Schiller y Stummer, los dos heridos estuvieron pronto a salvo. Entonces Ernst trató de alcanzar al hombre que estaba en el agua, pero la balsa se encabritó y el sargento perdió el equilibrio y cayó al mar.

La terrible impresión del frío le dejó sin aliento, y sintió que la corriente le arrastraba; él nunca había sido buen nadador... Una ola rompió sobre él, haciéndole tragar agua. Empezó a mover desesperadamente brazos y piernas. "¡No, de esta manera no, así no! Yo soy un *soldado*. Soy el sargento Neuhofer, Cruz de Hierro de segunda clase, especialista en demoliciones... Veterano de Polonia, avezado a la lucha, sin temor a morir por la Patria... Dispuesto a caer luchando, conduciendo a mis hombres, para dormir después eternamente en la acogedora tierra... Pero no así. No quiero morir solo en este frío, débil e indefenso como un niño, para ser pasto de los peces. *¡Dios mío, permite que pueda morir como un soldado!*"

Pero cuanto más luchaba más agua le entraba en el estómago y los pulmones. Las formidables olas le zarandeaban sin descanso; sintió que un fleje de acero le oprimía el pecho y que una extraña somnolencia se iba apoderando de su mente, mitigando la desesperación que le invadía.

Schiller se tiró de cabeza desde la red. Alrededor de la cintura llevaba un cabo que Metchik iba largando poco a poco. Cuando salió a la superficie vio al sargento, a unos cincuenta metros del buque, braceando débilmente en la cresta de una ola. Schiller entró en un seno y comenzó a nadar luego por una empinada ladera de agua. Volvió a ver al sargento, ahora a unos diez metros de distancia.

De pronto surgió del océano una formidable montaña que se acercó rugiendo a Ernst. Schiller le vio alzar la mano derecha, como si estuviese haciendo el saludo nazi. Luego dejó caer la cabeza hacia atrás. El muro de agua hizo explosión sobre él y le envolvió en un turbión de espuma.

Schiller nadó furiosamente y miró desesperado a su alrededor, pero sólo vio la hirviente superficie del mar azotada por el viento. Gritó una y otra vez, inútilmente: "¡Sargento! ¡Sargento!", hasta que el frío le horadó el cráneo y se quedó sin voz. Entonces dio la vuelta y empezó a nadar hacia el buque, mientras Metchik y Stummer recogían el cabo.

Ossie se levantó y se acercó a la banda. No podía quedarse en su refugio; tenía que ver lo que pasaba. Entre los supervivientes heridos, a los que estaban instalando en camillas, descubrió al Jockey. El oficial médico, inclinado sobre él, le aplicaba en aquel momento una compresa. Al acercarse Ossie, el doctor irguió el cuerpo. La mirada de Ossie no podía ser más elocuente y el alemán negó casi imperceptiblemente con la cabeza.

Ossie dio una fuerte chupada al cigarrillo y se alejó. Y entonces vio a Bunty, a punto de recibir la primera cura. "¡La mar no se ha apoderado de todos, menos mal!", pensó. Se arrodilló junto a la camilla y contempló aquella cara flaca y sin afeitar:

—¡Hola, compañero! Ahora podremos agenciarnos unas buenas hojas y afeitarnos como Dios manda, ¿eh?

Un marinero alemán de cara aniñada estaba colgado de un cabo a popa, con los pies apoyados en el casco y el brazo extendido hacia Campbell. Mediante un esfuerzo final, el inglés se acercó a la red y agarró la mano, pero el crucero cayó en un seno. El joven marinero, incapaz de soportar el peso de Campbell, se soltó del cabo, y ambos cayeron al agua.

El marinero no sabía nadar. Campbell trató de mantenerle a flote, pero el muchacho se dejó llevar por el pánico y arrastró al oficial bajo el agua. Cuando Campbell logró sacarle nuevamente a la superficie, una ola rompió sobre ellos y les separó. Con un grito de terror que Campbell no olvidaría jamás, el alemán fue arrastrado por otra ola y se perdió entre la espuma y las movedizas manchas de petróleo.

Irónicamente, la misma ola que se llevó al muchacho lanzó a Campbell contra el costado del buque. Sintió que un brazo le sujetaba, y luego la áspera superficie de los cabos de la red entre las palmas de las manos. Unas voces extrañas y guturales le envolvieron. Notó que le estaban arrancando del gélido abrazo del mar: arriba, arriba, arriba...

Schiller, envuelto en una manta y sentado con la espalda apoyada contra un mamparo, tiritaba violentamente. Metchik y Stummer, agotados y silenciosos, estaban de pie a su lado, estremeciéndose cada vez que el viento calaba sus empapadas ropas. Schiller levantó la vista, y de sus amoratados labios brotaron temblorosas las palabras:

—Lo intenté... pero no llegué a tiempo. Juro por Dios que lo intenté.

El cabo se agachó y apretó con fuerza el hombro del muchacho.

—Hiciste lo que pudiste. Cálmate. El doctor vendrá en seguida.

Schiller cerró los ojos y gimió:

—Fue el espantoso frío lo que me derrotó, Metchik. El maldito frío.

Ossie examinó la montañosa e hirviente mar en busca de otros compañeros, pero sólo descubrió a tres solitarios nadadores, tres manchas negras e irreconocibles a las que ya pocos metros separaban de las redes y los cabos. Luego se volvió y contó los supervivientes que había en cubierta. Sumarían unos treinta, pero el Jockey y otros dos o tres más no durarían mucho. Así pues, de los ciento cuarenta y nueve hombres del *Glowworm* sobrevivirían aproximadamente treinta. Entre ellos se encontraban Bunty, Valentino, Grannie Smith, Wally Hobson y Bill Truman. Y un solo oficial. "Tiene gracia que sea precisamente Campbell... Un tipo raro, callado y solitario; nadie sabía qué pensar de él. Pero se ha portado bien. Ha hecho todo lo que ha podido, y si alguien me pregunta, eso es lo que diré."

Ossie recorrió lentamente las filas de camillas. Bunty se había incorporado y miraba hacia la mar.

—¡Fijaos! ¡Ha zozobrado!

Varios heridos trataron de incorporarse también, y los enfermeros alemanes interrumpieron su labor y quedaron inmóviles.

El viento había disipado los últimos velos de espuma levantada por las cargas de profundidad. El *Glowworm,* con la quilla al aire, se hundía de popa. Los incendios se habían apagado. Tan sólo quedaba una ligera cortina de humo, una triste neblina que se iba extendiendo sobre las olas...

Luego, cuando el humo se aclaró aún más, vieron una pequeña y solitaria figura sentada en el centro del casco con la espalda apoyada en la quilla. A pesar de su estado, el Jockey levantó la cabeza y gimió:

—El comandante... ¡Es el comandante!

Wreyford, calado hasta los huesos y medio congelado, sintió que todo el buque se estremecía al hundirse más la popa. El *Glowworm,* ese desventurado huérfano de la flotilla, pronto se zambulliría en la oscuridad eterna y serviría de tumba a muchos de los hombres que habían luchado y sufrido con él.

Pasó flotando un cuerpo sin vida: iba de bruces, con las piernas y los brazos abiertos, como dibujan los niños la figura humana. Una ola levantó el cadáver, lo dejó caer, rompió sobre él con un bramido y lo devoró. Un puñado de células reivindicadas por el elemento del que emergieran ciegamente incontables milenios atrás. "¡Pobre humanidad, débil y finita a pesar de todas tus absurdas y patéticas pretensiones! ¡Con qué facilidad se te destruye! Y con las armas que tú misma inventaste."

Wreyford miró hacia el crucero alemán. Más allá del *Hipper* vio cuatro destructores que esperaban inmóviles en amplio semicírculo; al *Paul Jakobi* y al *Bernd von Arnim* se habían unido otros dos de la retaguardia. El comandante se preguntó cuántos hombres del *Glowworm* habrían llegado al *Hipper*. Estaba seguro que no podían ser muchos... Pero el hecho de que el crucero se hubiese detenido y arriado redes le tenía perplejo. Era algo completamente inesperado, y desde luego contrario a todas las reglas...

Recordó la alta figura del comandante alemán, los ojos grises fijos en los suyos momentos antes del abordaje. "Tú y yo, ¿qué clase de hombres somos? ¿Puede usted explicarme, señor, lo que hemos estado haciendo aquí hoy, en medio del Mar del Norte, a mediados del siglo xx, enfrentando a nuestros jóvenes para que se matasen y mutilasen metódicamente como ninguna otra especie hiciera jamás sobre la tierra?"

El buque volvió a estremecerse. Enormes burbujas de aire salieron de la popa, y Wreyford sintió en la espalda la vibración de las planchas. Miró hacia la proa, más alta, recortada contra un fondo de nubes impulsadas velozmente por el viento. Se quitó los zapatos, se puso en pie apoyándose en la quilla y empezó a respirar profundamente, contando cinco con cada inhalación, a fin de acumular oxígeno, tal como le habían enseñado a hacer en el colegio antes de una carrera. Luego bajó con todo cuidado por el empinado casco cubierto de percebes y se deslizó tranquilamente en el agua.

—¡Allí está!

Ossie se inclinó sobre la borda y señaló hacia el solitario nadador que apareció en lo alto de una ola y, después de cruzar la espumosa cresta, se deslizó vertiginosamente por el muro de agua casi perpendicular para perderse nuevamente de vista. Ya había nadado más de la mitad del camino, pero a Ossie le pareció que la mar le estaba arrastrando demasiado a la derecha.

La voz de Bill Truman rompió el silencio:

—¡Se hunde, muchachos!

Todos los ojos se fijaron en el *Glowworm*. La destrozada proa, cada vez más alta, arrojaba chorros de espuma, y el mar, al tragarse el buque, empezó a hervir a su alrededor. Lenta y suavemente, el *Glowworm* se fue sumergiendo, hasta que en la superficie de las heladas aguas sólo quedó una mancha de una blancura purísima.

WREYFORD procuraba no apresurar las brazadas ni la respiración. Tenía la sensación de que todo su cuerpo era comprimido por enormes bloques de hielo. Pero cada vez estaba más cerca del crucero; a través de las cortinas de aguanieve veía el enorme costado gris alzándose ante él. A lo largo del costado el agua aparecía cubierta de reluciente petróleo, dando al *Hipper* el aspecto de un monstruo que se revolcara en su propia sangre.

Una ola le levantó y pudo ver a los hombres agrupados en la borda. Algunos estaban envueltos en mantas, y aunque no podía distinguir sus caras, sabía que eran sus hombres. "Tengo que decirles la verdad que he descubierto acerca de mí mismo. Tuve miedo, siempre tuve miedo... *Les habla el comandante...*"

Redes, cabos. Ya solamente quedaban unos metros, pero las redes y los cabos pasaban velozmente hacia su izquierda. Desde la cubierta le llegaban gritos confusos. Comprendió que el mar le estaba arrastrando hacia popa.

MANN abrió la ventanilla lateral del puente y se asomó. El nadador había dejado atrás las redes y derivaba hacia popa. Los hombres corrieron hacia la toldilla y siguieron lanzando cabos. El nadador hizo un último esfuerzo, alcanzó una de las cuerdas y se agarró a ella con ambas manos.

El almirante llamó a Stenz.

—Baje a cubierta. El comandante inglés debe ser recibido por un oficial. Cuando el doctor le haya reconocido, si él lo autoriza, tráigale al puente.

—PÁSESE el cabo por el pecho, señor.

—¡Comandante, páseselo bajo los brazos y dele un cote! ¡Comandante!

Ingleses y alemanes gritaban en vano tratando de hacerse oír en medio del ulular del viento y los rugidos del océano.

—Comandante, amárrese el cabo y nosotros le izaremos. ¡No intente trepar!

Pero Wreyford solamente oía una distante confusión. Tragó

algo de petróleo, y se aferró al cabo. Las arcadas y el aturdimiento le impedían pensar con claridad. El frío empezaba a quemarle los pulmones y el cráneo, cauterizando su cerebro. *Les habla el comandante...*

En la popa, Ossie, Hart y dos musculosos marineros sujetaban el cabo de Wreyford. Le habían izado ya casi hasta el lanzamiento de la popa, pero no se atrevían a continuar en tanto no se hubiese asegurado el cabo bajo los brazos. Todos los hombres gesticulaban y gritaban hasta enronquecer, pero el comandante seguía aferrado al cabo con ambas manos, sacudiendo la cabeza como un pelele mientras las olas rompían sobre él.

Ossie comprendió que Wreyford estaba medio inconsciente. Soltó el cabo y pasó una pierna por encima de la borda. Pero varias manos le sujetaron; algunos marineros alemanes empezaron a gritarle al tiempo que negaban con la cabeza. Debido al lanzamiento de la popa, trepar por un cabo resultaba difícil y peligroso. Además, no era necesario que nadie bajase; el comandante inglés solamente estaba descansando antes de pasarse el cabo bajo los brazos.

Ossie se disponía a discutir cuando de pronto cambió el tono de las voces y todos empezaron a gritar desesperadamente. Miró hacia abajo y vio que Wreyford había comenzado a trepar por el cabo sin pasárselo antes bajo los brazos. Movía las dos manos al mismo tiempo mientras se sujetaba a la cuerda con los pies. Su ascenso era penosamente lento. Tenía la cabeza echada hacia atrás y la boca abierta, y sus ojos no dejaban de parpadear.

Hart dio una orden a los marineros que sujetaban el cabo. Muy despacio, procurando no dar tirones, empezaron a recoger el cabo e izaron poco a poco a Wreyford a fin de reducir la distancia que le separaba de cubierta. Un oficial vestido con un uniforme que a Ossie le pareció de las SS se abrió paso hasta la borda y se asomó con expresión de profundo afligimiento. Tras él apareció de pronto un orondo oficial de la marina, seguido de Campbell y Truman envueltos en mantas. Nadie despegó los labios.

Al hacer sitio a los oficiales, los alemanes habían soltado a Ossie. Este cogió rápidamente un cabo que colgaba del costado y empezó a descender por él. El dolor y el agotamiento se habían desvanecido.

—¡Aguante, patrón! ¡Quédese donde está! —gritó.

Los hombres de cubierta dejaron de izar, y Wreyford quedó colgando con la cabeza echada hacia atrás y los ojos cerrados, respirando fatigosamente. El buque se elevó sobre una gigantesca ola. Wreyford se vio lanzado hacia afuera y luego su hombro izquierdo produjo un ruido sordo al chocar contra el casco. Todo su cuerpo se estremeció. Las manos se aflojaron y se escurrió más de un metro antes de que lograra frenar.

Ossie bajó ágilmente por la cuerda al tiempo que se movía de lado para situarse al nivel del comandante. Recogió el cabo que pendía bajo él y se estiró para tratar de pasarlo alrededor del cuerpo de Wreyford. Pero el buque volvió a dar un balance, y ambos hombres quedaron momentáneamente alejados del buque, suspendidos a dos metros de las hirvientes y amenazadoras aguas.

Wreyford abrió los ojos y dirigió una mirada tranquila a Ossie. Luego el movimiento pendular se invirtió. Ossie paró el golpe con los pies, pero el comandante empezó a girar y una vez más su hombro se estrelló contra las planchas de acero. El golpe le dejó sin aliento, y comenzó a escurrirse.

Ossie soltó el lazo e hizo un esfuerzo desesperado. Con la mano derecha trató de sujetar el chaleco salvavidas del comandante, pero falló y le agarró de la muñeca izquierda. Wreyford retiró la mano del cabo, y Ossie sintió que sus dedos trataban de enroscarse alrededor de su propia muñeca. La muñeca de Wreyford, sin embargo, estaba cubierta de petróleo y empezó a escurrirse de entre los dedos de Ossie.

—¡La otra mano, señor! —gritó Ossie.

La cabeza de Wreyford cayó hacia un lado, todo su cuerpo se desmadejó... y soltó la cuerda. Por espacio de un instante, Ossie le mantuvo en el aire, pero luego se fue escurriendo y cayó al agua con lenta zambullida. Momentos después desaparecía entre las enormes y furiosas olas.

Ossie sintió que le fallaban las fuerzas. La pena y la rabia le dejaron agotado de golpe, y el frío volvió a apoderarse de él. Sabía que no podría regresar a cubierta por sus propios medios.

Pero al instante le arrojaron otros cabos, y logró pasarse uno por la cintura.

Mientras le izaban, Ossie rompió a llorar.

Mann cerró lentamente la ventanilla.

—¡Arranquen las máquinas! —ordenó von Scholtz con voz apagada.

El almirante no se volvió. Permaneció ligeramente encorvado, contemplando la grisácea mar. "Yo deseaba con toda mi alma que los ingleses nos presentaran combate. *Hay tantas cosas que arreglar...* Pero no contaba con esto: ser detenido y obligado a regresar por un solo buque; verme comprometido en tan largo y duro combate por un pequeño destructor... y tener que asistir luego a la muerte de un esforzado adversario cuando se hallaba tan cerca de la salvación..."

"¿Cómo haré mi informe? ¿Qué dirá Berlín? Pero no hay nada de que avergonzarse. Diré toda la verdad; hablaré de la valentía con que ha luchado el comandante inglés. Haré lo posible por que su heroísmo sea reconocido y recordado por sus compatriotas. Entre los supervivientes hay un oficial; tengo que preguntarle en qué otros combates se ha distinguido su comandante antes de esta última heroicidad. Tengo que averiguar todo lo que pueda acerca de ese hombre tan extraordinario."

"Es importante que nuestros líderes militares y políticos sepan todo lo que ha sucedido hoy aquí. Alemania es inmensamente poderosa, pero si nos proponemos conquistar Inglaterra debemos conocer antes la naturaleza y valía de nuestro enemigo. Hombres como este serán difíciles de derrotar por desesperada que sea su situación. Hombres de inagotables recursos y experiencia, dotados de algo más que valor: un extraño fanatismo, desapasionado y típicamente inglés. Hombres como ese comandante, con sus fríos y tranquilos ojos..."

Sintió que el buque se estremecía bajo sus pies y luego empezaba a vibrar al compás de sus máquinas. Consultó su reloj: las 0958 horas. Von Scholtz estaba dando órdenes:

—Avante media... Comunique a los destructores de escolta: "Regreso a la base. Vuelvan a sus puestos de combate. *Jakobi* y *von Arnim* envíen informes de averías y bajas".

Cuando Mann se volvió, Stenz y Zeltmann ya habían regresado al puente. Estaban pálidos y tenían el rostro contraído, y en sus capotes brillaban gotas de aguanieve. Mann creía que el coronel iba a dirigirse a él con palabras de reproche, pero Zeltmann se encaminó en silencio hacia un rincón del puente y se quedó contemplando la cubierta con ojos inexpresivos. Stenz y el comandante fueron al cuarto de derrota para trazar el rumbo hacia Skagerrak y Kiel.

El almirante se acercó a Zeltmann. En cubierta, soldados y marineros trabajaban juntos, sin pronunciar palabra, izando redes y cabos y trincando balsas y otro equipo. Los camilleros se llevaron bajo cubierta al último de los heridos ingleses, y un policía militar de la Wehrmacht estaba colocando en fila a los restantes supervivientes.

Los prisioneros avanzaban como una procesión de penitentes. Con la piel ennegrecida y envueltos en las enormes y arrugadas mantas, parecían un grupo de nómadas africanos. Pero uno de ellos se despojó de la manta y se limpió lo mejor que pudo el petróleo de la cara. En su manchada guerrera lucía los galones de oficial. Se salió de filas y dio una orden, y todos se estiraron y cuadraron los hombros. Descalzos, comenzaron a chapotear por la cubierta, cogieron el paso e iniciaron la marcha a través del aguanieve.

Campbell se quedó al final de la fila y se preguntó qué le habría impulsado a ordenar a los hombres que se pusieran firmes. Era un gesto completamente teatral, pero todos sabían que el comandante habría hecho lo mismo.

¡Pobre Wreyford, siempre tan puntilloso! Su pérdida, cuando ya estaba tan cerca de la salvación, les había aturdido, y todavía se les hacía difícil aceptar su muerte. La extraña tiranía de aquel hombre —el mezquino papeleo, sus manías y debilidades— se recordaba ahora con cariño, como una parte intrigante de lo que sería siempre para Campbell un sublime misterio. "Hay una forma correcta y una forma incorrecta de saludar..."

Cuando pasaron delante del puente la campana empezó a picar las 1000 horas. Campbell se volvió a mirar la campana y al marinero, impecablemente uniformado, que la tocaba. Los tañidos, con su tono bajo e indiferente, quedaban suspendidos en el húmedo y frío aire, desafiando al viento. La campana, de gran tamaño y primorosamente cincelada, brillaba en la penumbra. Y entonces Campbell tomó una decisión: algún día llevaría esa campana a Inglaterra. Como recuerdo del *Glowworm,* de todos los que habían muerto, de Garry Wreyford...

Los guardias abrieron una escotilla y les hicieron descender bajo cubierta.

Kiel, Alemania/Día VE+2

La campana, instalada en un bastidor, dejaba escapar un suave y vibrante tañido cada vez que las ruedas de la camioneta pasaban sobre un tramo de escombros. McCallion condujo lentamente hasta las puertas del arsenal, donde los centinelas de la Real Policía Montada del Canadá levantaron la barrera y les hicieron señas para que continuasen. Campbell se sacó la mano del bolsillo para devolver el saludo del sargento y luego se acurrucó de nuevo en el asiento. Aún sentía frío, el mismo frío que no le había abandonado en cinco años.

McCallion aceleró un poco. Las calles de la ciudad en ruinas aparecían ahora más desiertas. Los neumáticos saltaban sobre baches, trozos de ladrillo y montones de escombros. La campana repicaba lastimeramente y el eco resonaba con tono fantasmal en los ruinosos edificios que flanqueaban la calle. "Tengo la campana. He cumplido mi palabra, pero no debería ser yo quien la llevase. Yo soy el menos indicado, el que menos derecho tiene."

La campana volvió a resonar. "Recuerdo que en el Almirantazgo hay un patio muy pequeño y tranquilo... Propondré que instalen allí la campana, sobre un pedestal, con su armazón y una placa en la que figuren los nombres: Wreyford, Fielden, Trenton, Rosinsky, Bell, Longmore, Grant, Boyce, Clark... La campana será su monumento, en el mismo corazón de Londres, en un santuario libre de borrascas y al que llegarán cantando las golondrinas en abril."

Larry Forrester

«El rey se ha dignado aprobar la concesión de la Cruz Victoria al valor, a título póstumo, al capitán de corbeta Gerard Broadmead Roope, de la Marina Real.»

Así comenzaba la citación publicada en *The London Gazette* el 10 de julio de 1945. Pasaba a continuación a describir la histórica hazaña del destructor *Glowworm* y cómo su comandante, «después de rechazar una fuerza de destructores muy superior... luchó hasta el fin en condiciones de extrema inferioridad, hasta abordar al enemigo con extraordinaria sangre fría y pericia».

Larry Forrester, escritor y guionista para la televisión, leyó estas palabras años más tarde. El conocido autor escocés proyectaba a la sazón crear una serie documental sobre distintos personajes condecorados con la Cruz Victoria, y la escueta descripción de la hazaña de Roope le emocionó y despertó su curiosidad. Pronto se dio cuenta, sin embargo, de que la recopilación de datos iba a ser dificultosa, pues de la dotación del *Glowworm* únicamente se habían salvado treinta y un hombres. Además, en medio del fragor del combate, nadie había podido observar con detalle el comportamiento del comandante.

Así pues, la idea de llevar la gesta de Roope a la televisión fue relegada al olvido, pero la historia del *Glowworm* se había convertido casi en una obsesión para Forrester. A pesar de lo solicitado que estaba como guionista, halló tiempo para empezar la novela. El Almirantazgo puso a su disposición el cuaderno de bitácora del *Admiral Hipper,* y Forrester pudo entrevistarse con su ex comandante, el vicealmirante Helmuth Heye. También habló con varios marineros del *Glowworm* —«Ossie Knowles», «Bunty Baker», «Wally Hobson», «Bill Truman»— y con su oficial, que ocupa en la actualidad un cargo en la OTAN. Poco a poco surgió un borroso cuadro que, gracias a su inspiración y a su experiencia como piloto de guerra, le permitió escribir una de las novelas de tema bélico más emocionantes y auténticas jamás publicadas.

Larry Forrester, casado y con dos hijos, viaja frecuentemente desde su apacible hogar en Bray, Inglaterra, al dinámico mundo de Hollywood.

El Fardo

Condensado del libro de

D'Arcy Niland

Un clásico de la literatura australiana

Era un desafío entre un hombre y
su hija: el premio era su amor.

Traducción de L. C. Koehler
Ilustraciones de sir Russell Drysdale

Para Macauley, Buster era un *shiralee* —palabra típicamente australiana que en su estricto sentido literal significa «el lío de mantas de un vagabundo»—: una carga, un estorbo, y también un recuerdo constante de amarguras y fracasos. Así al menos veía él la situación; su propio carácter le obligaba a hacer siempre las cosas del modo más difícil. Pero lo que no había tenido en cuenta era la tremenda necesidad que la criatura tenía de amor.

D'Arcy Niland conoce el corazón humano tan bien como las carreteras y caminos de Australia, y esta intensa historia está contada con una mezcla de ternura y brutalidad que la hace eterna en su interés.

Macauley salió del almacén y permaneció de pie liando un cigarrillo a la sombra de la veranda. Era un hombre de treinta y cinco años construido como un cenotafio: achaparrado y sólido. Tenía la frente surcada de arrugas, una mirada desafiante y un ancho sombrero que ponía el atardecer en su cara mientras el resto de su cuerpo estaba al sol. Sus manos eran enormes.

Macauley había puesto a Australia a sus pies de la única forma que sabía hacerlo. Sus botas removían el polvo de sus caminos; vadeaba sus rápidas corrientes. Encendía hogueras en mil parajes distintos y dormía en las riberas. La hierba crecía sobre sus huellas, pero siempre sabía encontrarlas cuando volvía al mismo lugar.

Macauley llevaba dos cargas. La que transportaba sobre sus espaldas no era nada; cuando se la echaba encima y la ataba alrededor de sus anchos hombros, se estaba quieta y no le causaba molestias, y si la dejaba en el suelo no salía andando. No tenía que guisar para alimentarla, ni que abrocharle los botones, ni era un estorbo que hiciese lento su andar.

Su verdadera carga era la que tenía piernas y llevaba un sombrero parecido a un repollo; esa era la mayor diferencia entre él y los demás caminantes que seguían el curso del sol en busca del pan. Algunos tienen caballos. Otros tienen perros. Los hay que tienen mujeres. Y todos los llevan como camaradas y como compañía, y siempre les sirven para algo. Pero con Macauley no sucedía lo mismo: él tenía una criatura, y la única razón de que la tuviese es que no se la podía quitar de encima.

El fardo

Decían que había sacado aquella criatura de la ciudad cuando sólo contaba tres años y medio, y que unas veces la llevaba en el hombro y otras bajo el brazo. Y es la verdad. Todavía lo seguía haciendo porque la criatura sólo tenía seis meses más; pero ahora ya se había acostumbrado a andar, y Macauley, con desesperada resignación, había tenido que acomodar su paso al de ella. Podía vérsele llegar a una ciudad con la infantil cabecita reclinada sobre el hombro, moviéndose al ritmo de su andar, fenecida para el mundo. Otras veces se veía a la criatura trastabillar a su lado; entonces el contraste de estaturas daba risa.

Macauley se echó la mochila a la espalda y salió a la calle.

—Eh, tú, ven aquí —gritó como un hombre que llama a su perro.

La criatura salió haraganeando del almacén, apresuró el paso y se acercó.

—Mira lo que me ha regalado ese hombre, papá. ¿Quieres uno?

Macauley miró al cucurucho de papel de estraza lleno de caramelos, luego a los brillantes ojos pardos y al abultado carrillo de la cría.

—Te pudrirán las tripas —dijo.

La criatura se fue quedando atrás. Al principio era difícil adivinar su sexo. Las toscas botas, el mono azul y la camisa caqui eran los de un niño, como lo era, en cierto modo, su manera de andar. Al cabo de un rato Macauley oyó una voz que le llamaba desde alguna distancia a sus espaldas.

—Papá, espérame.

Se detuvo, suspiró y se volvió despacio, con irritación. La niña se acercó corriendo y comenzó a andar pisando la sombra del padre, agachada la cabeza, pendiente de no perderla nunca de bajo los pies. Pero pronto se cansó de aquello, se puso a la altura de Macauley y metió la mano en la de él, que la apretó con ternura, dándose cuenta de su pegajosidad.

—¿Adónde vamos, papá?

—A ningún sitio.

—Entonces, ¿para qué andamos?

El no contestó.

—Si la gente anda es porque tiene que ir a algún sitio. ¿No

vamos nosotros también a algún sitio? —La niña le sacudió la mano, turbando su silencio—. Sí que vamos, ¿verdad?

—Por el amor de Dios, deja de parlotear —contestó secamente—. ¿Qué es lo que te pasa que no paras de cacarear? Terminas por hartarle a uno.

—¿Te duele la cabeza?

—Pues claro.

—¿Quieres que te la frote un poco?

—No es nada —dijo malhumorado—. Déjate de cháchara y se me pasará.

La niña siguió caminando a brincos al lado de Macauley. Miró este para abajo, mas todo lo que veía era el ancho sombrero de paja y las botas que iban saliendo alternativamente de debajo de su ala: era como pasear con un hongo. Sabía por experiencia que ella tenía que dar tres pasos por cada uno suyo, así que acortó imperceptiblemente la andadura. Pues si la niña se daba cuenta de que era una concesión voluntaria podría sentir él algún empacho. Además, era lo suficientemente astuta para agarrarse a aquella debilidad y aprovecharse de ella cuando lo creyera oportuno. La idea era meterle en la cabeza que no se podía pasar de la raya.

El silencio no duró mucho.

—Yo sé adónde vamos —anunció. Macauley no respondió—. Vamos a ver a nuestra madre, ¿verdad?

—No.

—Yo creo que sí.

—Ya te he dicho que nunca volveremos allí.

—¿Por qué no?

—Tu madre no es buena para ti —dijo—. Nunca lo fue.

—No —admitió la niña—; es una madre estúpida. Pega a los niños cuando mojan la cama y los encierra en el retrete.

—Olvídate de tu madre —dijo Macauley.

¿Cuánto tiempo tardará un niño en olvidar a su madre?, pensó. Dicen que cuanto más pequeño, antes la olvida. Bueno, esta cría sólo tenía cuatro años y ya han pasado seis meses desde que vio a su madre por última vez; sin embargo sigue haciendo preguntas y su nombre aún le viene a los labios. ¿Pero qué es lo que recuerda? ¿El cabello corto, castaño, los ojos pardos y aquellos labios desdeñosos con su eterno cigarrillo? Puede que sea su voz agria y aguda; puede que sea el olor de la ropa secándose al lado del fogón, y el del mohoso y manchado papel de las paredes; puede que sea aquella reproducción de santos que había en la pared del dormitorio, o aquellas palabras: *El Hogar es Amor,* que colgaban en su marco torcido sobre los botes tiznados del vasar de la cocina. Pero quizá no fuese ninguna de esas cosas. Quizá fuera una bruma de experiencia suspendida en su mente, indefinida como un sueño.

Caminaban ahora por los llanos de Gallatherha, en la región de las tierras negras, y Macauley preveía un viaje largo y penoso. El camino, de barro endurecido, estaba lleno de desigualdades. No había nada que ver, salvo el espacio vasto y desierto, sin un árbol ni una casa; nada más que la llanura sin fin. Tampoco había que comer. La negra tierra estaba veteada, surcada, agrietada acá y allá como por rayos petrificados, y sobre los desolados kilómetros y kilómetros de su superficie se extendía la mancha parduzca de los cardos podridos.

Macauley mantenía los ojos fijos en el horizonte. Iba pensando en una chica que conoció años atrás; ahora la veía como una foto de postal: con una cereza entre sus dientes blancos, que realzaba una sonrisa. Lily Harper: su padre era concejal y sacristán; su madre, toda satén y seda, y una sombrilla los domingos.

Aquella tarde, en el pomar, Lily llevaba el cabello cobrizo recogido en dos trenzas atadas sobre la cabeza con un lazo verde. Se lo desató él, y la muchacha lo permitió, con lo que el pelo se derramó en la tierra, quedando su cara en el centro. Se la veía tan madura, y era tan inexperta, estaba sedienta de él...

Sin embargo, después la oyó lloriquear.

—¿Qué te pasa ahora?

—Sabes que no debías haberlo hecho —dijo.

—¿Y tú qué?

—Eres odioso, completamente odioso.

Macauley la miró y sus ojos se entornaron con ira repentina.

—¿Qué tratas de decirme? Tú no estás furiosa porque haya sucedido esto. Es por otra cosa. ¿Qué? Desembucha de una vez.

Echaba lumbre por los ojos.

—Sólo porque vengas de Sydney y hayas viajado un poco te

crees un hombre de mundo. Crees que puedes decirle a una chica lo que te dé la gana. Tú no has sabido en tu vida lo que es delicadeza y ternura.

—Escúchame. Yo sé que no soy un hombre de mundo y que no he viajado nada. Todavía. No he salido de casa hasta ahora. Mañana cumpliré dieciocho años, pero dame siete años más y verás de lo que soy capaz.

—Eres basto y vulgar. No te importa nadie más que tú mismo. Llevas aquí un mes y has dejado ya tres empleos. Mi padre quiso darte trabajo, pero también lo rechazaste. Yo creí... bueno, yo creí que había un futuro para nosotros, que si nos casábamos...

—¡Matrimonio! ¿De dónde has sacado esa idea? ¿Atarme para siempre a una potranca cuando puedo elegir lo mejor de todos los establos de Australia? —Durante unos instantes se dejó llevar por aquel enojo, pero luego se encogió de hombros y sonrió—. Además, ¿cómo se lió todo esto? Llegamos aquí y todo es perfecto: yo soy feliz, tú eres feliz; pero de pronto, zas, empiezas a quitarme el sentido.

Se quedó mirándola para ver si sonreía, esperando que la tormenta hubiera pasado ya, aunque sin comprender sus causas. En la cara de Lily advertíase ahora un gesto de desprecio y Macauley no supo qué decir ni qué hacer.

Se levantó y se apartó. Ella se puso de pie y comenzó a sacudirse el vestido, dirigiéndole miradas de odio. Esto le molestó, y la molestia le puso furioso.

Lily se volvió y se alejó corriendo por el pomar.

—Está bien —le gritó—. Vete a casa y cuéntaselo al oído a tu vieja. Dile a tu viejo que me persiga con su hacha.

Macauley se quedó un rato allí parado, cavilando. Se oía un tenue murmullo de viento en los árboles, y las hierbas altas empezaron a inclinarse. Pero no vino ningún viejo con ningún hacha. Ni entonces ni más tarde. No la volvió a ver. Le hubiese gustado que ella quedara con un recuerdo a la par triste y cálido, en vez de pensar en él con rabia y odio.

—El hombre es un canalla —dijo Macauley.

La niña miró hacia arriba.

—¿Qué dices, papá?

—Nada —gruñó.

Esa fue Lily Harper, una verdadera señora; el que dama de tanta calidad se hubiese dignado conceder un poco de tiempo a un hombre hacía sentirse a este orgulloso.

También se acordó de Tommy Goorianawa, con su abrigo forrado de seda y la cara más negra que una sartén vieja, sentado sobre un barril de petróleo a la puerta de su choza. A veces se adormilaba al sol, las manos sobre el regazo y la barbilla sobre el pecho. Era muy alto y delgado, y le llamaban el oráculo del norte porque preveía las sequías, las inundaciones y los incendios. Decían que sabía leer el sino de un hombre en el timbre de su voz y en las líneas de su cara. Para su cumpleaños se publicaba siempre una nota en el periódico, y todos los habitantes de la ciudad le hacían pequeños obsequios de viandas, a lo que él correspondía con innata cortesía. Cuando Macauley le conoció debía de rondar ya los noventa años; al acercarse a él, levantó la cabeza y preguntó:

—¿Qué hombre es ese? No conozco sus pasos.

Macauley se detuvo a diez metros del anciano. Una sonrisa de bienvenida iluminaba ya la vieja cara negra. Las patillas sobre sus flacas mandíbulas parecían astillas de un blanco de nieve. Macauley le dijo su nombre.

—Ven aquí, muchacho. Acércate.

Macauley se acercó a paso lento, dejó el macuto en el suelo y se sentó encima. Deseaba mirar a aquel hombre cara a cara y ahora sabía que podía hacerlo. Tocábase el anciano con una gorra vieja llena de remiendos, y aunque tenía la visera bajada, no ocultaba los opacos ojos ciegos.

—La dinamita tuvo la culpa —dijo el viejo.

Macauley se sintió avergonzado, pero en seguida vio dibujarse una sonrisa en la cara que le miraba.

—Mala suerte —dijo.

—¿Hacia dónde vas, hijo?

—Todavía no lo sé.

Tommy Goorianawa estiró sus largas piernas, se echó hacia atrás, cruzó los brazos sobre el abdomen y dijo:

—Algunos hombres pueden vivir en una caja, pero tú no eres de esos. Otros son como ruedas, hechos para dar vueltas; si se quedasen quietos se oxidarían y se caerían a pedazos: tú eres como ellos. Pero esos hombres no siempre están satisfechos. Buscan algo, aunque no saben qué, y a veces no llegan a encontrarlo nunca. Suben a una montaña, y el valle entonces les parece más dulce; plantan su tienda en el valle y se quedan mirando a las brillantes montañas.

Macauley comprendió que aquel hombre hablaba con sentido.

—Acércate, muchacho. Déjame tocarte la cara.

El viejo extendió las manos, unas manos de palmas sonrosadas y suaves como las piedras pulidas por el agua. Lenta y delicadamente, fueron deslizándose los dedos por la cara de Macauley, recorriendo las fuertes mandíbulas, las hundidas órbitas, las firmes mejillas, la definitiva curva de sus labios. Macauley se sintió un poco estúpido y un poco avergonzado. Su ansiedad se iba intensificando a medida que los dedos transmitían su informe.

El viejo retiró al fin las manos y quedó silencioso.

—Bueno, ¿qué ha encontrado? —preguntó Macauley.

—Un hombre como tú —dijo Tommy Goorianawa— o muere de muerte súbita con un cuchillo en las entrañas o vive cien años.

Macauley quedó sorprendido unos momentos.

—¿Y eso qué significa para mí?

—No lo sé. Te lo diría si lo supiese, pero lo único que sé es esto: eres un hombre de pies a cabeza y hay mucho de bueno en ti, pero está enterrado muy hondo y muy retorcido. Necesita ayuda para salir a la luz. Trata de no ahogar esa bondad. Para ti son las estrellas y el viento sin freno, y los caminos que enlazan las ciudades, pero tengo que avisarte: prepárate para un problema serio. Y no seas demasiado duro con los más débiles que tú. Eso es todo lo que puedo decirte. Buena suerte, muchacho.

—Adiós —dijo Macauley.

Echó a andar por el camino y se volvió para mirar: el viejo seguía al sol, recostado en la pared de su choza como un grotesco espantapájaros.

Macauley estaba furioso pero no sabía por qué. Sentía una gran presión interior que no encontraba escape. Volvió a recorrer el medio kilómetro que le separaba de la ciudad y cuando llegó a la taberna su furia era como un huracán. Se bebió dos cervezas, buscó pelea, tumbó a su contrario y se sintió mucho mejor.

Pero el hombre a quien tumbó también le llevó tajada, y sólo le dejó un ojo para ver; se trataba de un joven como Macauley, incapaz de guardar rencor. Llamábase Lucky Regan, y en seguida se acercó a Macauley con la mano extendida; al poco rato los dos estaban como cubas, cantando y buscando flores por la calle mayor.

A la mañana siguiente pagó Lucky la fianza que les sacó de la cárcel. Juntos habían recorrido esa misma ruta desde Bellata, como verdaderos camaradas. No podían haber elegido peor camino para comenzar sus vagabundeos. Al volver a recorrerlo ahora recordaba Macauley los pies aspeados, los dolores, la sed y el barro de aquel su primer caminar.

Y ahora, diecisiete años después, volvía a recorrer el mismo camino con su propia hija, que tiraba de él para atrás como un malhadado anzuelo clavado en las costillas. ¿Quién lo hubiese creído entonces?

—Quiero comer.

—Comerás cuando yo diga.

La niña no contestó y Macauley sintió relajarse sus mandíbulas. Luego añadió hoscamente:

—Puedes andar un poco más, ¿no?

—Está bien —respondió la niña.

Con cien metros más bastaba para dejar sentado quién mandaba allí.

—Está bien, pondremos a cocer el agua. Yo te diré lo que tienes que hacer: ¿Ves todos aquellos cardos secos? Bueno, pues recoge los que tengan los tallos más grandes y tráemelos aquí en seguida.

Dejó el macuto en el suelo y sacó platos y tazas de hojalata del zurrón. Luego levantó la vista para ver lo que hacía su ayudante. La niña había desaparecido. Cuando se puso en pie divisó el cuerpecillo tumbado boca abajo y casi oculto por la espesura de cardos.

—¡Eh!

El ridículo sombrero dio la vuelta.

—Aquí hay una cosa muy graciosa, papá; lleva un blusón a rayas y tiene no sé cuántas patas, mira, ven a verlo.

—¿Qué pasa con los cardos? —gritó.

La niña se puso de pie.

—Ahora los llevo.

—No sirves para nada. Ya podía estar hirviendo el agua.

En pocos minutos reunió un buen montón de tallos grandes y pronto tenía encendido un fuego que ardía impetuoso. La luminosidad del día era tan grande que las llamas resultaban casi invisibles.

Sacó del zurrón un pedazo de carne de vaca enlatada, una hogaza de pan y algunos tomates. Cortó dos ruedas de pan, las ensartó sucesivamente con un largo tenedor hecho de alambre de cercas y las tostó sosteniéndolas a modo de valladares ante el fuego; luego las untó con mantequilla y puso cada una en un plato con carne y tomates cortados por la mitad. El agua estaba hirviendo.

—Eh, me pareció oírte decir que tenías hambre.

—Y la tengo.

—Pues ya está todo listo.

La niña se acercó arrastrando los pies por la tierra endurecida, sin dejar de mirar fascinada lo que traía en la mano. Al llegar al lado de Macauley se lo enseñó.

—Mira, papá.

—Es una oruga.

—¿Muerden?

—No. Pero si vas cogiendo todo lo que ves, terminará por picarte algún bicho.

—¿Puedo quedarme con ella?

—Por mí, haz lo que quieras.

Los ojos de la niña relucieron de alegría; luego le echó los brazos al cuello y le besó ruidosamente el sombrero.

—Gracias, eres un papá muy bueno.

—Quita, ya está bien —gruñó Macauley.

Echó un puñado de té en el hirviente puchero, metió el improvisado tenedor por debajo del asa y lo separó del fuego para dejarlo reposar. La niña comió con ganas mientras miraba distraída subir y bajar las hojas del té.

—¿Qué comen las orrugas?

—Hojas.

Macauley vertió en los vasos el té de color caramelo y le echó azúcar. La niña esperó a que se enfriara el suyo. Ya se había guardado la oruga en un bolsillo del mono.

Mientras comían vieron acercarse a un viejo por el camino del oeste. Macauley observó su andadura y en seguida reconoció lo que era: un vagabundo de los llanos.

—Buenos días.

—Hola.

—Calor, ¿verdad?

—Ya lo creo que lo hace.

El viejo parecía un pescado ahumado: seco, arrugado y pardusco. Macauley había conocido a muchos de estos pavos de las llanuras, como se les llamaba. No le gustaban ni pizca. Formaban una especie de clan, no soltaban prenda y despreciaban al vagabundo de las montañas casi tanto como odiaban a las montañas mismas. Andaban por caminos y senderos entre las estancias de ganado lanar y los trigales de las llanuras, haciendo la ronda un año sí y otro no.

El viejo sonrió amistosamente.

—No voy a preguntarte de dónde vienes. No voy a decir: "¿Cómo andan ahora las montañas?" Entonces me atacarías, y tendría que matarte —dijo riendo.

Macauley volvió al cigarrillo que estaba liando.

—Llevas un niño, ¿verdad? ¿Y cómo te llamas, peque?

—Buster —contestó rápidamente la hija de Macauley.

El viejo se quedó mudo de admiración.

—Buster, ¿eh? Ese sí que es un nombre bien puesto. Te va al pelo.

—Y tú, ¿cómo te llamas? —preguntó Buster.

—¿Yo? Bueno, yo tengo muchos nombres. Pero mi madre me llamaba Sam.

—¿Dónde está ahora tu madre?

El viejo se ahorró el trabajo de contestar. Macauley había terminado de tomarle la medida.

—Ahí quedan unas gotas de té —dijo.

El viejo pavo le miró dubitativamente. Macauley secó su vaso. El viejo lo llenó hasta el borde. Se sentó sobre su macuto lanzando un suspiro, apoyó los codos en las rodillas y agarró el vaso caliente con ambas manos. Luego miró a la niña.

—¿Le llevas siempre contigo?

—La. Es hembra.

El viejo Sam le miró asombrado.

—Pues sí que será una buena rémora.

—No me quejo.

—La cosa se las trae, me figuro yo.

No puedes figurarte hasta qué punto, pensó Macauley, pero no quería que nadie se metiera en su vida, con todas sus humillaciones y desgracias. No quería ni conmiseración ni burla.

—No es nada —dijo—. He llevado cargas más pesadas que el macuto y ella juntos. ¿Fumas?

—Sí.

Macauley tiró al fuego los restos del té y comenzó a prepararse para el camino.

—¿Cómo andas de comida?

—Bien.

—¿Tabaco?

—Compraré en Bellata.

—Toma esto —dijo Macauley—. Te durará hasta que llegues allí. Yo tengo otro paquete.

El viejo se quedó dudando y mirando al cielo.

—Bueno, nosotros seguimos —dijo Macauley atándose el macuto.

El viejo Sam cogió pensativo su macuto.

—¿Has guisado alguna vez, hijo?

—Sí, un poco —contestó Macauley.

—Pensaba, por si te sirve de algo, que el otro día había en Millie un quídam buscando cocinero para un campamento ovejero de Boomi. Para mí cae demasiado lejos, pero a ti a lo mejor te conviene.

—Bueno.

—Se llama O'Hara. Es buena persona. Dile que te envía el viejo Sam Bywater.

—Está bien. Gracias.

—Nos volveremos a ver, muchacho, y no olvidaré los sorbos de té ni el poco de tabaco que me diste.

Macauley echó a andar con paso ágil.

—Adiós, Buster —dijo el viejo Sam.

—Adiós —contestó Buster.

Llevaban andando dos horas y la resistencia cada vez mayor de la niña arrancaba a Macauley un ligero sentimiento de satisfacción. No era que pagase ningún tributo a la niña, no; era que notaba una pequeña pero positiva disminución de su responsabilidad. Pero al cabo de tres horas de caminar con paso firme, Buster arrastraba los pies y pedía llorosa que la llevasen en brazos.

—No quieras engañarme —dijo Macauley—. Todavía puedes seguir un poco.

—No puedo. No puedo —gimió la niña con desesperación.

—Vamos, anda.

Macauley la cogió de la mano y siguieron adelante. No se trataba de brutalidad, sino de una táctica preconcebida. El remolque se fue haciendo cada vez más pesado. Cuando la niña empezó a vencerse hacia un lado, tirándole del brazo, y su voz a sonar con infinita tristeza, y las lágrimas a correr por su carita desalentada, entonces, y sólo entonces, la cogió Macauley en brazos. A los cinco minutos se había dormido recostada la cabeza en su hombro.

Un sentimiento de compasión empezó a insinuarse como una llamita entre los rescoldos de su resentimiento, pero el resentimiento era demasiado grande para la llamita. Macauley pensó que las cosas no podían continuar así. Sin embargo, cuando vio unos emúes le hubiese gustado que ella los viese también; cuando vio un sitio donde los jabalíes habían andado escarbando entre las raíces, estuvo a punto de señalar con el dedo. Pero no hizo ninguna de las dos cosas.

Llegó a Millie con el silencio de la puesta de sol. Era un rebalse de civilización: unas pocas casas, unas pocas tiendas, una especie de oficina de correos. Todo tan inmóvil que hubiérase tomado por un cuadro pintado en un lienzo.

Macauley estaba molido, pero sabía que con una buena comida en la andorga y un descanso quedaría como nuevo. Buster caminaba ahora a su lado, confortada y locuaz. También ella tenía hambre. Macauley llamó a una puerta, salió el tendero limpiándose la boca y les invitó a pasar. Era un hombre de expresión seria, cara cetrina y unos ojos como ranuras de hucha. Alguno de sus antepasados debía de haberle legado sangre china.

Macauley compró huevos, una lata de peras en conserva, varias lonchas de tocino entreverado y un paquete de bizcochos.

—¿Sigue Tubby Callahan de carnicero?

—Oh, no —dijo el tendero—. El viejo Tubby murió hace tres meses.

—¡No me diga! —Macauley quedó sorprendido y un tanto emocionado—. Nunca creí que hubiera nada capaz de acabar con él. ¿Sigue su mujer por aquí?

—No, también se ha marchado. Vive con una hija en Tamworth. ¿Quiere algo más?

—No, esto es todo. ¿Qué tal el nuevo carnicero? ¿Vive en la tienda?

—Allí no conseguirá carne a estas horas.

—Qué le vamos a hacer —dijo Macauley—. Quería preparar una buena cena.

Mientras el tendero empaquetaba su compra, Macauley puso el dinero sobre el mostrador. Buster andaba de un lado a otro por la tienda mirando las vigas, de donde colgaban quinqués, bayetas, baldes y rifles. Sobre una mesa vieja había un montón de piezas de tela. También había sacos abiertos de patatas, azúcar y harina, y barriles de cebollas. Olía a uvas pasas y a especias.

—Espere un momento —dijo el tendero, entrando en la trastienda. Cuando volvió traía el cambio y un paquete pequeño—. Aquí van unas pocas chuletas —dijo—. Yo no las necesito, así que si las quiere se las puede llevar.

Macauley se quedó sin saber qué decir, todo azorado. Si ofrecía pagarlas, tal vez no se ofendiera el tendero, pero su gesto caritativo perdería algo de su bondad.

—Si no las quiere me las llevaré —dijo Macauley—. Nos vendrán bien para cenar. —Luego añadió impulsivamente—: Deme un chelín de caramelos para la niña.

Una vez fuera, en el oscurecer, Macauley miró hacia arriba y leyó el nombre del propietario: R. C. Cheetham (1). Debajo, en letras más pequeñas, este lema: "Sólo de nombre, no de condición". Y el título: Almacén General.

Se estaba levantando un viento frío del noroeste. Macauley

(1) Juego de palabras intraducible: Cheetham se pronuncia lo mismo que «cheat'em», lo cual significa literalmente «engáñalos» (a los clientes, se supone). (N. del T.)

se encasquetó bien el sombrero y avanzó hacia saliente en busca de un sitio donde acampar. Por fin eligió uno al socaire de un viejo establo. Mientras asaba las chuletas en una pequeña parrilla de alambre puesta sobre las brasas, metió los huevos entre las cenizas. El puchero hervía ya, lamido por las llamas.

Cuando terminaron de comer, Macauley lió un cigarrillo y se tendió sobre la manta con las manos enlazadas bajo la cabeza. Estaba comenzando a gozar del torpor del relajamiento cuando Buster pegó un salto y dijo:

—¿Hay papel?

Macauley se incorporó, cogió el zurrón y cortó un trozo de papel de estraza de un paquete.

—Escóndete por allí —dijo.

Hacía diez minutos que se había ido Buster, y Macauley estaba adormilado, cuando oyó un estridente alarido. Saltó como un gato y vio a la niña venir corriendo hacia él desde la oscuridad, llorando y diciendo incoherencias.

—¿Qué pasa? ¿Qué pasa? —La cogió por los frágiles hombros y la zarandeó—. ¿Qué ha pasado? ¿Te ha picado algo? ¡Deja de gritarme!

—Mi orruga...

—Tu oruga, sí. ¿Qué pasa con ella?

—¡Se ha ido! —gritó en un nuevo paroxismo de llanto.

Macauley dejó escapar un suspiro de alivio.

—Cualquiera que te oiga diría que te están asesinando. Cállate ya.

El tono enérgico de estas palabras sólo consiguió aminorar su rabieta, pero no la cortó. La niña, sin dejar de llorar, se puso a cuatro patas y comenzó a buscar alrededor de la hoguera y por encima de la manta. Macauley veía caer sus lágrimas.

—¿Adónde se ha ido mi orruga? —Su voz sonaba desolada, y a medida que su búsqueda no daba resultado, aumentaba su desolación.

—¡Cállate ya! —gritó Macauley—. Pareces un coche de bomberos.

El también se puso a cuatro patas. Los dos busca que busca, como un perro grande y un perrito. Macauley se dio por vencido. El tremendo desconsuelo de la niña empezaba a anonadarle.

—Escucha —ordenó—. Te buscaré otra.

—Yo quiero esta.

—Tienes que callarte —gritó Macauley con furia—. Cállate. —Sus palabras no tuvieron efecto. Entonces la pegó fuerte en el culo. Los berridos se recrudecieron. Era espantoso. Pensó en los caramelos y los sacó del bolsillo—. Mira, mira lo que tengo aquí.

Buster, con la cara contraída, le miró furiosa mientras investigaba lo que le ofrecían a cambio de su obediencia. No merecía la pena.

—No los quiero.

Y se puso a chillar con más fuerza todavía.

—Entonces vete al diablo —maldijo Macauley.

Se echó el sombrero sobre los ojos, movió la cadera hasta hacer un hoyo en la tierra y se subió la manta hasta el cuello. Si nada daba resultado, quizá lo diera el no hacer caso de la niña ni de sus historias.

Macauley la sintió arrastrarse sobre la manta. Luego la oyó levantarse y alzó la cabeza: Buster se alejaba lenta y tímidamente hacia la oscuridad. De pronto se paró. Su valor la había abandonado.

—Eh, ¿adónde vas? —gritó Macauley.

Al oír su voz la niña corrió hacia el puerto seguro de sus brazos. Se dejó caer de rodillas a su lado, jadeando y con los ojos muy abiertos.

—¿Vienes conmigo?

—¿Adónde?

—Donde aquel hombre.

—¿Qué hombre? —preguntó Macauley apoyándose en un codo.

—El hombre de la tienda. A buscar mi orruga. Mi orruga está en la tienda.

La prisa y la determinación se reflejaban en su cara y en su voz. Era la primera vez que Macauley veía positivamente la fuerza de su carácter dominante.

—Ahora no puedes volver allí. El hombre está acostado.

—Podemos despertarle.

—Si tal hicieses —dijo Macauley—, el hombre saldría y te comería entera, con sombrero y todo. Iremos por la mañana temprano. Ahora pórtate como una niña buena, ¿quieres?

—¿Dónde están mis caramelos?

A Macauley no le importaba que le hiciese aquel chantaje; le dio el paquete de caramelos, le dijo que se metiera en la piltra y no se los comiera todos de una vez. La sintió acurrucarse a su lado y se durmió con un soniquete de crujidos y chupetones en los oídos.

Si Macauley había pensado que el tiempo tal vez curara la herida de la pérdida se había equivocado. Desde el punto mismo en que se despertó, la niña empezó a darle la lata. Comenzó a moverse intranquila y no comió nada.

—Harías mejor en meter algo en el cuerpo —dijo Macauley—. Tenemos que andar mucho y no quiero llevarte a mi lado pidiendo todo el rato de comer. Cómete la tostada.

—No la quiero.

—Está bien, pero recuerda que no te daré nada hasta la hora de cenar.

No eran más que las siete cuando lo tuvo todo preparado para ponerse en camino. Pero él no estaba preparado. El recuerdo de un hombre corpulento con la cara rechoncha y una risa que hacía retemblar las paredes le corroía.

—Antes tenemos que ir a un sitio —dijo a Buster—. La tienda estará abierta cuando volvamos. En marcha.

Macauley encontró el cementerio y el montón de tierra de la sepultura. Se quedó mirándola un momento y le pareció oír el trueno de aquella voz y ver la enorme figura de Tubby Callahan vestido de Papá Noel, en un carro cargado de juguetes para los niños de la casa y de regalos para los amigos.

Macauley se arrodilló y limpió la tumba de hierbas. Esto es lo único que puedo hacer por ti, camarada, pensó. Cuando se fueron, se sentía mejor tras haber honrado al difunto.

A Buster le picaba enormemente la curiosidad. En el cementerio las contestaciones de Macauley habían sido breves.

—Dime otra vez cómo se llama.

—Cementerio.

—¿Por qué llevan allí a la gente?

—Porque se muere.

La niña no comprendía ni una sola palabra.

—¿Los meten en un hoyo y los tapan con tierra del todo?

—Sí.

—¿Y no ven?

—No. No ven. Ni oyen. Ni sienten. Se han acabado. Ya no sirven a nadie para nada.

—¿Para qué se mueren?

—No lo sé.

A cincuenta metros de la tienda, Buster se soltó de la mano y echó a correr. Cuando Macauley entró, la niña estaba buscando por el suelo, y a medida que sus esperanzas desaparecían, la decepción iba nublando su rostro.

—Se ha ido —dijo, echándose a llorar.

—Ha perdido un demonio de oruga que llevaba en el bolsillo —dijo Macauley a Cheetham—. Cualquiera diría que ha perdido un millón de libras.

El tendero tuvo lástima de la pequeña, y la vio buscar ansiosamente, con la cara triste, para ir luego a sentarse sobre un saco de azúcar y darse a un llanto desconsolado.

—Ya se sabe el cariño que los niños toman a las cosas —dijo comprensivo.

—Lo que yo sé es que como no la encuentre me va a hacer la vida imposible.

Cheetham se puso en cuclillas delante de Buster. La niña escondió la cara entre las manos. Las lágrimas escurrían entre los dedos. De pronto separó estos un poquito y al ver que el tendero seguía allí los volvió a cerrar apresuradamente.

—Vete.

—¿Sabes lo que tengo para ti?

Buster dejó de llorar y le miró por entre los dedos.

—¿Qué? —inquirió desafiante.

—Algo verdaderamente precioso —dijo Cheetham con acento suave y tentador—. Si te secas las lágrimas y vienes conmigo te lo enseñaré.

Secó la carita voluntariosa con un pico de su mandil. Buster cogió la blanca tela y se sonó los mocos. Cheetham le dio la mano y la llevó hasta un extremo del mostrador; allí señaló una caja de cartón llena de muñecos de trapo. Buster miró muy seria la cara del tendero, luego la caja, y otra vez la cara de Cheetham.

El tendero cogió sonriente un osito de peluche.

—¿Te gusta esto? —la pequeña negó con la cabeza tras unos momentos de observación, y Cheetham le enseñó una muñeca de trapo. Aquello tampoco le pareció muy de su gusto. Macauley estaba apurado por la aparente falta de gratitud de la niña. Cheetham captó su expresión y con un gesto le recomendó paciencia.

—Pondré la caja en el suelo y así podrás coger lo que te guste —dijo—. ¿Qué te parece eso?

Los dos hombres quedáronse mirando mientras Buster revolvía entre los muñecos hasta que sacó, radiante, su preferido. Macauley observó con asombro al nuevo miembro de su familia. Era una figurilla de fieltro marrón, sin forma definida, como si en un principio hubiera querido ser jirafa, pensando luego ser un gato y decidiéndose en el último instante por la familia de los camellos.

—¿Qué le habrá movido a elegir eso? —preguntó Macauley asombrado.

Cheetham se encogió de hombros y sonrió.

—No hay quien entienda a los niños, ¿verdad? —Pero se

sintió en el deber de explicar por qué aquel juguete era distinto a los otros—. Lo hizo la señora Evis para una rifa de la iglesia. Había una media docena y todos de clases diferentes. Pero nadie los quiso en la rifa, y yo me encargué de quitárselos de las manos a la pobre vieja. Creí que los había tirado todos, pero se me debió de escapar ese.

—Menos mal que no lo vio —dijo Macauley sonriendo—. ¿Qué debemos?

—Es por cuenta de la casa —dijo Cheetham. Cuando vio a Macauley coger su macuto se le ocurrió una idea—. ¿Hacia dónde van?

—Hacia el oeste.

—Qué lástima. Estaba pensando que el joven Jim Muldoon se va esta mañana y podía haberles llevado en su camión. Pero él va para el norte, hacia Boomi. Su padre ha tenido un ataque al corazón y no parece que vaya a vivir mucho.

Boomi. Macauley dio vueltas al nombre en su memoria.

—He oído que hay un fulano que busca cocinero para un campamento ovejero en Boomi —dijo.

—Sí, estuvo ayer aquí. Parece que les está costando encontrar cocinero, aunque no sé por qué.

—¿O'Hara? —preguntó Macauley.

—Así se llama. Ha buscado por todas partes. Se marchó ayer.

—Me lo dijo Sam Bywater. ¿Le conoce?

Cheetham soltó la carcajada.

—¿Al viejo Sam? Ya lo creo. También estuvo aquí ayer. Me sacó té, azúcar y tabaco con sus mañas acostumbradas. Pero es buena persona, incapaz de hacerle a uno una faena.

Macauley seguía pensando en la perspectiva de un trabajo en Boomi. Si hubiera tenido que ir andando hasta allí ni siquiera lo habría considerado, pero hacer el viaje en camión era algo muy diferente, sobre todo para la niña. Era como si su sino le tendiese la mano.

—Estoy pensando que quizás acepte ese viaje a Boomi —dijo.

Cheetham salió con él a la veranda y le señaló la casa de Jim Muldoon. Cuando Macauley y Buster echaron a andar, se quedó a la puerta de la tienda, y allí seguía cuando, una hora más tarde, pasó el camión con el macuto de Macauley. Cheetham les dijo adiós con la mano y durante mucho tiempo vio el engendro de la señora Evis agitarse en el aire en prolongada despedida.

Pasaban de las ocho aquella noche cuando el camión bajaba por la calle mayor de Boomi. Macauley y Buster se apearon, y Muldoon continuó porque todavía le quedaban siete kilómetros.

Macauley no pensaba molestarse esa noche en hacer la cena. Durante el viaje había ido cavilando sobre el trabajo. ¿Por qué tendría O'Hara tantas dificultades para encontrar cocinero? Macauley quería efectuar algunos tanteos.

Fue al restaurante del griego y se sentó a una mesa. Buster se sentó enfrente de él con el extraño animal sobre sus rodillas. Comieron con hambre, y Buster ofreció a su monigote un pedazo de pan.

—Cómete tu cena, Gooby —le regañó.

Macauley levantó la vista.

—¿Cómo has llamado a eso?

—Gooby —contestó tímidamente.

—¿Gooby? —repitió Macauley con tono incrédulo—. ¿De dónde has sacado ese nombre?

—No lo sé —contestó la niña—. Lo único que sé es que parece un gooby. ¿Verdad, Gooby? —dijo Buster restregando amorosamente la cara contra el cuerpo del animal.

La expresión de su hija despertó en Macauley un sentimiento como si le estuviesen privando de algo suyo. Pensó que era él quien debía haberle regalado algo parecido, y se extrañó de que no se le hubiese ocurrido antes.

Cuando el joven griego, vestido con chaquetilla blanca, vino a quitarles los platos, Macauley le preguntó sin rodeos:

—¿Quién es un tal O'Hara?

—¿O'Hara? Es un subastador y una especie de contratista.

—Me ha ofrecido trabajo como cocinero en un campamento ovejero —dijo Macauley.

El joven se le quedó mirando fijamente como si pensase que Macauley estaba de broma.

—¿Y piensa usted aceptarlo? —preguntó.

—Creo que sí.

El griego se pasó la mano por el cabello color regaliz y sonrió.

—Caramba, pues sí que es usted valiente.

—¿Por qué dice eso?

—No sé —contestó el griego encogiéndose de hombros—. Los hombres que hay allí no son muy recomendables. Siempre andan con jaleos y peleas. Se emborrachan todos los sábados, vienen aquí y organizan el zipizape.

La dura expresión de Macauley no se alteró. Lo que era un hatajo de matones para un griego barrigón de cara fofa no era necesariamente un hatajo de matones para él.

—¿Eso es todo lo que sabe? —preguntó.

—Ya es bastante, ¿no?

Macauley puso el dinero sobre la mesa y cogió el macuto.

—Nunca se asuste demasiado de nadie —dijo—. Eso sólo beneficia al enemigo.

Macauley comenzó a bajar por la desierta calle y se detuvo a la puerta de un salón para mirar las mesas de paño verde iluminadas por brillantes lámparas de arco, a los hombres sentados a lo largo de la pared y a los jugadores que golpeaban las bolas con los tacos en una atmósfera cargada de humo.

—¿Tiene un cigarrillo, camarada?

La voz provenía de la oscuridad. Una sombra oscura se destacó de la fachada del edificio y se acercó despacio hacia él. Macauley vio primero el blanco de los ojos y luego la silueta flaca y larguirucha de un aborigen vestido como un pobre, desde el arrugado sombrero hasta las botas sin cordones.

—Claro. Coja lo que quiera.

Y vio los largos dedos liar un cigarrillo del grosor de un puro: la astuta manera que tienen los aborígenes de coger tabaco para tres cigarrillos.

—Más vale que se quede también con tres o cuatro papeles —dijo Macauley.

—Gracias, camarada —dijo el aborigen con sencillez.

—Escuche —dijo Macauley—, ¿qué pasa en el campamento ovejero que tienen tantas dificultades para encontrar un cocinero?

—¿Va a ir usted allí?

Macauley notó en su voz un cierto acento de receloso interés.

—Soy el nuevo cocinero —mintió.

—Caray, pues a mí no me llevarían ni atado. —El aborigen escupió elocuentemente.

—¿Cuántos cocineros han tenido?

—Han tenido cuatro y los cuatro se fueron. A los dos primeros los despidió el jefe. El siguiente fue Jimmy Abbott y aguantó una semana. Les dijo que no tenía por qué soportarles cuando podía ganar veinte libras en Sydney cocinando para seres humanos en vez de hacerlo para una horda de salvajes. El otro fulano se quitó una mañana el mandil y dijo que había terminado. Había durado quince días. ¿Pero sabe una cosa?

—¿Qué?

—Allí no consienten que un hombre deje su puesto y se marche de rositas. Ninguno de los cocineros se fue sin recibir su correspondiente paliza. Le diré una cosa: a todas aquellas bestias habría que pegarles cuatro tiros.

—Bueno, hay gente a quien le gusta divertirse. —Macauley se echó el macuto a la espalda—. Hasta la vista.

—Buena suerte, camarada —dijo el aborigen. Luego gritó—: Gracias por el tabaco; usted sí que es un caballero.

Macauley y Buster acamparon en las afueras del pueblo. Cuando Buster se despertó, ya había él encendido el fuego. Lo primero que hizo la niña fue mirar a ver si Gooby seguía allí. Al verle dio un brinco, desaparecido todo vestigio de sueño como por ensalmo. Macauley, en cuclillas, con un trozo de espejo en una mano, se fue rascando la barba con una embotada navaja. Al terminar tenía la cara completamente roja.

—Recuérdame que compre hojas de afeitar cuando vayamos hoy a la tienda —dijo a Buster.

Desayunó lenta y pensativamente; Buster comía y daba de comer a Gooby.

Hacia las nueve regresaron al pueblo. No había nadie, excepto un hombre regando la calle enfrente de la taberna.

Macauley se sentó sobre el macuto a la puerta de la oficina del subastador y observó cómo el pueblo volvía a la vida. Una muchacha salió de la panadería y cruzó la calle. Macauley se fijó en sus pechos opulentos y en el meneo de sus caderas, y sintió rebullir el deseo. Cuando volvió la cara hacia él, la mancha roja de su boca que se destacaba sobre su piel lechosa bastó para espolear sus sentimientos. Hacía mucho tiempo que no tocaba las carnes de una mujer, hacía mucho tiempo que no tenía esposa.

Al cabo de un momento la muchacha volvió a cruzar la calle y desapareció en la panadería.

Buster estaba sentada en la acera. Macauley contempló aquella espalda que él abarcaba con su mano y el delgado cuellecito inclinado sobre el muñeco, y sus sentimientos hacia la panadera le parecieron estúpidos y sucios.

Un hombre alto y rubio abrió la puerta de la oficina del subastador. Macauley entró y el individuo le tomó el nombre, pero le dijo que tendría que ver a O'Hara y que este no llegaría hasta la hora de comer. También le dijo dónde estaba el campamento, la paga que le darían y lo que duraría el trabajo.

Macauley salió a las afueras del pueblo, se tumbó con la cabeza apoyada en el macuto y sopesó la oferta. Sería una especie de descanso en su incesante caminar y quizá pudiera reunir un buen cheque. Su banco comenzaba a sonar a hueco.

—Gooby quiere dar un paseo, papá.

—Gooby andará luego todo lo que quiera.

El último trabajo que tuvo consistió en levantar una cerca con un compañero. Antes había estado sacando patatas con otros tres hombres. Aquellos trabajos fueron duros, pero con la traba de su hija eran más indicados que otros; y todos los había terminado.

Digamos que un hombre fuese al campamento ovejero. Eran un hatajo de patanes, pero con él no tendrían nada que hacer. Quizá tuviese que tirarles el guisado a la cara, pero no se inmutaría. Podrían despedirle, pero no lograrían doblegarle. Se haría respetar y conservaría el empleo.

Macauley tenía confianza en sí mismo. Habíase visto en demasiados líos para dudar de su habilidad en el manejo de otros hombres. Sin embargo, antes fue siempre sin compañía: esa era la enorme diferencia.

Esta vez llevaba consigo una niña y no podía pensar como si anduviese solo. Todo dependía de la niña, de su agobiante carga. Tenía que cuidar de ella y de sí mismo a la vez: lo cual equivalía a luchar al mismo tiempo en dos frentes. Y las dos luchas dependían una de otra. Si Buster se despertaba con una pesadilla y turbaba el sueño de aquellos pimpollos, habría jaleo. Una vela caída sería suficiente para que la acusasen de fisgonear por las cabañas; si se perdía algo dirían que lo había robado ella. Sería el cuento de nunca acabar, y él tendría que pechar con todo.

Desde cualquier punto de vista que lo pensara, siempre venía a parar a la niña. La cosa estaba clara, mal que le pesase: no podría aceptar el trabajo en el campamento ovejero.

—Gooby quiere darte un beso —dijo Buster, acercando a su cara el animal.

—¡Quítame ese mamarracho de delante! —dijo Macauley, tirándole al suelo el monigote de un manotazo.

—¡Eso sí que no! —gritó Buster, levantando un puño crispado. Sus ojos relampagueaban de ira. Luego se apaciguó y recogió su muñeco—. Gooby va a echarse a llorar.

—No seas idiota y cierra el pico. Si no fuera por ti... Ah. —Macauley hizo un gesto de desesperación, se levantó y echó a andar por la calle mayor. La niña le siguió, prodigando a Gooby palabras de consuelo.

Macauley creía haber llegado a una conclusión, pero a medida que avanzaba por la calle se sentía menos seguro. Era como si se rindiese, como si se inclinase ante la derrota sin haber sido derrotado. Empezó a pensar si no habría conjurado todas las dificultades para demostrar que el no aceptar el trabajo no era un dictado de su cobardía.

Pensó que podía meditarlo un poco más. Al cruzar la calle vio salir a dos hombres de la oficina del subastador; ambos se quedaron parados mirándole. Macauley entornó los ojos. Había en ellos algo que puso en guardia su instinto del peligro. Sabía cuando le miraban por simple curiosidad, tanto los desocupados como las mujeres que tenían poco de qué hablar. Pero aquellos hombres le miraban en silencio con un aire de apreciación amenazante.

Macauley se detuvo, dejó el macuto en el suelo y permaneció de pie en la acera. Sacó el tabaco y empezó a liar un cigarrillo. Tenía la cabeza baja, pero seguía vigilándoles por debajo del ala del sombrero.

El más alto iba bien vestido, casi elegante en su estilo campero. Llevaba traje marrón a rayitas negras y sombrero de alta copa ladeado con desgaire. En la sien se veía un rebujo de cabello rizado color alazán. Los picos del cuello de la camisa los llevaba sujetos mediante un alfiler que pasaba por bajo del nudo de la corbata y esta se separaba de la camisa formando un arco. Los zapatos de charol negro, muy puntiagudos. Sus mandíbulas eran cuadradas y el cutis ligeramente pecoso.

El otro era un hombre macizo de tez morena y ordinaria. Su traje gris sin planchar tenía las solapas raídas y rodilleras en los pantalones. La camisa era blanca, de sport, abierta de cuello, y el sombrero parecía una tarta sobre su cabeza.

Macauley aspiró despacio el humo del cigarrillo y lo dejó salir, en volutas, por la boca. Les vio dar media vuelta sin volverse a mirarle. Macauley siguió observándolos: el ágil y felino caminar del más alto y la pesada y escorada andadura del más bajo.

Macauley siguió bajando la calle y se paró enfrente del cine, donde Buster se quedó mirando las carteleras. Luego comenzó a pasear arriba y abajo. Había algo en el aire que no le gustaba. Era como despertarse de noche en el monte y sentir el merodeo de una presencia desconocida.

Descendió por la calle un camión, petardeando, se paró junto a la acera y Jim Muldoon llamó a Macauley. Su expresión era de cansancio, y se notaba que no había dormido. Se bajó del camión y se acercó.

—¿Cómo está el viejo?

—Ha muerto —respondió Muldoon con voz fatigada—. La diñó nada más entrar yo por la puerta.

—¿La noche pasada?

—Sí.

—Mala suerte.

—Fue todo muy rápido. Al menos no se enteró de nada.

—La mejor manera de irse de este mundo —dijo Macauley.

—Sí. ¿Y a ti cómo te ha ido? ¿Has conseguido el trabajo de cocinero?

Macauley se limitó a negar con la cabeza y Muldoon continuó:

—No parece que sea un buen sitio. Anoche hablé en casa con un tío mío y me dijo que han tenido problemas desde que empezaron. O'Hara se encuentra en un aprieto.

—Un cocinero no arreglará las cosas —dijo Macauley—. No te irás para casa todavía, ¿verdad?

—No; tendré que quedarme por aquí unos cuantos días más.

—Pensaba que quizá me pudieses llevar a Moree a tu regreso.

—¿Entonces no te vas a molestar por conseguir el trabajo?

—No. Lo he pensado bien. No tengo miedo a los jaleos, pero... —señaló a Buster con la cabeza y continuó—: No creo que dé resultado.

—No —dijo Muldoon pensativo—. Ya veo lo que quieres decir.

—Tendría que estar uno loco para pensarlo siquiera. No sé por qué he venido hasta aquí.

—Bueno, antes no sabías lo que sabes ahora.

—Sabía que tenía una niña, y eso basta —dijo Macauley.

Sacó el tabaco y al pasárselo a Muldoon vio al hombre alto y a su compañero.

—Mira, Jim. ¿Ves a esos dos pájaros que vienen por la acera de enfrente? ¿Quiénes son, sabes?

Muldoon los miró y dijo:

—Sí. El del traje marrón es Son O'Neill. No es de por aquí, pero anda siempre donde puede mangar algo de pasta. Dicen que es cosa mala con los puños, pero yo no le he visto pelear nunca.

—¿Y el bajito?

—Es su hermanastro. Frank Christy. Un mal bicho.

—Christy —dijo Macauley—. ¿No es uno que condenaron por haber apuñalado a un fulano en Pallamallawa?

—El mismo —contestó Muldoon—. Le salieron doce meses, pero no ha cambiado nada. Es un canalla sádico. Yo creo que no está en sus cabales.

Macauley vio a los dos hombres entrar en la oficina del subastador.

—¿Tomamos un trago, Mac? —dijo Muldoon.

—No me vendría mal, pero ¿qué hacemos con la cría?

—No le pasará nada. No vamos a tardar tanto. Precisamente un traguito me dejaría como nuevo. He pasado una noche infame.

—Pues andando.

Bajaron con el camión hasta la taberna y Macauley dijo a Buster que se quedara en el vehículo. Dejó el macuto a su lado y los dos entraron en el bar. Muldoon pidió whisky y Macauley una cerveza. Había otros ocho o nueve hombres en la barra. El aire era fresco y limpio. Cuando Macauley pedía la segunda ronda vio entrar a Christy y a O'Neill. Se acercaron despacio al centro de la barra y la camarera les sirvió dos cervezas.

Al pasar por su lado los dos hombres, Macauley vio un gesto de nerviosismo en la cara de Muldoon.

—Vamos, Mac, bébete eso y vámonos de aquí.

Macauley apuró la cerveza. Cuando se dirigían a la puerta, Muldoon iba delante. Nada más llegar a ella, Macauley se detuvo al oír una voz.

—¡Eh! ¡Tú!

Se volvió y vio a O'Neill venir hacia él con paso suave y felino. Miró su cara pálida en la que destacaban unos ojos azules, fríos como el hielo. O'Neill llevaba la chaqueta desabrochada, y Macauley se fijó en la incipiente barriga del bebedor de cerveza.

—¿Me llamabas a mí?

O'Neill no contestó. Se quedó mirando fijamente a Macauley, pero los ojos de este no dejaban traslucir nada. Esperó. Christy se situó a la izquierda de su compañero. Había un brillo pétreo en sus ojos oscuros y como un resplandor de hostilidad en su cara sucia y brutal.

—Quiero hablar contigo —dijo O'Neill con voz suave y calmosa.

Macauley salió a la calle y los dos hombres le siguieron. O'Neill se plantó frente a Macauley, Christy siempre a su lado. Macauley vio a Jim Muldoon de pie al borde de la veranda, a un par de metros de él, como un amigo que espera a otro.

—¿Qué pasa? —preguntó Macauley.

—¿Vas a aceptar el trabajo en el campamento ovejero? —Macauley miró a Christy y luego nuevamente a O'Neill.

—Puede ser. ¿Por qué?

—Mi compañero también quiere ese trabajo.

—¿Sí? —preguntó Macauley.

—Dickson, el de la oficina, dijo que habías llegado tú primero. Sólo se han presentado dos: mi compañero y tú. Y como dije antes, mi compañero quiere ese trabajo.

—Y los dos no podemos tenerlo, ¿verdad? —inquirió Macauley suavemente.

—No —asintió O'Neill—. Por eso tienes que olvidarte de ello.

—Vámonos, Mac —apremió Muldoon, con ánimo de sacarle del apuro.

—O dicho de otra forma —continuó O'Neill eligiendo deliberadamente las palabras— ; no aparezcas por la oficina de O'Hara. Así es mucho más sencillo y nadie resulta perjudicado. ¿Comprendes?

Macauley notó que le sudaban las palmas de las manos. Sabía que sólo había una manera de salir del conflicto. Alguien tenía que echarse atrás, pero no sería él.

—Pero es que yo también quiero ese trabajo.

Los ojos de O'Neill se metamorfosearon en dos cristales azules.

—Escucha, bocazas, no estoy de juego. Vas a hacer lo que yo te diga.

Macauley experimentó la conocida sensación de ver su independencia y su amor propio puestos a prueba. En su interior ardía el viejo desprecio hacia todos aquellos que le tomaban por menos de lo que era.

—Si apareces por la oficina —dijo Christy— te corto las agallas.

—¿Qué agallas? —preguntó suavemente O'Neill.

Aquello era más de lo que Macauley podía soportar. Pero tenía que ir con cuidado. No podía luchar con los dos al tiempo. Consciente de la tensión, pero sin arredrarse, miró a Muldoon, que seguía de pie mascando un palillo con aire preocupado. No podía esperar mucha ayuda de aquella parte. Vio a tres o cuatro hombres observando desde la calzada y a un grupo que miraba a través de la puerta desde el interior de la taberna. Tampoco de ellos recibiría ayuda. Aquello era entre O'Neill, Christy y él.

Macauley se relajó y se colocó disimuladamente en mejor posición. Luego se encogió de hombros.

—Lo único que pasa es que no me gusta que me digan lo que tengo que hacer —dijo.

—Bueno, ¿entonces qué hacemos? —preguntó O'Neill, desarmado por el tono sumiso de Macauley.

—Puede que tengas razón —dijo Macauley.

Al pronunciar la última palabra Macauley había encontrado la postura, y en la milésima de segundo en que O'Neill se descuidó lanzó su puño derecho con todo el tremendo poder que le prestaba su cuerpo. Sintió que el estómago de O'Neill se deshinchaba como un globo y notó la bocanada de aire en la cara. Con la rapidez del rayo subió el puño hacia arriba en un golpe que hizo cerrarse las mandíbulas de O'Neill con un ruido como el de la puerta de un horno. Se volvió inmediatamente para enfrentarse con Christy, pero ya Muldoon estaba enzarzado con él como un fox terrier con un mandril.

A O'Neill se le doblaron las rodillas. Sus manos colgaban inertes a los lados, y era como una figura que se derrumba a cámara lenta. Comenzaba a correrle por el mentón la sangre que manaba de su boca partida. Tenía los ojos en blanco. Los de Macauley fulgían. Arqueó este la espalda, y le tiró dos ganchos, primero con la izquierda, luego con la derecha, haciendo danzar a un lado y a otro la cabeza de O'Neill, y aún tuvo tiempo, mientras caía, de meterle un directo que le aplastó la nariz. O'Neill quedó de rodillas un momento y luego se desplomó de lado sobre el polvo.

Todo había sucedido tan rápidamente que los mirones quedaron pasmados.

Macauley vio en seguida la desigualdad de la pelea entre Muldoon y Christy. Muldoon se tambaleaba, enseñando los dientes como un perro exhausto que todavía gruñe, pero un tremendo golpe en la sien le dejó sin sentido. Christy, resoplando como un fuelle, echó hacia atrás la pierna para dar a Muldoon una patada en la cabeza, pero Macauley le hizo perder el equilibrio y le largó un directo de izquierda que le envió trastabillando contra la pared de la taberna. Christy quedó allí sentado, moviendo la cabeza y lanzando miradas de odio.

Los mirones se acercaron ahora para formar corro; algunos pedían que los separasen y otros que luchasen hasta el fin.

—Levántate, Christy; todavía no estás derrotado.

—Apuesto diez chelines por el vagabundo.

Macauley se quitó la chaqueta y se escupió en las manos. Una ligera sonrisa se dibujaba en las comisuras de sus labios y sus ojos brillaban con luz asesina. Eso era lo que a él le gustaba: luchar. Y todavía mejor, luchar cuando había razón para ello.

Vio levantarse a Christy apoyándose en la pared, coger luego una botella de uno de los cubos de basura que se alineaban contra la pared y romperle el fondo contra los ladrillos. Quedó unos momentos inmóvil, sonriendo burlón. Levantó la botella y se puso a darle vueltas en el aire, despacio, con movimiento como de tornillo.

—Christy, tira eso y lucha limpio.

—Que alguien los sujete o tendremos un asesinato.

Macauley oyó el desgarrado grito de su hija, pero no volvió la cabeza. Luego Buster se lanzó sobre él tratando de llevársele.

—¡Lárgate! —gritó—. Vuelve a tu sitio. Por el amor de Dios, que alguien se lleve a la niña.

La cogieron entre dos hombres y la hicieron retroceder.

Macauley esperaba ahora fríamente, sintiendo los nervios temblarle de vigor. Sus ojos eran fríos como los de un tiburón.

—Procura acertar, Christy —dijo—. No falles la primera, porque no habrá segunda.

Las palabras hicieron retroceder a Christy y le cambiaron la expresión de la cara como si por primera vez no estuviese seguro de sí mismo frente a aquel hombre. Comenzó a describir círculos, y Macauley le vigiló, tenso y alerta. Sabía que Christy continuaría dando vueltas y acercándose centímetro a centímetro hasta que le tuviese en posición. Entonces se abalanzaría con la botella, haría presa en su adversario y revolvería el quebrado y cortante vidrio contra su cara. Christy podía pasarse media hora dando vueltas, acechando, acercándose. Macauley no tenía intención de esperar tanto.

—Eres un cobarde sin agallas, Christy —se burló—. ¿Qué es lo que te detiene? ¿Quieres que luche con una mano a la espalda?

Algunos hombres se echaron a reír, y en la cara de Christy se reflejó la ira. Macauley estaba preparado para el asalto. Sabía cuál debía ser su estrategia. Su éxito dependía de la rapidez, del sincronismo de sus movimientos. Si cometía un solo error, quedaría con la cara marcada para toda su vida.

Avanzó unos pasos hacia Christy y este cayó en la trampa y se lanzó hacia adelante. Macauley permaneció absolutamente inmóvil sin quitar los ojos de la espantosa arma. La vio llegar hasta unos veinte centímetros de su cara y entonces, en el momento exacto, ladeó la cabeza y el brazo armado resbaló sobre su hombro.

Christy quiso revolver la botella para herir desde abajo, pero la mano derecha de Macauley le agarró por la garganta, y unos

dedos de acero comenzaron a clavársele y ahogarle; al mismo tiempo, la mano izquierda de Macauley le agarraba por la manga de la chaqueta y mantenía el brazo apartado de su cara. No sabía cuánto tiempo podría mantenerlo en aquella postura, pero tenía que hacerlo y sabía que la única forma de abreviarlo era apretarle la garganta a Christy. Sus dedos apretaban, pues, como las mandíbulas de un cepo.

Por un instante sorprendió a Christy la rapidez con que había quedado en desventaja. Luego trató de libertar su brazo. Se debatió hacia atrás y hacia los lados, tosiendo y ahogándose, pero sin poder deshacerse de aquella garra inflexible. Quiso golpear con la rodilla en la entrepierna de Macauley, pero este esquivó el golpe con el muslo.

Christy soltó la botella, libró su brazo y cogió con ambas manos el que le estaba arrancando la vida, luchando desesperadamente para apartarlo de sí. Pero una vez que Macauley se dio cuenta de que había pasado el peligro de la botella, aflojó los dedos y dejó escapar a Christy.

Christy se llevó las manos a la garganta. Todos vieron las marcas, unas marcas que podían haber sido hechas por un guantelete de acero.

Macauley se acercó y dio a Christy un puñetazo en la sien que le hizo girar en redondo. Pero Christy era fuerte y se lanzó en seguida como un toro, con la cara descompuesta por el odio. Macauley retrocedió, metió el puño derecho en el estómago de Christy y lo dejó caer al suelo, regruñendo. Christy se levantó tambaleándose, pero Macauley lo fue destrozando metódicamente, llevándole de un lado para otro como a un toro furioso en un corral. Christy daba traspiés a ciegas.

Macauley no tenía piedad.

—Estoy aquí, Christy. ¿No me ves? Mira. Estoy aquí.

Y sus manos enormes, medio cerradas, le iban golpeando las costillas, las mandíbulas, el mentón, con fuerza bastante para hacerle daño, pero no para dejarlo sin sentido.

—Ya basta —jadeaba Christy—. Ya basta.

—¿Ya basta? —se burlaba Macauley—. Todavía no he empezado. Aún queda mucho. Tengo que hacer filetes con tu propia botella esa jeta que tienes de mamarracho.

—¡No! ¡No! ¡Basta ya!

Jim Muldoon se destacó del grupo y pasó un brazo por los hombros a Macauley.

—Vámonos, Mac. Está acabado. Vas a matarlo. Déjale ya.

Volvió la cabeza Macauley y vio la pálida cara de Muldoon, sus ojos suplicantes.

—Está bien, Jim —dijo—. Pero lo hago por ti, que conste.

Se acercó a Frank Christy, ya medio inconsciente, le levantó la barbilla y le metió debajo un tremendo "uppercut" de derecha. Christy se elevó unos centímetros del suelo, cayó pesadamente de espaldas y quedó inmóvil.

Los hombres quedaron paralizados por espacio de casi un minuto; luego comenzaron a moverse y se llevaron a Christy y a O'Neill al patio de la taberna. Algunos rodearon a Macauley para felicitarle y decirle que Christy llevaba mucho tiempo buscándoselo.

—Vamos, Mac —le instó Muldoon cogiéndole del brazo—, es mejor que nos larguemos de aquí.

—Acepto el trabajo —dijo Macauley—. ¿Crees que se lo voy a dejar a ese tiparraco? ¡Atacarme con una botella!

Muldoon no quería discutir: Macauley estaba todavía enardecido por la lucha.

—Bueno, muy bien, pero vamos a arreglarnos un poco antes. Estás lleno de sangre de la cabeza a los pies. Te llevaré a un sitio que conozco.

Tiró el macuto de Macauley en la caja del camión y le hizo subir al lado de Buster. La niña, hinchada la cara por el llanto, seguía sollozando.

—¿Qué demonios te pasa a ti? —preguntó con voz dura.

Buster no contestó, pero dejó de lloriquear y le miró.

—Estás lleno de sangre.

—¿Y qué importancia tiene un poco de sangre?

Cogió el muñeco de las rodillas de la niña y le acarició.

—¿Sabes cómo llama a esto, Jim?

—Sí —dijo Muldoon, esbozando una sonrisa.

—Gooby —dijo Macauley, y soltó una carcajada estentórea.

Fueron a casa de unos amigos de Muldoon y se asearon. Macauley se puso una camisa limpia que sacó de su macuto. Querían que comiesen algo, pero Macauley no aceptó; sólo consiguieron que Buster tomase un bizcocho y un vaso de leche.

Al regresar al camión Muldoon sonrió con admiración.

—Estaba pensando en la forma en que has derribado a O'Neill. Como un rayo. Sólo he visto algo más rápido: un gato.

Macauley se encogió de hombros.

—No le di ocasión de demostrar lo que sabe hacer. El otro canalla, Christy, no es más que un bocazas.

—Has demostrado que sabes usar los puños, Mac.

—También me han dado muchas palizas.

Paró el camión junto al bordillo, y Macauley entró rápidamente en la oficina de O'Hara. O'Hara era un hombre achaparrado con la cara regordeta, roja y brillante como una manzana. Vestía un traje azul marino impecable.

—¿De modo que es usted Macauley? —dijo O'Hara como dándoselas de listo—. Me han dicho que se ha dedicado a animar un poco el pueblo.

—¿Qué hay de ese empleo en el campamento ovejero? —preguntó Macauley impaciente.

—Lo siento —dijo O'Hara—. Llega usted un poco tarde. Ya está dado.

—¿Un poco tarde? —dijo Macauley—. ¿Qué truco es este? Mi nombre fue el primero que se inscribió esta mañana. Antes que el de Christy.

La sonrisa no abandonó la cara de O'Hara.

—Yo no he dicho nada sobre Christy —afirmó tranquilamente—. Ya había contratado a un hombre en Collarenebri; se pondrá en camino esta misma tarde. —Abrió una pitillera y se la ofreció a Macauley; este rehusó y sacó su petaca. O'Hara encendió su cigarrillo y se quedó mirando la cerilla que ardía en su mano—. De todas formas no hubiese podido darle el trabajo a usted. Hubiera sido como firmar su sentencia de muerte.

—Déjese de cuentos —dijo Macauley.

—Escuche —dijo O'Hara, que empezaba a cansarse ya de la truculenta sinceridad de Macauley—. En el campamento hay veinticinco hombres, y por lo menos quince son amigos de Christy, que se hubiesen lanzado sobre usted como una manada de perros rabiosos. Aunque a usted no le importe que le machaquen los sesos, a mí sí. Ya he tenido bastantes disgustos. —Dio una larga chupada al cigarrillo y continuó con vehemencia—: Mire, usted ha andado bastante por ahí y sabe que hay hombres malos por todas partes. Llegan solos o en parejas a las majadas o a los campamentos, pero al poco tiempo se les pone en el lugar que les corresponde. Los demás no les consienten sus malas artes. Pero allí se ha juntado una colección de canallas como no he visto en mi vida. Quizá no se lo crea, pero no hay ni uno que valga la pena. Si no estuviésemos en pleno esquileo los despediría a todos, hatajo maldito.

—Bueno, por lo que veo no hay nada que hacer —dijo Macauley.

Se dispuso a marcharse. O'Hara debía haber dejado el asunto allí, pero se trataba de un padre de familia con ideas tradicionales sobre la paternidad.

—Quizá lo que voy a decirle le consuele. Aunque no hubiese usted tocado a Christy, y aunque yo no hubiese contratado a otro hombre, tampoco le hubiera dado el trabajo.

Macauley le miró inquisitivamente.

—Usted tiene una hija pequeña —dijo O'Hara con aire de virtuoso desprecio—. Es una niña. Yo no hubiese permitido que fuese allí, como no hubiese dejado que fuera ninguno de mis hijos. No es sitio para una niña. La vida que usted lleva no es vida para una niña. ¿Qué clase de hombre es usted para pensar en arrastrarla a un trabajo como ese?

—Hace falta estar en pañales para preguntar tal cosa —contestó Macauley furioso. Luego puso las manos sobre la mesa, se inclinó hacia adelante y dijo sucintamente—: Usted quédese en su casa, O'Hara. Cuando sepa llevar sus propios negocios con eficiencia, quizá entonces pueda enseñarme a gobernar los míos.

Macauley salió de la oficina.

—¿No ha habido suerte? —inquirió Muldoon al ver la cara de Macauley.

—No —contestó Macauley.

—Parece como si quisiera llover —comentó Muldoon con aire despreocupado para romper el rencoroso y frío silencio de Macauley. Luego echó una ojeada a la calle y dijo—: Cuidado. Ahí viene un gorrino vestido de azul. Métete en el camión. ¡Rápido!

Macauley levantó la vista.

—Es demasiado tarde —dijo—. Ya nos ha visto.

El polizonte avanzó hacia ellos amenazador. Tenía el pecho como un barril, el cuello corto y grueso y unas mandíbulas como un bulldog.

—¿Es usted Macauley?

—El mismo.

—Le puedo poner a la sombra.

—¿Por qué? —preguntó Macauley sorprendido.

—Sabe muy bien por qué. Alteración del orden público y otras cositas que vienen en el libro.

Macauley simuló perplejidad. Luego su cara se iluminó.

—Ah, quiere decir... Pero, sargento, sólo era una discusión entre amigos. Ya sabe usted lo que son esas cosas.

—Lo sé perfectamente, gracias —dijo el sargento—. ¿Piensa presentar una denuncia?

—¿Una denuncia?

—¿No le atacó Christy con una botella rota?

—Si lo hizo, yo no me di cuenta, sargento.

—Tiene una hora para salir del pueblo. —El sargento levantó un dedo como una salchicha—. Una hora.

—Está bien —dijo Macauley.

El sargento se alejó lentamente.

—¿Qué vas a hacer ahora, Mac?

—Seguiré mi camino.

—Debías venir a casa conmigo —ofreció Muldoon.

Macauley le dio una palmada en la espalda.

—No. Tú ya tienes tus preocupaciones, Jim. Y yo no te serviría de mucha ayuda. Hasta la vista.

Se dieron la mano y Muldoon quedó con un gesto de soledad y tristeza en su cara juvenil.

—Tengo hambre, papá —dijo Buster.

Muldoon sonrió forzadamente para hacer más fácil la separación, tiró de la puesta en marcha y arrancó el motor.

Macauley puso la mano a Muldoon en el brazo.

—Casi se me olvida. Si no te hubieras encargado de aquel bocazas en la primera parte, todo hubiese terminado de distinta forma.

Muldoon hizo un gesto como no dándole importancia, pero

su cara se iluminó de placer; y esa fue la imagen que quedó grabada en la mente de Macauley cuando arrancó el camión.

—¿Adónde va Jim? —preguntó Buster rascándose una pierna con la otra—. Es bueno Jim —añadió.

Macauley se quedó mirando la larga y aburrida carretera que se alejaba hacia el sur. Luego se fijó en el cielo huracanado y las raudas nubes. No tenía más remedio; el plazo se le acababa.

Entró en la tahona. Olía a pan recién cocido y a sacos limpios, y había una muchacha con delantal blanco. Era la misma que había visto cruzar la calle aquella mañana temprano. Su sonrisa, amable e impersonal, era parte del negocio.

—¿Puede darme un par de empanadas y una hogaza de pan?

—Desde luego.

Tenía una voz muy suave. Se volvió y se inclinó sobre un cajón. Macauley pudo verle hasta el muslo las torneadas y sedosas piernas, y echar una ojeada al encaje de su enagua. Todo ello aumentó su deseo.

La muchacha le puso las empanadas delante y le dirigió la misma sonrisa estereotipada. Tenía los ojos brillantes y los labios suaves y voluptuosos. Macauley la miró con deliberada impasibilidad, como si se tratara de una estatuilla en una repisa. La muchacha enrojeció un poco y esquivó la mirada.

—¿Podría llenarme esto? —dijo Macauley, dejando el zaque sobre el mostrador.

Ella mostró ahora en la mirada mayor interés. Asintió con la cabeza y cogió la bota. Al rato regresó limpiándola con un trapo.

—Lo siento, pero se me ha vertido un poco.

Macauley la miró fijamente mientras desataba su zurrón. La muchacha preguntó impulsivamente:

—¿Le gustarían a la niña unos bollos? Están un poco duros, pero son buenos. Si no le importa llevarlos, claro.

Eso era lo que a él le gustaba. Ese era su tipo. No forzaban las cosas como si uno estuviese necesitado de su caridad. Siempre tenían cuidado de no herirle a uno en su amor propio.

—En absoluto.

La vio escoger los bollos en el escaparate y admiró las curvas de sus caderas.

—Aquí tienes, monada —dijo a Buster.

Buster cogió el paquete, lo abrió y miró el contenido. Luego lo cerró, levantó tímidamente la vista y apretó el regalo contra su pecho, embargada de alegría.

—Bueno, tenemos que seguir para adelante —dijo Macauley.

—¿Van muy lejos?

—A Moree.

—¡Dios mío! ¿Tan lejos?

—Estaremos allí dentro de unos días.

—¿Cómo viajan?

—Andando.

La muchacha no parecía muy interesada en las contestaciones; sólo en el flirteo y en prolongar la conversación. Volvió a mirarle y encontró nuevamente su inflexible mirada. Al fin apartó la vista de él.

—Va a llover.

—Es posible.

—Lo noto en los huesos. Siempre me duelen cuando va a llover.

—A mí también me duelen los huesos —dijo Macauley—. Pero no por la lluvia.

La muchacha volvió a mirar a Macauley y se sonrojó profundamente.

—Y si quiere saber por qué me duelen —dijo Macauley volviéndose desde la puerta—, se lo diré en el baile el año que viene.

A unos veinte metros de la tienda Macauley dijo a Buster que se volviera para ver si la muchacha los miraba. Buster dijo que estaba a la puerta de la panadería, y Macauley sonrió.

Pero sabía que aquella muchacha no significaba nada para él. No sabía nada de ella y no le importaba saberlo. Era nada más que un estímulo para su virilidad. Y así permaneció en su memoria cuando continuó su camino.

La lluvia llegó al final de la lóbrega tarde. No había ningún refugio. Macauley sabía la existencia de un puente sobre un arroyo seco a diez minutos de camino, y avanzó de prisa; Buster trotaba a su lado con la cabeza baja.

—Cógeme de la mano —gritó Buster cuando Macauley bajó por el talud y se metió bajo el puente.

Encontraron un sitio seco y se sentaron; Macauley tenía que

agachar la cabeza para no darse con las tablas. Quedaron en silencio. Todo era oscuridad y húmedas ráfagas de viento. La lluvia tamborileaba en las tablas y goteaba por sus junturas. Macauley sintió tiritar a Buster, desató el impermeable, echó una manta sobre los cuerpos de ambos y extendió la lona por encima.

Para Macauley aquello no era calamitoso. Las cosas iban a pedir de boca. Estaba resguardado de la lluvia y entrando en calor. Podía haber sido peor. Podían haberse hallado al descubierto, abriéndose paso a cuerpo limpio entre la lluvia y el viento. Esperaba oír quejarse a Buster, pero no hubo quejas. Por el contrario, la notó acurrucarse satisfecha contra su cuerpo.

—Me gusta estar aquí, papá —dijo alegremente—. Se está bien.

Macauley pensaba en el día que acababa de pasar, sus acontecimientos y mil cosas más, a modo de fotos que se enfocaban y desenfocaban. Vio la cara de Christy como la de un niñito de ojos asesinos; el bebé rompía el fondo de su biberón y lo apretaba juguetón contra la cara de su madre.

Pensó también en Jim Muldoon, pálido como la muerte y con las bascas del miedo... pero sin dejar por ello de echarle una mano. Aquello era tener reaños. Verdaderos reaños.

Y también pensó en la muchacha. Le hubiese gustado verla huir ante él, riendo, para luego alcanzarla, poseerla y acabar con su risa.

La lluvia no cesaba y el viento soplaba ahora por el costado del puente. Buster dormía con la cabeza para un lado. Macauley encogió las piernas, las rodeó con los brazos y apoyó la cabeza sobre las rodillas. Sintió detrás de los ojos el dolor de un cansancio sin límites, y notó el peso del sueño. Se echó el sombrero sobre los ojos para protegerlos de las goteras, clavó los talones en el suelo para mantener su postura y se adormiló.

De pronto se puso alerta. Por encima del ruido del viento y de la lluvia se oía un nuevo sonido distante e irregular. Salió con cuidado de debajo del puente y vio a lo lejos, aproximándose, dos círculos borrosos de luz amarilla.

Corrió hacia Buster y la despertó. Recogió las mantas, las enrolló y las ató rápidamente.

—¿Qué pasa, papá?

Macauley no contestó. El ruido sonaba cada vez más fuerte: *chucachucachuca*. Se preguntó qué clase de loco se aventuraría por un camino de tierra negra con aquel tiempo. Pero no importaba que fuese el mismo demonio con tal de que les ayudase.

—Vamos —dijo a Buster.

La niña se agarró a su pantalón y subió chapoteando hasta el camino. Macauley se puso en medio de la carretera e hizo señas con los brazos. Buster le miró y comenzó también a mover sus bracitos. La lluvia les azotaba el rostro. Vieron agrandarse poco a poco aquellos ojos sin párpados que brillaban a través de la cortina de lluvia, y Macauley oyó el motor cambiar su ritmo a un *chud-chud-chud,* al disminuir sus revoluciones.

El camión se detuvo y Macauley se aproximó a la cabina. Todo lo que podía ver eran unos ojos y una nariz que, entre el sombrero y el cuello del abrigo, se apretaban contra el cristal.

—¿Hasta dónde va?

—Hasta el final. Hasta Moree.

—¿Tiene sitio para dos más?

La contestación llegó desde la parte trasera del camión.

—Sí, vamos, compañero, ven y súbete.

Macauley miró al conductor y vio que le hacía señas de que subiese.

Macauley tiró su macuto a la caja. Levantó a Buster y notó que la cogían en brazos. El camión se puso en marcha cuando Macauley brincaba por encima de la trampilla.

En la caja iban tres hombres y siete perros ovejeros. El rabadán, ya viejo, iba sentado en la cabina al lado del conductor, Slippery Dick (1). Contando a Macauley y a Buster, eran doce los pasajeros que iban en la caja: siete perros, cuatro hombres, una niña, y todo su equipaje. El único abrigo que llevaban era un par de mantas. El camión patinó bruscamente, zigzagueó y volvió a enderezarse.

—Parece que tiene prisa —dijo Macauley. Conocía a Slippery Dick de vista y de oídas, pero nunca había tenido nada que ver con él.

—Está completamente loco; nos matará a todos antes de llegar —dijo uno de los hombres.

---

(1) Slippery: resbaladizo. (N. del T.)

Cuando el camión dio otro patinazo, hombres y animales fueron lanzados juntos de un lado para otro. La noche parecía haberse hecho más oscura. La continua lluvia los empapaba, y todos luchaban, hombres y perros, para encontrar sitio, hacinados al máximo, debajo de la lona.

El camión empezó a rodar con dificultad, y todo se le volvía atascarse, patinar, enderezarse y volver a reptar. Pero aquello no duró mucho. De pronto pareció volverse loco y empezó a petardear, girando las ruedas en el barro. Al fin confesó su derrota: lanzó un gemido, traqueteó, dio un salto hacia adelante y quedó inmóvil.

Slippery Dick se bajó de la cabina y empezó a chapotear alrededor del camión; la lluvia le tamborileaba en el sombrero.

Uno de los hombres preguntó alegremente:

—¿Para qué hemos parado, Slippery Dick, para tomar té con pastas?

—Se ha averiado —dijo Slippery Dick—. Ya podéis ir bajando, hatajo de poltrones; quiero llegar a casa antes de que se pongan peor las carreteras.

Macauley dijo a Buster que se quedara donde estaba y saltó al suelo con los demás. Mientras Slippery trataba de arreglar el motor, todos se remangaron los pantalones hasta la rodilla, preparándose para cualquier emergencia. Por fin Slippery consiguió arrancar el motor, y puestos a empujar todos los hombres, el camión comenzó a moverse a saltos, en primera, hundiéndose en el barro y patinando.

Los hombres comenzaron a burlarse de Slippery Dick. Le decían que tuviera cuidado no fuera a caérsele el motor; que si se caían los guardabarros no importaba, porque no servían para nada; que les gustaría saber si le serviría de algo un imperdible.

—Seguid empujando; no paréis —balaba Slippery.

De este modo, sin dejar de empujar un momento, consiguió hacer avanzar el camión como dos kilómetros, unas veces de frente y otras de costado. Finalmente pudieron subir de nuevo al camión; no eran más que una masa de barro que resbalaba, volteaba y entrechocaba consigo misma y con los perros, en ruidosa mezcolanza.

Eran las seis de la mañana cuando el camión se detuvo ante

el hotel de Moree. El guarda les indicó dónde estaban las duchas. Macauley tuvo que despertar a Buster del sopor de la fatiga; tenía la cara sucia y extraordinariamente pálida, y andaba junto a su padre como sonámbula, con los ojos cerrados.

Al llegar a las duchas, Macauley la desnudó y la lavó, y después comenzó a asearse él mismo, tratando de quitarse el seco barro negro de la piel con ayuda de un embotado cuchillo de cocina y un cepillo de cerdas. Macauley sintió una cierta preocupación al ver a Buster tan cansada y demacrada, y la preocupación le llenó de contrariedad.

El macuto estaba mojado, pero lo abrió y sacó una muda para él y otra para Buster; para él, unos pantalones de algodón, una camisa caqui, unos calcetines limpios y su mejor chaqueta de sport; para Buster, calcetines limpios, unas sandalias, un mono azul, una camisa gris y un jersey. Todo ello estaba mojado porque la humedad había penetrado hasta el centro del macuto, pero no tenían otra cosa.

Al salir de los lavabos, Slippery Dick andaba remoloneando cerca del hotel y del camión. Cuando se reunieron todos, se quitó el sombrero y lo pasó alrededor preguntando si serían tan amables de pagar sus deudas porque estaba deseando seguir su camino. A cada uno le descontó un chelín del precio del viaje por la ayuda prestada. Al llegar a Macauley, cogió el dinero que había en el sombrero y se puso este en la cabeza.

—No, tú no eras un pasajero. Tú no me has alquilado. Sólo te he llevado un rato. ¿Comprendes?

—Comprendo —dijo Macauley—. Pero con esto puedes tomarte un trago. —Lanzó una moneda al aire, y Slippery la cazó al vuelo como un pájaro que cierra el pico al atrapar un insecto.

Todos esperaron a que Slippery se subiera en su armadijo de barro y se alejase petardeando.

Los hombres pensaban ir a echar un par de tragos antes de desayunar en la taberna. Macauley no les siguió porque no quería dar la sensación de ser un gorrón; pero le gustó la idea del desayuno.

Pidió un filete y huevos, y una versión más reducida de lo mismo para Buster. Pero Buster no hizo más que picotear su desayuno.

—Come —le dijo.

—No tengo ganas.

Macauley echó un vistazo alrededor suyo. Unas mesas más allá una mujer muy delgada manejaba con cursilería un tenedor. En el fresco comedor no había nadie más. Macauley cogió el tenedor de Buster, pinchó un trozo de carne y se lo acercó a la boca. Buster negó con la cabeza. Macauley acercó la carne a los pespunteados labios de Gooby.

—Mira, él si come.

Pero Gooby también movió la cabeza y volvió la cara con desdén.

—Gooby también está malo —dijo Buster.

—Malo... ¡Tú no estás mala! ¡Por el amor de Dios, no te me vayas a poner ahora mala!

Luego observó su cara demacrada y sus ojos opacos, acuosos y de hinchados párpados. Como si estuviese incubando un catarro. Quizá lo que más necesitara fuese un buen sueño. Eso la pondría otra vez en forma. Pero Macauley sentía un tremendo cansancio en su espíritu.

Cuando salieron, Macauley se quedó pensando. Se rascó el cerdoso mentón y miró a Buster, que se había sentado en la acera, encorvada y con la barbilla apoyada en las palmas de las manos. Apartó de nuevo la mirada y siguió pensando. Tenía amigos en la ciudad: la señora Crouse, que regentaba los salones de té; la señorita Towsey, que tocaba el órgano en la iglesia del lado opuesto de la ciudad; y en aquella misma dirección, Kelly el Guapo, el mejor compañero que un hombre podía desear.

Su elección fue Kelly.

—Ven —dijo a Buster—. Vamos a dar un paseo.

Buster se levantó, obediente. En sus ojos brumosos brillaba una leve ansiedad.

—¿Adónde vamos?

—Aquí cerca. Si andas de prisa se te quitará el catarro.

—Bueno —dijo la niña.

—¿Cómo te encuentras?

—No muy bien.

Macauley subió por el parque y dejó atrás la oficina de correos. A unos cincuenta metros, en un claro entre los árboles, estaba la vieja casa de Kelly. Seguía siendo la misma casa de tablas en tingladillo, de puntiagudo tejado, con el techo de la veranda echado sobre los ojos. Las escasas estacas de la cerca estaban ladeadas en todas las direcciones, y el alambre roto y retorcido. Recostada en una de las estacas había una bicicleta que le resultaba familiar. Bajaron por un sendero bordeado de botes de mermelada clavados cabeza abajo y algunos macizos de trébol, y llamaron a una puerta color gris caracol.

Se abrió la puerta y en el umbral apareció un hombre que lo llenaba todo. Ni el hombre ni Macauley dijeron una palabra. Sus ojos habíanse trabado en una mirada de lento reconocimiento. Kelly abrió por fin la boca.

—¡Que el diablo me lleve! ¡Mira quién está aquí!

—¡Guapo!

—¡Tú, sinvergüenza! ¿De dónde sales...?

—Demonio, no esperaba...

De repente avanzaron el uno hacia el otro, se estrecharon las manos, se palmotearon en la espalda, se pasaron los brazos por encima de los hombros y, riendo y tambaleándose, franquearon la puerta y entraron en la casa.

Kelly se echó atrás riendo alegremente.

—Caray, Mac, qué gusto volver a verte.

—Lo mismo digo, muchacho.

—¿Y quién es este hada chiquitita? —dijo Kelly, dejándose caer de rodillas delante de Buster y abarcando su cintura con las enormes manos—. ¿De dónde has salido, Duendecillo?

—No soy Duendecillo —dijo Buster muy seria—. Me llamo Buster. —Trató de librarse de las manos de Kelly, y este soltó una estruendosa carcajada.

—Está bien, Buster —dijo Kelly riendo y dándole un sonoro beso en la mejilla—. La verdad es que no puedo creerlo, Mac. Es tan fantástico que hayas aparecido... —Su alegría era exuberante—. ¿Habéis desayunado?

Macauley contestó afirmativamente, pero añadió que tomaría una taza de té para celebrarlo. Kelly contestó que tenía algo mejor que el té, y sacó una botella de ginebra. Macauley movió la cabeza sonriendo; era demasiado temprano para él, y prefería el té.

—Bueno, quítate el sombrero y descansa los pies. Ponte cómodo. Ya sabes que todo lo mío es tuyo.

Kelly canturreaba alegremente mientras llenaba de agua la tetera y echaba leña en el mortecino fuego de la estufa. Macauley le observaba pensando en el Kelly de quince años atrás: un hombre de más de uno ochenta de estatura, anchas espaldas y cintura estrecha. Su cabello había sido negro como la pez, con un brillo azulado; su cara siempre afeitada y de cutis perfecto; sus enormes ojos morenos relumbraban y centelleaban bajo luengas pestañas. Y a pesar de todos aquellos atributos, Kelly había sido la esencia de la masculinidad. Cuando pasaba por algún sitio todos se quedaban admirados. Kelly el Guapo había hecho honor a su nombre.

La última vez que Macauley le viera, hacía dos años, Kelly casi no había perdido nada de su encanto, aunque el tiempo seguía su lento proceso de corrosión.

Pero Macauley casi no podía creer el cambio que se había operado en él: las arrugas del rostro, el gris de sus patillas, los nudosos tendones del cuello, las bolsas bajo los párpados y el ligero matiz pardo rojizo que empezaba a extenderse por su piel.

—También es mala suerte que hoy, precisamente hoy, tenga que irme a trabajar; pero tú puedes quedarte aquí, y por la noche celebraremos nuestro encuentro.

—Muchas gracias —dijo Macauley—. Tengo que secar algunas cosas; la niña necesita dormir y a mí tampoco me vendrá mal un poco de descanso. —De pronto se detuvo—: ¿Dónde está Ruby? Ha salido, ¿verdad?

—Ruby ha muerto, Mac.

—¡No! ¡Dios mío! ¿Cuándo?

—Hace ya un año.

—¡Santo cielo! —Macauley se quedó mudo, sin saber qué decir, mientras Kelly se llevaba la taza de té a los labios.

Kelly dejó la taza sobre la mesa y se puso a liar un cigarrillo.

—Parece raro, ¿verdad? —dijo lentamente, levantando la vista.

Macauley asintió con un gesto.

—¿Cómo murió? ¿Qué sucedió?

—Verás. ¿Recuerdas cuando estuviste aquí la última vez?

Entonces estaba perfectamente, ¿verdad? Pues tres semanas más tarde se desmayó mientras lavaba la ropa. No creímos que fuese nada y no le dimos mayor importancia. Pero volvió a suceder al poco tiempo, y entonces la mandé al matasanos. Volvió a casa riendo y diciendo que si tuviese que hacer todo lo que le había mandado se tendría que pasar la vida como una inválida. Bueno, tú ya conocías a Ruby: menudos bríos gastaba. Pero una noche, cuando estábamos tomando el té, se cayó de la silla sin decir ni pío. Cuando la levanté estaba muerta.

Macauley permaneció en silencio, pues creía mejor no decir nada. Kelly no necesitaba que le expresase lo mucho que lo sentía.

—Mac, mira eso —dijo Kelly, sonriente, señalando a Buster, que se había quedado dormida sobre su cama deshecha, abrazada a Gooby—. Una chiquilla estupenda, Mac.

Macauley se levantó y la tapó con una manta.

—Está un poco amodorrada por el catarro. Le sentará bien dormir.

Kelly retiró la taza y puso los codos sobre la mesa.

—¿Vas hacia Pokataroo?

—Es posible.

—Casi la mitad de la vieja pandilla está allí, en casa de Wigley. Bluey Green, Lucky Regan, Mick y Ted Bennett y Stepper Mackenzie. Vive Dios, Mac, será como en lo buenos tiempos. ¿Por qué no te decides?

Macauley sonrió, sintiendo la vehemencia del deseo de Kelly de que se divirtiese.

—No creo que pueda, Guapo —dijo Macauley mirando hacia Buster. Kelly siguió su mirada.

—No quiero ser entrometido, Mac, pero si puedo hacerte una pregunta, ¿por qué te la llevaste?

Macauley cogió la tetera y se sirvió una taza; luego la acercó a la taza de Kelly, pero este negó con la cabeza; echó el brazo hacia atrás y sacó media botella de ginebra.

—¿Quieres ahora un poco de esto?

—No.

Kelly se sirvió medio vaso de ginebra, se lo bebió de un trago y se sirvió otro medio.

—Si no quieres no tienes por qué contármelo, Mac.

—Te lo contaré —dijo Macauley mirando a los ojos a su compañero—. Llegué a casa una noche y encontré a su madre con un fulano en la cama. Cogí a la niña, me marché y no he vuelto más. No me interpretes mal; no me llevé a la niña por motivos sentimentales; me la llevé para vengarme de su madre. Pero cometí un error, porque ella tampoco quería a la niña. Le hice un favor: le quité a la chica de las manos y me la amarré yo al cuello.

—¿No has tenido ninguna reclamación?

—Ni siquiera un besalamano.

—Pero, Mac, es una locura ir cargado con esa chiquilla por todo el país. No está bien para ti, ni está bien para ella. ¿Por qué no la metes en un asilo o la dejas en casa de algunos amigos?

—No lo sé. Tal vez no quiera que pueda llevársela su madre. Tal vez espere todavía que me escriba pidiendo perdón.

—Sí, creo que comprendo tus sentimientos —dijo Kelly.

Y la manera de decirlo hizo a Macauley mirarle con mayor interés. Notó los gestos rápidos y bruscos, el nervioso movimiento de los ojos, ligeramente desenfocados, y de pronto se dio cuenta de que estaba ante un borracho; ante un borracho crónico y sistemático cuyos tejidos hallábanse saturados como una esponja. Y él sabía lo que sucedería a la esponja cuando le diesen más de lo que podía absorber. Elevaría al hombre hasta las alturas o le sumiría en las profundidades, pero siempre poseído por la locura.

—Es un problemita el tuyo, Mac —estaba diciendo Kelly—. Me gustaría ayudarte. ¿No podría quedarse conmigo? Me encantaría que...

Macauley meneó la cabeza.

—El problema es mío.

Kelly miró su reloj.

—Tengo que marcharme. —Se bebió de un trago lo que quedaba en el vaso—. Espero que no te importe. Te veré esta tarde.

Macauley, desde la puerta, le vio montar en la bicicleta y desaparecer pedaleando. Luego volvió a entrar en la casa.

El suelo estaba sucio y lleno de colillas pisadas. La mesa tenía las patas metidas en cuatro botes de mermelada llenos de agua corrompida. La fresquera estaba sobre un cajón de té al lado de la ventana. La estufa, un tanto ladeada por haberse hundido un ladrillo de su base. Hasta el despertador, puesto en el suelo junto a la cama se apoyaba temulento en una pata dejando oír un bronco chic-choc.

Macauley se quitó la chaqueta, avivó el fuego, desató el macuto y puso a secar las mantas y la ropa en torno a la estufa. Barrió el suelo, fregó la mesa y cambió el agua de los botes. Enderezó un calendario que colgaba de la pared y lo puso al día. Luego se sentó y encendió un cigarrillo. En sus ojos brillaba una intensa tristeza.

Buster se despertó con fiebre, soñolienta y con el pelo lacio. Inmediatamente llamó a su padre, y al no obtener respuesta elevó el tono de voz, con un asomo de pánico.

—Estoy aquí —dijo Macauley.

La niña le miró avergonzada; luego se abrazó a Gooby y estornudó.

—Más vale que te levantes y salgas a lavarte la cara —dijo Macauley—. Verás como te sientes mejor.

Su padre la oyó estornudar, toser y escupir mientras se lavaba fuera. Cuando volvió a entrar, se sentó negligentemente en una silla y comenzó a acunar a Gooby mientras su padre se afeitaba.

—Dame un pañuelo, papá. Tengo muchos mocos.

Macauley rasgó un trozo de una camisa vieja que guardaba para esos menesteres y le dijo que lo hiciese durar porque andaban escasos de pañuelos. Luego buscó pan y carne y preparó la comida. Buster pidió un bocadillo, pero sólo mordisqueó la mitad. Macauley le dijo que él tenía que ir al pueblo, que si no tenía ganas de acompañarle podía quedarse en la casa hasta que volviese; pero Buster sí quería acompañarle.

Macauley pensaba hacer algunas indagaciones sobre posibilidades de trabajo. Tenía que encontrar trabajo, y pronto, y eso quería decir que habría de decidir si llevar con él a su fardo de dos piernas y continuar la brega o dejarla en algún sitio de confianza.

Entró en la Compañía Cooperativa de Ganaderos y Esquiladores e inmediatamente un hombre gordo con una cara como un trozo de jabón le tendió la mano sonriendo desde detrás del mostrador.

—¿Cómo está usted, Macauley?

Macauley envolvió la mano con la suya.

—Voy tirando, Stan. ¿Hay algo por ahí?

—De momento me temo que no. ¿Cuánto tiempo piensa estar por aquí?

—No lo sé, pero no mucho. —Se volvió para irse, pero de pronto se le ocurrió que quizá podría enterarse de algo sobre su amigo—. ¿Sigue Kelly el Guapo por aquí?

El gordo miró hacia los lados, se inclinó sobre el mostrador y dijo con voz triste y confidencial:

—No le reconocería, Mac. Dicen que está loco. —Se detuvo un momento y continuó—: Tiene un empleo con Warner. Es buen trabajador, pero sólo trabaja para una cosa: para sacar dinero con que beber. Debe de tener una naturaleza como un toro.

—¿Sólo trabaja para beber?

—Siga un consejo, Mac: no entre con él en una taberna.

Macauley asintió. Sabía lo que quería decir.

De repente el gordo pareció recordar algo.

—¿Por qué no recoge usted el correo estos días?

—¿Qué correo? —Macauley estaba asombrado.

—¿No ha visto el *Worker?*

El gordo cogió un periódico del suelo, se lo puso delante a Macauley y señaló con el dedo un pequeño recuadro impreso en tipo pequeño. Macauley leyó:

—"En este periódico hay cartas dirigidas a las siguientes personas." —Fue siguiendo la lista hasta que llegó a J. Macauley.

—Ese es usted, ¿no? —preguntó el gordo—. Creo que su carta debe de llevar allí unos tres meses. Debiera recogerla. A lo mejor se le ha muerto un tío rico y le ha dejado todo su dinero.

—¿Necesita usted el periódico? —preguntó Macauley.

—Lléveselo —dijo el gordo—. Me alegro de haberme acordado de decírselo.

Una vez en la calle, Macauley dobló el periódico y se lo guardó en el bolsillo de atrás del pantalón. A pesar de su calma se notaba un poco curioso y excitado. Al fin y al cabo no había ningún mal en escribir reclamando una carta.

Mas para ello necesitaba una dirección, y esto le ayudó a decidir su paso siguiente. Si enfilaba para el oeste podría pedir trabajo en casa del viejo Wigley.

Pero ¿cómo llegar a Pokataroo? Miró el suave cielo gris y le pareció poco prometedor. Aunque hiciese buen tiempo se le irían por lo menos tres o cuatro días en el camino. La única solución era el tren; primero hacia el sur, hasta Narrabri; luego al oeste, hasta Burren, y transbordar allí hacia el norte hasta Pokataroo. Tendría que recorrer los lados de un triángulo y dar un rodeo enorme.

Buster estaba hurgando en el bolsillo de su pantalón.

—¿Qué es lo que quieres?

—Pañuelo.

—¿Dónde está el que te di?

Buster levantó el trapo, completamente empapado. Macauley le dio otro retazo de camisa, la cogió de la mano y la llevó a la farmacia.

Macauley pidió una botella de jarabe de eucalipto. El farmacéutico era un hombre larguirucho de ojos azules, apacibles, y pelo rubio como el oro que llevaba peinado con raya en medio y tufitos a los lados. Cuando pasaba delicadamente la botella sobre el papel de envolver color malva, Buster soltó una tanda de estornudos. El farmacéutico la miró compadecido y luego volvió los ojos hacia Macauley.

—¿Es esto para la niña? —preguntó.

—Sí.

—Pobre criatura; lo ha cogido bueno, ¿eh? Tenemos algunas medicinas...

—No se moleste —le interrumpió Macauley—. Envuélvame eso.

El farmacéutico dudó y se quedó mirando a Macauley con la cabeza ladeada.

—Le podría dar algo mucho mejor que esto. Para serle franco, señor, yo pondría el eucalipto al final de la lista. Prácticamente no tiene ningún valor medicinal.

—Escuche —dijo Macauley un poco acalorado—. Yo he visto a esa pócima hacer cosas por un hombre que no las haría ningún médico ni ningún farmacéutico. Se ha equivocado usted de puerta, amigo. Envuélvalo.

El farmacéutico se mostró un poco ofendido, pero se calmó cuando Macauley pidió un tubo de aspirina. Al devolver el cambio, aconsejó:

—Tiene un catarro muy fuerte y debe vigilarla. Téngala en cama, dele mucho zumo de limón y póngala a dieta líquida. No lo olvide. Adiós, pequeña.

Macauley compró chuletas, patatas, judías y limones, y luego regresaron a casa de Kelly. Dio a Buster una cucharadita con azúcar y unas gotas de jarabe de eucalipto y tuvo que simular que hacía lo mismo con Gooby. Hizo una cama en el suelo, metió a Buster en ella y le hizo beber zumo de limón caliente con una aspirina. Cogió después un cuaderno arrugado y unos sobres y escribió al *Worker* una nota pidiendo le remitiesen su carta a la lista de correos de Collarenebri: desde casa de Wigley le sería fácil llegar allí. Puso las señas a lápiz en el sobre, lo cerró y se lo metió en el bolsillo de la chaqueta.

Empezó a preparar la cena: judías, patatas y chuletas. Encontró harina y levadura y coció pan. Luego extendió unos periódicos sobre la mesa y la preparó para dos. Esperaba que Kelly llegase entre las cinco y media y las seis.

Al dar las seis metió la comida en el horno para mantenerla caliente. A las seis y media se hizo de noche y comenzó a caer una lluvia fina. El viento empezaba a soplar también. A las siete se puso a comer despacio, escuchando con atención todos los ruidos y preguntándose qué habría sido de su camarada. Acabó de cenar, lavó los platos y encendió un cigarrillo. Eran las ocho de la noche.

El viento se hizo más fuerte y la lluvia azotaba las ventanas. Entonces oyó una voz medio sofocada que llamaba: "Ruby, Ruby. ¿Dónde estás?" Macauley abrió la puerta y salió hasta el borde de la veranda.

Kelly el Guapo apareció por una esquina. Tenía los ojos fijos, inmóviles como bolas de cristal. La lluvia le caía por la cara y su respiración era jadeante. Miró a Macauley como a un desconocido.

—¿Qué es lo que te pasa, camarada? —dijo Macauley en voz baja.

—¿Dónde está Ruby? —preguntó Kelly ásperamente.

Su cara era una máscara de abatimiento e incomprensión. Debía de haber pasado en la taberna horas enteras. Macauley se echó a un lado cuando Kelly se acercó a la mesa tambaleándose y cogió la botella de ginebra; quitó el corcho con los dientes y se llevó la botella a los labios. Al ver que Macauley le miraba, la dejó violentamente en la mesa y, con el mismo movimiento, alargó el brazo, le cogió por la camisa y le arrastró hacia sí.

—¿Quién eres tú? —preguntó—. ¿De dónde has salido?

Macauley puso a Kelly la mano izquierda en el cuello con la fuerza mínima indispensable para mantenerlo apartado.

—Guapo, soy yo, Mac.

Kelly no hizo el menor gesto de reconocimiento.

—¿Dónde está Ruby?

Agarró a Macauley por el cuello, y lanzando insultos como un poseso trató de llevarlo contra la pared. Por encima de toda aquella violencia desatentada, Macauley oía los aterrados chillidos de Buster. Se revolvió y, empalmando las manos, subió los brazos como un aro de hierro, deshaciendo la presa que le atenazaba el cuello.

Kelly se abalanzó sobre él, tirándole un directo con la izquierda que llevaba intenciones asesinas. Pero Macauley lo esquivó con facilidad, y cuando el hombretón se le venía encima por efecto del impulso, le pegó fuerte en la mandíbula, lo cogió por las axilas y le dejó con cuidado en el suelo. En el súbito silencio se oyó el ronco y desgarrado llanto de Buster. El pecho de Macauley subía y bajaba como si hubiese dado una carrera.

Miró a Buster y ordenó:

—¡Cállate!

Macauley llevó a Kelly a la cama, le quitó los zapatos y la chaqueta y le secó la cabeza con una toalla. Luego le tapó y empezó a pasear por la habitación para dejar pasar la tensión. El viento abrió la puerta, alborotó los periódicos que estaban sobre la mesa y volcó la botella de ginebra. Macauley cerró la puerta, apagó la luz, se quitó las botas y se metió bajo la manta. Sintió en la cadera las calientes posaderas de Buster; la niña se había vuelto a quedar dormida y respiraba con dificultad.

Macauley no estaba cansado, y permaneció despierto, tendido de espaldas y apoyada la cabeza sobre las mantas. Sólo la oscuridad se brindaba a sus ojos; el viento y la lluvia a sus oídos; tenía el futuro en que pensar y el pasado para recordar. Y comenzó a recordar.

La ciudad le hizo su esclavo desde el día en que nació. Ella fue la que, a sus cinco años, le dijo: corre, no te detengas. Y en efecto, echó a correr y no le encontraron hasta cinco horas más tarde. Su madre le arrojó contra la pared y le insultó con saña. Su padre le dio una paliza, y se fue llorando a la cama; en la oscuridad sintió pena de sí mismo por el hambre y la soledad que le afligían, mientras la ciudad le hacía guiños a través de la sucia ventana.

La ciudad le llevó de un lado para otro y de esta suerte le fue criando; la ciudad le alimentó en restaurantes baratos y le empujó al trabajo; la ciudad le metió en una fábrica llena de miserables envidias e intrigas.

Macauley vio la ciudad al desnudo y encontró una solución: me iré donde el mundo es ancho, donde el mundo tenga algo que darme. Soy tan fuerte como cualquiera. Puedo dormir sobre la tierra. Puedo encender un fuego en el bosque. Puedo beber en los arroyos y comer lo que sea y donde sea. Puedo tener libertad.

Y sin embargo, después de cierto tiempo volvió a la ciudad, y fue como si la ciudad se la tuviese jurada. Le envolvió en sus traiciones. Un día vio a una chica en una reunión en casa de Tubby Callahan; la vio una y otra vez, y la siguió viendo aun en su ausencia.

Y todo a su alrededor se trocó en persuasión. Persuasión para darle amor y placer, para hacer lo que fuese bueno para ella; persuasión en lo que ella le decía y en lo que le decían sus padres: el futuro que podía labrarse en una gran ciudad llena de oportunidades. ¿Qué había hecho hasta entonces? ¿Hacia dónde había corrido? Hacia ninguna parte. Había sido como dar vueltas a la noria, malgastando unos años para siempre desaparecidos. Todo ello le llenó de pánico y le hizo buscar trabajo con afán hasta encontrarlo como serrador en un almacén de maderas, con buen sueldo y buenas condiciones; y esto le alivió y le llenó de alegría como si fuese un salvavidas.

Todo sucedió en el transcurso de un mes. Sólo Callahan le dijo que no podía durar, que se marchase antes de que fuera tarde. Era extraño que no hubiera seguido el consejo de un hombre como Callahan.

Se despertó al amanecer y ella estaba a su lado, mas con todo no recobró la sensatez. Esto no sucedió hasta tres semanas después: deseaba a aquella mujer, pero no deseaba aquella vida. Se revolvía como fiera enjaulada en la cautividad de su trabajo. La ciudad rugía en sus oídos, apresurada y llena de estrépitos. Su polvo y su hollín se le metían en los ojos, su olor le entraba por las narices y su aire irrespirable llegaba hasta sus pulmones. Cerró la puerta de su cuarto y se tumbó en la cama. El cielo parecía muy cerca, y era un cielo de madera que nunca había conocido una estrella. Ni árboles ni horizontes a la vista. El suelo de madera era estéril, un suelo donde no crecía una flor ni una brizna de hierba.

Hay hombres que pueden vivir en una caja; otros son como ruedas. Y él sabía qué clase de hombre era.

Pero no se trataba de reconocer que no podía soportarlo. Se trataba de cerrar los puños y luchar. Y dividió su vida en dos partes: una en común para los dos, y otra solamente para él. Y así casi era feliz.

Macauley se incorporó y lió un cigarrillo. A la luz de la cerilla miró a Kelly y le vio moverse y dar vueltas, balbuciendo en su pesadilla de borracho. Las ventanas golpeaban y la lluvia repiqueteaba en el tejado. El viento aullaba en la chimenea. Volvió a tumbarse y recordó la última noche que pasó en la ciudad. Normalmente la avisaba cuando iba a volver, pero esa vez no lo hizo. Fue un accidente.

No se veía luz por debajo de la puerta. Hizo girar el pomo, encendió la luz y entró en el dormitorio. Todo lo que recordaba era a su mujer incorporándose de un salto y parpadeando con la sorpresa de un sueño interrumpido, el pelo en desorden y los pechos colgando por fuera del camisón. Y el hombre acostado a su lado y saltando de la cama, todo a una, para quedar luego sentado mirándole fijamente.

En un catre colocado en un rincón dormía la niña.

La mujer se tapó. Tenía la cara pálida y movía los labios, pero de ellos no salía sonido alguno. De pronto el miedo huyó de su rostro y le miró desafiante, diciéndole que nada serviría de nada, que habían terminado, que todo había acabado entre ellos.

Pero él no se marchó. La puerta no tenía cerrojo, así que puso el respaldo de una silla bajo el picaporte. Se quitó la chaqueta y los miró. La mujer se llevó una mano a la cara con gesto de alarma. Tenía los ojos desorbitados por el miedo. El hombre se puso de pie con la furtiva mirada de un perro callejero. Macauley le dijo que iba a hacerle pedazos.

El hombre agachó la cabeza y se lanzó contra él. Cuando Macauley le pegó, quedó parado en seco y se dobló hacia atrás lanzando un grito de dolor; luego levantó los brazos y cayó de espaldas contra la pared. El hombre tendió las manos, conciliador, y pidió lloroso que lo dejara. No había por qué comportarse como salvajes; ¿no podían hablar como personas?

Los puños le machacaron las costillas y lo apartaron de la pared, encogido, jadeando y escupiendo sangre.

La mujer gritó:

—¡Déjalo! ¡Déjalo! ¡Le vas a matar!

El ensañamiento se prolongó cinco minutos más. Macauley echó para atrás la cabeza del hombre, lo levantó por los pelos y le volvió a pegar; este último puñetazo le tumbó atravesado sobre la cama; Macauley le recordaba con la cabeza en el regazo de la mujer, que le miraba aterrorizada.

—Para ti para siempre.

Macauley no dijo más. Paseó la mirada por aquel cuarto que odiaba y apretó los puños, pues en ellos quedaba todavía una violencia que no encontraba destino. Miró a la mujer, que lloraba amargamente, y a la niña, que, medio drogada con aspirina, ni siquiera se había despertado.

Cogió a la niña en brazos, en pijama como estaba, y la cabeza de la criatura cayó sobre su hombro. Abrió la puerta, y el grupo de vecinos que, en camisón o pijama, se había reunido en el descansillo le abrió paso con asombro. Macauley bajó las escaleras y salió de la casa para siempre.

Su recuerdo fue surcando los años hasta que volvió a verse en el suelo de la casa de Kelly el Guapo, con todo el peso del presente encima. Oyó reír y murmurar a Kelly; al cabo de un rato se calló, alcanzó el despertador y le dio cuerda. A los pocos minutos comenzó a roncar de nuevo.

Macauley pensó en el mañana, pero su mente comenzó a divagar, arrastrada por la corriente del sueño.

Al día siguiente se levantó temprano y empezó a moverse sin hacer ruido. Encendió el fuego, puso la tetera en la lumbre, recogió sus cosas e hizo recuento de sus finanzas. Con lo que guardaba en su caja fuerte —un bote vacío— y lo que llevaba suelto por los bolsillos sumaba 17 chelines y 6 peniques. No estaba mal: todavía no era la ruina.

Sintió rebullir a Buster y se acercó a decirle que se estuviese quieta y no despertase al hombre. Buster tenía la cara roja y ardiente, los ojos febriles y nebulosos y los párpados hinchados. Se levantó y se vistió con dificultad. Macauley le abrochó los botones; luego la echó una toalla sobre el hombro y la niña salió adormilada a lavarse la cara.

Cuando Buster volvió a entrar, Macauley había preparado ya el macuto. No tenía ganas, pero se vio obligada a comer una rebanada de pan tostado untada con un poco de mantequilla. Bebió con gusto la mezcla caliente de limón y agua, sorbo a sorbo, en silencio, sujetando con ambas manos el tazón. Macauley comió una tostada y la ayudó a pasar con una taza de té; luego dio a la niña más jarabe de eucalipto y azúcar, echó también jarabe en el pañuelo y le dijo que lo oliese de vez en cuando.

De pronto sonó el despertador. Kelly se revolvió en la cama, paró el timbre y volvió a tumbarse; luego sacudió la cabeza, abrió los ojos, se sentó, se cubrió la cara con las manos y luego las fue bajando, en una lenta fricción, hasta retirarlas por completo. Al verlos sonrió, saludándoles con un gesto.

—Buenos días —dijo, bostezando y estirándose—. ¿Cómo habéis dormido?

—Quédate ahí —dijo Macauley—. Ya he hecho el té.

Llenó un tazón y se lo llevó a Kelly. Kelly soltó una carcajada.

—Eso se llama ser amigo. Gracias, Mac.

No se le notaba la menor señal de resaca. Parecía fresco y animado, pero Macauley advirtió en él los mismos síntomas que el día anterior.

—¿Te acuerdas de haber dado cuerda al despertador ayer noche?

Kelly le dirigió una mirada rápida.

—La verdad es que no, pero no me sorprende. Es algo que

me hace verdadera gracia. Siempre tiene cuerda y nunca deja de despertarme por las mañanas.

Macauley sabía la causa: el hábito era para él una salvaguardia personal que nunca le fallaba. Tenía que estar levantado y listo para el trabajo, porque si no trabajaba no había dinero, y si no había dinero llegaría el espantoso tormento de no tener qué beber.

Kelly se incorporó de pronto.

—Oye, Mac, anoche vine bien, ¿verdad? —preguntó con cierta ansiedad.

—Conseguí manejarte —contestó Macauley con tono irónico—. Pero hubiera sido más fácil con una camisa de fuerza.

Kelly se dejó caer sobre la almohada con un gesto de vergüenza y preocupación.

—Qué porquería es un hombre, santo Dios —dijo. Al ver a Macauley levantar el macuto, añadió—: Pégame una paliza, Mac, pero no vayas a marcharte, ¿eh?

—Sí, me marcho, Guapo. Me voy a Pokataroo. Quiero llegar allí lo antes posible.

Kelly saltó de la cama, preocupado, haciendo gestos y sin saber qué decir. Macauley extendió la mano y Kelly la tomó entre las suyas, estrechándola cariñosamente. En un rapto de afabilidad, se agachó, abrazó a Buster y trató de besarla en la mejilla. La niña torció la cara en un gesto de desprecio.

—Márchate. No me gustas —dijo.

Kelly se puso de pie con una forzada sonrisa que pretendía ocultar su embarazo. Al ver la botella de ginebra sobre la mesa se dirigió hacia ella.

—Mac, antes de que te marches.

Macauley negó con la cabeza.

—Es demasiado temprano para mí.

Kelly se sirvió un poco con mano temblorosa.

—¿Cuántas botellas de esto tienes? —preguntó Macauley.

—Esta y esta otra media —repuso Kelly inocentemente, sacando otra botella de la alacena.

Macauley cogió las dos botellas y salió rápidamente de la casa y las estrelló contra una piedra. La consternación retratada en la cara de Kelly se iba trocando en ira y desconsuelo.

Macauley le fustigó con sus palabras:

—Reacciona. Acaba con esto de una vez. Yo sigo siendo tu camarada, pero me asombra que un hombre como tú haya caído tan bajo. Yo he visto a desconocidos que me han preguntado: "¿Conoces a un hombre llamado Kelly el Guapo?" Si no te conocían, siempre habían oído hablar de ti. No había ni uno solo que no te admirase. Hoy, ni siquiera te admiraría una cloaca.

Macauley se echó el macuto a la espalda sin apartar los ojos del hombre que seguía de pie en el umbral, inmovilizado por la angustia. Macauley suavizó su tono:

—Demuestra tus agallas, Guapo —dijo al dar la vuelta para marcharse.

LLEGARON a Pokataroo a media tarde. Allí terminaba el ferrocarril y, más allá, la hierba lo cubría todo. Era el fin de aquella línea, pero parecía el fin del mundo. De la estación salían vagones con pasajeros para Collarenebri, catorce kilómetros al oeste.

La casa del viejo Wigley se hallaba a cuatro kilómetros al sur. Macauley llenó el zurrón, compró tabaco y se puso en marcha. Después de haber caminado kilómetro y medio, Buster le dijo que se mareaba. La niña tenía mala cara y su respiración era rápida y entrecortada. Macauley la cogió y la llevó al hombro el resto del camino.

Macauley se sentía satisfecho: podría ganar algunas libras, se reuniría con los viejos compañeros, trabajaría un poco para romper la monotonía y tendría buena comida, y en abundancia.

Oyó a los perros antes de ver la finca. Era una casa de un solo piso, de color crema, con veranda corrida y tejado puntiagudo de hierro rojizo. Tenía una cerca de malla metálica. Macauley se acercó a la puerta y percibió el tufillo a calor y a comida. Buster, de pie a su lado, se encogía como un pajarito murrio.

Abrió la puerta una mestiza y le dijo que el señor Wigley no estaba, pero sí el señor Drayton, el capataz. Macauley le dijo que avisase a Drayton. El cielo tristón aceleraba el ocaso, y en el aire se venteaba la lluvia.

Drayton era un hombre alto y delgado, ya viejo, con el pelo veteado de escarcha y el bigote blanco. Macauley le dijo en pocas palabras lo que quería.

—Bueno, no sé —dijo Drayton con la voz cascada de un hombre de mucha más edad, carraspeando a cada instante—. El señor Wigley está fuera, pero yo sé que ya tiene contratados a todos los hombres.

—Siempre existe la oportunidad de que no se presenten un par de ellos —dijo Macauley.

—Sí, como usted dice, siempre hay esa oportunidad. —Se veía que Drayton era un hombre amable y consciente—. Bueno —dijo—, no hay nada malo en que se quede a ver qué pasa, si le viene bien. Pero tendrá que esperar bastante, porque no empezaremos hasta dentro de seis días.

—Por mí, perfecto. ¿Hay inconveniente en que acampe en una de las barracas?

—No creo —dijo Drayton lentamente—. Si va a quedarse, lo mejor es que esté cómodo, ¿no le parece? Le buscaré la llave y le daré un quinqué para que se alumbre.

—Sí, me vendrá bien —dijo Macauley cogiendo el quinqué.

—Todavía no han llevado la leña —dijo Drayton—. Le diré al cocinero que le dé un poco para esta noche.

Una vez en la veranda Drayton señaló hacia el este.

—La barraca está a menos de un kilómetro en esa dirección. Encontrará paja para su colchoneta en el cuarto de la lana. La puerta de carga no está cerrada; no tiene más que empujarla.

Buster volvió a estornudar y Drayton pareció fijarse por primera vez en ella.

—Es muy callada, ¿verdad?

—Está un poco en baja forma con el catarro, eso es lo que pasa —dijo Macauley—. Si no, demostraría que es la mayor machacona de oídos que ha criado Dios —añadió bromeando. Drayton se echó a reír.

Diez minutos más tarde apareció la mestiza con un pote de té caliente y un saco blanco lleno de conservas, y se lo entregó todo a Macauley.

Macauley tuvo que probar siete barracas antes de encontrar la puerta correspondiente a la llave. Era un cuarto pequeño con una ventana; había dos camas con colchones metálicos, y en medio un cajón hacía las veces de mesilla. El aire era caliente y seco.

Macauley puso el quinqué sobre el cajón, echó el macuto sobre la cama y lo desplegó. Luego vació el saco: había latas de salchichas, carne de vaca y leche condensada. Tenía un hambre canina.

De pronto se acordó de Buster y miró a su alrededor. Estaba hecha un ovillo sobre uno de los colchones metálicos, con la cara pegada a las mallas y los ojos cerrados.

—Eh. ¿No quieres un poco de té?

La cogió suavemente por el hombro y la movió un poco: el cuerpecito rodó inconsciente. Macauley se echó hacia atrás pensativo. Quizá estuviese más enferma de lo que él pensaba. Se daba cuenta de su inquietud y de sus sentimientos sobre el tremendo estorbo que representaba.

Macauley levantó la cabeza de Buster y le puso debajo una toalla doblada; después la tapó con una manta. Cogió luego las dos lacias colchonetas, fue al granero, las llenó de paja y regresó con una sobre cada hombro.

Al cabo de cinco minutos dormía Buster sobre un colchón caliente, tapada hasta el cuello con una manta y la luz apartada de sus ojos. Durante el cambio, se había quejado con irritación, pero sin abrir los ojos, sumida en un sueño profundo.

Macauley sintió en la cara las frías corrientes de aire y vio vacilar la luz del quinqué; oyó también el súbito estremecimiento de los árboles: ya tenían encima el orfeón de la tormenta; se oyó retumbar, bajo y profundo, el trueno.

Macauley cerró la puerta y despachó una lata de conserva con pan y mantequilla. Bebió el té templado, se hizo la cama y se acostó. Hubiese preferido una colchoneta rellena de hojas de eucalipto, porque la paja despedía olor y su polvo le irritaba la nariz.

Miró a la niña y vio que aquel esperpento llamado Gooby se había caído debajo de la cama. Se levantó contrariado y metió el muñeco debajo del embozo, junto a la niña, dejando fuera sólo la cabeza. Apartó la peluda manta de la cara de Buster para que pudiese respirar mejor. Luego apagó el quinqué. Aullaba el viento alrededor de la casa, y la lluvia repiqueteaba como pedrisco en el tejado.

Al día siguiente Macauley salió a echar una ojeada, contento de poder escapar del cuarto y estirar las piernas. La lluvia caía mansamente. Se llegó al barracón de la cocina y observó el fogón de ladrillo y la abierta chimenea.

Salió al exterior y se puso a mirar el panorama. Todo era bonito y consistente. A unos veinte metros de la cocina había una pequeña vivienda que debía de ser la casa de los expertos y clasificadores. El cobertizo estaba en un altozano; Macauley entró en él y vio las largas planchas, el almacén de la lana, los bidones vacíos, las mesas forradas de pizarra y la prensa de Ferrier. Todo estaba preparado para comenzar el trabajo.

Bajó la cuesta y se acercó a las primeras edificaciones; eran de tipo militar: tres habitaciones contiguas con una puerta para cada una. Las paredes eran de chapa ondulada relativamente nueva. Los segundos alojamientos eran sin duda improvisados: una casa en forma de cajón —probablemente la vivienda abandonada de un policía montado— dividida en cuatro habitaciones. Macauley le dio la vuelta, mirando por las ventanas llenas de polvo y telarañas. En el cuarto diagonalmente opuesto al que ocupaba él todavía quedaba en pie una vieja chimenea.

Macauley volvió a su cuarto. Buster seguía durmiendo en la misma postura en que la dejara. Tenía la cara escarlata y de vez en cuando borboteaba la tos en su pecho, haciendo estremecerse todo su cuerpo. Macauley la levantó suavemente, la sostuvo con el brazo y le dio una dosis de eucalipto. A continuación le dio unas friegas en la espalda y en el pecho. Buster pareció que respiraba mejor, y al instante volvió a sumirse en su modorra.

Por la tarde, Macauley se acercó a la casa principal y entró en la cocina: la cocinera era una mujer corpulenta de cara redonda. Macauley le pidió un poco de carne de buey con grasa. La mujer salió, y no tardó en volver con un paquetito envuelto en papel de periódico; se lo entregó sin pronunciar una sola palabra.

Al volver a la casa vieja, Macauley cortó la carne en pedazos pequeños, los echó en el pote, los cubrió con agua y puso todo al lado de la chimenea para que la carne estuviese a remojo una hora. Rebuscó leña para hacer fuego, y le añadió unas cuantas piedras que absorbiesen el calor y complementasen el de las brasas. Luego puso la sopa a cocer. Con el rico caldo resultante alimentó a Buster aquel día y al siguiente, dándole cucharaditas de vez en cuando mientras ella se medio incorporaba, con los ojos vidriosos y sin interés por nada.

Mediado el segundo día Macauley empezaba a sentir la monotonía y la tensión de esperar en vano algún signo de mejoría. La lluvia, la melancolía y el eterno olor a mojado le estaban poniendo enfermo.

Su intranquilidad se calmó un poco al ver acercarse a Drayton montado a caballo y detenerse en la puerta. Vestía un impermeable negro y reluciente y la cara le brillaba sonrosada y saludable.

—¿Cómo van las cosas?

Macauley hizo un gesto que indicaba que todo iba bien y luego señaló con el hombro hacia fuera.

—¿Aún no ha vuelto Wigley?

—Pasado mañana. Llamó esta mañana por teléfono y le dije que estaba usted aquí.

Buster tosió; una tos que acabó en un quejido sibilante. Drayton se inclinó sobre la cabeza del caballo y miró para adentro del cuarto con cara preocupada.

—Sigue con ello, ¿verdad?

—Se pondrá bien —dijo Macauley. No le gustaba la expresión de la cara de Drayton.

—Los deja hechos polvo —dijo Drayton con una mezcla de lástima y preocupación—. ¿Necesita algo? ¿Medicinas? ¿Comida?

—Me gustaría pedir mañana un poco más de carne si no hay inconveniente. Carne fresca. También me vendrían bien algunos cacharros; si me deja la llave de la despensa yo me ocuparé de cogerlos y cuidarlos.

—Probablemente vuelva a pasar más tarde por aquí —dijo Drayton al tiempo que asentía con la cabeza—. Si no, mañana por la mañana.

—Gracias. También me gustaría algo para leer.

Drayton volvió a las cuatro y media con un montón de diarios y revistas y un trozo de buey recién sacrificado. Le dejó también la llave de la cocina y le dijo que podía usarla a discreción. Luego se marchó. Macauley se prometió acordarse de Drayton en su testamento y se puso a preparar la comida.

Al día siguiente, estando Macauley a la puerta de la cocina, vio acercarse por el prado a un hombrecillo.

—Buenos días —dijo cuando el desconocido llegó a su lado. —¿Cómo estamos?

Macauley notó que el desconocido llevaba abrochado el abrigo con tres botones desapareados; un pañuelo azul con puntos blancos llenaba el espacio entre las solapas. También notó que su macuto era largo y estrecho como un paraguas cerrado.

—Por Dios, esta machaconería de lluvia le da ganas a uno de llorar, ¿no cree? ¿No podrían los señoritos de la oficina meteorológica darnos un poco de buen tiempo?

—Creo que ya va a escampar —dijo Macauley mirando para la llovizna—. ¿Le apetece un poco de té? Ya tengo el agua hirviendo.

El hombrecillo entró en la habitación, se quitó el sombrero, que parecía una empanada de lomo, y lo sacudió contra la rodilla. Tenía la cara pequeña como la de un niño, pálida y arrugada como una manzana añeja. Sus ojos parecían dos pasas.

—¿Viene de muy lejos?

—De Caidmurra. Tenía un compañero, pero lo enchiqueraron.

—¿Por trompa?

—No, le gustaba dárselas de tenorio. Rondaba la cocina por ver si sacaba algo, y como no hubiera hombre a la vista, se hacía de miel con las mujeres. Estaba loco.

Macauley iba tomando a sorbos su té; lo que el otro refería no le interesaba, pero le agradaba tener compañía.

—Aunque me prometió no volver a las andadas, empezó otra vez con sus mañas, y esta vez le tocó un peso pesado. La mujer le pegó un sartenazo y le hizo un chichón como un huevo. Y además le denunció.

—¿Cuánto tiempo le echarán? —preguntó Macauley.

—No lo sé. No se ha visto la causa todavía, pero se pasará una buena temporada. Hemos andado juntos siete años.

El hombrecillo se llamaba McCausland, pero era conocido por Polka Dot (1), apodo inspirado en su pañuelo, el cual había llevado tanto tiempo al cuello que hubiese sido necesaria una operación quirúrgica para quitárselo. Polka Dot también pensaba que merecía la pena esperar a que comenzara el esquileo. Era buena ocasión para holgazanear y engordar, y no había que desperdiciarla.

(1) Polka Dot: dibujo de lunares. (N. del T.)

—Iré a ver al capataz. Le convenceré para que me deje instalarme aquí, y trataré de sacarle un poco de comida.

—Oiga —dijo Macauley, que había tenido de pronto una idea—. Mientras está usted allí, ¿le importaría enterarse si hay alguien que vaya a ir a Colly? En ese caso, pregúntele si le importaría acercarse a la oficina de correos a ver si hay alguna cosa para mí.

—Está bien —gorjeó Polka. Al llegar a la puerta se volvió—. ¿Qué clase de tipo es ese Drayton? Wigley será demasiado mandón, pero es buena persona. A Drayton no le conozco.

—Le recordará a su mamá —dijo Macauley con una ligera sonrisa.

—Cabello de plata y corazón de oro, ¿verdad? —dijo Polka riendo—. He comprendido. —Y salió con su saco de azúcar vacío bajo el brazo.

Regresó silbando al cabo de una hora. Macauley acababa de atender a Buster cuando Polka entró en la habitación guiñando un ojo y exhibiendo una llave en una mano y un zurrón gordo como un conejo en la otra. Se acercó a la cama y preguntó:

—¿Es esta la pequeña bromista?

Macauley miró a Polka, que se había inclinado sobre la niña y estaba haciéndole cosquillas en la nariz con la punta del dedo.

—Dije a Drayton que nos habíamos visto, pero no supe a lo que se refería cuando me preguntó que qué tal se encontraba la pequeña.

—¿Cómo lo dijo? —preguntó Macauley.

—Se limitó a preguntar.

Polka hizo una mueca a Buster. Buster le miró muy seria con unos ojos grandes como platos que se destacaban en su cara demacrada y ardiente. Polka, en un nuevo intento de divertir a la niña, se echó el sombrero hacia adelante como si se deslizara con vida propia sobre su cabeza. En los labios de Buster se dibujó una trémula sonrisa que desapareció en seguida. Polka se rió satisfecho.

Macauley lió despacio un cigarrillo, presa de un vago sentimiento de premonición.

—¿Qué hay del correo?

—Ah, sí —dijo Polka—. Drayton va a la ciudad mañana por la mañana.

Macauley miró a Buster. Los párpados se le cerraban, y a poco dio la vuelta y se durmió abrazada a Gooby.

Polka bajó la voz.

—No tiene buen aspecto, ¿verdad?

Con ligera irritación, Macauley dijo:

—No está peor.

—Bueno, voy a vestirme para la cena, milord. —Polka hizo una reverencia y salió del aposento.

Macauley tardó mucho en quedarse dormido. Al amanecer le despertó la tos de Buster. Saltó de la cama y permaneció unos instantes observando los asfixiantes paroxismos, los espasmos de la garganta, la lengua fuera de la boca. Luego puso a la niña de lado y esperó a que la tos se calmase hasta convertirse en un convulsivo jadeo, en un agudo y lúgubre silbido. Le tocó la ardorosa frente y escuchó la ronca y sibilante respiración en su pecho.

Macauley se sentó en la cama retorciéndose las manos y pasándoselas por el cabello. Su creciente impotencia le enfurecía. La sospecha de derrota, cada vez más cierta, le volvía loco.

Por fin pasó la mañana. A la hora de comer cesó la lluvia, se aclaró el cielo y se tornó de un color azul oscuro. Daba gusto volver a sentir el sol.

Hacia la caída de la tarde, con el frío ya en el aire, Wigley y Drayton se acercaron a caballo. Macauley permaneció apoyado en la puerta, fumando, hasta que llegaron a su lado. Entonces les saludó con la cabeza.

Autoritariamente, Wigley preguntó:

—¿Va todo bien?

Era un hombre rechoncho, vestido con pantalones de montar, chaqueta de ante y un sombrero gris de alas caídas. Tenía cara de halcón, tostada y llena de pequeñas arrugas, y unos ojos como tiras de cristal azul que reflejaban dureza, pero no enemistad. Macauley se dio cuenta de lo callado que estaba Drayton.

Wigley miró hacia la habitación y luego a Macauley.

—Según tengo entendido tiene aquí una niña enferma. ¿Cómo está?

—No muy bien —dijo Macauley, tanteando el terreno—. Pero pronto la pondré buena.

—Por lo que me ha dicho Drayton, parece gripe. —La mirada de Wigley, así como su oficiosa voz y presuntuosos modales hacían que sus palabras sonasen duras—. No quiero que los hombres cojan la gripe. Así no trabajan, me quedo sin mano de obra y todo son problemas.

—Estará buena antes de que lleguen.

—Lo siento —dijo Wigley, meneando con firme resolución la cabeza—, pero no puedo dejarle que se quede. Ya sabe usted lo que son los esquiladores. Sólo con que se enteren de que hay alguien enfermo organizarán un lío y se negarán a venir. Y no se les puede culpar, porque existe el peligro de contagio. Tendrá que irse. —Se bajó del caballo y preguntó—: ¿Dónde está la niña?

Macauley se apartó cuando Wigley entró en el cuarto para ver a la niña. Oyó que Drayton le llamaba, se volvió y vio la carta en su mano.

—Ahora mismo me acuerdo de que la tenía —dijo Drayton.

Macauley cogió la carta y sus ojos se achicaron: era la letra de su mujer. Fue lo único que le dio tiempo a ver. Las pisadas de Wigley resonaban sobre la madera.

—¡Debía haber metido a esa niña en el hospital ya hace días! —dijo secamente—. Yo me encargaré de que se la lleven ahora mismo.

Wigley cogió las riendas del caballo.

—Usted no hará nada de eso —dijo Macauley en un tono que detuvo a Wigley en el acto de poner el pie en el estribo. No era hombre acostumbrado a que le hablasen así, pero conocía a sus semejantes y creía comprender a Macauley. Montó a caballo y se inclinó por encima de la cabeza del animal.

—¿Por qué se pone en un plan tan hueso?

—Nadie se pone en plan hueso —dijo Macauley con tono más suave, pero sin apartar los ojos de Wigley.

—Creo que debería hacer lo que dice el señor Wigley —terció Drayton nervioso, haciendo movimientos afirmativos con la cabeza.

—Claro, hombre —prosiguió Wigley—. La niña está más enferma de lo que usted se figura. Además, no le costará nada, porque yo me haré cargo de los gastos. No puedo ser más justo, ¿verdad?

—Es un ofrecimiento que debería aceptar con gratitud —dijo Drayton en actitud suplicante.

Macauley no le hizo caso y siguió mirando a Wigley.

—Sabe usted perfectamente en la situación que me encuentro —dijo despacio—. Y sin embargo, me echa. Me hace usted una faena. Dejemos las cosas como están y no trate de justificarse con un favor para hacerme ver lo buena persona que es, y para sentirse usted un justo varón.

—¡Es usted un maldito imbécil! —estalló Wigley—. ¿Cómo puede marcharse de aquí con esa criatura? Estoy tratando de ayudarle.

—Mire, Wigley, al único que trata de ayudar es a usted mismo —dijo Macauley bruscamente—. Lo que pasa es que tiembla cuando piensa que puede verse con un barracón lleno de enfermos y los corrales repletos de ovejas esperando a que las esquilen, y miles más en camino, y usted perdiendo dinero cada minuto; perdiendo hasta las últimas diez mil libras y preguntándose de dónde sacará la próxima comida. Todavía no ha sucedido, pero su pánico se lo hace ver ya.

Wigley saltó del caballo con la cara roja de cólera. Macauley no se movió de la puerta. Paró con facilidad los dos puñetazos y cogió a Wigley por las muñecas.

—No haga nada de lo que pueda avergonzarse más tarde, señor Wigley —dijo soltando sus enormes manos; Wigley se apartó con un brusco movimiento.

—Si mañana no se ha marchado, llamaré a la policía para que le eche.

—Sobran las amenazas —dijo Macauley—. Me habré ido. Conozco a los de su clase. Lo único que quería es que supiese que le conozco.

Drayton, sintiéndose sin duda algo culpable por el desagradable incidente, dijo a Macauley con voz trémula que debía avergonzarse por su insolencia y por su estupidez. Wigley montó y se alejó al galope, seguido afanosamente por Drayton a un trote corto.

Macauley se sentó en su cama, sacó la carta del bolsillo y se quedó mirando el sobre; luego lo abrió. La carta, sin más preámbulos, decía así:

Espero que recibas esta carta, porque quiero que sepas unas cuantas cosas. Tú creías que iba a ir arrastrándome detrás de ti para recobrar a la niña, ¿verdad? ¡Qué equivocado estás! Aquella noche la risa fue tuya, pero vamos a ver quién ríe el último. Ahora que tienes a la niña, verás cómo te crispa los nervios. No volváis por aquí. No quiero volver a veros a ninguno de los dos. Tú arruinaste mi vida, pero gracias a Dios, ahora ha entrado en ella un hombre bueno. Heriste a Donny, le rompiste la mandíbula y le aplastaste las costillas; te podía haber metido en la cárcel, pero es demasiado noble para eso. Donny es amable y considerado, no como tú. Tú no eres más que una bestia egoísta, y lo serás siempre. Nos casaremos en cuanto se arregle el divorcio. Puedo denunciarte por abandono de hogar, y lo pienso hacer. Pero no creas que con eso me conformo. Algún día me vengaré de ti, aunque sea lo último que haga en mi vida.

M.

Esa era la única firma. Macauley volvió a leer la carta, sintiendo el rencor latente en sus palabras. La habían echado al correo cuatro meses antes, dos después de haberse llevado a Buster. Pero podía haberla escrito antes para vaciar su corazón del odio y la humillación, y llevarla en el bolso como se lleva un pomo de veneno hasta el momento de enviarlo a la víctima.

Arrugó lentamente el papel y lo hizo una bola entre las palmas de las manos. Oyó el quejicoso lloriqueo de la niña, sumida en intranquilo sueño. La oscuridad de la noche fue filtrándose en el cuarto.

—¡Eh, Mac! —llamó Polka desde la cocina—. Compañero, ven a llenar la andorga.

Macauley se acercó y tiró la bola de papel al fuego; su cerebro era un torbellino. Polka se puso a parlotear, pues notaba la tormenta que a Macauley le andaba por dentro y pretendía calmarla con frivolidades. Pero hasta su buen humor se enfrió ante el lúgubre silencio de Macauley.

Polka salió y volvió a los cinco minutos frotándose las manos y dándose palmadas en los hombros.

—Demonio —dijo con voz aterida—, hoy hay que acostarse sin quitarse las plumas.

Se quedó de pie, de espaldas a la chimenea, mientras Macauley liaba un cigarrillo.

—¿Estás verdaderamente decidido a marcharte de aquí mañana, Mac?

—Ya me has oído decírselo —contestó Macauley sin levantar la vista.

—Sí, lo sé, pero... con la niña y con... —Macauley pareció reflexionar, y Polka continuó—: Creo que deberías quedarte. ¿Qué puede hacer Wigley? En realidad no es tan duro como aparenta.

—Antes comeré hierba —dijo Macauley levantándose—. Necesito leña. Toda la que pueda conseguir. ¿Quieres ver la que puedes encontrar, Polka?

Macauley volvió a su cuarto, cogió un hacha del macuto, se metió el astil en el cinturón y llevó el cajón de petróleo al cuarto de la chimenea: embistió la puerta con el hombro, saltó la cerradura de la astillada madera y la puerta se abrió. Macauley tiró el cajón dentro del cuarto.

Se alejó luego por la helada oscuridad; el viento le taladraba los huesos. Sabía dónde hallar leña sin desperdicio de tiempo. Arrancó la corteza seca del lado hacia donde se vencían los árboles y de la parte de abajo de los troncos cortados. De los huecos de los troncos podridos sacó suficientes astillas menudas. El interior de un viejo árbol hueco le suministró hojas y ramitas amontonadas allí por el viento. Se lo llevó todo.

Luego cogió unos cuantos tocones mojados y lo acarreó todo en dos viajes. Polka había sacado de la leñera un buen montón de astillas, entre secas y mojadas, y había añadido un par de cajones de petróleo que había en su cuarto.

—Hace un frío espantoso, ¿eh? —dijo Polka tiritando.

Macauley levantó cuidadosamente el torreón de combustible, mezclando madera seca y mojada y gran cantidad de rebujos de papel. Luego vertió por encima petróleo del quinqué, le prendió fuego y lo avivó soplando. Las llamas se elevaron, lamieron la leña mojada y se retiraron formando una densa humareda. Macauley siguió soplando mientras oía el crujir, escupir y sisear de la leña mojada.

Cuando tuvo bien encendido el fuego y el cuarto se había calentado, volvió a su habitación, cogió su colchoneta, la llevó a la otra pieza y la colocó pegada a la pared opuesta a la chimenea. Regresó nuevamente a su cuarto, abrigó bien a Buster y salió con ella; el frío aire de la noche se agarró a su garganta y le provocó un ataque de tos. Macauley sentía el húmedo calor de la cabeza contra su mejilla.

—¿Crees que dará resultado?

—Es posible —dijo Macauley sin detenerse—. Si puedo quitarle la fiebre y la congestión, de algo servirá.

Se echó jarabe de eucalipto en la palma de la mano y frotó el pecho, la espalda y la garganta de Buster. Su piel ardiente, de un rosa vivo surcado por el azul de las venas, notábase tirante sobre el pecho; un pechecito, cual frágil cestillo, en el que sobresalían las clavículas como los huesos de una gallina desplumada.

Macauley seguía dale que dale con sus manazas mientras Buster lloraba y se retorcía. Gastó toda la botella de eucalipto, y a cada aplicación se frotaba las manos hasta secárselas. Buster rompió a llorar y a lanzar quejidos de dolor. Polka observaba con expresión de sufrimiento, y la cara de Macauley parecía tallada en piedra. Cuando acabó, arropó el torturado cuerpecito como si fuera un paquete y dejó que la niña llorara hasta dormirse.

—¿Por qué no te acuestas, compañero? —dijo a Polka—. Yo no voy a dormir en toda la noche y no tengo ganas de hablar.

Polka comprendió, escondió el cuello entre las solapas del abrigo y se encaró con el gélido viento.

Macauley avivó el fuego y le echó más leña. Una rugiente llamarada subió por la chimenea e iluminó hasta el último rincón el cuarto. La temperatura se elevó, y al poco tiempo el cuarto era un horno. La niña se cocía entre la mantas. Macauley vio cómo brotaba el sudor hasta formar arroyuelos que corrían por su cara; la toalla que le servía de almohada se empapó totalmente. Macauley se quedó en calzoncillos y se sentó al pie de la cama de Buster, mientras esta se movía y daba vueltas atormentada.

Extraños pensamientos comenzaron a asaltar a Macauley, en-

febreciendo su mente. Si se muere, quedaré libre; me hallaré en situación de decir sí o no, de aceptar o rechazar empleos según me parezca, y podré elegir los caminos que se me antoje.

¿Qué podrían decir si se moría? Nada. Pero, ¿cómo se sentiría él mismo? Hice todo lo que pude, se diría. ¿Pero tenía algún deseo de que sus esfuerzos fueran inútiles? De eso no podía estar seguro.

Por la mañana, al filo del amanecer, miró la carita que descansaba en la almohada: frágil, delgada y pálida, recubierta por un débil brillo de sudor. Al acercar el oído al encanijado pecho, Macauley oyó el claro latir de la vida. Miró las cenizas de la chimenea y vio que no quedaba nada por quemar: todo había sido consumido. Cuando al cabo de un rato vio abrir los ojos a Buster su cara era inexpresiva.

—¿Te sientes bien ahora?

Su contestación fue una ligera sonrisa y un gesto con la cabeza. Los labios aparecían quemados por la fiebre, resecos, agrietados y cubiertos por una película de piel marrón. Los dientes le brillaban, salientes como los de un conejo.

—Tengo sed.

Macauley se levantó.

—Te traeré de beber.

Salió afuera y vio colgar el rocío como guirnalda de los alambres de la cerca, y centellear en la hierba. ¿Qué era lo que pasaba por él? No tenía que haber encendido aquel fuego, ni haber envuelto a la chiquilla en mantas. Podía muy bien haberse quedado en el otro cuarto, donde el frío mordía como ácido. Pero sobre la niña no cabía duda: ¡cómo había luchado! Le irritaba la admiración que iba brotando de sus confusos pensamientos.

Cuando volvió a entrar, la niña se incorporó y bebió ávidamente.

—¿Adónde se ha ido Gooby?

Macauley fue a la otra habitación y trajo a Gooby. Los ojos de Buster relucieron al verlo, y en seguida lo metió a su lado en la cama con exageradas muestras de maternal cariño.

—Tengo hambre.

—Veré lo que puedo traerte —dijo Macauley.

Macauley untó de mantequilla un buen trozo de pan, y al llevárselo a Buster la encontró incorporada. Mientras la niña abría la boca para poder morder el enorme pedazo de pan, Macauley se sentó a los pies de la cama y lió pensativamente un cigarrillo. Ahora que ya se había puesto buena, podía permitirse el lujo de mostrarse displicente y enojado. La niña tradujo su repentina mejoría en exuberante locuacidad.

—He estado muy malita, ¿verdad?

Yo no podía haber permitido tal cosa.

—Ahora ya no estoy enferma. Gooby tampoco.

Tú no sabes las cosas que yo he pensado.

—¿Se ha apagado la lumbre?

Sólo me tienes a mí para cuidarte, y yo pensando de ese modo acerca de ti.

—Tú me has curado, ¿verdad, papá?

Podías estar muerta ahora, y ni siquiera te habrías enterado.

—¿Por qué no hablas, papá?

Dios mío. No sé lo que me pasa.

De pronto Buster se dio cuenta de que no podía terminarse el pan. Se lo devolvió a su padre y se dejó caer en la cama, débil y agotada. Macauley se dirigió a la cocina. Polka estaba allí, agachado junto a las brasas y chupando un delgado cigarrillo.

—¿Cómo está la niña?

—Mejor. Creo que ahora se pondrá buena. Es el bichejo más resistente que me he echado a la cara —dijo Macauley con una nota de orgullo en la voz.

Quería marcharse lo antes posible. Buster necesitaba cuidados, y él sabía lo que tenía que hacer. Iría hasta Collarenebri, conseguiría que le llevasen hasta Walgett, y dejaría a Buster con Bella Sweeney hasta que encontrase trabajo.

Macauley consiguió que Buster comiese algo de carne, y luego la vistió. Bien abrigada Buster salió bamboleándose y se sentó al sol sobre el macuto de su padre. Macauley dejó los dos cuartos tan limpios como los encontró a su llegada, y luego se preparó para la marcha.

Polka se acercó con cara triste.

—Siento que te vayas —dijo—. Te había cogido afecto, Mac.

—Me matarías con tu amabilidad.

Polka sonrió.

—Nada de eso. Menudo vándalo soy yo cuando quiero. ¿Cómo andas de pasta?

Macauley le dio unas palmadas en la espalda que eran a la vez de agradecimiento y negación.

—Cuando lleguen los muchachos, si hay entre ellos un fulano llamado Lucky Regan dile que yo he dicho que qué ojos más grandes tiene. Si vienen Stepper Mackenzie, Bluey Green y Mick y Ted Bennett, diles que estuve aquí y pregunté por ellos.

—Lo haré, compañero.

Macauley se echó el macuto a un hombro y subió a Buster al otro. Le sorprendió su ligereza y se dio cuenta de todo el peso que había perdido.

—Cuidàros —dijo Polka—. Escríbeme alguna vez.

—¿A qué dirección? —preguntó Macauley volviéndose.

—Ah, basta con que pongas Grandes Espacios Abiertos, Australia. —Y Polka dijo adiós con la mano.

Macauley caminó más de un kilómetro antes de dejar en el suelo sus dos cargas para tomarse un respiro.

—Papá, ¿te gusta llevarme?

—Por supuesto que sí —contestó Macauley con ironía—. Me encanta. Vámonos.

Al cabo de medio kilómetro se paró a su lado una camioneta, y Macauley la reconoció: era de Wigley. Una cara rubicunda, con dientes de caballo y gorra, le llamó y le dijo que subiese.

Macauley tiró su macuto a la caja y se sentó al lado del conductor, poniendo a Buster en medio.

—¿Va usted para Walgett? —preguntó.

El conductor volvió la cabeza como sorprendido.

—Wigley me ha dicho que le recoja y le lleve allí.

Macauley se recostó con una ligera sonrisa de satisfacción.

Bajaba por la calle, iluminada por los últimos rayos de sol, cuando vio a Luke Sweeney que caminaba delante de él. Le reconoció por su forma de andar: la espalda encorvada, la leve cojera y la cabeza gacha. Macauley apresuró el paso, y cuando estuvo a tres metros del otro, gritó:

—¡Eh, tú, saco de huesos!

Luke Sweeney se volvió, y sus ojos brillaron de sorpresa; en seguida estrechó calurosamente la mano de Macauley.

—¡Válgame Dios! Aún ocurren milagros. ¿Desde cuándo estás aquí?

—Desde hace nada —contestó Macauley—. ¿Cómo está Bella?

—Más grande que nunca y queriéndome como loca. Creo que se bebería un matarratas si yo liara el petate. —Sweeney soltó una carcajada—. Oye, ¿de dónde has sacado eso? —dijo señalando a Buster.

Macauley le fue contando de camino todo lo sucedido y la razón de que estuviese allí.

—No quiero darte molestias, Luke, y no te pediría ayuda si no fuese porque la necesito —dijo Macauley—. He llegado a una situación que hasta me obliga a darte un sablazo.

Luke Sweeney arqueó las cejas.

—Bueno, eso sí que me hace polvo el corazón miserable —dijo con temblorosa voz de avaro. Luego se echó a reír y palmeó a Macauley en la espalda—. Eres un tío tan orgulloso e independiente que me choca que hayan podido salir de ti esas palabras.

Macauley también se quedó un poco extrañado, pues no se

veía a sí mismo pronunciándolas. Pero quería estar seguro de que Sweeney no le interpretaba mal.

—Si hubiera estado solo no me vería así. Y no creas que pido limosna; te pagaré todo.

—De eso ni hablar. Nunca olvidaré cómo te quedaste a mi lado en las montañas cuando yo estaba en las últimas.

—No me debes nada —dijo Macauley.

—Te lo debo todo. Si no hubiera sido por ti, ella y yo lo hubiésemos mandado todo al diablo; fuiste tú quien nos convenció de que nos quedásemos. ¿Y qué pasó? Que encontré un ópalo de quinientas libras esterlinas. Yo encontré aquella belleza negra, y desde entonces todo ha ido bien. Aquello fue lo que nos permitió levantar cabeza; lo que nos proporcionó el dinero para comprar la pensión y otras cosas.

—Bien que trabajaste para lograrlo —dijo Macauley.

La pensión era una amplia y vetusta edificación de madera con veranda corrida en el piso alto; estaba pintada de verde brillante y los canalones eran pardos. Había sido hotel en tiempos, cuando los caballos tenían gran influencia en la vida de los hombres, y el establo continuaba en pie.

Macauley y Sweeney se detuvieron en el porche trasero. Sweeney acercó la cara a la puerta mosquitera de la cocina.

—Eh, Bel —llamó—, sal y verás lo que me he encontrado.

Se abrió la puerta, y ocupó totalmente su hueco una gigantesca mujer que lucía un vestido chillón estampado de flores amarillas y rojas. Llevaba un pañuelo color ámbar a la cabeza, con las puntas remetidas, lo que le daba cierto aspecto de vaca sin pitones. Su cara era una mole de carne radiante, con la belleza de una pepona.

La mujer se quedó mirando a Macauley, parpadeó y soltó una catarata de lágrimas. Luego le abarcó con sus rollizos brazos, macuto y Buster incluidos; su cara tenía la suavidad de una borla de polvera. A renglón seguido se irguió, brillándole los azules ojos de alegría y felicidad, y empezó a disparar preguntas entreveradas con grititos de contento: ¿Qué había hecho por ahí, el muy barbián, y dónde había estado, y cómo se encontraba, y quién era aquella monería?

—¿Y qué me dices de mi Lukey? —preguntó amorosamente, en tanto enlazaba a Sweeney con el brazo, aplastaba la cara contra la suya y le daba un sonoro beso en la nariz—. ¿No lo encuentras hecho un pimpollo?

Sweeney se debatió como un gato con la cabeza encajada en un bote de pescado, pero ella no le soltó hasta que resolvió dedicar su exuberante atención a Buster, la cual estaba ahora de pie al lado de Macauley, mirando para arriba como si viese algún extraño fenómeno en los cielos.

Bella Sweeney anonadó a Buster con su terrible cariño. Le prodigó un torrente de expresiones almibaradas: cielo, encanto, corazón mío; luego la cogió por las axilas y la levantó en el aire, besándola y apretándola contra su pecho. A Buster no le gustaba aquello, y gruñía y engarabitaba el cuerpo para mantenerse a distancia. Bella se la llevó sin que Buster dejara de protestar, y cuando la niña comprendió que no corría ningún peligro, terminó por sentarse en una actitud cautelosa, entre tímida y asombrada.

En la salita particular, Sweeney explicó a Bella la situación, ahorrando a Macauley el mal rato de tener que volver a contarlo todo.

—Desde luego —dijo Bella con su vozarrón—, puedes quedarte todo el tiempo que quieras, y ya verás qué pronto volvemos a poner a este angelito fuerte y sano. Pobrecita, debes de haber estado muy malita.

Volvió a abrazar a Buster, que resolló modosamente.

Los alojaron en un cuarto con balcón, limpio y ordenado. Bella dijo a Macauley que dejara fuera toda la ropa sucia que tuviesen, pues por la mañana venía una chica negra a lavar.

—Me gusta este sitio —comentó Buster, dando brincos en la cama—. ¿Vamos a vivir aquí ahora?

—Unos cuantos días.

Macauley la miró, y aunque la vio pálida y delgada, le costaba trabajo creer que fuese la misma niña que sólo la noche antes tenía la muerte retratada en la cara. Notó entonces un sentimiento de satisfacción, no por haber sido él quien la había puesto en pie de nuevo, sino por haber superado lo que parecía una derrota cierta. El éxito le dio confianza y le hizo presentir un cambio en su suerte.

En lo cual pudo ratificarse cuando, a la mañana siguiente, recorrió la ciudad y encontró trabajo de albañil. Ya había hecho ese trabajo otras veces, pues era uno de los muchos que figuraban en su catálogo de habilidades. El contratista era un tal Varley, hombre simpático que tenía fama de ser un buen jefe. Pronto se interesó por Macauley, sobre todo al verle realizar su trabajo. Varley no solía tributar cumplidos, pero un día dijo a Macauley:

—Lo que me gusta de usted es lo concienzudo que es.

—No hago más que lo que me pagan por hacer.

—No es eso. Usted hace todo el trabajo que le pagan por hacer.

Macauley se encogió de hombros.

—Los jefes que no me respiran en el cogote suelen obtener mejor rendimiento de mí —dijo.

—Me gustaría que pensasen otros así —contestó Varley.

Macauley simpatizaba con sus compañeros, y estos le correspondían. Lo que Varley pensara de ellos era cosa suya.

El primer día, Bella tuvo que emplear toda su impresionante autoridad para lograr que Buster se quedara en la cama. Cuando Macauley llegó por la tarde, Buster le recibió entusiasmada y alegre y no paró de hablar. Supo Macauley que se había pasado todo el día preguntando por él: dónde estaba y cuándo volvería; y levantándose de cuando en cuando de la cama para salir al balcón y ver si venía.

—Has estado mucho tiempo fuera —le dijo la niña.

—Estaba trabajando —contestó Macauley.

Luke Sweeney entró en el cuarto y señaló a Buster con un gesto.

—Bel llamó al doctor Elliott para que echase una mirada a ese renacuajo. Dice que se pondrá bien con un poco de convalecencia. Bel la ha tratado todo el día como a una inválida. Le ha dado caldo, leche y natillas, y la peque ha lamido hasta los platos.

—Bien por Bella —fue lo único que se le ocurrió decir a Macauley.

Durante la segunda y la tercera jornada, Buster reaccionó igual ante su ausencia, pero a medida que pasaban los días se fue acostumbrando y dejó de preocuparse, pues había comprobado que era digno de su confianza.

—Esa criatura te quiere con todo su corazón y con toda su alma —le dijo Bella—. Es una niña encantadora.

Macauley enrojeció azorado.

Al final de la segunda semana, cuando Macauley entró en el comedor no vio a nadie. De pronto oyó una voz que le llamaba:

—Mira, papá.

Macauley se volvió y se quedó sin habla. Casi no reconocía a Buster. La niña llevaba un vestido rosa con rebordes blancos, calcetines rosa y zapatos negros de charol; recogido el pelo con un ancho lazo rosa. Buster le mostraba el vestido asiéndolo por ambos lados, y sonreía un poco tímidamente. Bella apareció detrás de ella.

—Bueno, ¿qué piensas ahora de tu hijita? ¿No es una monada?

—Es que... —empezó Macauley tragando saliva—, yo... hace tanto tiempo que no la veo con un vestido que casi se me ha olvidado.

Macauley se sentía torpe. Bella le miraba como si quisiera que se pusiese a hacer aspavientos.

—Espero que Buster te haya dado las gracias —dijo desmañadamente.

Macauley vio la desilusión en la cara de la mujer y salió del cuarto enfadado consigo mismo.

El trabajo de Macauley terminaría el viernes de la tercera semana. Varley no tenía nada más de momento, pero le dijo que siempre tendría un puesto para él y le dio una carta de recomendación para un contratista de Coonamble amigo suyo y otra para el dueño de una serrería en la misma ciudad.

Cuando Macauley preguntó a Bella cuánto debía, ella le contestó que se fuera a freír espárragos. Sabía Macauley que sería inútil discutir y emperrarse en que cogiese el dinero, y que no era que se hiciesen los generosos al no querer cobrarle, sino que estaban verdaderamente contentos de haber podido ayudar a un amigo. Macauley les preguntó si les importaría quedarse con Buster unos días hasta que pudiera reunir algo de dinero.

Bella Sweeney dejó caer su voluminosa humanidad sobre una desvencijada silla que se quejaba cada vez que ella se movía.

—¿Importarnos? —dijo. Ella casi se había puesto enferma

durante la semana de pensar en la soledad que supondría la marcha de Buster—. La he tomado tanto cariño...

—Así tendré ocasión de trabajar un poco, ganar algo de dinero y pensar lo que mejor convenga para ella.

Bella estaba radiante.

—Puede quedarse todo el tiempo que quieras, Mac. Puede quedarse para siempre, aunque eso no será fácil. No querría quedarse conmigo.

—Demonio —dijo Macauley—, no creo que fuera tan difícil cuando las dos habéis congeniado tan bien.

Bell bajó la voz:

—¿Se lo dirás tú?

Macauley suspiró y empezó a liar un cigarrillo.

—Supongo que sí, que se lo tendré que decir yo. Pero lo dejaré hasta el último minuto.

—¿Cuándo te vas?

—El sábado, al anochecer; una vez que se haya metido en la cama.

El sábado por la mañana llevó a Buster a dar un paseo. La niña iba vestida con lo que Bella le había comprado y miraba admirada los escaparates. Macauley la dejó hacer lo que quisiera, mientras él refrenaba su exasperación; aquel era el último paseo que darían juntos en mucho tiempo.

Mientras esperaba frente a una tienda a que Buster terminase de discutir con Gooby el contenido de un escaparate, Macauley vio a la mujer que se acercaba.

La saludó con una sonrisa y se llevó la mano al sombrero.

—Señora Callahan.

Ella le reconoció al instante. Se trataba de una mujer bajita y regordeta, con cara de luna y gafas; llevaba un sombrero negro con un racimo de cerezas.

—No, no lo creo —exclamó mirándole—. No lo puedo creer. ¿Cómo estás, Mac?

—Nunca he estado mejor. ¿Y tú? Te encuentro estupendamente. ¿Qué haces para seguir tan joven?

Ella rió halagada. Sus ojos verdes se fijaron en Buster, que estaba tirando de los pantalones a su padre.

—¿Es esta tu hija?

Macauley asintió.

—¡No lo puede negar, es igualita! —dijo la señora Callahan.

—¿Tú crees?

—La misma boca, los mismos ojos... Mac, sois como dos gotas de agua. Claro que ella es más guapa —añadió riendo—. ¿Cómo está Marge? ¿Sigue en Sydney?

—Según mis noticias, sí —Macauley bajó la vista—. Nos hemos separado.

La mirada de la señora Callahan se entristeció.

—¡Cuánto lo siento!

Macauley se encogió de hombros. No quería dar detalles.

—¿Y qué haces tú por aquí? En Millie me dijeron que vivías en Tamworth.

—He venido a cuidar a una hermana enferma. Te habrás enterado de lo de Tub, ¿verdad?

Macauley asintió.

—Estuve arreglando su sepultura.

—Te lo agradezco mucho, Mac —dijo, desviando la vista—. Pobre Tub. Siguió tan alegre hasta el final, aunque el dolor debía de ser espantoso. Cuando pienso en toda la gente ruin que hay en el mundo; toda la gente que hace cosas horribles, me pregunto por qué seguirá viviendo y morirán en cambio hombres como Tub. En fin —dijo, conjurando el recuerdo—, ¿llevas aquí mucho tiempo?

—Tres semanas —dijo Macauley—. Me marcho... —calló y miró para Buster que andaba curioseando. Macauley bajó la voz—: Me marcho esta noche para Coonamble.

Ambos se despidieron contentos de haberse encontrado.

Hacia las tres de la tarde, andaba Macauley recogiendo sus cosas y arreglando su macuto cuando se abrió de pronto la puerta del cuarto y entró Buster. La niña se detuvo en seco y miró ceñuda a su alrededor. Macauley siguió recogiendo las cosas, con la mala conciencia del transgresor sorprendido *in fraganti*.

—¿Adónde vamos?

—No nos vamos —contestó Macauley sin faltar a la verdad.

—¿Y para qué haces eso? —Buster se acercó a la cómoda, recelosa, abrió el cajón de abajo y miró a su padre con la cabeza ladeada—. ¿Y mi ropa? —preguntó con tono recriminatorio.

—Mira, sólo estoy haciendo un pequeño recuento —dijo Macauley—. Vete para abajo y habla con la señora Sweeney.

La empujó hasta sacarla del cuarto y cerró la puerta. Luego se sentó en la cama y movió pensativamente la cabeza; pero al momento adquirió su rostro dureza y resolución, y continuó haciendo el equipaje. Cuando hubo atado el macuto, lo tiró sobre la cama y abrió la puerta: Buster estaba recostada en la pared del pasillo con cara de perro abandonado.

Macauley hizo como que no la veía y continuó por la veranda, seguido siempre por ella. La niña no le perdió de vista en toda la tarde, y Macauley empezó a ponerse nervioso; de nada había servido retrasar el momento de darle la noticia. Se preguntó por qué no sería capaz de decírselo de una vez. El no era hombre amigo de andar con tapujos. ¿Qué le pasaba ahora?

Cenaron los cuatro cuando acabaron los huéspedes, como tenían por costumbre. Macauley trató de parecer normal y dar la impresión de que se iba a quedar años allí.

Mientras Sweeney lavaba los platos y Macauley los secaba, Bella subió a Buster al dormitorio y la acostó. Buster se dejó llevar: era la hora de acostarse y era Bella quien todos los días la metía en la cama.

Macauley dejó pasar una hora. Luego subió las escaleras, entró sigilosamente en el cuarto y cogió el macuto de encima de la cama; después se inclinó sobre la cama de Buster y se encontró con sus ojos, abiertos y acusadores.

—¿Adónde vas? —gritó—. ¿Te marchas?

—Escucha —dijo Macauley atropelladamente—, sólo me voy para unos días...

—¡No!

—Vendré en seguida por ti.

—Yo también me voy —sollozó Buster.

—La señora Sweeney...

—¡No!

—... cuidará de ti. Tú...

—¡No! Yo quiero irme contigo.

Buster lloraba consternada, exasperada, y ahogaba las conciliadoras palabras de Macauley en un torrente de negativas. Aquella irrazonable tozudez comenzaba a sacar de quicio a Macauley.

—¡Escucha! —gritó, irguiéndose—. ¡No vuelvas a abrir la boca! Tú te quedas aquí y haces lo que te mandan.

Macauley se dirigió a la puerta con el macuto al hombro, pero Buster saltó de la cama y se agarró a él, pugnando por hacerle volver. En un arrebato de furia, Macauley dejó el macuto en el suelo, cogió a Buster y la pegó con fuerza en el culo; luego la metió violentamente en la cama y la tapó hasta la cabeza.

—¡Estate ahí! —gritó.

Abrió violentamente la puerta, la cerró de un portazo y comenzó a bajar la escalera, poseído aún por la cólera.

Después de haber andado como un kilómetro, Macauley empezó a sentir remordimientos. Todavía le hormigueaba la mano. No debía haberla pegado tan fuerte. El no había querido dejarla así, pero se había visto obligado a ello. No había otra forma de salir del paso. Sin embargo, había sido una solución traicionera, ¿y desde cuándo se había convertido en un traidor? Su intención en principio era decírselo. Entonces, ¿por qué no lo había hecho? Escaparse de aquella manera, engañándola, dejándola que despertase por la mañana y se encontrara sola; y endosando a otros, además, la responsabilidad de darle explicaciones y el trabajo de calmarla.

Sin embargo, era la única manera de tratar a una niña como ella. Por su propio bien. No se podía esperar que lo comprendiera, pero tendría que hacerlo. Ya se le pasaría.

No había caminado mucho más cuando la oyó llamarle. Al principio creyó que era figuración suya, pero al mirar para atrás distinguió una forma espectral que avanzaba hacia él por el oscuro camino.

Macauley salió de la carretera, se escondió detrás de un árbol y se sentó en el macuto. Oyó sus pasos empavorecidos y la vio pasar de largo. Buster comenzó a andar más despacio, se detuvo y se puso a escuchar. Luego echó a correr. Macauley cogió el macuto y salió tras ella. Delante de él oía un rítmico sollozo y las palabras "papá, papá".

La alcanzó medio kilómetro más allá. Estaba sentada en el camino con Gooby debajo de un brazo y un lío de ropa bajo el otro. Al verle los dejó caer y se lanzó sobre él, abrazándose a sus piernas.

—¡Por el amor de Dios! —dijo Macauley—. ¿Qué demonios haces tú aquí? ¿No te dije que te quedases con la señora Sweeney?

—Yo quiero ir contigo.

—Escucha y deja de gritar. ¿Me oyes? —Macauley se sentía impotente—. ¿No te daba bien de comer la señora Sweeney?

—Sí, muy bien.

—¿No tenías una buena cama para descansar? —Macauley trataba de razonar con ella como si fuera una persona mayor—. ¿No tenías un gato para jugar?

—Sí.

—La señora Sweeney te trataba mejor que nadie te ha tratado en la vida. Tenías todo lo mejor. ¿No es verdad?

—Sí.

—Entonces, ¿qué más quieres? ¿Qué más puedo darte yo?

—Yo quiero ir contigo.

Macauley suspiró y suavizó la voz.

—Escucha. ¿Quieres entender? Yo no voy a dejarte. Sólo voy a buscar trabajo, y en cuanto lo encuentre mandaré por ti.

—¡No!

—Solamente estarás con la señora Sweeney unos días.

—¡No, no, no, no, no, no! —gritó implacable.

Macauley se rindió.

—Que me parta un rayo. No sé qué hacer. Debería retorcerte el pescuezo y tirarte por ahí, entre los matorrales.

Buster empezó a llorar otra vez. Macauley la estuvo escuchando un rato, dejando que se calmase.

—Bueno, bueno —chilló exasperado—. Cállate de una vez.

Macauley vio cómo Buster se secaba los ojos con el dorso de las manos y observó que los sollozos estremecían su cuerpo como un ataque de hipo. Macauley tenía que decidir si volver a avisar a los Sweeney o confiar en que comprenderían lo sucedido. Había decidido volver cuando vio las luces de un vehículo que se aproximaba procedente de la ciudad.

Era una camioneta. Cuando llegó a su altura se detuvo, y Luke Sweeney le llamó:

—¡Eh, Mac!, ¿está la niña contigo?

Al reconocer la voz, Buster se refugió detrás de Macauley y

se agarró a los fondillos de su pantalón lo mismo que un cangrejo. Macauley se acercó a la camioneta. Pegada a sus pantalones iba Buster como un cuerpo parásito.

—Bel la vio correr por la calle como alma que lleva el diablo. Tuve que salir en busca de aquí, de Andy, con su cacharro. Hemos registrado toda la ciudad.

—No quiero irme contigo —chilló Buster.

—¡Cállate! —dijo Macauley.

Macauley pasó al lado opuesto del vehículo.

—Parece que no va a dar resultado, Luke.

—Podemos llevárnosla. Ya verás cómo se domestica dentro de unos días.

—Me volveré a escapar —amenazó Buster ferozmente.

—Bueno, ¿qué hacemos entonces, Mac?

Macauley pensó durante unos instantes para dar la impresión de que no estaba decidido y que no se volvía atrás demasiado rápidamente.

—Me figuro que tendré que arreglármelas como pueda. Siento haberos dado tanto la lata.

—Lata, ninguna —dijo Sweeney. Luego soltó una risita—. Te he mentido, Mac. No hemos tenido que registrar toda la ciudad; Bel dijo que sabía perfectamente hacia dónde iría Buster. Me envió sólo para saber si la niña te encontraba. —Dio un codazo a su compañero y una palmadita a Macauley en la mejilla—. Adiós, grandullón sentimental. Vuelve por aquí antes de que yo la hinque.

Macauley vio desaparecer los rojos pilotos en la lejanía.

—Ya se ha ido —dijo Buster.

Macauley se la quedó mirando.

—Dios me valga, eres capaz de volver loco a cualquiera. —Suspiró profundamente y añadió—: No sé lo que voy a hacer contigo, microbio.

—No tenías que haberme dejado —contestó ella con indignación.

Caminaron en silencio otros tres kilómetros, y Macauley pensó que no tenía sentido ir más lejos. Podían aguardar a que se hiciese de día y esperar a ver si les recogía algún coche. Era el mejor modo de viajar con ella.

Hizo la cama con dos mantas: una para echarse y otra para taparse. Buster parecía más tranquila y se acurrucó junto a él.

—Papá.

—No me hables, estoy enfadado contigo.

—¿Qué pasaría si nos cayera el cielo encima?

—Ni lo sé, ni me importa.

—Todas las estrellas harían ¡pum!, ¿verdad?, y habría hogueras enormes y tendrían que venir los bomberos.

—Cállate y duérmete.

Buster era como un perrillo que le daba calor, a su espalda. De pronto comenzó a tararear una canción.

—Cállate de una vez —dijo Macauley; y ella le obedeció.

Al despertar por la mañana, Macauley se dio la vuelta y vio la cara de Buster con churretes de haber llorado. Estuvo observando largo rato su enmarañado y sedoso cabello, sus negras pestañas y su chiquita boca rosada, y se dio cuenta como nunca de su pequeñez, su lealtad y su vulnerabilidad, sintiéndose con ello conmovido y como amenazado por peligros ignotos.

Por el camino, Buster dejó bien claro que no le había perdonado su traición. Que hubiera sido capaz de marcharse y dejarla (él, que era su padre; el centro mismo de su existencia; lo que ella más quería) le había llegado al alma, sí, al alma. De pronto le fulminó con la mirada y le dijo con rabia que era una birria y una porquería de padre.

—No vuelvas a hacerlo. ¡Ya lo sabes!

Su feroz resolución hizo gracia a Macauley.

—¿Qué es lo que harías?

—Escaparme.

—No me encontrarías.

Buster pensó unos momentos y contestó con rapidez:

—Iría por el camino, y por todos los caminos, y seguiría recorriendo caminos, porque sé que tú siempre vas por los caminos, y así te encontraría.

Buster brincaba delante de él, toda feliz. Iba vestida otra vez con el mono, y Macauley no pudo dejar de notar la redondez de su trasero. Realmente había engordado, y sus carnes eran firmes. Tendría que ocuparse de que no adelgazara. Con un poco más de atención y cuidado... De pronto se dio cuenta de sus pensamientos y se quedó sorprendido.

Hacia el mediodía apareció un camión y los llevó hasta Coonamble. La ciudad estaba endomingada, y Macauley casi no se detuvo en ella: se limitó a observar el bullicio desde una plazuela y luego se dirigió al río Castlereagh y acampó en la orilla.

A la caída de la tarde pasó un hombre montado en bicicleta, y poco más allá se salió de la carretera y se detuvo a unos cuarenta metros de donde ellos estaban, también a la orilla del río. La bicicleta iba tan sobrecargada de trastos que más parecía un montón de chatarra sobre ruedas. El hombre, sucio y andrajoso, llevaba una visera echada sobre los ojos y los pantalones remetidos entre los calcetines.

Cuando Macauley andaba preparando el té, vio que el otro hacía lo mismo y que se movía con pasos rápidos y saltarines. Macauley le caló en seguida: el pobre estaba majareta.

Macauley puso a hervir un pote de agua y lavó los platos y las tazas; luego se sentó y se fumó tranquilamente un cigarrillo. Al día siguiente iría a buscar trabajo. Si no encontraba nada, seguiría su camino.

—¿Dónde se ha metido el hombre? —preguntó Buster.

Macauley, escrutando la oscuridad, miró para la fogata que ardía con luz viva y su reflejo en los árboles cercanos, pero no vio ni rastro del vagabundo.

—Se habrá metido en la cama, supongo.

—¿Puedo ir a ver si está allí?

—No —dijo Macauley tajante—. No te acerques a él. Duérmete.

De pronto sintió ruido de hojas secas y se volvió con rapidez: el hombre parecía haberse materializado a su lado.

—Le hablaría; si usted le dejase, le hablaría —dijo, a modo de presentación, señalando el río con el pulgar, por encima del hombro.

Macauley pensó que el hombre debía haber oído sus palabras.

Aunque no tenía miedo, sintió brotar en su frente el sudor. La repentina aparición le había sobresaltado.

—¿Le parece que tiene maldita la gracia presentársele a un hombre de esa manera?

—Veo que le he asustado, amigo; discúlpeme. Al acercarme a su fuego no era mi intención hacerme un enemigo, sino un amigo.

Entró en el radio de luz de la fogata y Macauley le examinó rápida y concienzudamente. Tenía un rostro vivaracho, con mil frunces y arrugas, grandes cejas grises, nariz larga y un ojo escarlata. Hablaba de prisa, con fácil palabrería, como si fuera a terminarse el mundo sin darle tiempo a expresar todas sus ideas.

—Sí, me gusta oír correr ese agua —dijo, poniéndose en cuclillas y arrimándose amigablemente al calor de la lumbre—. Ese agua le hablaría, si usted la dejase. Le contaría historias, amigo mío, como las seguirá contando años y años. Nunca se le acaban. Y si se le acabasen, las tomaría del Darling, y del Barwon. No le decepcionaría nunca. El Castlereagh es el rey de los ríos.

Macauley permaneció sentado en un tronco sin dejar de observarle. ¿Qué les pondría así? Quizá la demasiada soledad. El demasiado sol, el demasiado espacio, y la escasez de palabras humanas. Sentimentales con cosas sin importancia y quisquillosos por minucias. Eran las solteronas de las llanuras.

—¿Para qué llevas esa cosa en la cabeza? —preguntó Buster.

El vagabundo volvió la cabeza, la miró fijamente y rió travieso.

—¿Qué es lo que veo? Una niña, ¿verdad? Sí, una niña chiquita.

—¿Cómo se llama? —persistió Buster.

—Esto, querida, es una visera para resguardarme los ojos de la luz. Y para poder rascarme mejor la cabeza. ¿Ves? —dijo, uniendo la acción a la palabra—. Si llevase sombrero habría tenido que quitármelo.

El vagabundo se levantó.

—Usted conoce mi nombre, ¿verdad?

—Le conoceré si me lo dice —repuso Macauley.

—Desmond —dijo el vagabundo.

Macauley negó con la cabeza.

—No, no lo había oído nunca, esa es la verdad.

—Vaya —dijo Desmond con aire desilusionado—. Escribo versos, ¿sabe? Le leeré algunos que llevo en mi álbum.

—Hoy no, camarada —dijo Macauley con firmeza—. Guárdelos para mañana. La niña tiene que dormir un poco y yo también me voy a acostar. Buenas noches.

—No se preocupe por mí —dijo Desmond, parpadeando—. Echese a dormir.

Macauley se metió bajo la manta y vio a Desmond dirigirse hacia su campamento.

A la mañana siguiente Macauley se entrevistó con los hombres cuyos nombres le diera Varley. El maderero dijo que podría emplearle inmediatamente y el contratista le informó que podría darle trabajo el jueves. Macauley lo pensó, y decidió tomar el segundo porque así podría llevar a Buster consigo. Para ahorrar dinero decidió seguir acampando a la orilla del río hasta que comenzase a trabajar. Luego se alojaría en alguna pensión; la idea le repugnaba, pero sería lo mejor para la niña. Si hubiera estado solo habría acampado junto al lugar de trabajo.

A Desmond no lo vio en todo el día, pero al caer la noche regresó y se acercó a su campamento. Traía su álbum de recortes, que mostró con orgullo a Macauley. Era un cuaderno de colegial barato, todo sucio y arrugado; los recortes estaban sujetos a las hojas con tiras de papel engomado, que obtenía gratis de las oficinas de correos. En cuanto se enteraban para qué lo quería, dijo Desmond, se lo regalaban y se sentían honrados con ello.

Se empeñó en leer unas cuantas aleluyas. Macauley no las encontró malas, y así se lo dijo. Buster estaba deseosa de oír algún cuento, y para Desmond no cabía mayor placer que el contárselo. Macauley vio que Buster, ensimismada, se iba acercando poco a poco hasta terminar sentada junto a sus rodillas.

Cuando Macauley acabó de preparar el té, Buster no hacía más que bostezar, pero se debatía contra el cansancio.

—Tú no sabes lo que es un cementerio —dijo Buster.

—Todo el mundo lo sabe —contestó Desmond—. Es donde llevan a la gente cuando se muere.

—¿Por qué se pone la gente muerta?

—No se pone muerta. Se muere —le corrigió Desmond—. Morir es el verbo. Veamos, ¿que por qué se muere? Bueno, es una costumbre como otra cualquiera. Cuando uno se siente enfermo, o agotado, y tal, la costumbre es morirse.

—¿Se muere todo el mundo? ¿Todo el mundo?

—Todos sin excepción —dijo Desmond con seguridad.

—¿Tú te morirás? —preguntó la niña.

—Sí.

—Gooby no —aseguró Buster.

—Gooby también.

—¿Y yo?

Desmond la miró un momento y luego le dio una palmada en el hombro.

—Estás cansada, jovencita —dijo—. Es mejor que te eches a dormir.

—¿Me contarás más cuentos mañana?

—Sí —prometió Desmond.

Buster se metió entre las mantas, bostezando ruidosamente. Cuando se acurrucó, Desmond se quedó un rato mirándola, ceñida con las callosas manos la taza de té, sin darse cuenta al parecer de la presencia de Macauley.

—Sí —dijo—. Incluso tú, con toda tu belleza, tu inteligencia y tu encanto, con todo tu espíritu y lealtad. También mueren las estrellas, y el más grande de los grandes árboles; y todas las cosas vivas, grandes o pequeñas. Las montañas se desmoronan y los ríos cambian de curso. Las mujeres bellas, los hombres buenos, los angelicales niños, el mejor caballo: todos mueren.

Lo dijo con tal sentimiento, con tan profundo asombro, que Macauley se sintió turbado, como si no tuviera derecho a estar allí. El viejo vagabundo se levantó y, sin hacer el menor caso de Macauley, se dirigió murmurando hacia su campamento, como sumido en trance.

A la mañana siguiente Macauley comenzó a sentir impaciencia y dio gracias a Dios porque al otro día tuviese ya algo en que ocuparse. Sobre las cuatro de la tarde se preparó para ir a la ciudad a comprar carne, pan, mantequilla y leche; también tenía que ocuparse de encontrar alojamiento.

Llamó a Buster, pero la niña no acudió a su llamada. Macauley se acercó hasta el lugar donde estaba sentada con Desmond, el cual le había prestado una de sus cañas de pescar.

—Vamos —dijo Macauley.

—¿Adónde?

—A la ciudad.

—¿Para qué?

—Para lo que sea —dijo Macauley, impaciente.

—¿Vas a volver?

—Claro. Date prisa.

—No quiero ir —dijo la niña—. Quiero quedarme aquí con Desmond y pescar.

Macauley sintió un leve aguijonazo de celos.

—No te lleves el macuto —le dijo Buster con cara seria. Sabía que mientras no se llevara el macuto le tendría cogido por los faldones de la camisa. Pero a Macauley no le gustaba dejarla.

—Es mejor que vengas conmigo.

—No, quiero quedarme aquí.

—Conmigo estará segura —dijo Desmond—. Procure no tardar mucho.

Macauley lo pensó un rato antes de dar su consentimiento.

Al llegar a la ciudad preguntó en un par de pensiones; estaban llenas, pero un hombre le dio las señas de una viuda, la señora Weiss, que a veces admitía huéspedes. Macauley la convenció de que le alquilase un cuarto doble y le prometió volver a la tarde siguiente. En seguida se dirigió al almacén para poder regresar pronto al campamento.

Las complicaciones le pillaron de improviso. Empezó todo al pasar por delante de la taberna y oír un repentino griterío; inmediatamente salió por la puerta un barullo de hombres que tropezó con él. Macauley se quitó del paso para evitar sus pisotones y patadas. Eran tres hombres que lanzaban maldiciones, gritos y puñetazos. Dos contra uno.

Macauley cogió por la chaqueta al más corpulento y lo separó, haciendo el papel de pacificador. El grandullón, completamente borracho, soltó un juramento y dio una patada a Macauley en la espinilla.

En el mismo instante, Macauley se encontró agarrado por detrás y con un brazo retorcido a su espalda. Volvio la cabeza y vio a tres policías, dos de los cuales llevaban las porras desenvainadas. Macauley protestó asombrado, pero no obtuvo más respuesta que un sádico tirón del brazo para arriba.

En la comisaría, Macauley se enfrentó con el sargento.

—¿Qué demonios es todo esto? No tienen nada contra mí.

Lo único que pretendía era poner un poco de paz. Pregúntele. Pregúntele a este —dijo volviéndose hacia el hombre que había tratado de separar—. Dígales lo que ha pasado.

El hombre hizo una mueca y dejó caer la cabeza con gesto de borracho; Macauley echó el puño hacia atrás, pero no llegó a descargar el puñetazo. Luego se volvió hacia el sargento:

—Escuche, sargento; tiene que haber docenas de testigos que digan que yo ni siquiera estaba en la taberna. Huélame el aliento: no he tomado ni una limonada.

—Enciérrenlos —dijo el sargento.

—Escuche —persistió Macauley—. Escuche, yo tengo una hija...

—Oígame usted —dijo malhumorado el sargento—. Está usted aquí acusado de embriaguez. Si no se calla lo va a pasar peor. Enciérrenlos.

A pesar de su rabia por la injusticia y su preocupación por Buster, Macauley comprendió la inutilidad de seguir discutiendo. Le habían detenido, y como no estaban dispuestos a reconocer su error, se mantendrían en sus trece. Pero ya se las pagarían. Se las pagaría el sargento, y se las pagaría aquel guindilla con cara de comadreja que le había retorcido el brazo.

Metieron a los cuatro en una celda. Macauley permaneció agarrado a los barrotes de la puerta mientras los otros maldecían y murmuraban tratando de encontrar un sitio para descansar. Al cabo de un rato, todos estaban roncando y resoplando, excepto Macauley. Se puso a dar paseos por la celda, retorciéndose las manos. En la oscuridad no había forma de adivinar la hora. Cuatro horas: si dentro de cuatro horas estimaban que no estaba borracho, le pondrían una multa y le dejarían salir.

El rencor que abrigaba contra la policía fue desapareciendo, ahogado por el peso de una tremenda ansiedad que le hacía imaginar horribles escenas: un zapato de Buster flotando en el río; una punta de su vestido asomando entre la tierra de una tumba poco profunda; una hoguera inmensa y aquel viejo loco echando leña sin parar.

Macauley empezó a sacudir la puerta. La sacudió una y otra vez, con furia, pero no apareció nadie. Las entrañas se le retorcían de miedo. Hubiera querido tener el poder de Dios para derribar aquellos muros como si fuesen de papel y salir corriendo de allí.

Se abrió una puerta y una luz cortó la oscuridad. Cuando le dejaron salir de la celda, Macauley era como un tigre. Pero ellos le hicieron tascar el freno con el desesperante ritual de pagar la multa y devolverle sus objetos personales. Luego le dijeron que había tenido suerte.

Macauley salió corriendo de la comisaría y siguió corriendo por el camino, desesperado por no poder ir más aprisa y empavorecido por las ideas que le asaltaban. Cuando al fin divisó el campamento, su zozobra aumentó; sólo había una hoguera encendida. Macauley no dejó de correr hasta llegar a ella.

—Chist —hizo el hombre que estaba en cuclillas junto al fuego, reclamando silencio con las manos levantadas—. Cállese. Se acaba de dormir.

Macauley se agachó y escrutó aquella cara pequeñita.

—¿Está bien?

—Sí que es usted de fiar —contestó Desmond—. Mira que dejar a la niña sola tanto tiempo... Habrá estado emborrachándose, claro.

—¡Emborrachándome! —saltó Macauley, furibundo, pero ya tranquilizado.

Desmond se le quedó mirando por debajo de sus enmarañadas cejas.

—No existe mujer que pueda haberle retenido tanto tiempo. La niña no sé cómo no se ha muerto del susto y tal.

—Deje de decir sandeces de una vez. No he estado con ninguna mujer. Me han encerrado. Le contaré lo que me ha sucedido.

—Ha pescado dos peces más —ladró Desmond—. Y le ha guardado uno.

—Bueno, ¿quiere saber lo que me ha pasado o no? —Macauley se sintió de pronto mortalmente cansado. Aún sentía en sus sienes el latir de la sangre. Tenía la voz enronquecida. Aunque contó rápidamente lo sucedido tuvo que parar varias veces para tomar aliento. Ahora que todo había pasado le acometía una rabia ciega por su debilidad y sus juicios erróneos—. ¿No me cree? —dijo—. Bueno, de todas formas me importa un rábano. Y no le reprocho el mal humor. Le tiene que haber dado la noche.

Desmond se agachó y echó un poco de leña a la hoguera. Tenía puesta al fuego una cacerola esmaltada, tapada con un plato. Burbujeaba el agua, y el vapor se escapaba por los bordes.

—Debe de haber estado muy inquieto —dijo Desmond—. Y hace mal en decirme que estoy de mal humor por haber tenido ocasión de consolar a una niña muerta de pena. Pensaba que usted la había abandonado, que la había engañado. Quería correr en su busca y tuve que retenerla por la fuerza y tal. Me ha sorprendido lo fuerte que es; casi me tuve que dar por vencido; pero conseguí salir del paso. La he entretenido con canciones y cuentos. No sé las mentiras que he tenido que contarle acerca de usted y tal. El demonio. Al fin he logrado dormirla.

Macauley se quedó mirando al viejo, en cuyo arrugado semblante bailaba el reflejo de las llamas; vio el desvarío de su cerebro, la fuerza de su espíritu y la bondad de su corazón, y sintió una punzada de piedad por él.

Le puso la mano en el débil hombro.

—Es usted una buena persona, Desmond —dijo.

Desmond se afanó entonces en torno a la hoguera y dijo con entusiasmo:

—Debe de estar hambriento. Aquí tengo un estupendo pescado cocido. Y por la cara que pone y tal, ya veo que no me va a decir que no. Sírvase.

Macauley comió con ganas y luego se sentó a fumar tranquilamente un cigarrillo. Desmond le dijo de repente:

—¿Sabe usted adónde va?

—¡Cómo que adónde voy!

—No me refiero a mañana, ni a pasado mañana y tal. Lo que quiero decir es: ¿usted sabe adónde va su vida?

Macauley se encogió de hombros.

—¿Y quién lo sabe?

—Me parece que no me entiende. ¿Por qué anda usted vagabundeando? ¿Por qué lleva esa vida?

—¿Esta vida de mosca que revolotea de acá para allá sin rumbo fijo? —dijo Macauley, suspirando y mirando fijamente al fuego—. No lo sé. Parece como si algo hubiera estado siempre aguijándome, empujándome.

—Sí, pero lo que yo pregunto es: ¿hacia dónde?

Macauley respondió:

—¿Cómo voy a saberlo?

—¡Escuche! —dijo Desmond—. ¿Oye el río? Recorre miles de kilómetros por un curso determinado. Se aparta de las montañas y se dirige al océano. Bueno, pues así es como debe ser la vida de un hombre y tal. Si no, carece de sentido. Un hombre tiene derecho a huir de las cosas que son malas para él, pero debe elegir algo bueno y tratar de conseguirlo. Entonces es cuando corre hacia algo. ¿Comprende lo que quiero decir?

—Me gustan las cosas tal como están —dijo Macauley sin convicción.

—Bueno —dijo Desmond—, usted sabrá lo que le conviene. Pero ¿no le iría mejor con un cacharro como este mío y tal? —sugirió.

—¿Yo un vagabundo con bicicleta? ¡Olvídelo!

—No hay razón para hablar así, amigo. La gente se ríe de mí, pero puedo recorrer más de setenta kilómetros al día con esa bicicleta, y además soy independiente. Y sobre todo, no tiene por qué ser una bicicleta. ¿Qué tiene de malo un caballo y un calesín? Sólo le costaría las herraduras para el caballo, y podría llevar todo su equipo. Le ahorraría un montón de trabajo y de cansancio y tal. Sería lo ideal para usted y su impedimento.

—¿Mi qué?

—Ella.

A Macauley le sorprendió que también Desmond considerase a Buster una carga para él: un fardo más que tendría que llevar dondequiera que fuese.

—Eso es lo que yo haría si fuese usted —dijo Desmond.

Macauley negó con la cabeza. Luego se agachó y cogió en brazos a Buster, que se limitó a murmurar en sueños. Se despidió de Desmond y se encaminó a su campamento.

—Buena me la va a armar cuando se despierte —dijo. Pero había en su voz un regocijo desacostumbrado.

Macauley comenzó su trabajo y se alojó con la señora Weiss. Buster casi no le daba guerra. Iba con él al trabajo y se entretenía con piedras, trozos de madera, ladrillos, arena y cemento. Sus compañeros la nombraron marmitón de segunda clase: no tenía que hacer sino vigilar el puchero y avisarles cuando hervía el agua. Todos pensaban que era una niña muy lista.

Algunas veces, Buster daba un paseo hasta el final de la calle. Siempre pedía permiso a Macauley, y él se lo daba; sabía que no había la menor posibilidad de que se escapase. Sin embargo, decíale que no se alejara ni se bajase de la acera.

Durante la cuarta semana de trabajo, Buster fue a dar un paseo y no regresó. Macauley no la echó de menos durante media hora; luego comentó un tanto despreocupadamente su tardanza. Cuando pasaron otros treinta minutos, comenzó a mirar a un lado y a otro de la calle.

—La niña lleva mucho tiempo sin aparecer —dijo—. ¿Qué le pasará que tarda tanto?

—Probablemente se habrá quedado jugando en algún sitio. Ya volverá, Mac.

Dejó pasar otros diez minutos, y echó entonces calle abajo en la dirección en que la viera marchar. Al llegar a la esquina se detuvo; empezaba a preocuparse. Estuvo allí un rato mirando para arriba y para abajo.

De pronto se le acercó una anciana que acababa de salir de la casa de la esquina.

—Perdóneme, ¿busca usted a alguien?

—Sí —dijo Macauley, encogiéndose de hombros—. A un renacuajo así de grande.

—¿Se refiere usted a la niña? ¿A Buster? Somos viejas amigas —dijo sonriendo—. Casi todos los días me saluda desde el otro lado de la verja.

—No la encuentro. ¿Ha visto usted hacia dónde ha ido?

—¡Claro! —dijo, mirándole con sorpresa—. Estaba con una mujer.

—¿Mujer? ¿Dónde?

—No la había visto nunca. Iban calle abajo, hacia allá, hacia la ciudad.

—Debe de estar usted equivocada —dijo secamente Macauley—. Mi hija no iría con nadie. Sólo va conmigo.

—Lo único que sé es que era Buster. De eso no tengo duda.

Macauley se humedeció los labios.

—¿Y cómo era esa mujer?

—Más bien bajita y delgada. Bien vestida. No le vi la cara.

—¿Cuánto tiempo hace de eso?

—Bueno —dijo la mujer, mirando al cielo para calcular el tiempo—. Yo diría que media hora. ¿No la conoce usted, la...?

Pero Macauley ya había salido corriendo para la ciudad. Abrió la puerta de la pensión y llamó a la señora Weiss: no, no había visto a la niña. Corrió por la calle, pasó junto al edificio de correos y volvió a subir por la calle principal. Paraba a los transeúntes y les preguntaba, brusca y rápidamente, si habían visto a una mujer con una niña que llevaba mono y sombrero de paja. Nadie la había visto.

Volvió corriendo a su trabajo. Sus compañeros estaban a punto de terminar y Buster no había regresado. Macauley les dijo lo que ocurría y cogió sus herramientas. Cody, el jefe, se acercó en su automóvil.

Un hombre comentó:

—Alguna pava cretina se ha llevado a la niña de Mac.

—Eso es ridículo —dijo Cody al oír lo sucedido—. Esas cosas no pasan por aquí.

Macauley le lanzó una mirada frenética.

—Usted dirá lo que quiera, pero Buster ha desaparecido. Se la ha llevado alguna zorra.

Cody leyó la verdad en la cara de Macauley.

—Suba al coche y le llevaré a la comisaría de policía.

—No, la policía, no —dijo Macauley, haciendo un gesto con la mano—. No meta a esos cerdos en esto. Todavía no.

Macauley pidió a un compañero que dejara su ropa y su tartera en la pensión y corrió de nuevo para la ciudad. Fue calle por calle buscando y preguntando. La oscuridad se hizo más profunda y se encendieron las luces. Entró en la taberna, pidió una jarra de cerveza y quedó pensativo golpeando con los nudillos en el mostrador.

Buster no se iba con nadie que no conociese. El conocía a su hija mejor que nadie y sabía que eso ella no lo hacía. La persona que se la había llevado tenía que serle conocida. ¿Quién podría ser?

Una mujer bajita, delgada y bien vestida...

Macauley fue a la oficina de correos, cogió un puñado de

monedas y llamó a todas las pensiones y hoteles de la ciudad preguntando si estaba allí una tal señora Macauley. Nadie le dio noticias. Entonces comenzó otra vez, preguntando ahora por Margaret Andersen. Al llegar al último hotel de la lista dio en el clavo. La voz que le contestó quiso saber si deseaba hablar con ella, pero Macauley dijo que no, que él se acercaría por allí.

—Tendrá que darse prisa si quiere verla, porque la señora Andersen está a punto de marcharse. Se va en el tren de la noche.

—¿A qué hora sale ese tren?

—Dentro de unos cuarenta minutos.

Macauley colgó violentamente y se puso a pensar con celeridad. No podía correr el riesgo de ir hasta el hotel, así que iría a la estación. Corrió por la calle, saltó un cercado y dio vuelta al andén a toda prisa. Franqueó la verja y salió a la entrada de la estación, donde quedó vigilando.

Los viajeros pasaban por su lado con equipajes y mantas. Macauley los miraba pasar y perderse en la oscuridad mientras el tiempo se arrastraba lentamente. Pensó que podían habérsele ido, y le invadió el pánico. Entonces se acercó un taxi y vio la cara de Buster en la ventanilla. Macauley estaba en la portezuela antes de que se bajara el conductor. Abrió, y la mujer, sorprendida *in fraganti,* se le quedó mirando consternada.

—Vamos a coger un tren, papá —dijo Buster alegremente, saltando del coche y echándole los brazos al cuello—. Yo temía que no estuvieses aquí, pero mamá dijo que sí, que estarías.

La mujer sacó un pie para bajarse.

—Vuelve adentro —dijo Macauley.

—Vamos a coger un tren —dijo, aparentando firmeza.

—Vuelve a entrar o te mato.

El conductor le puso una mano en el brazo.

—¿Qué pasa?

Macauley se soltó con brusquedad.

—No se meta en esto.

La mujer, aprovechando la distracción, se lanzó hacia el otro lado del coche y abrió la portezuela. Macauley dio rápidamente la vuelta y la atrapó.

—¡Métete dentro!

La mujer miró nerviosamente a su alrededor e hizo un gesto con la mano.

—¡Sargento!

Macauley miró de reojo. El policía que estaba a la puerta de la estación había echado a andar lentamente hacia ellos.

—Si quieres armar un escándalo —dijo Macauley agarrándola del brazo— lo tendrás. Y en seguida y bueno. Despide a ese pies planos.

Al acercarse el policía se separó de ella, pero sin perderla de vista. La mujer miró a Buster, que, agarrada a las piernas de su padre, la observaba con asombro.

—¿Qué es lo que pasa? —preguntó el policía, pero nadie contestó—. ¿Nadie dice nada?

—Yo no lo he llamado —dijo Macauley.

La mujer miró a Macauley, luego a Buster y por último al policía; una sonrisa nerviosa tembló en sus labios.

—No ocurre nada, sargento. Siento haberle... haberle molestado.

El policía era un joven de vigoroso cuello y ojos duros. Pareció estudiar durante unos momentos la situación: los fue mirando uno a uno, hizo un gesto de asentimiento y se alejó despacio.

Macauley metió a Buster en el taxi y entró tras ella.

—Vuelva al hotel —ordenó al conductor.

—¿Y el tren? —protestó la mujer, tratando de disimular su miedo con un gesto de rabia. Macauley no contestó: quería hablar con ella y el hotel era el único sitio a propósito.

Al llegar, la mujer echó a andar delante de él, amansada por el miedo, y Macauley la siguió con la maleta. Luego dijo al conserje que la señora Andersen había cambiado de opinión y que no se marcharía hasta mañana o pasado.

La mujer subió la escalera, avanzó por un pasillo, se detuvo ante la habitación 14, dio vuelta al picaporte y entró. Nada más hacerlo, quiso cerrar la puerta, pero Macauley fue más rápido, y metió la maleta entre la puerta y el quicio.

Macauley entró, cerró la puerta y dejó la maleta en el suelo. Buster se agarró a su chaqueta y comenzó a parlotear. Macauley le dijo que se callase, se sentara y se distrajera mirando un libro.

En un rincón había una silla de mimbre con un montón de revistas, y Macauley esperó a que Buster hiciera lo que le había dicho; él no tenía prisa; pero en la cara de la mujer se reflejaba la tensión.

—¿Qué vas a hacer? —preguntó con miedo.

Macauley la volvió a mirar. Bien vestida sí que iba; y tenía el tipo adecuado para lucir sus vestidos. Su cuerpo estaba hecho para atraer las miradas. Y para retenerlas. Tampoco había perdido su belleza; ojos oscuros y lustrosos, labios rojos y piel de extraordinaria blancura. El negro cabello lo llevaba peinado hacia atrás y muy pegado a la cabeza. Pero algo había cambiado: ahora dejaba traslucir dureza, una controlada malicia, algo, pensó Macauley, que delata a la mujer que ha vivido mucho.

—No te asustes —dijo Macauley—. Hasta la fecha no te he pegado nunca y no pienso empezar ahora, aunque bien sabe Dios que debería hacerlo.

De pronto la mujer se tapó la cara con las manos y se echó a llorar; pero él no se dejó engañar.

—Qué perra más falsa eres —dijo lenta y despreciativamente Macauley.

—¿Qué falsedad hay en querer llevarme a mi hija? —contestó la mujer sin volverse ni dejar de llorar.

—Pensabas que te saldrías con la tuya, ¿verdad? —dijo Macauley—. Rondando y espiando, ¿eh? ¿Cuánto tiempo llevas haciéndolo? ¿Cómo has averiguado dónde estaba?

La mujer no contestó. Buster se subió a la cama, se recostó en la almohada y empezó a cantar bajito, levantando a Gooby en el aire.

—No tienes que contestarme —continuó Macauley—. Te lo diré yo. Fue la señora Callahan quien te lo dijo cuando estuvo en Sydney. ¿No fue así? También te dijo que la niña estaba bien, y hacia dónde nos dirigíamos. Entonces ya no te fue difícil seguirnos la pista. ¿Pero qué vienes buscando?

La mujer se volvió.

—Sabes a lo que vengo. Vengo por mi hija. Es mía y quiero llevármela.

Macauley soltó un gruñido entre regocijado y desdeñoso.

—De modo que has viajado tanto para robarla.

—Tú fuiste el que me la robó. ¿O es que ya no te acuerdas de aquella noche?

—Cómo que si me acuerdo —dijo Macauley—. Cada vez que me la represento me parece estar viendo una postal pornográfica francesa.

Sus labios temblaron de furia y sus ojos se endurecieron de odio.

—Claro —se burló—, tú eres tan limpio y tan bueno. Tú eres tan santo...

Macauley se levantó, y por un instante ella sintió miedo. Luego tapó a Buster, que se había quedado dormida, y miró fijamente a la mujer.

—Escucha —dijo con sorda cólera—. No soy ningún santo. He tenido mujeres de punta a punta del país, pero contigo fui fiel, y te juro que no fue fácil.

—¡Bah! —se mofó la mujer—. ¿Vas a decirme que no anduviste por ahí acostándote con mujeres cuando no estabas en casa?

—Eso es precisamente lo que te estoy diciendo. Qué imbécil fui, ¿verdad?

—¿Por quién me tomas? ¿Por una idiota?

—En todos aquellos cinco años no toqué a una sola mujer que no fueses tú. No tenía ninguna queja de ti. Tú me satisfacías.

—Sí —ladró ella—. Claro que te satisfacía. Yo era la persona a quien podías esclavizar mientras te divertías. La que siempre estaba en casa cuando te apetecía volver.

Macauley se engalló.

—Yo te enviaba dinero. Tenías vestidos. Nunca te faltó dinero para pagar el piso. Yo era el que trabajaba.

—¡Qué ilusiones! Un cheque a la semana. ¿Crees que eso es suficiente? —Le miró temblando de ira—. ¿Sabes cuánto tiempo de vida conyugal tuve contigo? ¿Lo sabes?

Macauley observó su cólera desbordada; se sentía culpable, y aquello le hería en lo más vivo.

—Pues yo te lo diré —continuó—. Seis meses. De los cinco años de casados, sólo seis meses hicimos vida de matrimonio. Nunca has pensado en eso, ¿verdad? ¡Seis meses! Y todavía te extrañas de que te pusiese los cuernos.

—Nunca me hiciste ver que fuera para ti tan importante.

—No, nunca, ¿verdad? Siempre estaba encima de ti diciéndote que buscases un empleo para que pudiésemos vivir como marido y mujer. Y tú te reías o te enfadabas y contestabas que no podías soportar la ciudad. ¿Cuántas veces te escribí diciéndote lo que te echaba de menos y pidiéndote que buscases trabajo para poder vivir juntos?

—Es verdad —gritó Macauley, enfrentándose con la verdad—. Puede que lo hicieses. Pero la gente no arruina sus vidas por cosas así.

Macauley sabía que la gente sí lo hacía, y por cosas menos importantes. Pero tenía que luchar con su sentimiento de culpa y defenderse para que ella no lo notase.

—Eres egoísta hasta la médula. Cualquier mujer, en mi caso, habría hecho lo mismo que yo. Tú nunca has sido un marido, ni debías haberte casado nunca.

En su fuero interno, Macauley estaba de acuerdo con ella: el matrimonio no era para él. Había cometido un tremendo error.

—Cuando nació la niña ni siquiera estabas en casa. Tuve que irme sola, tener a la niña sola, y volver a casa sola: a una casa solitaria, a una casa donde nadie me esperaba. ¡Tú qué sabes lo que se sufre! Sentirse una enferma, incómoda... y no un día, sino meses y meses. Tú presumes de duro, pero no habrías aguantado ni diez minutos.

Un hombre encuentra una forma de vivir que le hace feliz y no quiere que nada le estorbe su realización: él no estaba dispuesto a sacrificar su vida por nada ni por nadie; ni siquiera a hacer la prueba.

—El espantoso dolor del parto, ¿qué sabes tú de eso? Cuando a nadie le importa si vives o mueres; cuando sientes el cuerpo hecho pedazos. ¿Y todo para qué? —La mujer bajó la voz y miró para otro lado—. ¿Qué saqué yo de todo aquello? Tan sólo mayor responsabilidad, mayores apuros, más trabajo. Y sin nadie que me dijese una palabra de ánimo.

Macauley levantó la cabeza.

—Y sin embargo, quieres llevártela. ¿Qué ha pasado con el bueno de Donny? ¿Te ha abandonado?

La mujer le miró furiosa.

—Te gustaría que fuese así, ¿verdad?

—No me digas que él también quiere tener a la niña. ¿Es que no puede hacerte un hijo suyo?

—El será mucho mejor padre para ella de lo que tú fuiste nunca.

Macauley se le acercó despacio, la cogió por los hombros y estrujó la carne. El contacto despertó en él un estímulo sensual; inmediatamente la soltó.

—Has tenido que pasarlo muy mal —dijo—. Has debido de estar muy preocupada por la niña: si comería, si iría bien abrigada... No creías que yo supiera cuidarla, ¿verdad?

Su repentina humildad hizo reflejarse la sospecha en los ojos de la mujer, pero no conseguía adivinar sus motivos.

—¿Cómo puedes reprochármelo? Tú nunca te interesaste por ella lo más mínimo. Aunque sólo estuvieras unos días en casa, la niña te crispaba los nervios. No te dejaba dormir. Decías que siempre se te estaba metiendo entre las piernas. Nunca jugaste con ella. Te era completamente indiferente.

—Es verdad —admitió Macauley—. Casi no me fijaba en ella.

Se acercó lentamente a una silla, se sentó a horcajadas, cruzó los brazos sobre el respaldo y apoyó en ellos la barbilla.

—Eres buena comedianta —dijo—, pero a mí no puedes engañarme. Tú no quieres a la niña; lo único que quieres es vengarte de mí.

La mujer quedó desconcertada un instante.

—¡No seas ridículo!

Pero Macauley sabía que tenía razón.

—Me escribiste una carta. ¿Recuerdas? No he olvidado ni una sola palabra. Allí sí que decías lo que sentías. Esperabas que lo estuviera pasando mal. Buster te importaba tanto como esa pared.

La mujer se puso colorada.

—Eso no es verdad —protestó con furia.

—Cuando la señora Callahan te dijo la verdad, no podías creerlo. No podías creer que la niña pareciese un cromo y que yo la tuviese tan bien cuidada como cualquiera. Eso te sacó de quicio. Y ya no podrías descansar hasta que no vinieses aquí y te llevases a Buster.

La culpabilidad se reflejaba en todos los rasgos del semblante de la mujer.

—No, tú no quieres a la niña —continuó él, despacio—. Solamente la quieres para remover el cuchillo en mi herida. Y ella es la mejor arma que tienes. Es eso, ¿verdad?

La mujer se sintió humillada por la sagacidad de su interlocutor. Trató de ocultarlo, pero no pudo. Lo único que consiguió fue confirmarlo con el veneno y el odio que hacia él sentía, patentes en sus ojos y en sus labios. Y se limitó a mirar a Macauley cuando este se acercó a la cama y cogió a Buster en brazos.

—¿Dónde está su ropa?

—Tengo que decirte una cosa —gritó desesperadamente la mujer—. ¡Tú no eres su padre!

—¿Dónde está su ropa? ¡Dámela!

—No tienes ningún derecho sobre ella.

—¡Dame su ropa de una puñetera vez y no hablemos más!

La mujer abrió el armario y sacó el sombrero de paja, la camisa y el mono, todo lo cual, al parecer, había sido su idea dejar allí. Luego lo puso violentamente en manos de Macauley.

—No te importará que se quede con este vestido que tenías para ella, ¿verdad? —dijo, dando una palmadita al vestido que llevaba Buster—. Un regalo de su madre. Yo no puedo decir que tú no eres su madre.

Los sentimientos de la mujer se desbordaron en un torrente de palabras y sollozos, cargados de rabia y odio mortal.

—Me la llevaré. Ya lo verás. No creas que vas a hacerme esto a mí y salirte con la tuya.

Al llegar a la puerta, Macauley hizo un gesto con la mano imponiendo silencio.

—Métete en la cama —dijo—, y espérame. Volveré luego. Cuando hay desconocidos que se aprovechan de lo que es mío, no veo por qué no puedo aprovecharme yo también. ¿No te parece?

Macauley salió del hotel y echó a andar por la calle. Hubiera preferido que todo fuese distinto: menos violento y desagradable. Pero la causa de todo parecía más allá del alcance de Marge y de él. Era algo que no tenía solución.

Cuando llegaron a la pensión metió a la niña en la cama. No

volvió al hotel. Nunca había pensado hacerlo. Sólo había sido un último y cruel insulto.

De Coonamble, Macauley se dirigió hacia el sur, hasta Gilgandra, y luego hacia el este, hasta Dunedoo, donde permaneció una semana envenenando conejos por encargo de un agricultor. Y en Dunedoo compró a Windbag. Cierto día, hojeando distraídamente el *Dunedoo Chronicle,* vio una noticia en que se daba la descripción de un caballo abandonado. Se dirigió al corral del ayuntamiento, y el caballo, aún sin reclamar, fue a parar a sus manos por cuatro perras.

Cuando se lo llevó, con gran alegría de Buster, dudaba mucho si no debería visitar al siquiatra. Era un animal huesudo, de cara larga y triste y ojos dolientes, que daba la impresión de ir a desplomarse en cualquier momento; era dócil y estúpido, con una marcada propensión a la vagancia.

No esperaba encontrar un calesín en la misma ciudad, pero lo encontró entre un montón de trastos desechados que había en el patio de ia herrería.

Las ruedas le bailaban de tal modo que le hacían colear. Una de las limoneras estaba rota, pero Macauley, con ayuda del herrero, contento de quitarse de encima aquella antigualla, lo arregló con el tronco de un arbolillo liso y derecho. Estas compras le costaron en total quince libras, y los arreos se llevaron la mayor parte.

Subió Macauley por las verdes colinas, y descendió por los rojos caminos, trabajando acá y acullá. En Guyra añadió a su equipo una tienda de campaña. Subió a la meseta de Dorrigo y tomó el camino de la montaña, hacia el norte, que le llevaría a Grafton: la misma ruta que recorriera cuando por primera vez salió de Sydney. Desde entonces lo había hecho por lo menos seis veces, y la belleza del paisaje siempre le sobrecogía. Los valles estaban llenos de vapores lácteos, y los bosques aullaban como mares tormentosos. Y uno podía llegar allí en el misterio de septiembre y sentirse contento, mientras en torno reventaban los capullos y el sol avanzaba perezoso como el resplandor de Dios al pasar.

Al llegar a Grafton pasó por el sitio donde el viejo Tommy

Goorianawa se sentó un día en su trono. También pasó ante la puerta donde Lucky Regan y él se abrazaron con la alegría del compañerismo, y ante la taberna donde se pelearon y después hiciéronse amigos para bien o para mal.

Y con este revivir del recuerdo pensó en Lily Harper. No sabía por qué, pero le gustaría volver a verla. Al llegar a Ulmarra este deseo se hizo más intenso. Decidió que era un insensato, porque, ¿quién le decía que ella iba a tener ganas de verle?

Mientras Buster cuidaba de Windbag y Windbag cuidaba de Buster, Macauley fue a la oficina de correos y miró la guía telefónica. Luego se metió en la cabina y marcó el número. Cuando oyó la voz que le contestaba, empezó a tartamudear hasta que consiguió decir coherentemente quién era el que llamaba.

Macauley oyó una exclamación sofocada. Cuando la voz volvió a hablar, su tono era animado e incrédulo. ¿Dónde estaba? Tenía que ir inmediatamente a su casa para verlos. Dios mío, qué sorpresa, y, ¿cómo te van las cosas?; ven en seguida; haré unos pastelillos; te espero.

Macauley fue a su casa. Los dos se miraron de arriba abajo y se echaron a reír. Macauley encontró a Lily todavía bella y vivaz; no la matrona que podía esperarse de una mujer con tres hijos y un marido maestro de escuela. Se la veía centrada y satisfecha, sin el menor vestigio de frivolidad. Ella, por su parte, le encontró más bien sumiso, y no podía creer que fuese el mismo espíritu fogoso y rebelde que conociese años atrás.

Lily le dijo que había un cuarto para él, pero Macauley no quiso aceptar: no lo estimaba de buen gusto y no quería organizar líos. Pero el marido de Lily, Harry Macready, resultó ser una persona amable y alegre, con su tupé color de miel y sus ojos dorados. Era un hombre rebosante de buen sentido y chistes malos.

Macauley acampó a la orilla del río, les visitó un par de veces y le convencieron para que pasase con ellos el domingo. Por la tarde, mientras los niños jugaban con Buster en otro cuarto, Lily miró a Harry y le animó con los ojos. Harry carraspeó y comenzó a llenar su pipa.

—Mac —dijo—, hemos estado pensando... Puede que se te haga un poco difícil con la clase de vida que llevas... —Harry cambió rápidamente de tono—. No creas que es meterme en tus cosas, pero... —No terminó la frase.

—¿Piensas en Buster? —le ayudó Macauley.

—Dentro de poco tendrá que ir a la escuela —dijo Harry—. Para nosotros no sería ninguna carga ocuparnos de ella. Tendría un buen hogar y niños con quien jugar.

—La trataríamos como si fuese hija nuestra —terció Lily.

Unos meses antes Macauley había querido desprenderse de ella, pero ahora dijo:

—Sois muy amables, y no puedo pensar en nadie mejor para dejarla. Sé que estaría estupendamente, pero... no sé...

—Yo sí —dijo Lily, sonriendo comprensivamente—. No quieres separarte de ella.

Macauley se levantó un poco turbado y se quedó de pie delante del fuego.

—No; tengo mis proyectos respecto a esa niña.

—No puedes llevarla siempre contigo, Mac —dijo Lily—. Tienes que pensar en su futuro.

—Ya lo he pensado —dijo Macauley—. Voy a volver a Walgett. Allí tengo trabajo con un contratista por todo el tiempo que quiera. También tengo amigos. Lo tengo todo pensado. Ahorraré algún dinero y cuando Buster cumpla siete años la meteré en un colegio. Entonces comprenderá las cosas mejor, y no le importará estar interna.

—Podías quedarte en Walgett —sugirió Lily—, y que fuese allí al colegio.

Macauley se encogió de hombros.

—A lo mejor es eso lo que hago —dijo.

Cuando terminaron de cenar, Buster se había quedado dormida en su hombro, y Macauley se despidió. Harry y Lily le acompañaron hasta la puerta del jardín. Al estrechar Macauley la suave mano de Lily, dijo:

—Me alegro de que seas feliz, Lil. —Ella sonrió, y él se dio cuenta de que se sonrojaba: se sonrojaba de vergüenza por algo sucedido diecisiete años atrás.

A la mañana siguiente, Macauley se despertó temprano y sintió una extraña aprensión que no le abandonó en todo el día, mientras hacía ruta para el norte, camino del Tweed. Por la tarde, la premonición se hizo tan aguda que le indujo a mirar alrededor preguntándose qué sería aquello que le acechaba. No se trataba de nada físico; era como una vaga sensación de peligro.

Al caer la tarde se apartó a un lado de la carretera, entre Rappville y Casino. Y cosa extraña, la sensación le abandonó inmediatamente, cuando más fuerte tenía que haber sido.

—Es hora de ponernos la cebadera —dijo—. Vete a buscar algo de leña mientras yo desengancho el jaco.

Macauley oyó el automóvil, pero ni siquiera levantó la cabeza hasta que no oyó el frenazo. Entonces alzó la vista, aterrorizado, y oyó un grito desgarrador. Macauley se quedó paralizado. El automóvil, unos cuarenta metros más allá, parecía disminuir de velocidad. Echó a correr, venciendo la rigidez de las piernas, y a poco percibió el rugido del motor y vio al automóvil acelerar para ir luego desapareciendo con un ruido como de lamento y el amortiguado lucir de sus pilotos rojos.

Macauley encontró a Buster tirada como un muñeco junto a la cuneta. Le puso la mano sobre el corazón y le tomó el pulso; sus ojos estaban aún abiertos con una mirada de terror. El grito

interrumpido todavía pugnaba por salir de sus entreabiertos labios. Macauley se incorporó temblando. Las entrañas se le retorcían. Se volvió para echar a correr, enganchar el caballo y llevarla rápidamente a un médico, pero comprendió que no serviría de nada. No debía moverla. Al viejo Bill Gogarty lo habían movido cuando le atropelló el tractor, y con ello lo mataron.

Pero el tiempo también podía matarla. ¿Qué podía hacer? Esperar en la oscuridad, y estar al tanto, y tener esperanza, y pedir a Cristo que no le abandonase y le ayudase a esperar y confiar.

Corrió al calesín y encendió el farol. Luego tapó a Buster con una manta y esperó. Una hora tardó en pasar un automóvil, pero venía del sur y eso era bueno. Sólo había catorce kilómetros hasta Casino. Hizo señas con el farol y el coche se detuvo. Macauley pegó su rostro al del conductor, con el apremio y la desesperación de sus palabras. El automovilista debió de darse cuenta de todo a juzgar por la rapidez con que arrancó. Y Macauley esperó de nuevo. No mucho tiempo después oyó un sonido hacia el norte que parecía el de una lejana sierra mecánica. Los hombres de la ambulancia no le dijeron nada. Macauley se fue con ellos.

Y volvió a esperar entre el olor del linóleum encerado y de los desinfectantes. Un médico se le acercó ceñudo y le preguntó si era el padre; dijo que habría que operar, y rehuyó la mirada de Macauley, el cual perdió la paciencia y gritó:

—¡Está bien, no se ponga en ese plan de vieja puñetera! Dígame lo que pasa.

El médico no levantó la voz.

—Está bastante mal. Si existen otros parientes, más vale que los avise.

Macauley agarró al médico por las solapas.

—¡Escuche, matasanos, haga lo que sea! Usted ya la está metiendo en un ataúd antes de que esté muerta. Haga lo que sea. ¿O es que no sabe?

—Haremos lo que podamos —dijo el médico sin perder la calma.

Cuando el médico se marchaba, Macauley le cogió del brazo.

—Haga usted todo lo que pueda, doctor. Ella hará el resto. Es muy fuerte.

Macauley salió a la oscuridad y vio a dos policías que se bajaban de un automóvil parado junto a la acera. Le preguntaron si era el padre de la víctima y le hicieron algunas preguntas. Macauley les dijo que no estaba seguro del color del automóvil porque era ya muy de noche y no se veía, y él se hallaba demasiado aturdido para fijarse; pero no era de color claro: parecía un modelo reciente, pero lo mismo podría haber sido un Chevrolet que un Plymouth.

—¿Qué va a hacer con sus cosas? —le preguntó uno de ellos—. Podemos llevarle hasta allí y traerlas.

—Eso puede esperar hasta mañana —dijo Macauley.

Macauley lo pensó más de diez minutos antes de enviar un telegrama a su mujer: "Buster en hospital municipal de Casino. No esperamos viva. Mac". Luego lo envió urgente.

A continuación se dedicó a buscar a un hombre o lo que pasaba por serlo.

Quizá en algún lugar de la ciudad se escondiera el perro sarnoso que se había envuelto en más de dos mil kilos de acero antes de ir a dar contra aquel frágil montoncito de huesos y de carne, para echar luego a correr una vez descargado el golpe. Este cobarde conductor era al que Macauley buscaba.

Recorrió varias veces la calle principal de la ciudad, primero por una acera y luego por la otra, a ver si encontraba una aleta abollada o un parachoques torcido; buscaba sangre en la pintura y en los parabrisas; se fijaba en las caras que pasaban, acechando en ellas cualquier indicio de tensión, nerviosismo, culpabilidad. Macauley recorrió las bocacalles y las callejuelas. Recorrió toda la ciudad, y al regresar al punto de partida, comenzó de nuevo su recorrido. Pero su búsqueda fue inútil.

Ya le cogerán, pensó. Pero la vida de un niño, como la de un viejo, tiene poco valor: lo encerrarán un par de años. Pero el día que saliese, Macauley le estaría esperando, y entonces sí que recibiría el castigo merecido. Y si conseguía escapar, el tiempo le permitiría olvidar, pero la eternidad no; de lo contrario es que Dios no existía.

Cuando volvió al hospital estaba mortalmente fatigado, aunque no tanto del esfuerzo físico como de las tensiones y congojas del espíritu. Buster continuaba inconsciente, y los médicos seguían luchando por salvarla. Macauley entraba y salía, pero no había ningún cambio.

Con el rocío del amanecer, Macauley volvió a su calesín. Encontró a Gooby tirado sobre la hierba, orilla de la carretera, en el mismo sitio donde cayó al salir despedido de la mano de Buster. Desató su macuto y sus ojos se fijaron en los libros sobre la educación de los niños que había comprado. Su mente era un caos de recriminaciones. Si hubiese dejado a Buster con Bella, si la hubiese dejado con Lily, incluso si su madre la hubiese raptado... no estaría ahora donde estaba.

Macauley llevó el calesín y el caballo a la ciudad. Por la tarde se entrevistó con el médico, el doctor Fitzmaurice, que era un hombre alto de pelo rojizo y cara pecosa.

—Todavía está inconsciente —dijo—, pero continúa aferrándose a la vida. —Lo dijo como si lo encontrara extraño y esperanzador.

—La noche pasada no quise ser grosero —dijo Macauley—. Por favor, no me lo tome en cuenta.

Fitzmaurice le dio unas palmaditas en el hombro.

—No se preocupe.

Macauley pasó la noche casi sin dormir. El día siguiente fue como el anterior. Buster seguía en coma. Macauley casi esperaba ver aparecer a su mujer: no lo hizo, pero tuvo noticias de ella.

Por la tarde, cuando salía al patio del hospital, se le acercó un hombre corpulento con la cara surcada de venillas rojas; le dijo que se llamaba Bathgate, que pertenecía a una firma de abogados de la ciudad, y le entregó una citación. Macauley la leyó. Le decían en términos ceremoniosos y formales que su mujer había solicitado del juzgado la custodia de su hija y que la causa se vería dentro de dos días.

Macauley quedó completamente sorprendido unos instantes.

—¿De dónde ha sacado esto?

—Lo hemos recibido en el correo de hoy —contestó Bathgate—. Lo envía una firma de abogados de Sydney. Nos dijeron dónde podríamos encontrarle y nos pidieron que le entregásemos la citación.

—¿A quién representan esos abogados?

—A la parte demandante, naturalmente.

—Tienen que haber sabido que estaba aquí —murmuró Macauley.

—Por supuesto.

—Pero aquí dice que el juicio es el viernes, y hoy es miércoles. No me dan mucho tiempo.

—La demanda es posible que se presentase hace un mes.

—¿Qué tengo yo que hacer?

Bathgate se encogió de hombros.

—Si desea impugnar la demanda tendrá que estar presente en el juicio.

—¿Y qué pasará si no me presento?

—¿Qué quiere usted que pase? Que el tribunal otorgará a la parte demandante la custodia de la niña. Claro que el tribunal tiene que estar convencido de que puede cuidar de ella. Y eso es fácil.

—Pero ella está viviendo en adulterio —exclamó Macauley.

Bathgate se limitó a enarcar las cejas.

—Esa no es una objeción seria. Puede seguir siendo una madre excelente, y eso es lo único que le interesa al tribunal. Sus decisiones se basan exclusivamente en el bienestar de la niña.

Macauley reflexionó unos momentos.

—¿Puede usted decirme si se verá el juicio en caso de no presentarme el viernes?

—No estoy seguro —dijo Bathgate—. Pero lo más probable es que sí.

—Pero —protestó Macauley— la niña está en el hospital. Ni siquiera sabemos si se salvará. Y mi mujer lo sabe. ¿Cómo ha podido hacer una cosa así?

Bathgate estiró el cuello, lo que le hizo parecer aún más alto.

—Sin conocer las circunstancias, lo que me pregunta es más de lo que puedo contestarle.

—Está bien —dijo Macauley con tono de despedida—. Algún día le convidaré a echar un trago.

Tenía que pensar profunda y rápidamente. La noticia le había sacado del marasmo emocional, y los nervios se le encrespaban, soliviantados y prestos para la acción. Aquel mensaje chocaba con su sentido de la decencia humana y también con el conocimiento que tenía de su mujer. No podía figurársela corriendo a la oficina de sus abogados para informarles a sangre fría de su paradero. Era una acción incompatible, a su juicio, con el carácter femenino, por no hablar de una madre cuya hija se estaba muriendo. Su razón se negaba a aceptarlo, pero comprendía que el desafío era real y que tenía que luchar.

Macauley fue al hospital y dijo que tenía que salir para Sydney. Luego se dirigió a la comisaría de policía, explicó lo que le pasaba y les pidió que vigilasen sus cosas. Le dijeron que dejase el caballo y el calesín en el corral de la policía, y que su macuto no les estorbaría en la comisaría.

Macauley sacó del macuto una camisa, un par de calcetines, un pañuelo, un frasco de loción para el pelo y un cepillo de dientes; envolvió todo en una hoja de papel de estraza y lo ató con una cuerda.

En el tren no pudo evitar la tortura de sus pensamientos. Su deber era estar con Buster, y sin embargo iba en un tren, y el tren le decía:

"*No escaparás; no escaparás... Morirá esta noche; morirá esta noche... No fuiste marido; no fuiste marido...*"

Se imaginaba la triste solemnidad de una sala de justicia: altas ventanas y un suelo frío y pulido. El juez y los abogados no parecían la clase de personas capaces de comprender sus argumentos.

Pero él estaba diciendo algo, y lo que decía era la verdad: nunca hice daño a la niña. Puede que haya sido brusco y duro, pero nunca la maltraté. Llegó como una desconocida y se fue apoderando de mí. Yo no la quería, pero ella sí me quería a mí, y yo erraba en eso. Conmigo tenía un hogar; no era mucho, pero no se quejaba. Ella me puso una cuerda al cuello y no me dejaba escapar. No tenía que preocuparme de que se fuese de mi lado. Ella era la que temía que yo la abandonase. No he hecho a mi hija ningún daño. Tengo que admitir que me la llevé por despecho, pero fue un bien para ella. Estaba creciendo en mala tierra. No quiero que vuelva allí. Pero tampoco quiero verla en un asilo. Si han decidido no entregármela a mí, entonces entréguensela a su madre. Puede que no sea cierto que una madre cualquiera es mejor que ninguna madre. Pero yo sí creo que cualquier madre es mejor que un asilo. ¿Han visto alguna vez a los niños de un asilo? En cuanto entra alguien se arremolinan a su alrededor, quizá pensando que es su padre o su madre. No puede uno dormir tranquilo en varios días después de visitar un sitio así.

Eso era todo lo que podía decir.

Lo primero que hizo al llegar a la ciudad fue poner una conferencia al doctor Fitzmaurice. Macauley le exigió la verdad, y la tuvo. Seguía la gravedad, pero la niña resistía. No llegaba al metro de estatura, no pesaba veinte kilos, tenía la carne floja, destrozados los nervios y el cráneo fracturado. No llevaba más que cuatro años en el mundo; tanto como sabía, y sin posibilidad de saber nada. Pero agarrándose a algo con algo.

Macauley tomó habitación en un hotel y dio un paseo por la ciudad. El ruido le martilleaba los tímpanos, la suciedad cubría su cara y la gente le daba empujones; demasiados desconocidos, demasiadas cercas, demasiados empedrados. Era la ciudad, y él no quería nada con ella.

Al anochecer volvió a llamar a Casino. La niña ya no estaba en coma, pero la gravedad persistía.

Al quedarse parado en la acera, en la soledad de las luces y la gente, Macauley pensó en el coche que derrapaba en la oscuridad y en aquel hilillo de vida que palpitaba en una cama del hospital; pensó en el telegrama que había enviado y en la despectiva respuesta recibida. Entonces, lleno de ira, decidió enfrentarse con su mujer inmediatamente y no esperar a la mañana.

La casa continuaba igual, sólo que más vieja y sucia. La bombilla, manchada por las moscas, seguía luchando con la oscuridad de la escalera. Bajo la puerta se veía una raya de luz.

Macauley no llamó a la puerta. Nada más abrir y entrar en la habitación, nada más verla a ella, se desvaneció toda su dolorosa incredulidad. Al mismo tiempo se alegró de que hubiera una excusa de la aparente inhumanidad de la mujer; una razón que la explicase; se alegró, pero no la perdonó.

La encontró sentada a la pequeña mesa de cocina, sobre la cual había un vaso mediado de vino tinto, una botella con tres cuartos y un cenicero rebosante de colillas.

—Ah —dijo despreciativamente—, eres tú. —Su cabeza se tambaleó, y la volvió para otro lado, dejándola caer.

—Estás hecha una... —dijo Macauley.

La mujer soltó una risita boba, y sólo el oírla llenó a Macauley de desprecio. Para él no había nada más estúpido, más degradado, que una mujer borracha. Ya parece bastante mal un hombre cuando se le despoja de su propia estima, pero una mujer resulta diez veces peor.

Sus ojos se encontraron.

—¿Y quién tiene la culpa? ¿Eh? ¿Quién tiene la culpa?

—Eres una imbécil —dijo Macauley—. Eres una cobarde.

La mujer se le quedó mirando con expresión resuelta.

—Eso es lo que tú crees. Pero te derrotaré, Macauley, aunque sea lo último que haga en esta vida.

—Nunca te darán la niña.

Ella se burló:

—¿No? Pregúntale a mi abogado. No tienes la más mínima posibilidad. Estás vencido.

Macauley contuvo la exasperación, consciente de su inutilidad, y dijo suavemente:

—¿Y qué vas a conseguir con ello? Sabes que la niña puede morir. Está escrito. Así que no la tendrás.

—¡Ni tú tampoco! —gritó la mujer. Macauley comprendió que eso era lo único que le interesaba. Seguía hablando con una desconocida, no con una esposa, con una mujer a quien había querido y que le había querido. Todo lo bueno que hubiera podido haber en ella había sido aniquilado por el odio; el veneno del odio corría por sus venas, llenándola de ira y desesperación.

—Tú no quieres a la niña —dijo Macauley—. Lo único que quieres es venganza. Por eso me has dado ocasión de comparecer ante el tribunal.

—Ah, al fin te das cuenta —se burló la mujer—. Señor mío, ahí es donde yo quería tenerte. Va a ser la mayor satisfacción de mi vida oírte farfullar tu defensa tratando de escapar de la trampa en que te he metido; estoy rabiando por ver la cara que pones cuando veas que me entregan a la niña.

Macauley la miró fijamente.

—Nunca te llevarás a la niña —dijo—. No hay en esta tierra

un tribunal lo bastante grande para obligarme a dártela. Ni Dios, que todo lo puede, lo conseguiría.

Macauley se dirigió hacia la puerta y de pronto se volvió, animado por un rayo de esperanza.

—Estaré en el Metropolitan, por si quieres hablar conmigo; pero procura asegurarte de que hablas con sentido.

—¡Márchate!

Macauley tenía el picaporte en la mano cuando oyó unos pasos rápidos en la escalera y notó que hacían girar el picaporte desde el otro lado; dio un salto hacia atrás, y cuando se abrió la puerta, se escondió tras ella.

—¡Marge! ¿Todavía sigues bebiendo?

El hombre cerró la puerta de golpe y vio a Macauley: palideció al instante, y los párpados le temblaron de miedo.

—No te asustes, Donny —dijo Macauley—. Nadie va a hacerte daño.

Donny se relajó un poco y miró con asombro a Marge.

—¿Qué hace aquí este hombre?

La mujer quedó paralizada, y por un momento pareció totalmente serena. Macauley observó con curiosidad el cambio, y le habló con voz pausada:

—Donny quiere saber por qué estoy aquí. Díselo.

—¡Márchate! —gritó, levantándose—. ¡Márchate!

—No quiere decírtelo, Donny. ¿Por qué será?

Donny parecía desconcertado. Luego frunció el ceño y miró a la mujer.

—Tú dijiste que no vendría. Tú...

Era como si se viese cogida en una mentira y quisiera quitarle importancia.

—Me avisó ella para que viniese, Donny. En cierto modo me pedía que lo hiciese. —Macauley sabía ahora cómo tenía que jugar sus cartas.

Donny le miró incrédulo y luego dirigió la vista a la mujer.

—¿Es verdad eso, Marge? ¿Qué es lo que pasa aquí?

—¡Miente, miente!—gritó desesperada la mujer.

—Parece como si te hubiera tenido engañado, Donny —dijo Macauley—. Y yo no miento, puesto que estoy aquí. Y estaré mañana en el juzgado, dispuesto a luchar con uñas y dientes.

—Dijiste que no vendría —repitió Donny, acusadoramente—. Dijiste que era todo pan comido.

Macauley se separó unos pasos de la puerta y Donny se encogió y se echó hacia atrás.

—Tú, sabandija cobarde —dijo Macauley—, tú no pensabas quedarte con la niña. ¿Qué ibais a hacer con ella?

Donny miró a la mujer, tratando de encontrar una respuesta.

—Contéstame —gritó Macauley, avanzando unos pasos—. ¿Qué ibais a hacer con ella?

—Pensábamos que la adoptase alguien, meterla en un orfanato, no sabíamos... —tartamudeó Donny muerto de miedo.

Macauley se quedó inmóvil, mirándolos con rabia destructora. Luego se encogió de hombros.

—¿Y qué vas a hacer ahora, Donny, ahora que sabes que estoy aquí dispuesto a meterte en el lío que quisiste evitar?

Donny le miró como un animal acorralado, y su ira estalló.

—No tienes derecho a hacerme esto —gritó a la mujer—. Yo me vine a vivir contigo. Te he tratado bien.

La mujer se puso en pie, roja y acalorada.

—Escucha, Donny... —En su voz había un asomo de pánico.

—¡No tengo nada que escuchar! Te dije que estaba conforme mientras no hubiese lío. No quiero ver mi nombre arrastrado por el cieno del escándalo. Y tú me haces esto a mí. Hemos terminado.

La mujer corrió hacia él.

—No, Donny, no digas eso. Yo no quiero a nadie más que a ti. —Su voz se quebró en suplicantes sollozos.

Macauley se dirigió a la puerta, asqueado por su tono abyecto.

—Si quisieras a la niña sería otra cosa —dijo Donny, profundamente ultrajado—. Ahora es demasiado tarde para arrepentirse. Me marcho. No quiero volver a tener nada que ver contigo.

—No, no, Donny...

—No es demasiado tarde —dijo Macauley, apoyándose en la puerta.

Donny le dirigió una mirada de incomprensión.

—¿Quiere decir que usted estaría dispuesto a cancelar el asunto?

Macauley negó con la cabeza.

—Yo no puedo cancelar nada. No tengo nada que ver con todo esto.

Donny volvió despacio la mirada hacia la mujer, que estaba llorando con la cara tapada.

—Bueno, ¿y tú qué dices? —chilló—. Esto es cosa tuya. Tú lo empezaste; conque decídete: o la niña o yo.

Macauley miró a la mujer y supo de antemano su contestación: estaba escrita en el temblor que la estremecía de arriba abajo. No quería herir más sus sentimientos: ya había visto su lastimosa desintegración y no quería quedarse hasta el final. Cerró la puerta despacio y empezó a bajar las escaleras; pero se fue como un hombre que deja a su espalda el crimen cometido: ahora sentía compasión y el amargo dolor del remordimiento.

Puso otra conferencia y se enteró de que Buster seguía igual.

Ahora que todo había terminado no existía razón para quedarse en la ciudad. Ya podía regresar. Llamó a la estación y comprobó que podría coger un tren que salía dos horas más tarde.

Volvió al hotel para encontrarse con que aún no había terminado todo, al menos para él.

Le cogieron desprevenido. Oyó un golpecito en la puerta, y cuando la abrió recibió un puñetazo que le atontó y le envió trastabillando para atrás. Entonces entraron en el cuarto. El más alto le sujetó los brazos a la espalda mientras que el rechoncho le golpeaba. Macauley se soltó y rechazó a sus atacantes. Le volvieron a agarrar. El grandón le sostenía y el más bajo le aporreaba.

Pero se soltó de nuevo, y ya no le volvieron a coger: saltó hacia un lado, se agachó y oyó un puño estrellarse contra la pared. Lanzó un puñetazo y sintió el golpe repercutir en su hombro. Luego se enzarzaron los tres en una lucha que más perecía combate entre panteras. La pelea duró diez minutos; al terminar, ninguno de los tres se movía.

Macauley fue el primero en volver en sí. Se arrastró a cuatro patas y al llegar a la cama consiguió enderezarse. Se sentó y se llevó las manos a la cara, pero las retiró inmediatamente porque tuvo la sensación de que tocaban su rostro antes de llegar a él. Era como si llevara un parche en el ojo izquierdo que le impidiese la visión lateral. Para poder verse en la luna del armario tuvo que girar la cabeza en ángulo recto sobre su hombro. Se dirigió tambaleándose hacia el espejo y vio a un desconocido que se le acercaba. Se arrimó más, y estuvo estudiando su cara desde todos los ángulos.

Cuando se lavó la cara y se peinó, su aspecto no mejoró nada; y mal podía mejorar, pues estaba empeorando: ahora tenía también el ojo derecho tumefacto. Se puso una camisa limpia y quitó la sangre del traje lo mejor que pudo. Ató su paquete de papel de estraza y se dispuso a salir. Sus dos atacantes no se hallaban en estado de causarle preocupaciones. El más alto, ancho y cargado de espaldas, estaba tirado en el suelo, apoyada la cabeza contra el rodapié; el más bajo, fuerte y macizo, yacía junto a la cabecera de la cama, con la mirada fija y una helada mueca de agonía en el semblante.

Macauley bajó las escaleras y entró en el vestíbulo mal iluminado. De pronto sintió un movimiento y el instinto le hizo volver la cabeza; saltó de lado, estiró el brazo y sujetó contra la pared al hombre que pretendía escabullirse. La sorpresa de ver a Macauley en vez de a sus dos matones iba borrándose de la cara de Donny Carroll para dejar paso a la máscara del miedo.

—Escuche, escuche —suplicó, humedeciéndose los labios con la lengua—. No fue idea mía.

Macauley dio un tirón de él.

Donny se cubrió la cara con las manos.

—¡No, no, no!

Macauley se le quedó mirando sin soltarle.

—No —consiguió decir—. Te dejaré en paz. Tú eres lo único que le queda, y la verdad es que no eres gran cosa.

Luego acercó más hacia sí al pobre infeliz muerto de pánico.

—Mírame bien —dijo—. Vuelve con ella y dile lo que has visto. Y descríbelo bien; puede que así se quede satisfecha. —Luego le dio un empujón y Donny se apartó rápidamente y echó a correr.

Macauley no perdió el tren. Entró en un departamento, se tumbó en un asiento y se cubrió la cara con un periódico. Hizo casi todo el viaje solo, pero en Coffs Harbour entró un hombre de cara fofa con un sombrero redondo y una maleta. El hombre no podía evitar mirar con insistencia a Macauley, hasta que este le preguntó si tenía envidia, porque si la tenía, no le costaría ningún trabajo ponerle la cara de modo que hiciese juego con la suya.

Cuando Macauley llegó al hospital eran las doce. Una aterrorizada enfermera corrió en busca del médico. Fitzmaurice le miró preocupado y comenzó a hacerle preguntas, pero Macauley no le dejó seguir.

—Sé que parezco un gato callejero después de una pelea, pero vamos a dejar eso. ¿Cómo está la niña?

—Usted quiere las cosas claras —dijo Fitzmaurice—. No lo sé. Se está aproximando la crisis. Si la supera, tendríamos una niña muy maltrecha; pero pronto la pondríamos bien.

—¿Qué quiere decir con eso de la crisis?

—Figúrese un hilo —dijo Fitzmaurice sin rodeos— del que tira por un lado la muerte y por el otro la vida. Eso es lo que es. Nosotros hemos hecho lo que hemos podido; ahora le toca a ella.

La enfermera entregó a Macauley dos cartas y un paquetito envuelto en papel de periódico, y le dijo que el paquete lo había dejado un viejo. Macauley se fue al parque, lejos de la gente, y leyó las cartas. Una era de Kelly el Guapo e incluía un billete de cinco libras. Decía el Guapo que lo había leído todo en el periódico, que esperaba lograsen atrapar a esa rata cobarde, que le deseaba lo mejor y que suponía le vendría bien lo que le enviaba; en una posdata añadía el Guapo: *No te rías, pero he dejado de empinar el codo.* La otra carta era de Lily y estaba llena de amistad, de simpatía y de generosidad.

Macauley abrió el paquete y vio que contenía un cuarterón de tabaco picado. Con él, en un trozo de papel, venían unas palabras garrapateadas con lápiz: *Pasaba por ay cuando me enteré. Estoi apenado. Pero no se preocupe. Eya tiene la juventud de su parte. Le devo esto. Sam Bywater.*

Macauley se sintió reconfortado con el calor de la amistad, pero no dejaban de preocuparle estos tributos; como si fueran un paliativo para la desgracia que aún podía sobrevenirle.

Pensó que si dormía un poco se sentiría mejor. Pero no podía conciliar el sueño, ni siquiera tumbado en la fresca hierba, con el aire cálido y la caricia del sol en las manos. El cerebro le hervía de escenas premonitorias. Veíase allí sentado, esperando; veía venir al médico con el veredicto reflejado en la cara; oía los martillazos al clavar el ataúd; veía el largo camino, que ahora tenía que recorrer a solas.

Todo tan brutalmente real que le produjo un sudor frío y le crispó los nervios a tal punto que ya sólo ansiaba una manera de escapar.

Su macuto estaba en la comisaría de policía. Con dedos temblorosos sacó un trozo de espejo del bolsillo y se miró la cara: la tenía hinchada y deformada. Los labios, inflamados; el cuello, bajo la mandíbula, era todo un cardenal azul verdoso; el pómulo izquierdo estaba partido por una herida pardusca; la nariz, aplastada y torcida. En vista de todo decidió no presentarse en la comisaría; ya habría tiempo.

Al caer la noche volvió al hospital. Para entonces la tensión era casi superior a sus fuerzas. Agobiado por la zozobra, exhausto, abatidos los hombros como un viejo, Macauley se sentó a esperar. Todo fue exactamente como lo había imaginado: vio venir al doctor por el pasillo y trató de leer en su rostro, pero no pudo; entonces se levantó jadeante.

El médico le vio, e inmediatamente sonrió y alzó las manos entrelazadas sobre la cabeza, como hacen los campeones de boxeo.

El médico estaba a su lado, pero sus palabras parecían llegar de muy lejos. Macauley notó que le temblaban las manos y apretó los puños...

—No hace más que preguntar por algo... o por alguien... bueno... suena algo así como Gooby. ¿A usted le dice algo?

Macauley sintió un nudo en la garganta.

—Iré a buscarlo —dijo con voz ronca, dando media vuelta.

Fitzmaurice se le quedó mirando y creyó oírle sollozar.

—¡Pobre desgraciado! —dijo.

Una nota sobre D'Arcy Niland, *por Ruth Park*

«Mi padre estaba sentado en un tocón, con una escopeta de caza sobre las rodillas. Y dijo: 'Me han dado trabajo de clasificador allá en Cootamundra. Ya es hora de que vaya preparando mi viejo *shiralee...*' Y yo pensé: He ahí un nombre pintiparado para un país abrasado y salvaje, y en boca de hombres lo suficientemente bravos para domarlo.» Así fue como mi marido, D'Arcy Niland, oyó por primera vez la palabra *shiralee.*

D'Arcy Niland pasó muchos años de su juventud viajando con su padre, un irlandés que recorría el circuito de esquileo de Nueva Gales del Sur. Cuando su familia se trasladó a Sydney, D'Arcy comenzó a trabajar como aprendiz en el *Sun* de Sydney, donde también hizo algunas veces de corrector de pruebas. Diecisiete años tenía cuando vendió su primer cuento, y esto le convenció de que podía malvivir como escritor independiente. D'Arcy despreciaba el trabajo de despacho; por eso, fue minero, buscador de ópalos, empleado de circo, estibador, jornalero durante el esquileo, así como periodista, guionista de cine y televisión, autor de canciones y novelista.

Lo que más le fascinaba era la gente vagabunda, y él lo fue en cierto grado, pues aun después de casado continuó vagabundeando y viajando como podía en camiones, trenes y barcos, y así conoció la mayor parte de los países del Pacífico. Sin embargo, fue un buen padre para nuestros cinco hijos. «La paternidad», decía, «es tan importante para mí como escribir».

Siendo así, era inevitable que su primera novela combinase los dos temas: la vida dura pero libre del vagabundo, en contraposición con el enraizado instinto de la paternidad.

«Cada hijo», decía, «es un *shiralee*».

Esa misteriosa palabra tipificaba para él la relación amor-odio que el vagabundo siente por su petate, ese pesado fardo que, sin embargo, es su más preciada y necesaria posesión.

En su versión inglesa, se han vendido más de tres cuartos de millón de ejemplares de *The Shiralee,* y fue seleccionado por la Book Society Choice. Se ha publicado en diez idiomas, y en tres de ellos fue bestseller; también se ha publicado en colecciones de bolsillo. En 1956, la compañía Ealing-MGM realizó con el título de *The Shiralee* una película que aún se sigue proyectando y que se ha dado asimismo por televisión. Segura estoy de que a D'Arcy le complacería saber que su libro llegará todavía a más lectores al ser incluido en la colección de Libros Condensados del Reader's Digest.

D'Arcy Niland murió en 1967 de un ataque al corazón, dos días después de terminar su libro *Dead Men Running,* publicado en 1968. Tenía cuarenta y siete años.

ROSA DE PROVINS

Hombres y plantas

Condensado del libro de

Maurice Mességué

Traducción de Carlos Ramírez de Dampierre

Todo se paga, e incluso el progreso —o lo que se designa generalmente con este nombre— no es nunca gratuito. Henos aquí, pues, a finales del siglo veinte, sometidos a la máquina con su secuela de contaminaciones, a los alimentos conservados por procedimientos artificiales, a los medicamentos de efectos secundarios desconocidos y que, creados íntegramente en el secreto del laboratorio, curan al enfermo, pero modifican el ser humano sin tener en cuenta su vocación natural. Y, en este mundo ensombrecido por las humaredas químicas, se levanta una voz, la de Maurice Mességué. ¡Qué fabuloso destino el de este hijo y nieto de campesinos del departamento del Gers, quien, por haber conservado intactas las tradiciones de herborización de su familia, llegó a conocer a los grandes de este mundo y se convirtió en su consejero y amigo! A través del relato de estos encuentros, frecuentemente divertidos, a veces inesperados, *Hombres y plantas* nos presenta la historia de un hombre firmemente convencido de que el mundo vegetal es el último lazo que une todavía a la humanidad con su universo natural. Ni médico ni curandero, Maurice Mességué no tiene la pretensión de ocupar el lugar de la medicina, y se contenta con proponer a través de este libro, del que emana un sano aroma a infancia, a hierbas salutíferas y a simples, la sensata fórmula de una vida, la suya.

CAPITULO PRIMERO

El maestro de las plantas

En nuestra comarca se dice que "no se conoce el río si no se conoce el manantial".

El manantial es mi padre. Una fuente preciosa como la de nuestro terruño donde escasea el agua. Una fuente pura, fresca y cantarina, rodeada de plantas silvestres. Se lo debo todo: mi amor a la vida, mis conocimientos, mi éxito.

Nací el domingo 14 de diciembre de 1921 a las cuatro y media de la tarde y por casualidad en Colayrac-Saint-Cirq (Lot-et-Garonne). Fue por un error de la naturaleza, prontamente reparado, puesto que sólo tenía tres días cuando mis padres regresaron a Gavarret, a casa de uno de mis abuelos. Y mi patriotismo de campanario es tal que digo siempre: "¡He nacido en Gavarret, en el departamento del Gers!"

Hijos, nietos, biznietos de campesinos, los Mességué habitan la misma región desde hace más de cuatrocientos cincuenta años y siempre han tenido el mismo conocimiento de las plantas. Todavía era muy pequeño cuando ya las utilizaron para mí. Dormía mal, daba vueltas y más vueltas en mi única sábana plegada en dos. Se me enrojecían las piernas con la sana y áspera caricia del basto lienzo, lo que me hacía llorar.

Entonces, la mañana siguiente, mi padre comentó:

—El crío no duerme, le daremos un baño de tila.

Se cogía la tila en flor, caliente de sol, y se la extendía a la sombra sobre unas lonas.

Camille Mességué.

"El secreto", decía mi padre, "consiste en no dejar que las plantas se mueran, que se conviertan en polvo; hay que extraerles sus virtudes cuando todavía las tienen."

Entonces, cuando la tila estaba ya seca, pero no quebradiza, se la ponía a macerar en grandes tinas llenas de agua y se guardaba este líquido, que podía servir cinco o seis veces, para bañar a los niños nerviosos.

Aquella noche mi madre cogió un gran caldero de cobre y mi padre me dijo:

—Hijo mío... —siempre empezaba así sus frases cuando me hablaba— fíjate, es cobre, más bello que el oro. Es tan rojo porque ha servido de espejo al sol y al fuego, y te vas a bañar en él.

Mi madre entonces echó el líquido dorado que había puesto a calentar y me sumergió en la tila. Me puse a dar alaridos terribles, lo que no le impidió hundirme hasta el cuello, y recuerdo que me quedé dormido en el baño y mi padre me llevó adormilado a la cama.

Sin saberlo, acababa de recibir la primera lección.

Cuando busco en el fondo de mis recuerdos veo las vigas de nuestra habitación, de las que colgaban en manojos las hierbas puestas a secar, cabeza abajo, junto a la caza. Era bonito ver aquellos ramos de botones de oro, de celidonias, de amapolas, junto a las liebres rubicundas y las grandes perdices coloradas. Veo a mi madre, viva, fina y bonita, que adoraba a su marido, Camille, sacando el sábado del armario uno de nuestros dos pares de sábanas, repletos de grandes ramos de espliego que mi padre le traía a brazadas. Hacía la cama del domingo y la terminaba siempre acariciando la sábana con su mano curtida, y decía llena de pudor y un poco soñadora: "Tu padre se encontrará a gusto esta noche..."

Tenía mérito, porque mi padre no era un campesino como los demás —tal vez por eso lo quería tanto—; no tenía tierras, éramos demasiado pobres, y tampoco se contrataba para cultivarlas.

No trabajaba la tierra, la contemplaba. Pasaba las horas estudiándola. No hacía nada. Aquello no lo veía bien mi abuelo materno, que se lo reprochaba; pero tal vez era mi abuela la que le impulsaba un poco a hacerlo. Porque mis dos abuelos no tenían mucho que decir, ya que eran por lo menos tan raros como mi padre. Se pasaban el tiempo discutiendo: uno era republicano, el otro bonapartista. La gente de la aldea venía a escucharlos, era un espectáculo.

Mi abuelo Édouard, al que llamaban "el Africano", había hecho el servicio militar en Argelia. En aquella época todavía se sorteaban los reclutas. No pudo pagarse un sustituto. Contaba la mar de cosas sobre los negros, los árabes, sobre un animal del Apocalipsis: el camello, y la gente venía a oírle en las veladas.

Conviene saber que soy de una aldea muy pequeña; ahora la carretera está alquitranada, pero entonces estaba llena de barro en invierno y de polvo en verano; todos llevábamos zuecos, nos alumbrábamos con petróleo y por la noche se subía "la palmatoria" a los cuartos. Nos calentábamos con leña, y mucha gente guisaba en la chimenea; tal era nuestro caso.

No faltaban los "perezosos" en la familia. Un tatarabuelo había sido maestro de escuela hacia 1850; era un ascenso de categoría, si se quiere, pero no era serio; aparte de la tierra y su posesión, todo lo demás era mera fantasía. Otro había sido jugador, era el baldón de la familia: ¡había perdido dinero! No ganarlo, pase, ¡pero perderlo...! Casi todos eran muy "contemplativos", era nuestra tara. El cura, en la doctrina, insistía mucho mientras me miraba: "La ociosidad es la madre de todos los vicios..."

Este vicio venía de lejos. Tenemos indudablemente algo de sangre mora. ¡Yo tengo facha de bandido! Pienso, y lo digo siempre, por el honor de la familia, que una de mis tatarabuelas debió de ser violada, aunque espero por ella que no opusiese resistencia. Sitúo tal acontecimiento hacia la fecha de la batalla de Poitiers, cuando fuimos invadidos por los moros.

Lo mismo que a los moros, a mi padre le gustaban las rosas, su flor preferida: "Hijo mío, la rosa es hermosa y cura".

Y, como a ellos, le gustaban los perfumes. Mi padre olía a espliego. Y, cosa increíble, bebía té con hierbabuena. Jamás le vi beber un vaso de vino. Nunca se emborrachó. Le tomaban por loco y decían: "*Camille be de l'äigo*... (Camille bebe agua)". Lo decían con desprecio.

Le encantaba la música. Teníamos un fonógrafo venerable y mi padre lo hacía funcionar como si se tratara de un instrumento precioso. "Hijo mío, escucha..." No tenía más que un disco, la marcha de los *Dragons de Villars*.

Como mi padre se pasaba la vida contemplando, observando, le tomaban por perezoso. Yo, cincuenta años más tarde, le considero un sabio.

En Gavarret, era un pato extraviado en la pollada de una gallina. No tenía la misma constitución que los demás, bajo, de aspecto más bien frágil, y sobre todo iba vestido como se viste ahora: un traje cruzado, con las solapas un poco altas. Usaba corbata y se afeitaba todos los días, su bigote era fino y suave y... ¡comía con servilleta! No tenía más que un par de zapatos, pero se los ponía a menudo, como un señor.

Tenía también unas manos extraordinarias, pequeñas, suaves, blancas, con los dedos algo cortos, y llevaba las uñas limpias y bien cortadas.

Además, en aquella región republicana, muy roja para la época —radical-socialista—, mi padre, aquel pobre, era muy de derechas. ¡Peor aún, era monárquico! Creo que en él no era una opinión política, sino más bien un sentimiento estético. Tenía pasión por la Historia, y los reyes, con su corte, sus penachos, sus palacios, incluso sus guerras, le parecían más hermosos que los gorros frigios y el olor a vinazo de los festejos populares.

Hacía cosas extrañas: comía ostras. Sólo las comió una vez, pero todo el pueblo vino a presenciar la degustación. Las había traído del mercado de Auch. Eran unas hermosas ostras de vivero, muy verdes; abrió una y me dijo:

—Hijo mío, aspira fuerte, huele a mar...

Por todas estas cosas debían haberle detestado, pero en nuestro terruño la gente no es mala. Mi padre era en cierto modo la curiosidad de la aldea, pero inspiraba algo así como respeto, y, además, era cazador; cazaba también furtivamente, pero, en el fondo, eso no les desagradaba.

Era también zahorí y, además, curandero. Venían a buscarle desde seis y hasta diez kilómetros a la redonda. Para descubrir el agua utilizaba una varita de avellano. Cuando todavía era muy pequeño, ya me había enseñado a sujetarla con las dos manos.

De niño, veía regresar a mi padre con enormes brazadas de plantas, con frecuencia en flor. Más adelante le acompañaba y me mostraba las plantas, las hierbas.

—Cariño, mira la "hierba que pica" —la ortiga—, tan áspera, pero si sabes cogerla, así, muy por bajo, no te picará. Cocida es buena para el estómago.

Le horrorizaban los nombres científicos, los nombres que vienen en los libros: "Los que les han dado esos nombres tienen la ciencia, pero no la experiencia".

Para él, la celidonia era la "hierba de las golondrinas". La ponía en todos sus preparados. Mi padre me decía que había descubierto una de las virtudes de esta planta observando un nido de golondrinas bajo el alero de la casa.

—Figúrate, yo veía que la madre llevaba una ramita de celidonia a su nido. No era para que la comieran sus crías. Entonces ¿para qué?

A fuerza de paciencia acabó por comprenderlo. La golondrina sostenía en el pico la planta y la frotaba contra la cabeza de uno de los polluelos, siempre el mismo, aquel cuyos ojos seguían cerrados. Cuando por fin los abrió, la golondrina no volvió a traer celidonia.

Me hablaba también de la aquilea o milenrama, a la que llamaba la "hierba del carpintero":

—Sabes, cura las cortaduras...

Por la noche, en el umbral de la puerta, contemplaba la luna, y cuando decía: "¡Qué pequeño está el cuarto creciente!", yo sabía que al día siguiente iríamos a coger plantas.

—Jamás con luna llena, acuérdate, su luz le quita todas sus fuerzas a las plantas; para que tengan toda su virtud necesitan mucho sol y poca luna...

Salíamos por la mañana, muy temprano, y nuestros zuecos

TILA

repicaban sonoramente en la carretera; era un ruido muy bonito, muy alegre... A las diez hacíamos un alto; el sol apretaba demasiado. Mi padre, entonces, sacaba del morral pan, ajos y, a veces, un trozo de queso de cabra, y comíamos "como hombres", lentamente, al estilo de los campesinos, para los que cada bocado cuenta; luego, hacia las cuatro de la tarde, cogíamos aún algunas plantas hasta que se ponía el sol.

Delicadamente, con ademanes cariñosos, mi padre tronchaba algunos tallos, cortaba algunas hojas o arrancaba raíces.

—Hijo mío, la bondad de una planta no está siempre en el mismo sitio. A veces se halla en su cabeza —la flor—, otras en su cuerpo —el tallo— o en sus pies —las raíces—. Mira, en la hierba de las golondrinas todo se utiliza y sirve para todo.

De esta suerte aprendí que del enebro sólo servían las bayas, que únicamente las hojas del llantén eran salutíferas, que de la rosa sólo se recogían los pétalos y del maíz la barba.

La estación tenía una gran importancia; en primavera y en verano salíamos casi todos los días.

—¡Hijo mío, ahora las plantas están llenas de amor! Pero en el invierno se enfrían, tienen sueño...

Así transcurrían las estaciones y, con ellas, los años.

No habrá nunca en el mundo una felicidad lo bastante grande para hacerme olvidar aquellos días pasados junto a mi padre.

La primera vez que le vi cuidar a alguien, se trataba de un

vecino al que conocía muy bien. Entró un lunes en nuestra sala, muy encorvado:

—Camille, ¿no tendrías una planta para mí? Siento como si tuviera algo clavado aquí.

Y señalaba su costado derecho.

—Eso es el hígado.

—¿De veras? Pero si estoy muy bien.

—Tú sí, pero él se siente mal y te lo dice.

—¡Bueno, pues no me gusta su conversación...!

Mi padre siempre hacía reír a los que venían a verle; decía que eso les hacía olvidarse de su preocupación y de su dolencia y que así estaban más propicios a recibir las virtudes de las hierbas.

—Camille, cuídame en tu casa, no quiero que lo vea mi mujer.

Mi padre cogió unos frascos que había encima de la chimenea, mezcló diversos líquidos en un cuenco, puso a remojar dentro un trozo de franela plegado como una compresa y se lo aplicó al buen hombre en el costado. Media hora después los dolores habían desaparecido. Agarrado fuertemente a la mesa, yo le miraba asombrado. ¡Era un milagro!

—¡Papá, eres tú el que le ha curado!

—¡Hijo mío, es Aquel que hace crecer las plantas!

Si descubría un venero de agua o sanaba a alguien, si mi madre le decía: "Camille, deberías cobrarles algo", contestaba: "Nadie me cobra el agua ni las plantas, sólo he tenido que tomarme la molestia de encontrarlas..."

Mi padre trataba las dolencias con pediluvios. Vertía lo que él llamaba sus maceraciones en tres o cuatro litros de agua, y los enfermos metían sus pies a remojo un buen rato. Lo había aprendido de mi abuelo, que a su vez lo sabía por su padre, y así se retrocedía en el tiempo. Poseía también la "Biblia de las plantas" de la familia, unos cuadernillos que se remontaban a un antepasado muy lejano, el cual, como casi no sabía escribir, había dibujado todas las plantas que utilizaba, anotando sus virtudes terapéuticas. Cuando no estaba muy seguro de lo que convenía hacer, mi padre los consultaba.

Si la gente acudía a mi padre con preferencia al médico, era sobre todo porque creían en las plantas, y esta confianza se extendía al hombre que las conocía. La fe que la gente tiene en las plantas viene de muy lejos. Acostumbrados a arrancárselo todo a la tierra, es justo que les procure también el medio de cuidarse. No ignoraban que existen farmacias. Pero, para ellos, se trataba de algo misterioso, inquietante. En primer lugar no disponían de dinero para acudir a ellas. Y, además, les daba miedo. Comprar una medicina quería decir que se estaba muy enfermo.

Se visitaba rara vez al médico, era una persona muy importante. Por eso la gente se había asombrado mucho al enterarse de que el doctor Salis, el médico del lugar, había venido a hacerse tratar por mi padre.

Fue toda una historia. Para que no se supiese, esperó a que fuese de noche y detuvo su cabriolé bastante lejos. Llegó hasta casa pegándose a las paredes y con la frente roja de vergüenza. Cuando entró, mi padre se quedó asombrado.

—Camille, sufro de retención de líquidos. ¿Tienes plantas que hagan orinar?

—¡Vaya! Si sólo se trata de eso, le voy a ayudar.

Y de golpe y porrazo toda la casa se puso en movimiento. Mi madre puso a hervir una gran cantidad de agua y mi padre me gritó:

—¡Ve a buscar la menta, trae ortigas, no te olvides de la hierba de las golondrinas, las barbas de maíz y la salvia...!

Mientras yo buscaba las plantas el médico se desnudó; llevaba calzoncillos largos color malva... ¡Nunca había visto calzoncillos de color! Y allí, en nuestra sala, el doctor Salis tomó un baño de asiento con las plantas de mi padre. Vi como se iba despojando de su caparazón de suficiencia y se convertía sencillamente en un hombre ante aquel Camille al que miraba habitualmente por encima del hombro.

¡Naturalmente! Camille sanaba, pero para él no era más que un acto sencillo, un acto caritativo.

No creo que tuviese el "don", que fuese magnetizador. Pero emanaba de él una fuerza extraordinaria. No había manera de esquivar su influencia, pero uno se sentía reconfortado.

Mi padre estaba preocupado por mi porvenir. Veía que yo no era muy fuerte, que no estaba hecho para trabajar la tierra, y aquello le llenaba de inquietud. El se sentía feliz con su vida, estaba hecha a su medida, pero una cosa era segura: cuidar con plantas no es una profesión.

Estaba empeñado en que fuese funcionario. Para mi padre un funcionario es una persona que viste bien, que tiene un retiro, vacaciones, que está bien relacionada, a la que se respeta. ¡Y no tenía que ser un funcionario cualquiera: chófer de la Prefectura de policía!

Mi padre acariciaba esta idea desde mi nacimiento. Y trabajaba por mi porvenir cultivando la amistad de Paul Jansou. El tal Jansou era un tipo que había "subido" a París. Era el hombre más célebre de la región. Tenía un empleo estupendo: chófer de la Prefectura de policía. Y todos los años, cuando Jansou venía de vacaciones a pasar un mes en nuestra aldea, Camille le llevaba las setas más frescas, la perdiz cazada aquella misma mañana, dispuestas sobre hojas de vid en un cesto de mimbres y tapadas con una servilleta muy blanca y planchada.

Mi padre le decía: "Más adelante, si pudieses recomendar al pequeño para que pueda..."

Mientras tanto, para prepararme a aquel magnífico empleo, Camille me hablaba siempre en francés.

—Hijo mío, el dialecto es la lengua de tu tierra, ha nacido de ella. Pero el francés es la lengua de tu patria, la de las ciudades, la de las gentes instruidas, que "saben"...

Era tan modesto, tan humilde, que jamás se le habría pasado por la imaginación que él "sabía" más que ellas.

Todavía veo a mi padre, por la noche, sentado ante la mesa alumbrada por el quinqué de petróleo, leyendo *le Chasseur français;* contenía bellos cuentos de animales que luego me contaba con su voz dulce, atento a la pronunciación de las palabras. Mi padre me enseñó a leer en *le Chasseur français*. Me mostraba los animales, los pájaros, las plantas, me enseñaba sus nombres, me recortaba letras que luego juntaba para que las deletrease. No aprendí a leer como todo el mundo. Y sobre todo no aprendí a vivir como todo el mundo. ¡Tal vez por eso soy un hombre feliz!

Para las gentes de nuestra aldea, Camille era un "extravagante", pero hoy día le considerarían un sabio. La verdad evoluciona. No hay cosa que más tema que esas gentes que se creen en

ORTIGA PICANTE

posesión de la verdad. Si hace treinta años hubiésemos dicho a nuestros padres que se iría a la luna, nos habrían hecho internar en un manicomio inmediatamente. Con el tiempo, nuestros nietos se burlarán de cómo vivimos en la actualidad.

Tan pronto como supe leer y escribir me enviaron a la escuela municipal de Gavarret. Guardo de ella un recuerdo punzante. Un día sustituyeron al maestro, que estaba enfermo, por una maestra que a mí me pareció muy bonita. Fue mi primer amor y mi primera pena. El cartero se detenía más de la cuenta para cortejarla. ¡Estaba terriblemente celoso de aquel cartero que lucía unos hermosos bigotes! Le birlé entonces las agujas de hacer calceta a mi madre y pinché los neumáticos del cartero, haciéndoles tal vez más de cien agujeros... ¡Siempre he sido muy apasionado!

Fue la primera y la única paliza que me dio mi padre. El que me la hubieran dado a causa de mi amor me hacía parecer más importante a mis propios ojos.

A los diez años ya no tenía nada que aprender en mi escuelita y me enviaron al liceo de Auch. Una ciudad con calles en las que no crecía nada. Y clases tan grandes como toda nuestra casa, con compañeros que no todos eran hijos de campesinos; para mí fue una aventura asombrosa.

El año transcurrió con rapidez. Tenía once años cuando mi padre murió de un accidente de caza. Al saltar una zanja se le disparó la escopeta. Cuando llegué, por la noche, las mujeres del pueblo estaban allí, muy enlutadas, susurrando el rosario, y los hombres dejaban sus zuecos delante de la puerta, entraban en grupos de dos o tres, se quitaban el sombrero y permanecían inmóviles. Decían unas palabras a mi madre y se marchaban. Aquella noche comprendí que el "extravagante" era muy querido.

Me dijeron que mi padre estaba acostado en el cuarto, en su cama, por última vez, y no quise verle. Hice bien; para mí la última imagen de mi padre no es la de un muerto en su cama, es la de un ser vivo que me dice: "Hijo mío..." Tenía una pena enorme, pero no sabía que mi vida feliz se había terminado para muchos años.

Ya no teníamos casa, mi madre se había colocado de criada en la de un banquero. Mi tío me cogió de la mano y me llevó a Lectoure. Obtuve una beca y entré interno en el colegio Maréchal-Lannes.

Hacía un hermoso sol de otoño, pero cuando me encontré encerrado en el patio rodeado de altos muros, tuve frío. Comprendí que la luz no entraba en aquellos sitios, que siempre estarían sombríos. El suelo era de una tierra dura como piedra, apisonada por las galochas de los alumnos, ¡sin una planta!

¡Iba a vivir sin ellas, me parecía imposible! Pero de pronto todo cambió: en una grieta del muro descubrí un brote de celidonia, no muy grande ni rebosante de salud, como los que yo conocía. Pero, de todos modos, era una celidonia, la planta "mágica" de mi padre.

Desde entonces ella es también mi mascota. ¡Buena falta me hacía el día de mi entrada en el colegio de Lectoure! Y sin embargo había llegado allí muy seguro de mí, cubierto de laureles: en mi último año de estudios primarios en Auch, había obtenido veintidós premios, incluidos los de gimnasia y canto. ¡Después he cambiado mucho y desafino terriblemente al cantar! ¡Me bastaron unos cuantos días para comprender que mis laureles eran unas pobres hojas secas que no inspiraban respeto a nadie! ¡Verdad es que se trata de una planta que sólo sirve para cocinar!

La gente es muy dura con un niño pobre, sobre todo cuando su padre acaba de morir y carece de protección. Los niños son crueles. Los internos tenían en sus alacenas una caja de provisiones que yo no tuve nunca. Ellos, entonces, venían a comerse delante de mis narices sus conservas, sus empanadas, sus mermeladas. "Ellos" me gastaban toda clase de bromas de mal gusto. Yo no tenía más que una sábana; una noche "ellos" la cogieron, la remojaron y luego la volvieron a poner en mi cama; me pasé la noche en el suelo, tiritando.

¡Todos los inviernos pasé un frío indescriptible! Guardaba todos los periódicos que encontraba y me servían de manta. Más tarde, cuando estuve en cuarto año de bachillerato, como formaba parte del equipo de rugby, la cosa mejoró un poco. Los directivos me dieron una sábana y me prestaron una manta.

Pero lo más penoso para mi orgullo de "morito" fue la historia de la blusa. Llevé la misma desde el primer año de bachillerato hasta el cuarto. En el primero me estaba larga, en el cuarto, corta. Me estallaba y se había vuelto gris. Acabaron por llamarme "blusa gris". Era una tontería, pero me hacía sufrir.

Nadie era indulgente conmigo. Con excepción del director del colegio, los profesores me tenían ojeriza. En cuanto se producía el menor ruido durante la clase, sin volverse siquiera, decían: "¡Mességué, salga fuera!" No siempre era inmerecido, yo era muy turbulento, probablemente porque me abucheaban y me gastaban pullas; entonces, para darme importancia, hacía el payaso.

¿Para qué tener miramientos conmigo? Sabían que mi madre no se habría atrevido a quejarse al director.

No es posible imaginarse lo que puede sufrir un chico pobre en medio de hijos de terratenientes acomodados. Todos se marchaban los sábados por la tarde a sus casas mientras yo me quedaba allí, plantado, con cara compungida. Los domingos daba una vuelta por las afueras con un vigilante, lo que a este le fastidiaba mucho. ¡Sin duda tendría algo mejor que hacer! Aquellos paseos me hacían revivir. Haciendo repicar mis zuecos, y más tarde mis galochas, corría con mi esclavina flotando al viento. Y sobre todo cogía plantas a pesar de mi vigilante, que encontraba humillante atravesar la ciudad con aquel chiquillo mal vestido y que, encima, llevaba puñados de hierba que le asomaban por los bolsillos. Antes de regresar a Lectoure, me decía: "Me vas a hacer el favor de tirar todo eso antes de entrar en la ciudad".

Yo le contestaba: "Sí, señor", pero siempre me quedaba un

poco en el fondo de los bolsillos. Por la noche, debajo de la sábana, aspiraba su aroma y me dormía relajado, con la mejilla sobre un puñado de salvia, en la "barba del Padre Eterno" (achicoria silvestre) o encima de una amapola.

Sólo al cabo de mucho tiempo me atreví a replicar al vigilante:

—Mi padre las usaba para curar.

Un becario debe ser el mejor alumno de su clase, es lo natural, pero yo no lo era porque, para ganar algún dinero, hacía los deberes de mis camaradas, que me daban cinco, diez perras gordas por una versión latina; así es como conseguí, por fin, comprarme un par de galochas.

Uno de mis tíos me recogía en su casa durante las vacaciones estivales. Trabajaba para él recogiendo el heno, el trigo, haciendo gavillas, sólo trabajos penosos. Pero no me sentía desgraciado, estaba en el campo, y eso me bastaba. Además, en casa de mi tío podía hacer curas.

En nuestra región todavía se hacían muchos trabajos a mano. Se empleaban toda clase de herramientas, hocinos, hoces, hachas; los accidentes eran frecuentes y, como no había ninguna higiene, las heridas se infectaban con facilidad. Recordaba que mi padre decía al herido: "Anda a casa de Chicabout", era el tendero de comestibles, "y compra un poco de roquefort", y le hacía tomar dosis homeopáticas de aquel queso. Entonces, igual que mi padre, yo miraba las heridas y, para las que no tenían buen aspecto, decía: "Anda a casa de Chicabout..." Cuando era "pequeño" aquello me parecía maravilloso. Ahora que se conoce la penicilina, no se ignora ya que el moho del roquefort la contiene.

Mis plantas eran el último lazo que me unía a mi padre... Seguía recogiéndolas, las ponía a secar en mi taquilla del dormitorio, atiborraba con ellas mi pupitre en la clase.

Tenía tan pocos amigos que disponía de todo mi tiempo para observar a los demás. Acechaba sus indisposiciones. Me decía para mis adentros: este tiene algo en el hígado, aquel en los intestinos... Para comprobarlo les preguntaba cómo se encontraban. Aquello debía extrañarles mucho. Por lo general, me contestaban y yo me ponía notas. En esta clase de deberes alcanzaba con frecuencia dieciocho puntos sobre veinte. Jamás me ponía veinte.

MILENRAMA

Era, ya desde entonces, prudente. Me preguntaba: "¿Qué habría hecho mi padre?" Es la pregunta que más veces me he hecho en la vida. Entonces recitaba las fórmulas de las maceraciones. No quería perderlas y no tenía más libro que la memoria. Para mí, conservar los conocimientos de mi padre era más importante que todo lo que me enseñaban.

Había cogido en la basura algunas botellas y las llenaba con mis preparaciones. Vigilaba la conservación de los líquidos, que no era muy larga, porque no podía hervir el agua. Pero, después de todo, la cosa no tenía importancia. ¡Mis preparados no servían para nada!

Cuando me sentía demasiado triste abría el pupitre y, escondido detrás de su tapa, con los ojos cerrados, me llenaba la nariz, los pulmones del olor bueno y sedante de las plantas; la clase desaparecía; estaba en "mi" bosque, al lado de mi padre.

—¡Mességué! ¿Es suyo eso? —resonó una tarde en clase.

Un camarada me atiza una patada en las piernas, cierro el pupitre y veo al señor director mirando hacia abajo y señalando el suelo con el dedo.

Un caracol amarillo con rayas negras se deslizaba por el pavimento gris, seguido de otro. Me hubiera sido difícil negar; un rastro de baba brillante permitía seguir sus huellas hasta mi pupitre. Además yo nunca mentía, es algo que me horroriza.

—Lléveselos... y, ahora, abra su pupitre y tire todas esas porquerías... Si por lo menos fuese para hacer un herbario. ¡Pero ni eso! Su pasión por las plantas le perderá. ¡Salga, Mességué!

Tras los cristales de la clase, el cielo cambiaba con las estaciones, pasaban los años, la época de las novatadas había terminado. Yo estaba entre los mayores y jugaba al fútbol los jueves por la tarde, pero los domingos era medio de abertura en el equipo de rugby de la ciudad, ¡casi un profesional! Me pagaban dos francos cincuenta, me convidaban a cenar en un pequeño restaurante de Lectoure y me llevaban de regreso al colegio en un coche particular. ¡Ahora eran los otros los que me envidiaban!

Ya no recogía plantas por los caminos ni en los bosques... Me habían dicho tantas veces: "Maurice, eso de las 'hierbas' no era serio por parte de tu padre, más le hubiera valido trabajar para tu madre y para ti". Me habían dado tantas lecciones de moral por todas partes que sentía un poco de vergüenza. Fue la época en que renegué de mi padre.

Además, las chicas me habían sorbido el seso. En nuestro colegio, chicos y chicas estaban juntos. En segundo año estaba ya muy enamorado de una chiquilla de mi edad que se llamaba Simone y que era una preciosidad. Como yo no tenía más que trece años, la cosa no tenía importancia para nadie. En quinto año había pensado hacerme médico por el amor de una muchacha que se llamaba Jeannine; de vez en cuando me concedía un beso. Le recitaba versos, le enviaba poemas, le hacía sus deberes. Cuando quería concederme un "honor" supremo, Jeannine me lavaba la camiseta de rugby... No la he olvidado nunca.

Aprobé mi primer bachillerato a los diecisiete años; el de filosofía a los dieciocho. Durante este último año renuncié a la idea de estudiar medicina, pues la verdad es que éramos demasiado pobres. Quería preparar una licenciatura y entrar en la enseñanza. Iba tal vez a convertirme en el funcionario distinguido con que tanto había soñado mi padre. Tenía diecinueve años cuando estalló la guerra. Con toda la fogosidad de mi temperamento gascón me presenté voluntario y no tardé en encontrarme, después de la derrota, en los servicios de la censura de correos, en Montauban. Debía este enchufe a mi club de rugby, que había intrigado para que me quedase en la región.

La censura estaba instalada en el primer piso del edificio de correos; éramos una docena, entre militares y civiles, los encargados de abrir las cartas al vapor de agua sobre unos recipientes especiales.

Para mí, aquel trabajo era desconcertante. Los campesinos escriben poco. Para mi padre, la llegada de una carta era una ceremonia importante: el vaso de vino al cartero, la lectura de su nombre —¡siempre puede haber un error y no se debe abrir una carta que no va dirigida a uno! Tan sólo entonces la hoja del cuchillo daba rienda suelta al destino. ¡Y he aquí que yo abría centenares de cartas que no me iban dirigidas! Para abrir la primera tuve que hacer un esfuerzo. Empezaba por: "Amor mío..." Fue como si hubiese mirado por el ojo de la cerradura...

Leía aquellas cartas con una especie de avidez. Sentía que a través de las frases de aquellas gentes había algo que aprender, pero no sabía qué. Estaban atormentados por toda clase de sentimientos, se hacían muchas preguntas. Se quejaban también de distintas dolencias físicas. Cierta vez, al ver una escritura temblona, deformada, pensé: "Es de un hombre enfermo, viejo". Era de un joven de veinte años que decía: "No estoy enfermo, pero es peor, ya no tengo ganas de vivir..."

Y unos días más tarde, el mismo joven, con una letra firme, escribía: "Todo va bien; he recibido noticias de ella, estaba loco..."

No se equivocaba, lo había estado por unos momentos.

Era trivial, pero para mí fue una revelación. Había visto siempre las cosas demasiado simplemente: se ha comido mucho, se ha empinado el codo, uno se siente mal, todo le vuelve a uno gruñón, le pone de mal talante. Pero nunca había llegado a imaginar que existiese lo contrario; cuando la mente o el corazón no están bien, el cuerpo les sigue.

Este descubrimiento me pareció de capital importancia. Estaba seguro de que, ante todo, hay que calmar al paciente, darle confianza, comprenderle... ¿Mis plantas y yo tendríamos ese poder?

Para mí, los hombres son como las plantas. Lo bueno y lo malo existe en ellos. Incluso la mejor de mis "buenas hierbas", en dosis demasiado altas, puede ser peligrosa y hacer daño.

Tal vez un poco a causa de este parentesco entre la naturaleza y los hombres sienta por ellos la misma curiosidad, el mismo amor que el que tengo a mis plantas. Me es muy útil para cuidarlos.

Hubiera estado seguro de que se burlaban de mí si me hubiesen dicho que estaba poniendo los cimientos de mi terapéutica, que descubría un principio que iba a aplicar toda la vida: cuidar al enfermo más bien que a la enfermedad.

Mi comportamiento era totalmente paradójico. Había renunciado a curar. Y sin embargo, cuando me paseaba por el campo cogía plantas. Las ponía a secar, preparaba mis maceraciones. Me decía: "Si un día las necesitases, las tendrías a mano". ¿Quién habría podido pedírmelas? ¡Nadie!

Tan sólo el comandante Muklautz conocía mi origen. El fue quien hizo que cuidase al almirante Darlan.

Había venido a Montauban en viaje de inspección. Tenía una periartritis en el hombro. (Es precisamente el tipo de dolores ante los que la medicina y las terapéuticas tradicionales se muestran con frecuencia impotentes.) Habló de ello al comandante Muklautz, que le dijo:

—Tengo un hombre en la censura postal cuyo padre curaba por medio de plantas. ¿Por qué no prueba usted?

El almirante François Darlan, antiguo jefe supremo de la Armada, era entonces vicepresidente del Consejo, el segundo personaje del Estado francés, al que llamaban "el delfín". No es que estuviese asombrado, me sentía apabullado. La cita era a las ocho. A las seis estaba haciendo cola en el mercado para no conseguir más que una col, un manojo de berros y un huevo.

Con mi col y mis berros envueltos en papel de periódico bajo el brazo, mi huevo y mi frasco de maceración para los reumatismos en el bolsillo, me presenté ante Darlan.

Bajo, bastante grueso, vestido con un traje gris —su color preferido—, muy nervioso, iba y venía por la habitación.

—Entonces, ¿tú eres Mességué? ¿De dónde eres?

—De Gavarret, en el departamento del Gers, señor.

—Somos paisanos, yo soy de Nérac.

Le miré tranquilamente, me parecía simpático. Como no tenía la menor noción sobre los poderosos de este mundo, no me impresionaba, estaba serenamente inconsciente. Una cosa, sin embargo, me turbaba: ¡era mi primer enfermo! Y mientras le contestaba, iba anotando mentalmente: nervioso, complexión más bien sanguínea, falta de ejercicio. Me recordaba a uno de mis

CELIDONIA

profesores que comía demasiado de prisa y se congestionaba después de las comidas.

—Entonces, ¿te dedicas a curar?

—No, señor; mi padre me dejó algunos tratamientos que alivian ciertas dolencias.

—Por lo menos tú no cuentas cuentos. ¿Y qué es lo que das, gotas, infusiones?

—No, para lo que usted tiene hago unas cataplasmas de plantas.

—Bueno, pues empieza. Lo que me duele es el hombro derecho.

Se veía que le dolía mucho. Se quitó la chaqueta y la camisa con dificultad. Nadie se atrevía a ayudarle, naturalmente. Se sentó y me dijo:

—¡Empieza...!

Aquella orden me dejó sin facultades. Cierto es que había dado algunas recetas, pero cuidar, tocar a un enfermo, aplicarle una cataplasma... ¡no lo había hecho nunca!

—¿A qué esperas?

—Necesito un recipiente y un tenedor para batir una clara a punto de nieve.

Creí que se iba a vestir.

—Tu receta es un remedio casero. Bueno, que le traigan lo que ha pedido. Pero no tardes, tengo mucha prisa...

Piqué muy menudo las hojas más hermosas de la col, a las que había quitado las venas gruesas, junto con los berros; añadí la "hierba de fuego" (ortiga picante). Lo amalgamé todo por medio de la clara de huevo, batida hasta darle gran consistencia. Luego extendí esta preparación sobre una muselina, formando una especie de cataplasma, doblé el tejido, sobre el cual vertí una cucharada de café de mi maceración, y le apliqué aquel emplasto en el hombro.

—Tiene que conservarlo toda la noche y completar el tratamiento con baños de manos.

Sonrió, casi se rió.

—¿Es que tienes la intención de hacerme tomar baños de manos?

—Son indispensables. Le daré mi frasco.

—¿Crees en su eficacia?

—¡Sí, señor!

Una hora antes, si me hubiesen hecho esa pregunta, no sé de cierto lo que habría respondido. Seguramente no lo habría hecho en la forma que acababa de hacerlo, con una fe tan grande. Aquel "sí" me asombró. Tuvo el poder de hacer que el almirante se decidiese a tomar los baños de manos. Comprendí que la confianza en mí mismo tenía una importancia tal vez más grande que la del enfermo.

Fue una suerte que Darlan no me preguntase la razón de aquellos baños de manos, porque la ignoraba. Mi padre los recetaba y yo hacía como él. ¿Le habían explicado que las palmas de las manos y las plantas de los pies eran más sensibles, más receptivas? Aquello venía seguramente de una tradición oral que se había transmitido en nuestra familia. También ignoraba que los romanos utilizaban de esta manera las aguas termales y con preferencia las gaseosas.

La rápida aquiescencia del almirante me asombró. No sabía que un enfermo que lo ha probado todo está dispuesto a aceptar cualquier cosa, incluso, y sobre todo, lo que le parece incomprensible. Cuanto más nos alejamos de la medicina tradicional, que no ha conseguido aliviarle, más dispuesto está a creer. Lo incomprensible no le inquieta sino que le tranquiliza. Es la razón del éxito de innumerables charlatanes.

El almirante Darlan me llamó otra vez a Vichy. Me dijo que el hombro no había vuelto a molestarle, pero me pidió que le diese una botella de mi producto, como medida de prudencia.

El paso de Darlan no cambió en nada mi vida. Estaba agradablemente embotado por un bienestar monótono y cotidiano. Todos los domingos jugaba al rugby en el equipo de Montauban. Ganaba mil quinientos francos (1) al mes por abrir unas cartas que no estaban dirigidas a mí. ¡Hacía sol; las chicas eran bonitas y no se me daban mal; era cuanto deseaba!

Pasaba el tiempo; llegó el año 1944, y yo formaba parte de los contingentes designados para el S.T.O. (2). Como no me había presentado, una mañana vinieron a buscarme unos policías.

Aquella mañana éramos muchos en el andén de la estación y no debíamos ser unos "voluntarios" muy entusiastas, ya que mi rebaño estaba guardado por la policía y encuadrado por milicianos. Cuando nos dijeron: "Suban a los vagones", subí por un lado y me bajé por el otro, en la vía. Así lo hice, sencillamente, y me salió bien.

Para mí no quedaba más solución que unirme a las guerrillas. Me dirigí a las de Tarn-et-Garonne, donde me entregaron una pequeña cruz de Lorena, de aluminio, con el número 145. Mi grupo estaba destinado a la región de Dordoña del ejército clandestino. Durante la Liberación me batí en la célebre "bolsa de Royan" al noroeste de Burdeos.

Tenía veinticuatro años cuando finalmente fui desmovilizado. Ya era hora de que empezase a organizar mi vida.

CAPITULO II

Es más fuerte que yo: curo

En septiembre de 1945 conseguí un puesto de pasante en el colegio Fénelon, en Bergerac, Dordoña. Era un empleo de lo más modesto. Pero ¿qué otra cosa podía hacer? Había renunciado a la idea de estudiar una licenciatura. ¿Cuidar? Lo había tachado con una cruz...

Faltaban pocos días para que empezara el curso; había alqui-

(1) Se trata de francos de entonces.
(2) Servicio de trabajo obligatorio.

lado un cuarto no más grande que la celda de un monje ni mejor amueblado. Pero me gustaba.

La primera mañana que salí a pasear por el campo, que está muy cerca en Bergerac, recogí por los caminos de herradura, en los taludes, al borde de los campos de cultivo, botones de oro, celidonias, menta, ortigas, salvia... Aquellas andanzas eran para mí algo más que una costumbre. Eran una necesidad. Establecían un lazo entre mi padre y yo. Mejor aún, le daban una segunda vida... Yo le continuaba...

En virtud de estas recolecciones, mi alojamiento se había convertido en el "cuarto de las plantas". Las colgaba, las extendía. Maceraban en vasijas. Y, una vieja costumbre, llenaba frascos con ellas. ¡Era como si embotellase mis sueños! Allí, al menos, estaba en mi casa. ¡Nadie podía obligarme a tirar mis hierbas! Cuando abría la puerta y aspiraba sus buenos olores familiares, me sentía feliz.

Sentirse feliz es, ante todo, una disposición de nuestro espíritu. Tengo mucha suerte: soy apto para la felicidad. No necesito grandes cosas, tanto mejor si las tengo, pero las pequeñas me bastan. En el peor de mis días, contemplar por la mañana la tierna lanza de una hierba nueva me ha llenado siempre de una alegría tan profunda que me daban ganas de decir a Dios: ¡Gracias!

Esta predisposición a ser feliz es tan importante que hay muchos enfermos cuya curación se ve frenada por su carácter. Cuando tengo que tratar a aquellos que en el Gran Siglo llamaban hipocondriacos, sé que la cura será más larga y los resultados inciertos.

Este era, verosímilmente, el caso del director del colegio Fénelon, el señor Decotte. Aquel hombre seco jamás sonreía. Sólo conocía su deber y lo cumplía con una delectación morosa. Felizmente para mí, un pequeño pasante tiene pocas ocasiones de habérselas con el señor director.

Los profesores hacían caso omiso de mí. La poca cantidad de calor humano que le es indispensable a un hombre la encontraba en los muchachos del equipo de rugby. Si este deporte ocupa un gran lugar en mi vida es porque siempre he encontrado en esos hombres lo que los demás me han negado muy a menudo. En cuanto a mis alumnos, jamás se me han indisciplinado. Era

ENEBRO

severo, pero creo que me querían bastante. Se debía a cosas muy sencillas: jugaba con ellos al rugby y los curaba. ¡Era algo más fuerte que yo, tenía que curar!

Un lunes, durante la clase de las cuatro, vi que uno de los chicos se encorvaba, con los labios apretados y muy pálido.

—¿Te encuentras mal?

—Sí, señor. Me duele aquí.

Me señalaba el hígado.

A las seis le puse una cataplasma que conservó toda la noche. Y al día siguiente ya no tenía ningún dolor. Los internos siempre están mal alimentados; por eso, los sábados, al volver a sus casas, comían demasiado: conservas, empanadas, salchichas, gallinas rellenas, todo cosas apetitosas pero grasientas e indigestas. Los lunes, su hígado atascado. Los menos resistentes caían enfermos y venían a buscarme.

Si hubiesen sido mis únicos "clientes" todo habría ido bien. Pero cuando venían sus padres, les contaban:

—El lunes pasado estuve enfermo. Y entonces el pasante me cuidó. Me puso una cataplasma de hierbas. ¡Figúrate, al día siguiente ya no me dolía...!

Esto hacía que el sábado siguiente la tía que tenía "dolores", el tío que tenía un peso en el estómago, el abuelo que andaba doblado en dos, vinieran a esperarme al locutorio del colegio. Al principio la cosa no trajo complicaciones; se creía que habían venido a causa de su chico. Pero al final había todos los días gente que me esperaba en el locutorio y que no eran ni siquiera parientes de los alumnos. Los recibía en el pasillo y les entregaba discretamente sus frasquitos de maceraciones mientras les daba algunos consejos. Aunque trataba de despacharlos de prisa, se eternizaban. El placer de un enfermo consiste en explicar sus dolencias con todo detalle. Naturalmente no les cobraba nada; además, jamás se me habría pasado por la imaginación.

No tardé en recibir más de quince personas por semana. ¡Jamás había visto tantas mi padre! El señor director tampoco. La lección iba a ser severa.

Aquel lunes, el señor Decotte entró en mi clase más seco, más desagradable que nunca. Estaba lívido de rabia.

—Mességué, quiero verle in-me-dia-ta-men-te.

Me hizo seguirle a su despacho. Después de más de veinte años, veo todavía su rostro implacable, sus labios apretados, y oigo su voz tajante:

—Por su culpa... estoy deshonrado. Ayer, en la misa, el señor Subprefecto no me saludó. Es la primera vez, ¿lo oye? ¡La primera...! Encargué a mi mujer que fuese a preguntar a la señora Subprefecta el motivo de aquella afrenta pública. ¿Y sabe usted lo que le contestó? "Señora, ¿se da usted cuenta de que entre su personal hay un charlatán", ¡usted, Mességué!, "que utiliza los locales administrativos para explotar a los padres de los alumnos? ¡Es un escándalo!" ¿Qué tiene usted que decir?

—Nada.

—En tal caso se compromete usted bajo palabra de honor a no volver a ver a nadie, o se marcha...

Y me marché... Me marché porque estaba harto de aquellas gentes mezquinas y de su estrechez de espíritu. Era demasiado injusto. Había tratado de hacer un favor a personas que habían venido a pedírmelo. No había cobrado un céntimo, y me echaban. A mi modo de ver, ¡aquello sí que era escandaloso! Estaba furioso, pensaba: "Estas gentes sí que son malas, su sociedad es mala". No estaba amargado, sino asqueado.

Mi padre decía: "El orgullo es la nobleza del pobre".

Sin ir a presentar excusas a Decotte, decidí marcharme a Niza. Escogí esa ciudad por ser la única en que creía conocer a alguien: al doctor Échernier. Cuando vivía en las cercanías de Toulouse, había sido "la gran amistad" de mi padre. Una o dos veces al año venía a saludarle en coche.

Mi padre invitaba al médico a comer, y mi madre, de pie, servía a "los hombres". Jamás la vi sentarse a la mesa con su marido y su hijo. Comía como una criada, delante del hogar. Esto no chocaba a nadie, era desde siempre el sitio de las mujeres.

A eso de las cuatro el doctor se marchaba. El ruido de su coche ponía en conmoción a Gavarret.

Camille se sentía orgulloso de estas visitas.

Acaso me hubiera olvidado del "señor doctor Échernier" si durante la guerra no hubiese recibido mi madre una carta suya. Decía poco más o menos: "Estoy en Niza y aquí es muy difícil el abastecimiento. Si pudiese usted enviarme algún paquetito, me haría un gran favor".

Mi madre había hecho lo que le fue posible.

Conservaba las señas del doctor en Niza: calle Chauvin, 3. Para mí, se trataba de un amigo de mi padre y de un médico, dos buenas razones para ir a pedirle consejo. Mi decisión estaba tomada; había funcionado en mí una especie de resorte, sabía lo que debía hacer: cuidar.

Mi padre lo había hecho. Pero jamás habría podido imaginar que "sus hierbas" pudieran servir para ganarse la vida.

Seguía mi razonamiento: "Dejaré a los médicos el cuidado de hacer el diagnóstico y me limitaré a poner mis hierbas a su disposición. Los médicos están en posesión de la ciencia; yo, de remedios eficaces; nuestra colaboración debe ser factible".

Más tarde aprendí, a mi costa, que esas ideas eran pura utopía. Pero aquel día me iluminaban. Así que, sin vacilar, cerré la puerta de mi cuarto "de las hierbas" y me marché.

NIZA me produjo un efecto extraordinario. Salir de la estación y ver aquel sol, aquellas flores, aquellas palmeras... Para mí, era la ciudad de la felicidad. Tenía veinticuatro años y llevaba en mi cartera todas mis economías: cinco billetes de mil.

Sin siquiera buscar una habitación, llevando la maleta, fui a la calle Chauvin, número 3. En una hermosa placa de mármol blanco podía leerse: CLÍNICA MASSÉNA. JEFE DE CLÍNICA: DOCTOR ÉCHERNIER.

Detrás de semejante placa esperaba encontrar al amigo de mi padre instalado como un príncipe de la medicina. ¡Decepción! Estaba en un pequeño despacho cochambroso, sombrío, lleno de libros, y había cajas con muestras de productos farmacéuticos por todas partes. Parecía viejo y cansado.

No me reconoció. Era natural: ¡hacía quince años que no me veía! Le dije quién era. Entonces exclamó:

—¡Ah!, tú eres el hijo de Camille... ¡Ah!, bueno... ¿Qué puedo hacer por ti?

No era tan ingenuo como yo; se figuraba, naturalmente, que si había ido a verle era para pedirle algo. Se lo conté todo. Me aliviaba hacerlo, era la primera vez que hablaba a un hombre con el corazón en la mano. Sin vacilar, terminé confesándole mi proyecto:

—En resumen, quisiera cuidar. Entonces he pensado que usted podría enviarme enfermos.

—¡Pero estás loco! ¡Cuidar! ¿Sin ser médico?

—Mi padre tampoco lo era y sin embargo lo hacía.

—Era en Gavarret. Tu padre era conocido allí, y apreciado por todos. Pero aquí, con tus hierbas, harías reír a la gente. Niza es la ciudad de Francia donde hay más médicos por metro cuadrado. ¿Y tú, que ni siquiera tienes un diploma, pretendes hacerles la competencia? ¡En tu pueblo no se duda de nada! ¿Cómo has dicho que te llamas?

—Maurice.

—Pues bien, Maurice, no soy muy rico —era evidente—, pero aquí tienes cincuenta francos. Vuelve a tu tren, esta misma noche, y ve a presentar excusas a tu director. Es lo mejor que puedes hacer. ¡Más tarde me lo agradecerás...!

—No. Gracias, doctor. Usted no quiere ayudarme, bueno, ya me las arreglaré.

—Te arrepentirás. Niza es la selva...

Aquella clase de razonamientos ya no podía detenerme. Los obstáculos, las mayores contrariedades jamás han conseguido desviarme del camino que me había trazado mi padre al decirme: "El hombre que ha pasado la vida siendo útil a sus semejantes, la ha ganado". Mi decisión estaba tomada.

Me había llevado una decepción con el doctor Échernier.

SALVIA

¡Tanto peor, me las arreglaría sin su ayuda! Lo primero que tenía que hacer era encontrar un alojamiento decoroso para recibir a mi clientela. Siempre me veré sentado en la terraza del Ruhl (1), con la maleta a mis pies, tomando un café y buscando en los anuncios por palabras de *Nice-Matin* una habitación. La orquesta tocaba, la gente iba bien vestida. Por el precio de mi único café hubiera podido pagarme una buena comida en Bergerac. Me había equivocado de sitio, pero eso no me preocupaba. ¡Y aquel día nada era demasiado hermoso para mí!

En este estado de ánimo fui a ver en la avenida Durante, número 5, en el octavo piso, sin ascensor, una habitación amueblada que se alquilaba con cocina y todo el confort.

¡Por una casualidad que me llenó de gozo, mi futura patrona era de Bergerac! Como nuestro acento nos hacía casi parientes, le dije que acababa de llegar de su tierra.

—¡Ah! ¿Estaba usted en el colegio Fénelon? Bueno, ya no dudo más, le doy la preferencia...

Pero me miró de la cabeza a los pies, y su examen me costó caro.

—¿Dónde está su equipaje? —Le mostré la maleta—. Sabe usted, en Niza, la costumbre —lo que no era verdad— es pagar dos trimestres por adelantado.

Y me hizo pagarle mil doscientos francos. ¡No era tan inge-

(1) El primer hotel de Niza, en aquella época.

nuo como para no darme cuenta de que no le inspiraba demasiada confianza!

Cuando me guardé la llave en el bolsillo me sentí invadido por una sensación de felicidad que no guardaba proporción con la realidad. ¡Qué maravilla, aquel cuarto allí arriba, con su balconcito en el que las palomas venían a comer en la mano! Y la cocina minúscula, casi un armario, con su grifo de agua caliente. ¡Qué comodidades!

Me quedaban apenas tres mil ochocientos francos. No tenía que perder tiempo para triunfar. Fui a ver a un impresor y le dije:

—Hágame unas tarjetas que digan: "Maurice Mességué. Tratamientos por medio de plantas. Recibe de dos a cuatro".

Con unas chinchetas clavé una en mi puerta. Retrocedí para ver el efecto. ¡Magnífico!

Sólo me quedaba informar a la portera de mis proyectos. Le di una de mis tarjetas y le dije:

—Cuando pregunten por mí, haga subir a la gente, y explíqueles bien el camino para que no se pierdan.

—¿Vendrán muchos?

—Seguramente, varios cada día.

Me tomó por un loco, y tenía razón.

Embriagado por mis sueños, no me había dado cuenta de que por el octavo piso de una casa, al fondo del pasillo a la derecha, no pasaba nunca nadie. Y para hacerme la publicidad más modesta, para enviarme el primer enfermo, no tenía ni amigos ni relaciones.

Empezó entonces para mí una vida maravillosa: todas las mañanas, al salir el sol, salía a pie a coger mis plantas en los campos de los alrededores, donde recolectaba un tomillo incomparable, mucho más fuerte que el de mi tierra, y en los que la salvia, la celidonia crecían muy pujantes. A orillas del Loup recolectaba botones de oro y reinas de los prados.

Las cogía con un cuidado meticuloso. Habían transcurrido más de catorce años y la mano de mi padre seguía guiando la mía. Todos mis paseos estaban florecidos de rosas rojas. Caían en cascada de todas las tapias, brotaban en todos los jardines... Eran las rosas preferidas de mi padre. A él, que tanto amaba la belleza, cuánto le habría gustado esta tierra de luz, de colores, de perfumes.

A eso de las diez me sentaba a la sombra de un olivo y comía pan, un diente de ajo, salchichón o queso de cabra. Bebía agua y gozaba de una felicidad perfecta.

Todo el tiempo que viví así fue como un "retiro". Me preparaba para cuidar. Aprendía muchas cosas. Había encontrado plantas que para mí eran nuevas, como el romero, la ajedrea vivaz, el hinojo, el orégano. Como habían despertado mi curiosidad, me compré algunos libros: el *Atlas de las plantas de Francia, útiles, nocivas y ornamentales;* el *Tratado práctico y razonado de las plantas medicinales indígenas; Plantas medicinales de Francia.*

Leía, instalado en mi balcón, con el oído atento al dedo que iba a llamar a mi puerta. Pues seguía creyendo que vendrían a consultarme. Extendía mis plantas, las colgaba en la cocina, las ponía a macerar, dosificaba mis preparaciones, llenaba con ellas los frascos, en los que pegaba marbetes. Mi farmacia estaba lista, tenía muchas plantas, pero ni un enfermo. ¡Ni uno!

No me daba cuenta de que me proponía ejercer la medicina ilegalmente. Ignoraba todo lo referente a los colegios médicos y los sindicatos. No iba a pasar mucho tiempo antes de que aprendiéramos a conocernos recíprocamente.

El tiempo pasaba y mi dinero se iba evaporando... Decidí entonces llevar maletas. Ignoraba que mozo de equipajes es una profesión sindicada. He llevado maletas a cuestas desde la estación a los coches y a los hoteles cercanos. Mozo libre no es una profesión muy envidiable. Me pagaban lo que querían. No era mucho, pero aun así era demasiado. Los sindicados, que llevaban una gorra, un número de metal que colgaba como una medalla de su chaqueta, me la tenían jurada. Si se les fuese a hacer caso, todos tenían familias numerosas, cuyo pan yo me estaba comiendo. Y como tenían la ley a su favor, me echaron.

Me habían aconsejado: "¡Ve a los grandes hoteles, se gana mucho...!" Fui, y mis ganancias fueron inmediatas. Todo el personal se puso en contra mía, botones, cocheros, porteros. ¡Al parecer les quitaba las propinas del bolsillo y mi presencia quitaba categoría al hotel!

El portero del Negresco me trató incluso de "holgazán, vagabundo, mangante, perdulario..." Es un señor con un vocabulario muy rico. Me prometió, además, que "me pondría de patitas en la calle de una patada en el culo" si me atrevía a volver a poner los pies en "su" hotel.

Aquel día no sé quién de los dos se habría quedado más asombrado si alguien nos hubiese dicho que yo volvería... ¡como cliente!

Mientras tanto, para asegurarme el pan nuestro de cada día, no me quedaba ya ningún recurso.

Cuando transportaba maletas, pasaba a menudo ante Schoum el Vagabundo, que ejercía su profesión de mendigo bajo el puente del ferrocarril. Era una especie de túnel largo, húmedo, sucio, lleno de corrientes de aire y que retemblaba al paso de los trenes. Era una especie de corte de los milagros, en la que se encontraban vagabundos, mendigos, vendedores clandestinos, todos rastreros y obsequiosos. Schoum se destacaba en medio de todos ellos. No pordioseaba, esperaba que se le diese lo que le era debido.

Tenía unos cincuenta años. Estaba escuálido, mugriento, con una larga barba y un gran sombrero. Todo el mundo le conocía, formaba parte de lo pintoresco de la ciudad, y recaudaba abundantes limosnas. En Niza, mendigar es una buena profesión. Schoum llegó a ser tan rico que le asesinaron, hace seis años, bajo aquel mismo puente donde había amasado, moneda a moneda, una fortuna.

A fuerza de pasar delante de él y a causa de su dignidad, me había acostumbrado a saludarle. Incluso le había preguntado:

—¿Por qué le llaman a usted Schoum?

—Es por mi botella.

Por uno de sus bolsillos asomaba una botella de a litro de vino tinto y por el otro una botella de Schoum, remedio clásico de los hepáticos. Como no hacía más que beber, cuando estaba malo, para hacer pasar el vino, echaba un trago de Schoum.

Era un hombre con experiencia. Cuando salía de su túnel, a las horas de comer, sabía dónde ir; yo, en cambio, no. Por eso, cuando recibí, simbólicamente, la patada del conserje del Negresco, fui en busca de Schoum.

ACHICORIA SILVESTRE

—Oiga, señor Schoum, no sé dónde ir a comer.

Levantó el borde grasiento de su sombrero de fieltro, se rascó la raíz del pelo, me miró y dijo:

—Sígueme.

Me encontré en el comedor de la beneficencia pública, sentado frente a Schoum. Estaba recubierto de eccema seco. Lo tenía en las manos, en la cara. Se rascaba mientras comía; sus escamas caían por todas partes. ¡Me daba náuseas! Entonces le pregunté:

—¿Quiere usted que le cure, señor Schoum? —Ni siquiera se dignó mirarme—. Señor Schoum, ¿no querría usted que le curase?

Esta vez me miró. En sus ojos azules, un poco fríos, podía leer: "¿Por qué se entromete este desgraciado?"

—Escucha, muchacho, duermo todas las noches en el asilo. Ya comprenderás que las monjas lo han probado todo. Me han embadurnado de azul, de rojo, de violeta... ¡Han probado todos los colores! Mi eccema está agarrado a mí para siempre. ¡Y tú quieres curarme!

Al día siguiente volví al ataque:

—Señor Schoum, ¿quiere usted que le cure?

—¿Eres médico? No. Así que déjame en paz...

El tercer día se me ocurrió una idea.

—Señor Schoum, si le diese un litro de vino, ¿vendría a bebérselo a mi casa?

—¿Por qué?

—Para seguir un tratamiento. Cada vez que viniese, le daría un litro de vino.

Si me empeñaba en querer tratar a Schoum, no era únicamente porque me repugnaba; su eccema rebelde constituía para mí un buen caso de experimentación.

Aquella mañana de finales de noviembre de 1945, me levanté antes de amanecer. Mi plan de ataque contra el eccema de Schoum estaba desplegado sobre la mesa en montoncitos de hierbas. Las palpaba para comprobar su grado de frescor. Iba de la mesa a la cocina a vigilar mis maceraciones, algunas de las cuales eran de la víspera.

De pasada modificaba una vez más, con una pulgarada, las dosificaciones. Quitando de un lado, añadiendo de otro... No estaba preparando un tratamiento para un eccema cualquiera; lo preparaba para el de Schoum. De mis dosificaciones dependía el éxito.

Había reflexionado mucho sobre su caso, decidiendo atacar en cuatro puntos: hígado-intestinos, para ayudarle a desintoxicarse. Riñones, para hacerle eliminar las toxinas. Nervios, para calmar sus picores. Y piel, para actuar sobre las herpes escamosas.

Para el hígado, ante todo la alcachofa, de la que no utilizo la flor, que es la parte comestible, sino las bellas hojas grises. Como produce efecto en algunas dermatosis de origen hepático, era para Schoum la planta milagrosa. Reforcé los efectos con las flores de milenrama, hojas de col y tomillo. Para los intestinos, escogí la correhuela o centidonia. Es un magnífico purgante.

Como diurético, los tallos de la retama escobera, la flor de la reina de los prados y las raíces de la grama. Para los nervios, la flor del tilo y del espino albar o majuelo. Esta hermosa "espina blanca" es uno de los mejores antiespasmódicos que existen. No tiene ninguno de los efectos tóxicos de los tranquilizantes químicos de que tanto se abusa en la actualidad. Finalmente, para el tratamiento de su dermatosis eccematosa, las flores de la salvia y las hojas de la bardana, a la que mi padre llamaba "hierba de los tiñosos" y de la que yo utilizo principalmente las raíces; las hojas de ortiga, cuyo efecto depurativo hace milagros en las afecciones de la piel, y, naturalmente, la inevitable celidonia.

Al hacer esta mezcla, no descubría nada nuevo. Mi padre seguía siendo toda mi ciencia y sólo hacía lo que él había hecho; pero ya no lo hacía a ciegas, razonaba respecto a mis composiciones. Es evidente que el día que preparé mi composición para Schoum no habría podido hablar con tanto primor sobre mis hierbas, explicar, con palabras tan medicinalmente exactas, los motivos de mi elección. Tales conocimientos los he ido adquiriendo a lo largo de los años.

El día podía acabar de amanecer, yo estaba listo. Incluso tenía sobre la mesa el litro de vino para Schoum. ¡En Niza, una ciudad que no es como las otras, pagaba yo a mi primer cliente! Creo que nunca he estado tan nervioso, esperando a un enfermo, como aquella vez. Al mismo tiempo sentía dentro de mí una confianza que estaba muy próxima a la inconsciencia.

En la gloria rosada del sol naciente, me sentía como un joven general dispuesto a dar su primera batalla. La que debe decidir su carrera.

Tenía razón, mi triunfo contra el eccema del "señor Schoum" iba a influir en toda mi vida. Semejante éxito estuvo a punto de escapárseme. Conseguir que Schoum tomase un baño de pies fue una hazaña que me costó Dios y ayuda.

Su primera mirada fue para su litro de tinto. Para pagarlo había tenido que fregar platos en un restaurante.

A razón de dos baños diarios durante un mes, mi enfermo se vio libre de su eccema. Y yo de mi dinero. ¡No me quedaba lo que se dice ni un céntimo! Lo cual no me impedía contemplar con satisfacción la piel nueva de Schoum, lisa como la palma de la mano.

Aquel hombre era agradecido, y en Nochebuena me dijo:

—Muchacho, eres un tipo raro con tus hierbas. Y eres más pobretón que yo, pero eres un buen chico; así que te invito. Vamos a celebrar la Nochebuena al Ejército de Salvación.

Y me comí con apetito mi sardina en aceite y mi pollo sin sentir ya náuseas a causa de Schoum.

Este me decía:

—Sabes, muchacho, en mi asilo, la madre Marie, la superiora, se ha quedado asombrada al verme libre de mis escamas, ¡tan sonrosado como un recién nacido! Me ha preguntado: "¿Pero qué has hecho?" Entonces yo le contesté así: "Hay un tipo que come conmigo en el comedor de la beneficencia, uno jovencito, que me ha cuidado obligándome a tomar baños de pies..." Figúrate que no se lo quería creer. Tuve que enseñarle los pinreles. Como estaban limpios, vio que le decía la verdad. Entonces va y me dice: "¡Para haber conseguido ese resultado, tiene que saber mucho, indudablemente!" Y me ha pedido tus señas.

Pasadas las Navidades, recibí la visita de la madre Marie. Unos cincuenta años, muy guapa bajo sus tocas almidonadas; ágil a pesar de estar bastante gruesa. Era la primera cliente que llamaba a mi puerta. Sentía ganas de darle las gracias. ¡Y fue ella la que me las dio por recibirla! Estaba nervioso, emocionado, no sabía qué hacer. ¿Por dónde debía empezar? Ignoraba que los enfermos son muy "sabios" respecto a su caso y que basta decirles con un aire a la vez grave y comprensivo: "Le escucho", para que os informen de todo lo que les pasa.

En mi turbación, le pregunté muy amablemente:

—¿Cómo está usted, madre?

Y me lo explicó todo respecto a sus "dolores". Mientras la escuchaba, iba examinándola. Era evidente que su columna vertebral tenía que soportar un peso importante. Y la pregunta me brotó espontánea:

—¿Le duelen las piernas?

Todavía no sabía que a ese dolor se le llama ciática.

—Sí, me cuesta mucho andar.

Leí en su mirada que le había inspirado algo así como consideración. En pocos minutos acababa de comprender que hay que dejar primero que hable el enfermo y demostrarle luego que se conocía su mal.

Y sin embargo, durante mis meses de espera, había tenido tiempo de prepararme para esta primera consulta, de prever que me faltaría aplomo. Para ayudarme a rehacerme y concentrarme, había decidido valerme del péndulo, cuyo empleo conocía muy bien. El mío consistía en una simple plomada de las que se utilizan en las clases de dibujo. Había pensado que serviría perfectamente para el caso, ¡y sirvió durante más de veinte años! Por lo demás, hubiera podido ejercer sin él. Para mí no es más que un

COL

amplificador de mi intuición, una especie de sexto sentido.

Mientras pasaba púdicamente mi péndulo sobre la madre Marie y comprobaba así sus "puntos" dolorosos, pensaba en el tratamiento. En su caso era muy importante que perdiera peso. Debía aumentar, en grandes proporciones, las plantas diuréticas.

Cuando la madre Marie se hubo marchado, me asomé al balcón y murmuré con toda mi fe:

—¡Padre, quiera Dios que no me haya equivocado!

En absoluto. La madre Marie adelgazó más de diez kilos en quince días. Y yo le dije:

—¡Madre, parece usted una jovencita!

Era verdad, y se ruborizó un poco en la sombra transparente de su toca.

Sus monjas eran enfermeras e iban a domicilio. Prestaban sus cuidados, y cuando un enfermo no respondía a los tratamientos que le aplicaban, le decían:

—Debería usted ir a ver al señor Mességué; ha hecho adelgazar a nuestra superiora. ¡Le han desaparecido los dolores!

¡Lo que yo tenía no era un ángel de la guarda, sino todo un convento! Por aquel entonces oía llamar a mi puerta hasta cuatro veces por semana. Luego subió a quince... ¡Estaba rebosante de alegría!

Me pagaban lo que querían, pues no me atrevía a fijar una tarifa. Algunos no me daban nada, otros un apretón de manos.

De todos modos había semanas en que llegaba a ganar doscientos francos. ¡Una fortuna!

Cierta tarde vino a verme Hortense Davo, una mujer bajita de cabellos grises, regordeta, que se había echado un abrigo sobre su blusa blanca.

—Señor, la madre Marie me ha dicho que venga a verle. Dice que usted le ha quitado sus dolores; a mí no me faltan, ¡ay!, y me hacen pasar las de Caín. Soy planchadora. Así que tengo siempre las manos húmedas con ese vapor de las planchas. Hay días que me digo: "No es posible; se te va a caer la plancha de la mano..." Si usted pudiese hacer algo por mí sería una buena acción. Me gano la vida con las manos...

Le di poco más o menos el mismo tratamiento que a la madre Marie.

—¿Qué le debo, señor?

—Nada.

Conservó la mano en el bolsillo de su blusa, donde debía haber guardado su portamonedas. Me lo figuraba de sólido cuero negro, como los de mis paisanas del Gers.

—Pero yo no me encuentro en la miseria.

—Ya lo sé, señora, pero me lo dará cuando la haya mejorado.

No me hubiera gustado cobrarle dinero a aquella mujer de más de sesenta años, que se pasaba el día entero planchando con sus viejas manos deformadas por el reuma.

Quince días después de su visita, una señora vino a verme de su parte. Su traje tenía esa costosa sencillez que, más tarde, he aprendido a apreciar. Lucía un diamante en su mano izquierda; jamás los había visto, pero supe en seguida que era auténtico... y que sufría de reumatismo; las articulaciones de sus dedos estaban ligeramente nudosas, y tenía las uñas estriadas verticalmente.

—Caballero, soy la mujer del doctor Camaret. Mi marido es presidente del sindicato de médicos de Menton. Le he hablado de los resultados que ha logrado usted con madame Davo, y ha sido él mismo quien me ha aconsejado que venga a verle...

Me decía aquello sencillamente, como si fuese la cosa más natural del mundo que un médico reconociese mi existencia.

Durante algunos instantes creo que perdí la cabeza. Había hecho sentarse a la señora Camaret y la observaba. ¿Qué debía hacer? ¿Podía utilizar mi péndulo? ¿No le parecerían demasiado simples mis preguntas? Vivía con un médico, debía conocer un montón de palabras eruditas. Pero luego me pasó por la imaginación la figura de mi padre cuidando al doctor Salis. Camille no había dudado de sí mismo.

Serenado, pasé mi péndulo por el elegante traje sastre de la señora Camaret. Examiné sus manos. Y, con todo cuidado, compuse su preparación para el reuma.

A PARTIR de aquel momento los acontecimientos empezaron a precipitarse. Me reclamaban de todas partes. Mi cuarto resultaba demasiado pequeño. El doctor Camaret hizo poner a mi disposición por el secretario del sindicato de iniciativas de Menton un chalet vacío, situado a la salida de la ciudad. Recibía allí en días alternos. Ya no me faltaban enfermos, tenía demasiados. El doctor Camaret, su mujer, sus amigos a los que había prestado mis servicios me los enviaban todos los días.

Tomaba uno de los primeros autocares y llegaba a Menton cuando la ciudad todavía dormía, pero ya, en la escalinata del chalet, sentadas, de pie, las gentes me esperaban. No rechazaba a nadie. No era por las ganancias, más de una tercera parte no me pagaba. Sentía, una especie de gazuza de curar y también una sed de experimentar que sólo podía ser calmada por ellos.

La vida que llevaba entre Niza y Menton y la recogida de mis "hierbas" era de una actividad desbordante. De todos modos, había encontrado tiempo suficiente para traer a mi madre.

Cuando supe que podía contar con diez clientes diarios, le escribí: "Tira tu delantal, ya no estás al servicio de los demás. Ven a reunirte conmigo". Le había encontrado un cuarto. Quería que conociese por fin el descanso, ella que había trabajado toda su vida.

Fue por aquel entonces cuando conocí al doctor Camaret. Había dicho, tímidamente, a su mujer:

—Si su marido pudiera disponer de algunos minutos que dedicarme, me gustaría mucho darle las gracias.

Y la señora Camaret me invitó a ir a su casa.

Dos días antes, por la mañana, me había visto en el cristal de un escaparate. No era posible, no podía ir a casa de los Camaret vestido de aquella manera. Creo que nunca me había mirado a un espejo. Me vestía porque no era costumbre andar desnudo. Pero aquel día no vacilé. En un verdadero sastre me encargué un verdadero traje, color palo de rosa. Cada vez que me acuerdo de él, ¡qué horror de traje!

Dos días más tarde llamaba a su puerta. Me hacen pasar a la sala. Y entra él. Un hombre de cincuenta años, canoso, mandíbula enérgica, mirada franca y boca bondadosa.

—Doctor, ha puesto usted en mí tal confianza que quisiera darle las gracias... ¡No, algo más! Sin usted...

Y le conté todo, mis dudas, mis desalientos.

Era la segunda vez que me confesaba a un médico. Pero él no me aconsejaba que me volviese a mi pueblo. ¡Todo lo contrario! A mí me parecía una maravilla escucharle.

—Conozco la importancia que las plantas tienen en farmacia. Usted posee conocimientos que nosotros apenas abordamos. A mi modo de ver usted es un especialista. Y estoy persuadido de que su colaboración puede ser muy útil.

Aquel médico decía lo que yo había pensado en mi soledad; era factible trabajar con un médico.

Para cada enfermo que me enviaba yo anotaba mis observaciones: la composición de mis maceraciones, las dosificaciones, las mejorías, las recaídas, y se las enviaba para que las controlase.

Fue un período extraordinario de fe, de entusiasmo, de trabajo, de estudios. Y me sentía tanto más optimista cuanto que iba a cuidar a mi primera personalidad importante: Mistinguett.

CAPITULO III

Mi buena estrella: Mistinguett

En aquella época se había despedido ya varias veces del público. Para mí, era la reina de las reinas. Se había retirado a Menton, al hotel des Anglais, que pertenecía a su sobrina, de la que se había convertido en invitada vitalicia.

Un amigo del que llamaré siempre "el buen doctor Camaret" me dijo cierto día:

—Hay una persona a la que usted podría aliviar mucho: es la "Miss".

—¡Se burla usted! No creo que ella me espere.

—Es muy posible que sí. No es tanto la edad lo que la impide pisar la escena, sino el reuma. ¡La tiene paralizada! Pero es muy desconfiada. No se fiará de usted hasta después de haberle visto. Juzga a primera vista, y sólo se fía de la impresión que se le produce entonces.

Como tenía que verla al día siguiente, me dijo:

—Llámeme usted por teléfono a su habitación. Y si está de buen talante, le pondré con ella.

Telefoneé a la hora que me había indicado sin muchas esperanzas.

—Precisamente estaba hablándole a Miss de "sus milagros". —¡Milagros! ¡Entre esa clase de gente no se tiene el sentido de la medida!— Le gustaría verle. Le pongo con ella.

En mi oído, la voz que sólo conocía en discos me dijo:

—Buenos días, señor. Al parecer usted es capaz de curar. Espero que hará usted algo por mí.

Estaba tan poco preparado para oírla que tartamudeé:

—Señora, ya puede usted figurarse que haré todo lo posible... La admiro tanto... Estoy tan confuso... Yo...

Se echó a reír, con su risa inimitable.

—Entonces venga a verme pasado mañana, a las once. Y sobre todo, no pierda sus dotes en el camino, vamos a necesitarlas los dos.

A las cinco y media ya estaba en pie esperando a que abriesen el mercado. Había pensado llevarle rosas. La temperatura era agradable, empezaba a amanecer. Toda la calle estaba llena de flores. Era como una gran fiesta. Me quedé mirando las rosas rojas, mis preferidas, y luego me dije que no parecería serio. Pensé también que tendría un aspecto ridículo cargado con ellas. Entonces ignoraba que las flores se envían.

Tenía casi seis horas de espera. Cogí entonces el autobús y me fui a pasear por los alrededores de Menton. Al paso, fue algo superior a mis fuerzas, cogí una rosa roja. ¿Para qué si, de todos modos, no me atrevería a dársela? ¡Ponérmela en el ojal de mi flamante traje palo de rosa sería todavía más ridículo! Me la metí entonces en el bolsillo de la chaqueta. ¡El gesto del chiquillo de Lectoure que escondía sus hierbas en los bolsillos...!

El jardín de su hotel estaba bien cuidado, con olor a espliego y a rosas. Las buganvillas trepaban exuberantes por las palmeras. En este escenario abrió ella una puerta-ventana que daba a una terraza. Yo estaba tres escalones más abajo. Ella hizo una "entrada" de music-hall en un *déshabillé* orlado de plumas de cisne... ¡Como en el Casino de París! Abrió los brazos y me gritó:

—¡Acérquese, joven...!

BOTON DE ORO

La encontré más hermosa que una joven de dieciocho años. Estaba tan turbado que no veía sus ojos sombreados hasta las mejillas, sus grandes dientes, como teclas de piano, sus arrugas... ¡y creo que jamás los he visto! Era ya una mujer vieja, de sesenta, ochenta años, no sabría decirlo. Para mí la belleza no tiene edad.

La seguí a su cuarto sin comprender aún lo que me pasaba.

—Creo que usted utiliza un péndulo...

Y en menos de un segundo, ya estaba acostada, boca abajo, en su cama.

—¡Vamos, empiece...!

Saqué apresuradamente mi péndulo del bolsillo; al hacerlo, la rosa cayó sobre la cama.

No sé si las rápidas oscilaciones de mi péndulo estaban influidas por el magnetismo de mi enferma o por el temblor de mi mano, ¡pero mi pequeña plomada, mientras se paseaba sobre la cintura de aquella millonaria, no estaba indiferente! Ni yo tampoco. ¡Qué piernas!

Volvió la cabeza hacia mí y leí en aquella mirada inquieta, humilde, la eterna pregunta de los enfermos:

"¿Qué opina?" Volví a ser el profesional.

—¿Qué me va a recetar?

—Una cataplasma en la zona de los riñones, que conservará toda la noche y renovará por la mañana. Se la prepararé esta noche.

—¿No las tiene ya preparadas?

—No es posible, empleo dosis diferentes para cada enfermo.

—No me extraña, parece usted una persona seria, tal vez demasiado...

Y volví a oír su risa. Mientras reía vi mi rosa roja sobre su cama. Alargué la mano para recuperarla, era un ademán desafortunado.

—¿Es usted quien la ha traído?

—La cogí... y...

—¿Para mí?

—¡Sí...!

—¡Es encantador que haya cogido usted una rosa para mí! No me habría gustado que la comprase. No me gustan las gentes que derrochan el dinero... ¿Hay plantas bonitas entre las que me va a poner usted en la espalda?

Para ella aumenté la dosis de col, pero no se lo dije. ¡Me pareció que era poco poético!

Esperé cuatro días para telefonearla.

—Estoy mucho mejor. ¡Venga!

Fui a su segunda cita casi tan emocionado como a la primera. Me esperaba sonriente. Al verme, me dijo:

—Mi pequeño Mességué. ¡Ya no me duelen las piernas!

Se remangó las faldas hasta muy arriba. ¡Realmente hasta muy alto! ¡Un gesto que le había producido millones! Ese día le valió solamente mi admiración, que era muy grande. ¡Qué peligrosa debió ser esta mujer!

—Maurice, me gusta usted. Siéntese aquí y charlemos un rato. Una mujer vulgar le habría regalado una pitillera o le habría dado un cheque por una suma importante. Y luego, buenos días, buenas noches, se acabó. Yo me voy a ocupar de su educación, de darle consejos más valiosos que el oro y que le permitirán ganarlo toda la vida. ¡Así le recompensaré de sus cuidados y usted me lo va a agradecer!

Iba a verla diariamente. Un día me dijo:

—Oye, pequeño, me has cuidado muy bien. Mañana cenarás conmigo.

Tal como me lo había pedido, me presenté a recogerla.

—Siempre puntual, eso me gusta. Tomaremos el taxi del hotel y cenaremos en el Negresco.

No eran sitios elegantes lo que faltaba en la Riviera. ¿Por qué escogió precisamente el Negresco? Como estaba seguro de pagar el taxi, pensé: "Tal vez el portero me vea pagar el taxi de Mistinguett, eso le impresionará. Pudiera ser, también, que ya no sea el mismo".

Al bajarme del coche pude ver que todo el personal era el mismo. ¡Los conocía a todos! Ante la puerta, mientras seguía a Miss, vacilé. Tenía miedo. ¿Y si aquel tipo odioso se pusiese a contar a todo el mundo: "Ese que está ahí, con mademoiselle Mistinguett, llevaba equipajes sin tener patente y yo le eché"? En aquel momento me daba un poco de vergüenza haber sido mozo de cuerda, era lo bastante tonto como para experimentar ese sentimiento. Ahora estoy orgulloso de haberlo sido...

Aquella cena con la Miss fue mi primer contacto con el lujo. Estaba un poco cohibido. Había muchos ingleses y todos llevaban smoking. Los miraba, eran los primeros smokings que veía en mi vida. Comprendía que era elegante, pero hacía demasiado serio. Yo, por lo menos, no lo era. ¡Llevaba pantalón azul, chaqueta verde y zapatos de un amarillo rojizo! Me parecía que iba a la última moda. Sólo comprendí más tarde la reflexión de la Miss al verme vestido así:

—¡Muy bien, Maurice, así se fijarán más en ti!

¡Un "papagayo" sentado a la mesa de una vedette es algo que no se olvida!

Fue la primera vez en mi vida que comí caviar. Esto me hizo pensar al mismo tiempo en la vez que había visto comer ostras a mi padre: la gente de la aldea había acudido a mirarle. ¡Nadie

TOMILLO

me miraba a mí, porque en la mesa de al lado tomaban igualmente caviar!

Luego un plato que no recuerdo, seguido de *crêpes Suzette,* café, champaña. Era lo único que bebía la Miss. Durante toda la comida me estuvo dando consejos.

—Maurice, tienes muchas cosas que aprender, pero contigo estoy tranquila, aprenderás pronto. Conozco a mucha gente, y los que no conozco quieren aparentar que me conocen: van a venir a saludarme, a pedirme autógrafos. Fíjate bien en mí, haré siempre exactamente lo que se debe.

Era asombrosa, lo dosificaba todo, sus sonrisas, sus gestos y la fuerza de su voz cuando quería hacer que la gente volviese la cabeza. Al presentarme decía, mundana: "Les presento al joven doctor Mességué. Un mago. Ya no tengo dolores".

Con superioridad: "¿Conocen ustedes al joven doctor?"

Insolente: "¡Cómo! ¿No conoce usted al doctor Mességué?"

Muy parisiense: "Querida amiga, un muchacho extraordinario, el..."

Protectora: "Maurice, lo vas a hacer por complacerme, harás el favor de recibir a X... o a Y..."

Era deslumbrador.

—¿Comprendes lo que estoy haciendo por ti? Mañana, en toda la Costa Azul se sabrá que un tal doctor Mességué me ha curado.

—Pero sabrán que no soy médico.

—Jamás les he dicho que fueses médico. Te he llamado solamente doctor. ¡Y los hay de todas clases!

Puso sobre mi mano la suya, cargada de sortijas.

—Pide la cuenta, la dejo de tu cargo.

Comprendí que era casi seguro que yo no llevaría dinero suficiente. Me levanté y fui a pedir la cuenta... al director, Paul Andrès. Era enorme... Decididamente, ¡no tenía suerte con el Negresco!

Le dije:

—Señor, sólo puedo pagarle la mitad. Le traeré el resto esta misma semana.

Me contestó:

—No se viene a comer a un restaurante como este cuando no se dispone del dinero suficiente.

—No sabía que una comida pudiese costar semejante precio. Y, además, creía estar invitado por Miss.

Mi ingenuidad le hizo gracia. ¡Conocía a su cliente!

—¡Bonita mentalidad, hacerse invitar por las mujeres! Y aparte de eso, ¿a qué otra cosa se dedica?

Se lo dije, y, unos días más tarde, su mujer y él se convirtieron en clientes míos. Ya no era yo el que les daba dinero, sino ellos a mí.

De 1947 a 1949, viví tres años extraordinarios. Para mí, Mistinguett había sido "un estreno de gala", el de mi entrada en un mundo cuya existencia ni siquiera sospechaba.

Ya no venían a verme solamente por reumatismos, crisis hepáticas, dificultades circulatorias o intestinales. Muchos enfermos empezaron a ser para mí casos de conciencia. Muchas veces me hice la pregunta: "¿Qué hubiera hecho mi padre?" Y Camille ya no tenía respuesta para todo. No había conocido lo que yo conocía. Sin embargo, yo lo sabía, estaba seguro de que "sus" plantas podían mucho. No tardaría en tener una demostración milagrosa.

Cierto día me llamaron de Marsella, a la clínica del doctor Bouchard. Había allí un hombre que se estaba muriendo. Naturalmente, antes de verlo, pedí su autorización a los médicos que le atendían. Me la dieron sin la menor dificultad, lo que se explica teniendo en cuenta que, cuando llegué a la clínica, el pobre hombre acababa de recibir la extremaunción. Estaba blanco como el papel y muy hinchado. ¿Qué había ido yo a hacer allí? A los pies de la cama, contemplaba al moribundo sin moverme.

Los médicos que le rodeaban me decían:

—¿Es usted el hombre que hace milagros? ¡Bueno! ¿A qué espera?

Entre ellos había uno que se portó muy bien. Me llevó aparte y tuteándome —yo era muy joven— me dijo:

—Escucha, no te ocupes de ese. Se morirá dentro de una hora o tres. ¡No orina desde hace dos días! No conseguirás nada, como no sea disgustos.

Entonces se me planteó mi primer caso de conciencia.

"¡Va a morir! Si me marcho, mi reputación no sufrirá menoscabo. Nadie me exige que haga milagros. Si le atiendo y se muere a pesar de todo, la cosa puede perjudicarme. Los médicos, que saben más que yo, le han sentenciado. ¿Qué hago...?" Todavía estaba perplejo cuando uno de ellos me dijo:

—¿Cree usted que le puede hacer orinar?

—Sí.

—Entonces, va usted a hacer un milagro.

Me lo habían advertido: "Sufre una crisis de uremia", y había preparado un tratamiento: celidonia, retama escobera y cardo corredor, el cual, en la farmacopea botánica, está considerado como el específico de la urea. Era todo lo que tenía para luchar contra la muerte.

Había dentro de mí una fuerza que afirmaba: "¡Lo vas a curar!" Y también pensaba: "Si no lo intentas, eres un cobarde. ¿Te dedicas a cuidar y no tienes confianza en ti?"

Cogí algodón, lo empapé en mi preparado y se lo apliqué a los riñones. Ya no notaba nada. Y esperé.

Fue, creo, la media hora más larga de mi vida. Todo el mundo se había marchado y yo estaba solo, a la cabecera de aquel desconocido, casi cadáver. Vigilaba su respiración, la sábana casi no se movía. ¡Media hora después, en su orinal, había casi la equivalencia de medio vaso! Una hora después, un vaso. Cuatro horas más tarde: ¡de siete a ocho litros...!

¡De esto hace veintitrés años, y todavía vive! Naturalmente, cuando estuvo en estado de comprender, se lo contaron todo.

Hace sólo unos pocos años que ya no viene a declarar en mi favor en mis procesos, pues ahora tiene ochenta y cinco años.

A partir de entonces ya no volvería a plantearme casos de conciencia; me diría: "Está perdido, debo intentarlo". Mis plantas pueden curar, pero no pueden matar. Y cuando la medicina renuncia, entonces es cuando llega mi turno...

No HACÍA mucho tiempo que había vuelto a Niza cuando un ingeniero parisiense, el señor Rameau, vino a verme.

—Caballero, he venido a visitarle porque los médicos ya nada pueden hacer por mí. Le he escogido porque usted no recurre a ningún don, sino a las plantas. A mi modo de ver, es una base científica posible.

Aquel hombre, a pesar de la enfermedad que le agotaba visiblemente, tenía todavía una gran energía.

—Sufrí los efectos de los gases en Ypres; hace más de treinta años que padezco asma crónica. Me asfixio continuamente. Duermo sentado en una silla. Algunos días me es imposible subir a una acera. El vivir me exige tal esfuerzo que más de una vez he pensado en poner fin a mi existencia.

El asma es una enfermedad que plantea siempre muchos interrogantes, con frecuencia hay que ir tanteando antes de obtener resultados. En su caso, como los antiespasmódicos eran muy importantes, escogí: espliego montaraz *(lavandula officinalis)*, salvia de los prados, celidonia y amapola, cuyos efectos son más ligeros que los de la adormidera y se soportan mejor. El tomillo actúa vigorosamente sobre el aparato respiratorio y el perejil es un excelente expectorante. En fin, aumenté en grandes proporciones las dosis de corazoncillo, una plantita muy linda a la que también llaman hierba de San Juan. Al cabo de media hora le di su receta para tomar pediluvios.

Después de leerla, me miró sin disimular su asombro:

—¿Cree usted, señor, que con esto voy a encontrar alivio? —se detuvo y prosiguió con humildad—: ¡Es todo lo que pido...!

—Confíe usted en que lo encontrará.

A decir verdad, era ya mucho lo que le prometía.

Algunas semanas más tarde, el señor Rameau experimentaba un verdadero alivio. Ni él ni yo nos atrevíamos a creer en él.

Tres meses después de su primera visita Rameau volvió a verme:

—Ahora creo en una mejoría muy notable y he venido a darle las gracias. Puedo asegurarle que no trata usted con un ingrato...

A pesar de que era "muy joven en el oficio" conocía perfectamente esa clase de frases. Siempre se quedaban en agua de borrajas.

Sólo mucho más tarde supe que mi amigo Rameau, pues ha llegado a ser mi amigo, había escrito a un semanario parisiense de mucha circulación la siguiente carta:

> Habiendo sufrido el efecto de los gases en la guerra de 1914-18, he padecido asma desde aquella época, hasta el extremo de que, en 1920, tuve que renunciar a toda actividad profesional. Gracias a un tratamiento por medio de plantas, el señor Mességué me ha curado. La mejoría ha sido tal que pienso reanudar mi trabajo.
>
> Soy funcionario y por lo tanto tengo poca indulgencia para todo lo que no es ortodoxo. Pero mi conciencia me exige dar a conocer mi restablecimiento. ¿Tenemos, tanto usted como yo, derecho a dejar que la gente siga sufriendo si existe realmente la posibilidad de curarla, como yo lo he sido?

Las consecuencias de esta carta contribuyeron a que se me procesase por primera vez. Esto demuestra la importancia que tuvo la visita de Rameau.

Unas semanas después conocí a la joven que iba a trastornar mi vida: Anne-Marie M... Era una linda muchacha, fresca, llena de vida, como las plantas del Mediodía. Pero tenía un brazo atrofiado plegado sobre el pecho como el ala de un pajarillo herido.

—Oiga, señor, he venido a verle porque mi padre, que es empleado de correos, se ha enterado por unos amigos de que usted es "como" un curandero. Entonces, comprenderá usted...

Y me mostraba su brazo. ¡Vaya si comprendía! ¡Como que se me saltaban las lágrimas: una chiquilla tan linda!

—¿Verdad que hará usted algo por mí? Tengo diecinueve años, ¿sabe usted?

—¿La han visto los médicos, señorita?

—¿Que si he visto médicos? He ido hasta Lyon para que me vieran. Me han dejado igual que antes... Dicen: "Hay que esperar". ¿Esperar a qué? Se me ha acabado la paciencia, señor. Diga, ¿cree usted que puedo encontrar novio con esto?

Tenía los ojos arrasados en lágrimas y evitaba pronunciar la palabra brazo. Yo no tenía valor para decirle: "Señorita, no puedo hacer nada por usted. ¡Mis plantas no hacen milagros!"

—Ese... ese accidente, ¿cuándo le pasó?

—No es un accidente. ¡Es de nacimiento!

¿Qué debía tratar? ¿Los nervios? Indudablemente. Pero ¿y luego?

OREGANO

—Señor, está usted reflexionando, como los otros. Dígame, ¿no me va a abandonar? ¿Va a intentar algo?

Sí, tenía razón, debía intentarlo todo.

—¿Le duele el brazo?

—Sí, cuando va a empeorar el tiempo. —Por lo tanto no era completamente insensible—. Pero lo único que siento es dolor en los huesos. Me han pinchado con agujas y no noto absolutamente nada.

Pensé con rapidez. ¡La atrofia es una especie de raquitismo! ¿Por qué no probar con cola de caballo? (A los animales que les cuesta trabajo sostenerse sobre sus patas se les da con buenos resultados la cola de caballo, asociada con col y berros.) Decidí emplear esos estimulantes con raíz de genciana amarilla y cebolla, además de antiespasmódicos, calmantes suaves y diuréticos.

Pero era la naturaleza la que había hecho así a aquella muchacha. Opondría la naturaleza a la naturaleza. ¿Triunfaría?

La verdad es que no tenía la menor idea. Le receté cataplasmas y baños de pies y manos.

—¿Cuándo tengo que volver?

—Al final del tratamiento, dentro de tres meses —le había recetado un tratamiento muy largo—; o antes, si observa la más leve mejoría.

—¡Oh! Gracias, señor.

A causa de esta joven nació en mí una horrible duda: "¿Y si yo no fuera más que un vendedor de ilusiones?"

Algunos meses después, serían algo más de las tres de la tarde, abrí la puerta para hacer pasar al "siguiente". Un joven alto, delgado, se dirigió hacia... la salida.

—Caballero, tiene usted mucha prisa, ¿adónde va?

—Ya no necesito verle. Sé a qué atenerme.

—Pero ¿quién es usted?

—Henri Mari, periodista.

Cuando el semanario parisiense recibió la carta del señor Rameau, pidió a su corresponsal de la localidad que le enviase un informe.

—¿Y por qué se marcha usted?

—Porque detrás de la puerta le he oído aconsejar a su cliente: una infusión de tila y azahar. ¡Cualquier mujeruca de aquí emplea esos remedios! ¡Me parece un poco fuerte cobrar dinero a la gente a cambio de un consejo que ni siquiera es una receta!

—No le he cobrado nada. No podía cuidarla.

—No me extraña. He visto lo suficiente y me marcho.

Hubiera podido enfadarme. Pero no sé por qué, aquel joven rebosante de honradez, de indignación virtuosa, me resultaba simpático.

—Usted no ha visto nada. Siéntese a mi lado, como un ayudante, y al final de la consulta tal vez haya "visto" algo.

E hice pasar al siguiente enfermo.

No es cosa fácil, cuando uno se siente observado, juzgado, hablar con la gente, escucharla, comprenderla. Es una cosa que exige una concentración que me costaba conseguir. ¿Qué estúpido orgullo me había hecho sentar a aquel joven de sonrisa irónica a mi lado? Además, debíamos tener poco más o menos la misma edad, y esta circunstancia no me ayudaba mucho.

—Mire usted, tengo dolores en la espalda, aquí, cerca de los riñones; he tomado una porción de cosas, pero no me hacen efecto. Siento además ardor en el estómago. Y el brazo derecho no puedo moverlo con facilidad...

Aquel buen hombre estaba resultando ridículo, y yo pensaba: "Si me habla de los pies, voy a soltar la carcajada". El que se me ocurriesen tales cosas, siendo como soy tan respetuoso con los enfermos, dará idea de lo nervioso que estaba. Sólo deseaba una cosa: librarme de él; le di un frasco de maceración para el reumatismo, añadiendo un calmante, amapolas, y un estomacal, menta, y le acompañé hasta la puerta.

Henri Mari me miraba sonriéndose. Saltaba a la vista: se estaba burlando de mí y a poca costa.

—¡Usted sabe lo que tiene su enfermo lo mismo que yo!

No tuve tiempo de contestarle. Anne-Marie acababa de entrar.

—Señor, he venido a saludarle.

Me tendió la mano. No a la altura normal, pero el brazo se había despegado del cuerpo.

—Mire... puedo...

Cogió una ficha sobre mi mesa.

—Su mano... se mueve...

—Sí, señor, ¡estoy tan contenta!

Y se puso a llorar como una chiquilla. Yo también sentía deseos de dejar correr las lágrimas. Me escocían los ojos. Me sonaba las narices... mientras repetía:

—Hijita mía... ¡Qué contento estoy...! Cuéntame...

Me había olvidado del periodista y de su escepticismo insultante. Ya no hablaba de tomar el portante, escuchaba.

—El primer mes no noté nada, mi padre me decía: "Ese tipo es otro charlatán más". —¡Ya había oído antes esa expresión!— El segundo mes sentí una especie de hormigueo en el brazo. Nunca había sentido eso... y luego la cosa ha empezado poco a poco. Moví un dedo, luego otro. Todos los días me ejercitaba, pero no decía nada. Quería estar segura para venir a verle.

—Señorita, ¿quiere usted decir que no podía mover el brazo

BARDANA

ni la mano? ¿Que este señor le aplicó un tratamiento y que ahora puede moverlos?

—Eso es exactamente lo que digo.

—¿Y está usted segura?

—Que si estoy segura... Sería usted capaz de hacerme dudar... Deme la muñeca. —El periodista se la tendió y ella maliciosamente le pellizcó—. ¿Lo ha notado?

—Perfectamente, señorita.

—Bueno, pues yo también. Y se lo debo al señor Mességué. Me ha hecho el más bello regalo de toda mi vida.

Al día siguiente, Henri Mari, que ha llegado a ser un amigo muy querido, empezó su encuesta. El señor y la señora M... le dijeron:

—¡Ese hombre ha hecho un milagro! Ha salvado a nuestra hija.

Era emocionante, pero no una prueba absoluta. Entonces fue a ver a los médicos que habían examinado a Anne-Marie. Fueron terminantes: no había nada que hacer; los médicos no tienen el poder de corregir las deformidades congénitas.

Henri Mari agotó todas las posibilidades. Yo podía haber pagado a los padres para que me atribuyesen una curación debida a otra intervención: en el barrio que habitaban le aseguraron que no habían modificado su tren de vida. La policía le dio excelentes informes de la moralidad de la familia. Finalmente, visitó a un especialista, el cual le dio la explicación "razonable" que buscaba.

—Es posible que el empleo de agentes exteriores, de factores físicos o químicos, al actuar en correlación con elementos síquicos, hayan modificado efectivamente los tejidos y la motricidad del órgano.

Mari envió su "encuesta" a su periódico: veinticinco páginas mecanografiadas. Me enseñó su conclusión:

"Hoy no creo más que antes en los curanderos. Maurice Mességué no es, ciertamente, un sabio que ha descubierto una nueva terapéutica. Pero hay que reconocer una cosa: ha aliviado a enfermos ante los cuales la medicina se muestra impotente. Se halla al margen de la legalidad y de toda investigación racional. Pero el hecho es que cura."

Sí, yo curaba y, después de aquello, estaba seguro.

CAPITULO IV

«Mi» presidente

CREO recordar que era el 26 de julio de 1948. En todas las esquinas me tropezaba con carteles anunciando que el congreso del partido radical-socialista se celebraba en el Casino municipal de Niza. La lista de los personajes importantes en el anuncio era impresionante. En cabeza, el presidente saliente: Édouard Herriot, alcalde de Lyon.

Quería oír al presidente Herriot por amor a la elocuencia y al lenguaje selecto. En el Gers hay dos cosas que nos entusiasman: el rugby y los discursos políticos. Pero somos entendidos y estamos tan dispuestos a silbar como a aplaudir.

Ya que Herriot estaba en la ciudad, ¿por qué me iba a contentar con escucharle? ¿Por qué no pedir que me dejaran verle? Seguía siendo muy ingenuo. Ver al presidente Édouard Herriot me parecía cosa fácil. Muy satisfecho de mi resolución, me presenté ante un pequeño grupo de hombres que guardaban la entrada del congreso.

—Buenos días, señores, vengo al congreso.

—¿Dónde está su insignia? ¿Y su tarjeta?

—No las tengo.

Me miraron. Verdad es que llevaba una camiseta de polo

granate, algo usada, y un pantalón azul petróleo que a mí me parecía muy chic. Aquel no debía ser el uniforme del perfecto congresista, ya que no me dejaron pasar. Encontré aquello poco democrático y me marché no muy satisfecho.

Dos o tres días más tarde llamaron a la puerta de mi casa de la avenida Durante, número 5. Abrí y me encontré ante un hombre vestido de negro de pies a cabeza, con un cuello muy blanco y tan duro que le obligaba a llevar la cabeza muy rígida.

—¿El señor Mességué?

—Soy yo.

Mientras le contestaba pensé: "Debe ser un alguacil". Hacía ya algún tiempo que me advertían "confidencialmente" que "mis actividades" no eran del agrado de algunos médicos.

—Permítame que me presente: Friol, director del gabinete del presidente Herriot. El presidente quiere verle con urgencia. ¿Podemos fijar una cita?

Y el señor Friol prosiguió, tan obsequioso como un maestro de ceremonias en un entierro elegante:

—Como el señor Herriot ha tenido que marcharse inmediatamente después de su reelección a la presidencia del partido, convendría que usted le reconociera en París. Le mandaré su billete para el tren de esta noche. Un coche estará esperándole en la estación de Lyon.

Cuando Friol cerró la puerta tras sí, traté de coordinar mis ideas. ¡Estaba desconcertado! ¡Cuidar yo al presidente Herriot! ¿De qué enfermedad? No iba a comprar hierbas en aquel París desconocido, en algún almacén, donde habrían perdido las dos terceras partes de sus virtudes. Cogí entonces una maleta y la abarroté con mis plantas y mis frascos. Mientras me vestía, no hacía más que mirarla. ¿Tal vez contenía toda mi nueva fortuna?

Lo que más me preocupaba era no saber la enfermedad que padecía Herriot. Me hubiera gustado poder prepararme. Había otra cosa que también me tenía intrigado: ¿Cómo se había enterado Herriot de mi existencia? No me lo imaginaba leyendo el semanario popular que había hablado de mí.

Al salir de la estación de Lyon, miré esa ciudad que llaman París, y en seguida me di cuenta de que no la comprendería. Mientras la cruzaba, en el automóvil con insignia oficial que había venido a buscarme, vi que era muy hermosa, pero no me hablaba al oído ni al corazón.

Me sentía sucio, arrugado, con un aspecto que me favorecía muy poco. Había hecho todo lo posible por arreglarme en el tren, pero no había sido gran cosa. Aquel día, a pesar de todas las lecciones de la Miss, no era más que un campesino del Gers recién llegado a París.

El chófer había recibido la orden de llevarme inmediatamente ante el presidente. En la puerta no supe dónde dejar mi maleta. ¡No podía, sin embargo, entrar con ella!

—Déjela ahí —me ordenó una mujer bajita y morena, de unos sesenta años, seca y enérgica.

Comprendí al momento que era Césarine, el ama de llaves de Herriot, que conocía por los periódicos. Con ella, el presidente estaba bien guardado. Me miró y no se le escapó nada.

—¡Vamos!, sígame...

Era el "¡Vamos!" de una mujer que había visto desfilar a mucha gente. Y entré en el dormitorio del presidente. Allí tuve que recuperar el aliento. Una habitación muy grande, llena de muebles antiguos desbordantes de periódicos, de libros, de ropas. ¡Había por todas partes! Y sobre la cama, como un islote de carne sobre un océano de sábanas, el presidente. Esperaba encontrarme ante "el alcalde vitalicio de Lyon", "el presidente inamovible de la Asamblea Nacional", el historiador de Beethoven, el amigo de Alfred Cortot, el pianista. Y tenía ante mí al "presidente" sentado en cuclillas en la cama, con un camisón arrugado que le llegaba a los muslos. ¡Unos muslos enormes, como una carcajada de Gargantúa!

Me miraba. Sus ojos eran vivos, maliciosos, un poco escondidos tras las cejas negras, la boca firme y bondadosa bajo el breve bigote. En torno suyo había unos hombres de aspecto importante.

Esperaba, sin saber exactamente qué.

—Les presento al curandero que me envía el doctor Camaret.

Aquel nombre me alivió, haciendo desvanecerse una de mis inquietudes.

—Acérquese, Mességué. ¡Pero qué joven es usted! Salude a estos señores. ¡Son los encargados de cuidar mis reumatismos desde hace años!

AMAPOLA

En sus miradas frías, irónicas, pude leer: "¡Un charlatán! ¡El presidente ha llegado a ese extremo! ¡Se está haciendo viejo!"

Salieron, muy dignos, y yo me quedé solo con Édouard Herriot. Me puse entonces a pensar muy de prisa; estaba en juego una parte de mi porvenir. ¡No podía equivocarme! Mi diagnóstico no era difícil de establecer. ¡El peso, he ahí el enemigo!

—Mi presidente —¡ignoraba que debe decirse: señor Presidente! Encontraba más afectuoso el "mi"—, ¿se pesa a menudo?

—Nunca, amiguito. ¡Me horroriza llevarme disgustos!

Mientras paseaba sobre él un péndulo respetuoso, continué haciéndole preguntas.

—¿Qué toma usted para desayunar?

—Una buena taza de café con leche y algunos *croissants*.

Preferí no preguntarle cuántos.

—¿Aperitivos?

—Sin abusar.

—¿Almuerzo?

—¿Se imagina usted a un alcalde de Lyon al que no le gusten las *quenelles* de lucio, la pularda al medio luto de la *mère* Filloux, el *foie gras en brioche,* el borgoña y algunas suculencias? ¡Perdería mi puesto!

—Y le duele a usted aquí y aquí y también ahí.

Apretaba sin miramientos en los puntos sensibles. El aguantaba el dolor valientemente. Pero había en sus ojos la vieja angustia de todos los enfermos.

—¿Qué podrá hacer usted por mí?

—Aliviarle en primer lugar, y, dentro de pocas semanas, podrá llevar usted su vida normal. Tomará dos pediluvios diarios, por la mañana y por la noche. Mañana le traeré un frasco de mi preparado, que verterá en el baño de pies.

—¿Por qué no puede darme usted ahora su remedio milagroso?

—Mi presidente, tengo que prepararlo especialmente para usted.

Cuando se enteró que llevaba conmigo mi maleta de hierbas, se echó a reír, con una enorme carcajada que hacía retemblar todo su cuerpo.

—¡No me queda más remedio que creer en usted, porque es sincero!

"Es sincero". Unas horas más tarde, aquella frase me daba vueltas por la cabeza. Había abierto mi maleta de las hierbas y trataba de determinar mis dosis. Pero no me era posible. Había mentido al presidente. Los pediluvios no serían suficientes, era preciso que hiciese régimen, y no me había atrevido a decírselo. Tenía miedo de perder a mi cliente. Veía claramente la verdad: no trataba a un enfermo cualquiera, sino al presidente Herriot. Es decir, a alguien que me iba a servir de publicidad. Y sentí una especie de vergüenza. ¡Qué pronto se le suben a uno las cosas a la cabeza!

Al día siguiente, Césarine se había vuelto más familiar.

—¿Qué le va usted a hacer al señor Herriot? —me dijo.

—Le voy a poner a régimen.

—Mi buen señor, ya puede usted ir haciendo su maleta. ¡Jamás seguirá un régimen!

Tanto peor, mi decisión estaba tomada.

El presidente, arrellanado en sus almohadas, parecía sufrir. Yo ya no veía en él más que un enfermo.

—Deme pronto su frasco. —Lo asió con su mano, corta y fuerte—. ¿Qué echa usted dentro que ya no me hayan dado?

—Lo ignoro; muchos medicamentos se sacan de las plantas. Pero de lo que estoy seguro es de que mis "hierbas" han crecido libremente, en el sitio en que las ha puesto la naturaleza. Eran plantas felices, y eso es lo importante. Se es bueno cuando se es feliz...

—¡No es una tontería lo que dice, y además es precioso! Entonces, ¿me va a curar usted de mi reuma?

—No es el reuma que usted padece lo que voy a atacar. Le voy a cuidar a usted, mi presidente. Sus dolores reumáticos los tiene por comer demasiadas cosas buenas y en gran cantidad. Su peso exige a su cuerpo un esfuerzo enorme y continuo. Es usted un sedentario y un intoxicado. Suprima una de las dos comidas, con preferencia la de la noche, y reemplácela por un caldo de puerros, ensalada cocida y sin aliñar. Y para beber, agua.

—¡Usted no me hará eso! ¡Es un asesinato, y quiere que yo sea su cómplice!

Césarine tenía razón, no lo iba a conseguir. Mi carrera con las personalidades de la política iba a tener allí su fin. ¡Qué se le iba a hacer! Mi cara debía expresar una gran consternación, porque Herriot me dio unos golpecitos afectuosos en la mano.

—No ponga usted esa cara, está decidido, le obedezco. Césarine es la que se va a alegrar. ¡Con el tiempo que lleva dándome la lata con su cantilena de "Siga usted un régimen"!

Al cabo de dos meses de seguir aquel régimen estricto, Herriot caminaba sin bastón y había adelgazado diez kilos.

Para cuidar a "mi" presidente, no había abandonado a ninguno de mis enfermos y me pasaba la vida entre Lyon, París y Niza. Era cansado y deprimente, ya que mi triunfo duró poco. Al cabo de otros dos meses, había que volver a empezar desde el principio: ¡el presidente había recuperado sus diez kilos!

—Mi presidente, ¿sigue usted el régimen que le di al pie de la letra?

—Mi querido Mességué —dijo con aire malicioso—, ¿cómo puede usted dudarlo? Además, no tiene más que preguntar a Césarine...

No tuve necesidad de preguntárselo. Césarine habló espontáneamente.

—Mi buen señor, de nada sirve que le haga una buena sopa de legumbres y que se la coma haciendo ascos. Nos engaña a los dos. Tengo un sueño ligero, y la noche pasada oí un ruido procedente de la cocina. Fui de puntillas. Nuestro presidente estaba allí, instalado en una esquina de la mesa, haciendo los honores a una lata de *foie gras* con pan y una botella de borgoña...

Cierto sábado, al pasar por Saulieu, vi el coche del presidente en el aparcadero del Relais de la Côte-d'Or. Entré para saludar a mi presidente. Estaba sentado ante un *coq au vin* muy caliente, cuyo apetitoso aroma aspiraba con los ojos entornados.

Tan pronto como me vio, con una destreza increíble, puso su plato de *coq au vin* en la mesa contigua, ocupada por un matrimonio inglés que comía solamente una ensalada de huevos, y les quitó uno de sus platos. Naturalmente, hice como si nada hubiese visto. Era difícil luchar con él. Mis reprimendas le hacían reír. Lo único que tomaba en serio eran mis plantas.

—¡Ellas, por lo menos, le sientan a uno bien sin exigir nada a cambio! ¡El único error que ha cometido conmigo, mi buen Mességué, ha sido creer que también me las iba a dejar meter en el estómago!

Había a veces algo muy conmovedor en aquel hombre que se negaba a envejecer, a renunciar a los placeres de la vida. Cuando me decía: "Déjeme ser feliz; a mi edad se sabe que los sacrificios no son rentables...", no me quedaba más remedio que ceder. He pensado con frecuencia que, por debilidad, "enterramos" siempre un poco antes que a los demás a las personas que queremos.

Era imposible no encariñarse con el presidente. Era un hombre de gran corazón, de enorme bondad. Le llamaba mi "gancho número uno". ¡Hubo momentos en que llegué a cuidar a setenta y cinco diputados! Esto le hacía exclamar:

—¡Querido Mességué, cuando tenga la mayoría de la Cámara, no me olvide...!

CAPITULO V

Mi primer proceso

Mi amigo el doctor Camaret, que era presidente del colegio de médicos de Menton, me tenía dicho:

—Tenga cuidado, está teniendo usted demasiado éxito. No todos mis colegas son como yo. Hay veintiséis médicos en Menton, y ninguno de ellos puede alardear de tener tantos clientes como usted.

El doctor Échernier, el viejo amigo de mi padre, al que había vuelto a ver y al que incluso había tratado de su reuma, me había puesto en guardia.

—Maurice, no te quieren. Los médicos no son más indulgentes que los demás hombres... ¡Sentiría verme obligado a prestar declaración en tu proceso...!

Yo le contesté:

—¿Mi proceso? Usted considera a la gente peor de lo que es en realidad. No hago daño a nadie, y eso es lo que más importa.

Está en mi modo de ser fiarme de las personas. Y cada vez que sufro una decepción, me duele, me subleva; pero eso no me hace cambiar, y en la próxima ocasión vuelvo a las andadas.

No comprendía lo que se me podía reprochar. Estaba en regla con el Estado, ya que pagaba patente de radiestesista; con el gremio de los farmacéuticos, ya que daba gratuitamente mis frascos con mis preparados —jamás se me había pasado por la imaginación vender las plantas que Dios hace crecer—; y completamente en paz con los médicos y mi conciencia, ya que nunca cuidaba a un enfermo sin tomar previamente toda clase de precauciones que me parecían de lo más natural. Ahora ya no hacía ningún diagnóstico. Pedía primeramente al enfermo el de un médico.

Tampoco me ocupaba de las enfermedades para las que la medicina, la cirugía tienen mejores armas, y más eficaces. No era cosa mía tratar un tifus, o pretender curar la tuberculosis o el cáncer. Cuando un enfermo puede ser salvado y curado por medio de una intervención quirúrgica, sería una locura decirle: "Su hernia desaparecerá con pediluvios..."

Jamás puse en peligro la vida de un enfermo. Tenía tanto miedo de equivocarme que cuando un enfermo me decía: "No me he hecho examinar; con usted no vale la pena...", le enviaba inmediatamente a uno de los tres reputados médicos de Niza que habían aceptado trabajar conmigo para que le hiciesen las exploraciones radiográficas y los análisis necesarios. Pues para mí lo primero en medicina no consiste en curar, sino en no perjudicar.

Cierto día de febrero de 1949, me entregaron un sobre amarillo que contenía un papel azul. Se me procesaba en toda regla ante el tribunal correccional de Niza por ejercicio ilegal de la medicina, infracción del artículo 376 del Código de sanidad pública. Podía incurrir en una multa de quinientos a cincuenta mil francos (1) y en una pena de prisión de dos meses a dos años. Lo que más me dolía era que aquel maldito papel azul especificaba: "A petición del doctor Camaret, presidente del colegio de médicos de Menton".

CORAZONCILLO

En el autocar en que regresaba a Niza pasé por toda clase de alternativas: rabia, asco, ganas de luchar, luego de renunciar. ¡Después de todo siempre podía colocarme de auxiliar en cualquier colegio! Me ahogaba de cólera y de impotencia.

Aquella noche fui a ver a Suzanne Jaffeux, la que más tarde fue mi mujer y a la que amaba profundamente.

Había venido a verme hacía algunos meses:

—Señor, ¿puede curarme?

Desde el momento en que se sentó ante mí, la amé. Y no me atrevía a decírselo. Nunca me había permitido considerar a las mujeres que venían a consultarme más que como enfermas. A cada nueva entrevista, pensaba: "La próxima vez, cuando esté curada, la invitaré a cenar". Pero su curación se alargaba; me sentía muy preocupado y no podía saber que me mentía para poder seguir viniendo a verme.

Aquella noche estábamos citados y se lo dije todo.

—¿Has telefoneado a Camaret? —me preguntó Suzanne.

—Pero si es él quien me ataca.

—Sabes perfectamente que no es posible. Debes verle, y también buscar un abogado, defenderte. Pedir a tus enfermos que te apoyen... No puedes abandonarlos.

(1) Francos antiguos.

Era ella la que tenía razón.

Al día siguiente vi al "buen doctor Camaret".

—He querido avisarle, pero estaba usted ausente. Como presidente del sindicato, no he podido evitarlo: de veinticinco médicos, veintiuno me han pedido actuar.

Por lo que respecta a los otros cuatro, mucho me habría extrañado: estaba cuidando a sus mujeres.

Cuando fui interrogado por el comisario P... contesté a todas sus preguntas, ¡y eran unas cuantas! Había una, la única, que no me hizo y a la que no habría respondido por impedírmelo el secreto profesional: "¿Se somete mi madre a sus tratamientos?" Era una buena mujer, no muy rica: tenía una pequeña mercería y yo la trataba gratuitamente. Así que, para mostrarme su gratitud, me había traído unos calcetines, iguales seguramente a los que le daba a su hijo.

No entra en mi carácter dejarme derrotar. Había pues preparado mi batalla. Pero cuando traspuse el umbral del palacio de justicia de Niza, el 28 de abril de 1949, me sentía profundamente desanimado y había decidido renunciar después de la audiencia. El abogado Pierre Pasquini, mi defensor, me decía:

—Le aseguro que este proceso se volverá contra ellos. Evidentemente le condenarán, el presidente se verá obligado a aplicar la ley. Pero tengo confianza, ¡estoy seguro que saldrá usted victorioso!

Pero yo sólo veía una cosa: se me había llevado ante los tribunales; si mi padre hubiese estado presente, habría enfermado del disgusto. Era una vergüenza para los Mességué.

Mi abogado, Pierre Pasquini, había pedido se citasen doscientos ochenta y ocho testigos. El tribunal había decidido tomar declaración a unos cincuenta. Contaban sus desgracias con palabras sencillas, que me enternecían.

No se podía oír sin emoción a aquella ancianita de setenta años que se había puesto de veinte alfileres para venir a declarar. Se acercó a la barra con un trotecillo parecido al de un ratoncito. Ella y yo sabíamos que aquella manera de andar, discreta pero rápida, era un milagro. El presidente le preguntó:

—¿Quiere usted declarar sentada, señora?

—¡Oh, no! Ahora puedo permanecer de pie.

Con voz lenta, escogiendo cuidadosamente las palabras, dijo:

—Verá usted, hacía dos años que no podía andar. Ni un paso. Me pusieron inyecciones, me dieron masajes, corrientes eléctricas, rayos. No eran malos médicos los que iba a ver. No creían obrar mal vendiéndome ilusiones... Y además, no podían saber que, para pagar sus tratamientos, me alimentaba con dos cafés con leche al día, con algo de pan. El onceno médico que vi me dijo: "Señora, no podrá usted volver a andar..." El señor que está ahí —me señalaba— vino a mi casa. Fue él quien me dio el primer baño de pies. No me cobró nada. ¡Me cuidó, y ya ha visto usted lo bien que ando...! Señor Presidente, para los que como yo nos vemos abandonados por los médicos, ese hombre es la salvación... No le haga ningún daño. Sin él, sólo nos quedaría morir...

Un suizo, el señor Peyrot, había hecho el viaje para declarar:

—Señor Presidente, había consultado más de una docena de médicos franceses y suizos, todos personas competentes. Ninguno de ellos logró aliviar mis ataques de asma. Maurice Mességué me curó en cinco días.

Cuando Anne-Marie M..., mi pequeña paralítica, se acercó y separó el brazo del cuerpo, el presidente no pudo contener una exclamación:

—¡Pero es un verdadero milagro...!

En la sala se oía sonarse a algunas mujeres.

Le llegó el turno a la madre del pequeño R..., de Châteauneuf-de-Grave, de contar su caso:

—Mi hijo, señor Presidente, era como un muerto vivo. No oía nada, y no podía hablar. No tenía nada que perder, así que cuando oí hablar del "doctor Milagro" lo llevé a que lo viese. Cuando me habló de sus baños de pies y manos, creí que se burlaba. Pero mi pequeño le tendió los brazos, tenía confianza en él. Me dije entonces que estas criaturitas inocentes sienten cosas que a nosotros se nos escapan, y le di sus famosos baños. Y vea usted, señor Presidente, no hace mucho de esto, pero desde hace un mes mi niño habla. Y ayer, señor Presidente... —la señora R... rompió a llorar—. ¡Perdón, es de alegría! Ayer, por primera vez, me ha dicho: "Mamá..."

Tales testimonios eran impresionantes, pero para mí y para el tribunal eran menos asombrosos que los de los doctores Camaret,

CEBOLLA

Échernier, Leroy, que no se solidarizaron con la demanda presentada por sus colegas. Unos médicos defendiendo al curandero, ¡jamás se había visto cosa semejante!

Cuando declaró el testigo número veintiocho, la parte civil manifestó que no discutía la eficacia de los tratamientos. Entonces se renunció a la audición de testigos.

En opinión de mi abogado, Pasquini, acabábamos de conseguir una victoria. Yo no estaba tan seguro, y cuando vi levantarse al señor Montel, abogado de la parte civil, representante del consejo departamental médico de los Alpes Marítimos, pensé que el proceso iba a cambiar de tono.

—¡Como abogado, pleiteo contra él, pero como hombre estoy dispuesto a tomar sus baños de pies para curar mi insomnio! No discutimos las curaciones de Mességué, sólo pretendemos demostrar una cosa: que practica el ejercicio ilegal de la medicina. Cura, pero ningún diploma le concede autoridad para ello. Por lo tanto, debe ser condenado.

Y lo fui a diez mil francos (1) de daños y perjuicios al colegio de médicos de Menton.

A la salida, al pie de la escalinata del palacio de justicia, en aquella ciudad donde tantas veces había vivido penosamente, había mucha gente esperándome, y el abogado Pasquini me dijo:

—Ahora, Mességué, es usted célebre.

Esta celebridad por medio del escándalo me disgustaba.

(1) Viejos francos.

—¡Vamos, no ponga usted esa cara! ¡Para esas personas es usted, casi, un error judicial! ¡Ellos, por su parte, hace tiempo que le han absuelto!

Sin duda tenía razón, pero mi decisión estaba tomada: renunciaba.

La multitud había subido la escalinata, me tendían las manos, me agarraban. En medio de aquella barahúnda, mi oído pescaba palabras, retazos de frases.

"Estamos con usted... Mi hijo está enfermo... Estoy desesperado... Iré mañana... Deme usted hora..."

Y yo movía obstinadamente la cabeza:

—No, no... No puedo...

—Mi médico me ha dado autorización por escrito...

—No.

Para mí no era un triunfo, era una derrota. Ahora sabía que jamás se me concedería el derecho de curar. Renunciaba.

No sé si dormí. La mañana siguiente me picaba la barba, tenía la cabeza dolorida y mal sabor de boca. Apenas había amanecido cuando llamaron a la puerta. Era la portera.

—Señor, ahí fuera están los enfermos, hay más de cien...

—No recibo a nadie.

—Hay ancianos, mujeres, niños...

Rugí, perdido el control de mis nervios.

—No tengo derecho... ¿Lo comprende? ¡No tengo derecho!

Al lado de la portera, había una mujer muy sencilla, vestida con una blusa. Me miró:

—Señor, usted no puede hacernos eso...

Era verdad, no podía.

—Bueno, entre usted, señora.

Pero me daba perfecta cuenta de que, ante los ojos de la ley, siempre actuaría ilegalmente. Mi vida se iba a convertir en una constante paradoja. Por una parte, hombres como Herriot y algunos médicos reconocerían mi capacidad y me concederían el derecho a curar. Por otra parte, me lo prohibirían y se me perseguiría.

Digo con frecuencia: "Ejerzo la profesión más bella del mundo", como lo diría un ebanista de su gremio. No hay nada más triste que un hombre que ejerce un oficio hacia el que no se siente atraído. Pregunto siempre a los que vienen a consultarme: "¿Le gusta a usted su profesión?" Su curación es entonces mucho más fácil. Si mañana se me impidiera cuidar, no volvería a ser feliz.

La víspera de la vista de la causa, con mis treinta enfermos diarios, estaba seguro de haber tenido un buen éxito. Al día siguiente tenía más de cien. Y me llegaban más de quinientas peticiones de consulta al día. No era indudablemente el resultado a que había aspirado el consejo médico.

Unos días más tarde, las cartas me llegaban por sacos. Los ciclistas de telégrafos me traían telegramas a puñados. Por la noche, una gran cantidad de enfermos se marchaba sin que hubiese podido recibirlos.

Entre ellos había niños, ancianos, personas con bastones, con muletas. Me suplicaban:

—Señor, he recorrido trescientos, quinientos kilómetros. ¡No me tengo de pie! Mi hijo está cansado... ¡No me haga volver...!

A las diez de la noche estaba agotado, y seguía habiendo siempre la misma cantidad de gente ante mi puerta. No se quejaban. La paciencia de los enfermos es infinita. Dejaba el trabajo falto de fuerzas, incapaz de proseguir. Les oía marcharse, arrastrando sus dolencias, pero llenos de esperanza, ya que mañana los recibiría... El octavo día, creo, mi mujer —me había casado con Suzanne— me dijo:

—Maurice, esto no puede continuar.

Cuando me siento desgraciado —y entonces lo era— me pongo muy violento. Grité:

—¡No les abandonaré...!

—No se trata de eso, sino de que te organices. Hay que encontrar un piso, tomar una secretaria, ver la posibilidad de buscar un colaborador, alguien que cuide de las dosificaciones fundamentales y de su embotellamiento. Si prosigue esta locura te vas a encontrar falto de plantas. Si quieres, yo me encargaré de los detalles materiales.

En el transcurso de pocos días encontró un apartamento de seis habitaciones en el Majestic, en Cimiez. Tenía excepcionales condiciones de organizadora... Contrató secretarias, pues yo no podía ya clasificar mis fichas; contestar el correo, dar hora.

Sigo viendo gratuitamente poco más o menos a la tercera parte de mis enfermos. No tienen que darme las gracias, ya que ignoran que no tendrán que pagarme. Cuando noto que han ahorrado céntimo a céntimo para venir a verme, no pongo ninguna cifra en su ficha, y cuando piden a mi secretaria el importe de mis honorarios, ella les contesta: "Nada".

La explotación de los enfermos es algo que siempre me ha irritado y escandalizado. Creía haber tomado todas las precauciones para evitarla a mi alrededor. Y no lo había conseguido del todo. El portero del Majestic tenía el encargo de darles números. Había encontrado más provechoso venderlos. Su pequeño comercio le enriqueció lo suficiente para adquirir en traspaso una tienda de comestibles.

Un día, un hombre de sesenta años, apoyado en un bastón, entró en mi despacho. Me tendió una carta, acompañada de un paquete de radiografías.

—Todas estas radiografías y estas notas, llenas de términos médicos, nada me dicen. Pero usted podrá decirme si es grave y si me puede sanar.

La carta del especialista y las notas que acompañaban a las radiografías eran oscuramente técnicas:

> *Mielografía lumbar*
> No hay imagen de hernia.
> Pequeña protrusión en L4-L5.
> Importante estrechamiento del fondo de la cavidad, por hinchazón de la pared posterior.
> —en L4-L5 (sección a 16 cm, serie en hipocicloide).
> —en L3-L4 (sección a 153/4, serie en hipocicloide).

¿Qué se ocultaba tras aquellas palabras? ¿Tal vez una tuberculosis ósea? Enfermedad que yo me negaba a tratar. Afortunadamente unos momentos de conversación me permitieron comprender que padecía de lumbago y de una ciática en la pierna derecha. Mis baños de pies debían producirle alivio.

Esta dificultad era casi nueva para mí. Hasta entonces había trabajado con médicos que me conocían. Me traducían sus exámenes en términos sencillos. Pero ahora me llegaban enfermos

VIOLETA

cada vez de más lejos: Marsella, Lyon, París, Estrasburgo... De más allá de nuestras fronteras: Bélgica, Suiza, Holanda... Y siempre tropezaba con esos resultados de exámenes de los que no comprendía ni jota, unos clichés que podía mirar, sin inconveniente, al revés. Y si ante el enfermo me las daba de entendido, no era por vanidad. Era por miedo de preocuparle, de que pensara: "Sabe tanto como yo".

No lo oculto; en muchos casos, una parte de la eficacia de mis tratamientos depende de la confianza que los enfermos tienen en mí. Sufría de mi falta de conocimientos de la medicina. Fui a ver al doctor Échernier.

—¿Consentiría usted en darme lecciones? —le dije.

Me miró; tenía unos ojos azules, algo fríos, muy penetrantes.

—¿Y por qué no? Eres un chico honrado, tu visita lo demuestra. Sé que ya ganas mucho dinero. Se te podía haber subido a la cabeza creerte alguien, y has venido. Así que de acuerdo. ¿Cuándo quieres empezar?

—En seguida.

—¡No has cambiado! Bien, empecemos.

Trabajaba con él de cuatro a cinco horas diarias. Cómo me las había arreglado para encontrar sitio para esas horas dentro de mi empleo del tiempo no lo sé. Cuando Suzanne me decía: "Puedes marcharte, ya no quedan enfermos", la creía. Incluso cuando veía gente que tenía aspecto de estar esperando no me detenía. Ella sabía decirles no; yo no.

Aquellas lecciones me proporcionaban muchos conocimientos sobre la evolución de las enfermedades, sus complicaciones, sobre los síntomas de algunas afecciones; me enseñaron, sobre todo, que hay que ser muy humilde en esta profesión... y reconocer que "lo que mejor se sabe es que no sabemos nada".

Mi vida era un torbellino... Había personas que me escribían desde París: "Está usted muy lejos, el viaje cuesta muy caro." "Mi trabajo no me permite ir a verle." "Abra una consulta aquí." Y lo hice.

Luego le llegó el turno a Lyon. ¡Los lyoneses consideraban que tenía esa deuda con ellos, puesto que cuidaba a su alcalde!

Me gustaba esta actividad un poco loca. Aquellas personas que me llamaban de todas partes me hacían creer en mi utilidad. Honradamente, acababan por embriagarme. Me avergüenzo un poco cuando pienso que soy hijo de aquel Camille que había sabido disponer de tiempo para observar, a fin de que yo pudiese llegar a ser lo que soy.

Había obtenido el permiso de conducir y me había comprado un coche. Me parecía precioso; juntos recorríamos las carreteras como locos. Con la conciencia tranquila, ya que siempre era para ir a ver a algún enfermo. Una noche que volvía de Lyon, mi mujer me dijo:

—Tienes que llamar urgentemente al señor R... a Marsella.

El señor R... respondió al momento.

—¡Gracias a Dios que es usted! Mi hijita está muy mala...

—¿Qué enfermedad tiene?

—No se sabe, señor. Hace quince días se quejaba de la garganta. Nuestro médico dijo: "No son más que unas anginas sin importancia". Le tomaron la temperatura: cuarenta grados y cinco décimas. Al cabo de tres días seguía la fiebre. Se ha probado todo y la temperatura no remite. Los médicos están conformes en que venga usted. Se lo suplico, no pierda un minuto...

—De acuerdo, salgo en seguida para ahí.

Y me puse en camino. No sé el tiempo que invertí en llegar a Marsella. Pero fui a toda velocidad. El padre me esperaba en el vestíbulo de su magnífica casa.

—Nuestro médico de cabecera está con mi hijita, venga.

La muchacha, una morenita de diecisiete años, tenía aspecto de estar algo cansada, pero no tan abatida como me figuraba. A su madre, en cambio, daba lástima verla. El médico que atendía a la enferma era amigo mío. Me llevó a un rincón.

—No comprendemos nada; tres colegas y un especialista la han examinado. Es una fiebre muy rara, sin subidas ni descensos. La enferma no podrá soportar mucho tiempo esa temperatura.

Me quedé solo con la joven. Mi péndulo oscilaba por encima de ella con un vigor indicador de una espléndida salud.

—Dígame, ¿tiene ganas de algo?

—¡Oh, sí! Tengo hambre. Me han puesto a dieta, y no hago más que soñar con róbalo a la parrilla, alioli, pollo...

Los ojos le brillaban. Toqué su mano. Estaba tibia. Aquella criatura no tenía cuarenta grados y medio.

—Usted no está enferma.

Creí que iba a levantarse de la cama de un salto.

—¡Caramba, usted sí que es formidable!

No fue esa la opinión del doctor. Se puso serio.

—No está bien lo que haces: nos tomas por idiotas. Se puede cometer un error de diagnóstico, pero no de termómetro.

Nos miramos. Su frase acababa de despejarnos la mente a los dos. Dijo:

—En los veinticinco años que llevo ejerciendo, no he visto tal cosa ni una sola vez. Pero, después de todo, es posible...

Lo mismo que a él, tampoco a mí se me había ocurrido. Unicamente, al no estar obnubilado por ninguna ciencia, tenía la seguridad de que la muchacha no estaba enferma.

Diez minutos más tarde, el padre de la joven fue a buscar en una farmacia de guardia un termómetro nuevo; como medida de precaución, compró dos. Y a las cuatro de la mañana, yo salía de regreso, dejando a la enferma ocupada en devorar, con gran apetito, un muslo de pollo. En su gráfico de temperatura no había más que treinta y seis con cuatro.

Durante el regreso no dejaba de reírme mientras conducía. Me reía, pero eso no me impedía pensar que en medicina era muy fácil equivocarse, incluso con un instrumento de una precisión tan reputada como un termómetro. Pero, indudablemente, se podían cometer errores más dramáticos. Y menos mal que los médicos toman toda clase de precauciones, hacen análisis, exámenes, se consultan entre ellos. Pero ¿y los otros, los charlatanes? ¿Los falsos curanderos? Veía claramente todo el partido que hubieran podido sacar de un caso parecido. Y me daba cuenta que nada distinguía un verdadero curandero de uno falso. Había que defender y depurar mi profesión. Sería preciso hacer que los médicos se interesasen en ello.

No renuncié a la idea que se me había ocurrido aquella noche. Decidí empezar dando conferencias, pero me impuse la regla de no ejercer en la ciudad en que las diese. No quería que se me pudiese acusar de ser una especie de viajante de comercio de las curaciones.

Naturalmente, di mi primera conferencia en Niza. Estaba nerviosísimo. Cuando empecé, alguien gritó: "¡Más alto!" Entonces me lancé. Al final me sentía más bien contento, no de los aplausos, sino de haber dicho todo lo que se me había quedado dentro desde mi proceso y, sobre todo, esto:

"Nosotros, los curanderos, reclamamos la autorización de cuidar al enfermo abandonado por la medicina legal, de la cual aceptamos toda clase de controles. No se tiene el derecho de negarle a un enfermo que intente su última oportunidad."

Un año más tarde se me incoaba un segundo proceso, que no iba a ser el último. ¡Casi todos los años, por espacio de veinte, tuve que comparecer ante un tribunal!

La instrucción del sumario se hizo con gran cuidado. Una mañana a la hora de salir el sol, se presentaron dos policías en mi domicilio parisiense.

—Estamos comisionados por el juez de instrucción para comprobar la presencia de clientes en su domicilio y precisar el delito.

Instalado en la ventana, uno de los inspectores vigilaba la calle y el otro la puerta. Como al terminar la mañana ningún enfermo había venido a llamar a mi puerta y como los policías sabían que recibía a muchos, uno de ellos me dijo:

—Le han avisado a usted y ha cancelado sus consultas.

No se equivocaba. Había anulado todas mis consultas de aquel día en beneficio de un solo cliente. Diez minutos más tarde, el inspector pudo ver por la ventana un Rolls de la embajada británica que se detenía ante mi puerta. Lord X... (al que yo había cuidado) se apeó, inclinándose ceremoniosamente ante una joven envuelta en un abrigo de visón. Esperaba en el vestíbulo para recibir a aquella cliente y me disponía a abrir la puerta cuando el inspector se precipitó a hacerlo. Se quedó sin respiración. La joven que entraba era un miembro importante de la familia real. Su fotografía estaba, aquella mañana, en toda la prensa parisiense.

Los dos policías, desconcertados, farfullaron algo que debía ser una excusa y salieron pitando. Lord X... siempre creyó que yo había llamado a los policías para garantizar la protección de aquella princesa.

La prueba del proceso, aquella vez, fue para mí menos perturbadora, pero no dejaba de resultarme muy irritante. Jamás llegué a acostumbrarme a esos procesos. Han quedado como la imagen de la ley ciega, obtusa, que confunde al culpable con el inocente.

Fui condenado a ocho mil francos (1) de multa.

Lo que no impidió que, bien a mi pesar, se me llevara en triunfo por la sala de los pasos perdidos del Palacio de Justicia de París por mis enfermos.

CAPITULO VI

Algunos hombres célebres

Mi primer proceso hizo sufrir mucho a mi madre. También ella había sido condenada por un tribunal de Valence, en el Drôme, hacía algunos años.

La pobre mujer se había colocado en aquella ciudad para estar cerca de mí, que vivía en Niza. Había indicado mezclas de plantas a los que se lo pedían; personas que habitaban en su misma casa fueron con el cuento; un médico presentó una denuncia, y la procesaron ¡por ejercicio ilegal de la medicina! Habría sido cómico si la prueba no hubiese sido tan dura para ella: ¡aquella campesina del Gers, ante los tribunales, qué vergüenza! Lo mismo que su Camille, ella no ha comprendido nunca ni la maldad ni la malicia desleal.

Mi madre me repetía:

"No hay que ser demasiado grande. Tu padre decía siempre que 'un animal grande ofrece más blanco para dispararle que

(1) Francos antiguos.

uno pequeño'. Por eso tú, que te dejas ver por todas partes, que frecuentas personajes importantes, reflexiona un poco sobre todas esas desgracias que pueden caer sobre ti... Los médicos son personas poderosas, te arruinarán, y tal vez, incluso, vayas a la cárcel...

La pobre mujer vivía aterrorizada.

Para que estuviese protegida, muy lejos de mi vida agitada, había comprado para ella una casita en Cap-d'Ail. En aquella época todavía no era muy caro. Cuando estaba en la Costa Azul, yo vivía allí con mi mujer y mi hijo, Didier, nacido el 7 de occárcel..."

LINO

Aquel nacimiento había sido una gran alegría, pero creo que yo no sabía bien lo que significaba. La primera vez que lo comprendí fue conduciendo. Iba de prisa, como de costumbre, y estuve a punto de tener un accidente. El pensamiento de mi hijo surgió ante mí como un mensaje, me hizo comprender que un hijo nos crea responsabilidades.

Más tarde hubo aquella noche en que cayó enfermo de gravedad. Tuve tanto miedo que hice la promesa de no fumar durante quince años, y la he cumplido. Ahora tengo tres hijos varones, y tienen una gran importancia en mi vida.

Cuando estaba en Cap-d'Ail, veía con frecuencia a lord X..., mi antiguo enfermo, magnate de la prensa inglesa.

—Tengo que presentarle a uno de sus vecinos —me dijo cierta noche—. Creo que se apreciarán mucho mutuamente.

Me había olvidado de aquellas palabras cuando, una mañana, sonó el teléfono. Descolgué y oí una voz grave. Mi oído tiene memoria, y tuve la sensación de haberla oído ya antes.

—¿El señor Maurice Mességué?

—El mismo.

—Winston Churchill al aparato. Sé que usted cuida a lord X. Me gustaría verle. No para cuidarme, pues nunca estoy enfermo, sino para charlar un poco con usted de lo que hay que hacer, y sobre todo no hacer, para llegar a viejo. Creo que debería empezar a pensar en ello...

—Estoy a su disposición, señor Presidente.

Desde que había conocido a Herriot, todos los grandes políticos eran para mí "presidentes". Era muy práctico, así no corría el riesgo de equivocarme en los títulos. Además, aquello tenía un cierto aspecto democrático que me complacía.

Al día siguiente, en la villa *Capocina,* que era un auténtico palacete de principado de opereta, una especie de mayordomo me dijo:

—Tenga la bondad de seguirme, sir Winston le espera.

En un rincón del parque, a la sombra de los pinos, ante el mar, reconocí la célebre silueta de bulldog de Churchill. Estaba sentado ante su caballete y pintaba, con colores violentos, las rocas y el mar. Llevaba una especie de viejo mono desteñido, lleno de pintura, un sombrero de fieltro Stetson blanco, cuyas amplias alas le protegían del sol, y tenía su legendario cigarro en la comisura de los labios. Cuando me divisó —veía desde muy lejos— me hizo su saludo con los dedos en forma de V. Esta visión era hasta tal punto la que esperaba que me pareció incorporarme a una fotografía de la historia...

De cerca, los colores de su cuadro eran aún más chillones.

—¿Le gusta?

Su cuadro me pareció bastante horroroso. No sé hacer un cumplido, no sé mentir. En este aspecto, sigo siendo bastante rudo, pero no me gusta ofender a nadie, así es que me callé.

—Ya veo —me dijo Churchill, cuyos ojos se hundían en unas arrugas maliciosas—, usted no se atreve a decirme que es... ¿cómo dicen ustedes en francés?, *moche* —feo—. Pero pintar me descansa, porque así no veo más que una pequeñísima parte del mundo, y es mucho menos cansado que mirar un mapa... Le he pedido que viniese para hablar un poco del porvenir. Creo que la vida empieza a los ochenta años. Tengo setenta y nueve; así que el año que viene tendré que pensar seriamente en organizarme. Lord X... me ha dicho que si bien sus plantas están secas, sus ideas permanecen frescas. Tal vez podamos entendernos. Si le digo: "Toso mucho", ¿qué me contestará usted?

Seguía pintando, con los ojos un poco entornados, como si no diese importancia a mi respuesta.

—Contra la tos utilizo plantas buenas para su comida: ajo, col, berros, cebollas, tomillo, orégano, menta, o para ser puestas en un jarrón: amapolas, malvas, violetas. Tengo también las del campo: borrajas, lino, verbasco.

Volvió la cabeza hacia mí, mientras chupaba alegremente su cigarro apagado.

—Usted no me ha contestado: dejar de fumar. ¡Es usted más hábil que un médico! ¿Y piensa usted calmarme la tos con todas esas plantas?

—No. Insistiré sobre todo en la malva. Me gusta mucho esta planta, que tiene la ventaja de poder ser utilizada todo el año. Cuando ya no tiene flores se cogen las hojas y, cuando las ha perdido, se utilizan las raíces. Se emplea a menudo en el biberón de los niños para calmarles la tos. Y para usted añadiré violetas a mi preparación.

Churchill rompió a reír:

—Es una flor que concuerda muy bien con mi modestia.

Me gustó desde el primer momento su sencillez, su franqueza, su humor; aquella manera que tenía de tomarse a la vez en serio y burlarse me había entusiasmado. Muy rápidamente nuestras relaciones se hicieron casi familiares; incluso le invité a almorzar, como vecino, a mi casa.

—Espero —me dijo al llegar— que el menú estará lleno de hierbas buenas para la salud.

—Setas al ajo, fabada de mi tierra con todos sus condimentos, oca del Gers conservada en manteca y salchichas de Toulouse. Roquefort, pastel de guindas y un tursan de fuerte sabor.

Los ojos de Churchill estaban húmedos de ternura glotona y sus mejillas parecían dos manzanitas redondas.

AJO

—Mességué, le han calumniado mucho. Ese bromista de X... me había dicho que usted era un hombre muy duro, que su régimen era muy triste. O tal vez sea usted como todos los médicos: "Haz lo que digo, pero no hagas lo que hago".

Pues sir Winston Churchill no quería mucho a los médicos. El único proverbio inglés que, gracias a él, conozco es: "*An apple a day keeps the doctor away*". ("Una manzana diaria aleja al médico de casa.") Y lo completaba a su modo: "... ¡sobre todo si se apunta bien!"

De todos modos, le sermoneaba:

—Siga usted mi ejemplo, señor Presidente: no bebo, no fumo. Como razonablemente. Ando mucho. Gracias a todo eso me conservo bien.

—Sólo cuando tenga usted mi edad podré ver si su tratamiento es realmente bueno. Y si todavía estoy en este mundo para juzgarlo, ¡confiese que el mejor habrá sido el mío...! Es muy sencillo: fumo, bebo, jamás hago ejercicio. El reposo adormece a los microbios, el humo los asfixia y el alcohol los mata. —Se reía con aquella risa que le hacía cerrar los ojos—. No es verdad. Fumo muy poco, me raciono, pero no debe usted decirlo. El león viejo debe poder todavía despedazar una gacela ante su pueblo; si no lo hace, dirán que ha perdido los dientes. Por eso, en público, tengo siempre un vaso al alcance de la mano y un cigarro en la boca. Pero el vaso permanece lleno, y dejo que mi cigarro se apague. Tengo incluso un truco estupendo para los fotógrafos que me esperan en los aeropuertos. Llevo siempre conmigo una colilla de habano consumido en sus dos terceras partes y la saco al aterrizar. Pero durante el viaje, me limito a chupar caramelos. Ahora, por causa de usted, los escogeré de violeta.

Cuidé a Churchill durante siete años... más bien debería decir: charlé con Churchill durante todos esos años. Porque no tomaba en serio sus tratamientos.

Su muerte me apenó mucho. Por primera vez, y la única en mi vida, yo que sólo envío rosas rojas a los entierros, quise que tuviese violetas.

En la televisión, seguí el largo cortejo del entierro y, con mi imaginación gascona, veía mi ramo de violetas y oía a Churchill que me decía con su más maliciosa mirada: "Mességué, ¿está usted seguro de que necesito tener una hermosa voz a la violeta para ir a cantar con los ángeles?"

Una mañana que hablábamos en su cuarto, Herriot me dijo:

—Maurice, quiero que conozca a uno de mis mejores amigos, Robert Schuman. No siempre pensamos igual, pero para mí ese hombre es un santo.

Y me citó con él en su casa.

Cuando Marie, su "Césarine", me hizo pasar, en la calle de Bac, en la que Schuman habitaba un pequeño piso de tres habitaciones, creí haberme equivocado de piso. Era en todo la habitación de un eclesiástico de medios modestos; en modo alguno la de un político.

En su despacho había un reclinatorio patinado por manos piadosas. En la pared, un crucifijo negro. En una pila de agua bendita, una rama de boj del último Domingo de Ramos.

Ante mí, vestido con grueso paño gris, calzado con sólidos zapatos negros de puntera redondeada —en catorce años jamás le he visto con otros diferentes—, permanecía, muy derecho, Robert Schuman. Un pequeño cráneo de pájaro desplumado, grandes orejas y un cuello muy largo al extremo de un cuerpo desgarbado.

—¿Qué le parece a usted mi *garçonnière?*

La paradoja entre la palabra y su despacho le divertía. Detrás de sus gafas, sus ojos vivos me atisbaban con una especie de malicia que no tardaría en apreciar.

—La llamo así porque vivo en ella como un solterón. Porque soy soltero, señor Mességué. Me preguntan muchas veces por qué no me he casado. ¿Sabe usted?, cuando por primera vez, en 1919, me eligieron diputado, me casé con la política.

Era evidente, había entrado "en" la política como se entra en una orden religiosa.

Su áspero acento alsaciano chocaba a mi oído gascón acostumbrado a los finales de palabra cantarines. Mientras le hacía algunas preguntas profesionales, le examinaba. Su tez grisácea, sus labios descoloridos, sus manos secas con uñas pálidas evocaban las maceraciones del cuerpo y las meditaciones de la mente. Si de algo padecía, sólo podía ser del estómago.

Aquel hombre de apariencia triste, que se hubiera podido creer frío por toda la austeridad que emanaba de él, tenía una sonrisa llena de bondad y de maliciosa indulgencia. Jamás le he oído hablar mal de nadie. No soportaba ser causa de molestia para quienquiera que fuese.

Al regresar de una sesión de la Asamblea Nacional que había terminado hacia las tres de la madrugada, Robert Schuman, ante su puerta, se encontró con que se le habían olvidado las llaves.

—¿Qué quería usted que hiciese, Mességué? ¿Llamar y despertar a Marie? No era posible, había trabajado todo el día y tenía derecho a descansar. Entonces me senté en un peldaño de la escalera y esperé a que diesen las siete para llamar a mi puerta.

Ni por un momento se le ocurrió pensar que su propio reposo era más importante que el de su ama de llaves. ¡Qué lección de humildad me dio ese día!

Fue Schuman el que me enseñó a tener cariño a Alsacia. Ha hecho de mí un gascón alsaciano. Me gustan mucho los alsacianos, son gente sería, trabajadora, sensible y alegre. Tomé tanto afecto a aquella Alsacia que arrendé un terreno de caza en Marckolsheim. Había recobrado la afición y un poco la destreza de mi padre en este deporte.

Estaba en Marckolsheim cuando Schuman me dijo:

—Señor Mességué, quisiera presentarle a un colega y amigo. Lo mismo que usted, trata por las plantas.

—Con muchísimo gusto. Venga mañana por la mañana con su amigo; precisamente estoy organizando una batida.

—Pero ni él ni yo somos cazadores.

—¿Quieren ser ustedes mis ojeadores?

—Su idea es aún más divertida de lo que se figura.

Por la forma que tenían de brillar los ojos de Schuman, detrás de sus gafas, debí haberme figurado que me preparaba una sorpresa. Al día siguiente, la mañana se anunciaba hermosa. Los perros, impacientes, tiraban de sus correas, las puertas de los coches se cerraban de golpe; los cazadores, en el lugar de la cita, pataleaban alegremente en la carretera para entrar en calor.

Esperaba la llegada de Schuman para dar la señal de marcha, cuando vi un Mercedes que se detenía bastante lejos de mí. La neblina hacía borroso el rostro del "colega y amigo"; llevaba un sombrero de fieltro del Tirol bávaro con su rabo de tejón y una esclavina de lana afelpada de color verde. Era el canciller Konrad Adenauer.

Me miró con sus ojos fríos y autoritarios y me dijo en un francés áspero, gutural y lento (lo hablaba bastante mal):

—Es usted, señor Mességué, mi *colega* —recalcó pesadamente la palabra colega—. Tenemos la misma creencia. Es una cosa que aproxima a los hombres —se volvió a Schuman, que nos miraba tras sus lentes— y a los pueblos. Pero hablaremos más tarde. Ya que hemos venido a cazar, ¡a cazar...!

El canciller de la Alemania Federal y Robert Schuman caminaron con evidente placer sobre aquella tierra tapizada de musgo, de las agujas rojizas y lisas de los abetos, cubierta de arándanos, golpeando alegremente en los matorrales para hacer salir alguna gran liebre pelirroja o algún faisán real, y creo haber sido el único cazador de Europa que haya tenido de ojeador al canciller Adenauer.

Aquel hombre me impresionaba. Su reputación de "viejo zorro" estaba bien asentada y yo la consideraba justa. No había ninguna ternura en su mirada, ni benevolencia, ni humor. Con Adenauer no me sentía en confianza, y en esos casos no valgo para nada. Mis cualidades necesitan para florecer el calor del sol de la simpatía, de la amistad. El suave sol que penetraba a través de los abetos daba al bosque el aspecto de una catedral. Un poco antes del mediodía dejé la escopeta y caminamos juntos. Adenauer había conservado su bastón y arañaba con él suavemente el suelo para descubrir un mízcalo o alguna hierbecilla. Aquel gesto

MALVA

empezaba a aproximarme a él. Golpeó con suavidad una mata de arándanos rojos.

—*Preiselbeere...*

—Arándano—tradujo Schuman.

—¿Para qué lo utiliza usted, señor Mességué?

—Para nada, señor Presidente. En nuestro país, el Gers, no los hay, y sólo uso las plantas de mi tierra, aquellas con las que mi familia ha experimentado desde hace siglos.

—Comprendo. Pues bien, estos *Preiselbeeren* son buenos para la disentería. También dan excelentes resultados en las infecciones de las vías urinarias, y se pueden utilizar igualmente para gargarismos, contra las afecciones de la garganta.

Se había parado y me miraba. Tenía la impresión de estar pasando un examen. Empezaba a sentirme seriamente preocupado de cómo acabaría el día.

—Y el rábano silvestre, ¿lo utiliza usted?

—No, señor Presidente, pero ¿sabe usted que en nuestra tierra le llamaban la "mostaza de los alemanes"? También puedo decirle que el rábano silvestre es antiescorbútico, diurético, expectorante y, colocado sobre la piel, tiene propiedades revulsivas. He reemplazado el rábano silvestre, que no existe en mi tierra, por el berro, que tiene la ventaja de ser soportado mejor por los estómagos débiles.

Por primera vez le vi sonreír.

—Veo que es usted un sabio, señor Mességué. Por mi parte, prefiero el rábano silvestre rallado, mezclado con mantequilla y untado en pan. Lo útil junto con lo agradable...

Nos habíamos reunido con mis otros invitados para una comida de cazadores, hecha de pie, no una de esas "comilonas" que le embrutecen a uno y le hacen perder todos los beneficios de este deporte. Si Adenauer no tomaba licores —en las comidas se limitaba a un vaso de vino del Rin—, adoraba las "golosinas". Al terminar nuestro tentempié, alguien le preguntó:

—¿Le molesta a usted el humo, *Herr Kanzler*?

—No lo sé. Jamás se ha fumado en mi presencia.

Era un estilo de réplica que me gustó. Siempre he sentido mucha admiración por las personas que tienen suficiente carácter para tenerlo también en público. Y al canciller no le faltaba.

—Señor Mességué, ¿sabe usted jugar a la petanca?

Era algo inesperado. Había descubierto aquel juego durante una de sus estancias en el Mediodía, y desde entonces llevaba sus bolas en el coche. Jugamos una partida. Apuntaba mejor que tiraba, pero sabía jugar. Aquel hombre empezaba a serme simpático. Con una sola frase me conquistó por completo.

—¿Le gustan a usted las rosas?

—Las adoro. No puedo vivir sin ellas. Creo que las rosas rojas son más eficaces que las otras.

—¿Cuáles son sus razones?

—La rosa roja de Provins es la única que se utiliza en la "medicina por medio de plantas" desde que fue traída, según dicen, de las cruzadas por Thibaud de Champagne. Es más fuerte, más rica en tanino.

—Tal vez, pero yo prefiero las rosas amarillas, tienen la misma eficacia, las utilizo mucho. Tengo propensión a toser, y son más suaves que las rojas.

El canciller se interesó mucho por mis métodos de recoger plantas, y especialmente por el hecho de que utilizaba únicamente las que crecen en estado silvestre.

Tengo en mi tierra gentes que buscan y recolectan plantas para mí. No es práctico. Para enviármelas hay que transportarlas a una pequeña estación alejada de Gavarret. Es muy complicado y resulta muy caro. En vista de ello traté de cultivarlas cerca de París. Hice traer mantillo, estiércol natural y desde luego nada de abonos químicos. Conseguí cosechas soberbias. Pero no dieron el menor resultado con los enfermos, aunque no les había dicho la procedencia. Tuve que volver a mis recolecciones artesanas.

La primera regla consiste en no recoger hierbas en los taludes de las carreteras nacionales —están envenenadas por los gases de los tubos de escape— ni las que crecen en las lindes de los campos de cereales, de los huertos, de las viñas. Han recibido salpicaduras de los productos químicos que se emplean como abono o como insecticidas y pueden haberse vuelto nocivas. Hay que cogerlas lo más lejos posible de los campos cultivados.

Las flores, los tallos, las hojas deben cogerse tan pronto como se ha evaporado el rocío. Las flores como el espino blanco deben recolectarse antes de que la naturaleza las haya abierto del todo. Así, por ejemplo, la flores de la retama escobera, uno de los mejores diuréticos, pueden provocar molestias gástricas si se las ha cogido cuando empezaban a transformarse en vainas.

La mejor época para muchas plantas es el solsticio de verano, alrededor del día de San Juan. Nuestros padres lo sabían perfectamente. El tiempo no debe ser ni demasiado húmedo ni demasiado seco.

El secado es importantísimo. Es el que conservará toda su eficacia a las plantas. Conviene que no estén ni demasiado secas ni demasiado frescas. Por lo que respecta a las raíces, hay que quitarles primeramente la tierra, luego lavarlas rápidamente y cepillarlas antes de ponerlas a secar. Finalmente, una vez secas las hierbas, hay que guardarlas al abrigo de la luz, que las privaría de sus colores y, con ellos, de una parte de sus cualidades. Es cierto que las plantas palidecen y ennegrecen al secarse; pero he comprobado que puedo estar seguro de que siguen siendo eficaces si han conservado el frescor de sus tonos.

Adenauer repetía con frecuencia: "¡Es muy bueno! ¡Excelente...!"

En realidad no intercambiamos "recetas", pero hablamos extensamente de la manera que utilizábamos las plantas. Tenía conocimientos profundos y extensos, y había experimentado mucho. El sol estaba a punto de ocultarse, de desaparecer tras la Selva Negra, la del canciller, cuando me dijo:

—Míreme, Herr Mességué. Todo se lo debo a las plantas, a la naturaleza. A los veinte años me declararon inútil para el servicio militar a causa de los pulmones. A los cuarenta, una compañía de seguros se negó a hacerme una póliza, por considerar que no pasaría el año. Treinta y siete años más tarde trabajo diez horas diarias en mi despacho, viajo, inauguro, visito, y todos los maridos de Alemania me detestan porque, por mi causa, no se atreven a decir ante sus mujeres que están cansados, ya que les contestarían: "Y el canciller, ¿cómo se las arregla a su edad?"

No era el mismo hombre que se había apeado del coche por la mañana, con una mirada dura y desconfiada. Ahora estaba completamente relajado y aquel tema le apasionaba.

—Dígame ¿qué es la "edad"? Un viejo es un hombre que tiene diez años más que uno. Por lo tanto siempre somos viejos con relación a otro.

Y con una libertad inesperada, el canciller me habló de los problemas de la virilidad.

—Es una cosa muy importante para el equilibrio. Es muy conveniente entrenar esas fuerzas, que son la verdadera juventud del hombre, por medio de masajes en la base de la columna vertebral con una pomada de raíces, del fruto del espino albar y de menta. Y usted, ¿qué receta usa?

—Branca ursina, celidonia, menta y fenogreco o alholva.

Adenauer me escuchaba con interés, pero no ejercí influencia en él, ni él en mí. ¡Nos mantuvimos, como se dice con frecuencia en Alemania y Francia, en nuestras posiciones!

Los problemas sexuales no tienen edad y son, con frecuencia, muy inesperados.

El príncipe Alí Khan me había pedido que fuese a verle, sin explicarme la dolencia que le afligía. Por la manera con que me había dicho por teléfono: "Hablaremos de ello de hombre a hombre", pensé que se trataba de una cuestión muy "íntima".

Me sentía bastante seguro de mí mismo, pues siempre consigo en tales problemas muy buenos resultados. Mi proporción de curaciones es de un ochenta por ciento.

El piso de Alí Khan, en Neuilly, era suntuoso. En el mobiliario se mezclaban, despreocupadamente, las viejas cómodas del siglo XVIII y la taracea oriental. Las estatuas, los jarrones, los bajorrelieves y los cuadros modernos habrían sido aceptados de buen grado por el conservador del Louvre.

El príncipe me recibió sentado en una butaca, con una de sus manos entre las de una manicura.

—¿Es usted el tipo de las hierbas? ¡Caray, qué joven es usted! Es para troncharse; a causa de sus baños de pies me lo figuraba a usted como un pobre viejo bastante cochambroso.

Empleaba una gran cantidad de palabras groseras, pero con tanta clase que ni siquiera me escandalicé.

Le observé: la calidad de los cabellos, de la piel, de las uñas, todo parecía indicar que era un hombre de perfecta salud.

Despidió con cierta negligencia a la manicura y me miró con una sonrisa irónica y un fondo de ternura en aquellos ojos que debían hacer estragos en las mujeres.

—Bien, Mességué. ¿Cómo me encuentra?

—En perfecto estado de salud.

—Sí, fumo, bebo, no me privo de nada. Pero hay, de todos modos, un "pero..." Digamos que hago el amor sin apetito. —Con una libertad de expresión total, el príncipe me explicó que aquel acto lo efectuaba más bien por higiene, para controlar su virilidad, que porque le apeteciera—. ¿No cree usted que esta falta de interés por las mujeres demuestra una especie de envejecimiento prematuro? ¿Puede usted hacer algo por mí?

—Para empezar, una pregunta: ¿cuántas veces a la semana?

Pareció algo asombrado.

—Por regla general, tres veces al día.

—¡Entonces, príncipe, soy yo el que va a pedirle consulta...!

Se rió mucho, y no nos hemos vuelto a ver.

Al volver a casa pensaba: "¡Es la primera vez que puedo reírme de un problema sexual!" Siempre los he tomado, por el contrario, muy en serio. Sé toda la importancia que tienen para el hombre y para la mujer.

El equilibrio y la felicidad de la pareja se encuentran en la armonía sexual. Pero muy pocas parejas llevan una vida sexual normal. A veces basta muy poca cosa para que una mujer se vuelva frígida. El mecanismo de su sexualidad es muy delicado.

A pesar de la ola de erotismo, de las grandilocuentes declaraciones sobre la libertad y la educación sexuales, es este un tema que la gente no aborda ni fácil ni francamente. Los franceses, a los que se considera en el extranjero como el pueblo del placer,

Mességué ante las estanterías donde se secan las plantas.

hablan de él con menos libertad que los extranjeros. Los hombres se callan por vanidad, por amor propio. No es agradable confesar a otro hombre que se carece de virilidad. Las mujeres, por su parte, se callan por timidez, por pudor; muchas de ellas se sienten aún atadas por su educación. Sus madres les han dicho con demasiada frecuencia: "No es 'eso' lo que hace que un matrimonio sea feliz", cuando les hubieran debido enseñar lo contrario. Para estos problemas, mi manera de consultar me ha sido muy útil. Me ha permitido ayudar a los que no se atrevían a hablar de ello.

Cuando un enfermo entra en mi consulta, le miro. Su silueta, gruesa o deportiva; su manera de andar, lenta o rápida, me informan. En sus ojos se ve si es confiado o desconfiado. Las manos me indican si es un trabajador o un intelectual. Hay detalles importantes: si se muerde las uñas no quiere decir solamente que sea nervioso, es un hombre con problemas sexuales.

Con respecto a las mujeres, estas observaciones son aún más significativas. El andar de la mujer sensualmente equilibrada, feliz, es flexible. La mujer frustrada tiene una manera de andar mecánica. La mujer frígida se preocupa mucho de su toilette. Es su manera de compensar su profunda falta de equilibrio.

Esta clase de observaciones no es exclusivamente mía. Todo buen médico la practica, es siempre sicólogo e intuitivo.

No me gusta generalizar, sobre todo cuando se trata de problemas sexuales, en los que cada caso es personal. De todos modos, se pueden hacer dos grandes divisiones: los orgánicos y los síquicos.

Los orgánicos son aquellos, o aquellas, que padecen deformaciones congénitas o de otra clase; naturalmente yo no puedo tratar estos casos.

Quedan los síquicos, cuyos desarreglos funcionales son de origen nervioso y sicológico, y aquellos cuyas deficiencias son provocadas por afecciones diversas: vías urinarias, diabetes, albuminuria y, sobre todo, obesidad. Mis plantas son muy poderosas contra todas estas dolencias.

Siempre que se trata de problemas sexuales, mis recetas constan por lo menos de dos páginas. No me contento con dar indicaciones para la utilización de mis preparaciones básicas, receto también lo que hay que comer y beber y, sobre todo, lo que se debe evitar. Incluso hay veces en que mis prescripciones no tienen aparentemente ningún aspecto médico, pero son muy eficaces.

Así, por ejemplo cuando se trata de jóvenes solteras, viudas o divorciadas que padecen depresión nerviosa a causa de frigidez o ausencia de hombre, les receto: "Emprender, sola, un viaje a Italia". Y subrayo la palabra *sola.* Y cuando la enferma protesta, desconcertada: "Pero eso va a ser horrible, soporto tan mal la soledad...", le contesto: "No, desde la primera noche, salga, pruebe las especialidades del país en las pequeñas *trattorie,* vaya a bailar y, fíese usted de mí, volverá transformada".

No creo que los italianos estén más dotados que los demás; pero en su país encuentran tiempo para ocuparse de una mujer. Y, con mucha frecuencia, una mujer es frígida porque no se han empleado los medios que convenía para despertarla.

La mujer es ante todo un ser sentimental, necesita para prepararse al acto sexual cosas bonitas. Los hombres deberían acordarse siempre del ave del paraíso. Para recibir a su amada, levanta en el suelo una especie de refugio, la cámara nupcial. Pisotea el suelo con sus patas y quita todo lo que podría herir las delicadas patas de su compañera. Luego adorna con flores el techo, las paredes y el suelo. Sólo entonces va en busca de su esposa, y en un deslumbramiento de colores, hinchando la garganta, inclinando la cabeza para hacer vibrar mejor su penacho de plumas, ejecuta la danza del amor.

¿Qué mujer podría resistirse a tantas atenciones y a tanta belleza? Ninguna. Contrariamente a lo que piensan con demasiada frecuencia las mujeres, el hombre no es ese ser grosero y brutal que se imaginan.

Las causas de algunas impotencias son tan sutiles, aun siendo diferentes, como las que trastornan la vida sexual de la mujer.

El hombre de las ciudades es el más amenazado por las deficiencias sexuales, porque se ha convertido en un angustiado, en un inquieto permanente, con los nervios gastados por los atascos de la circulación, los vencimientos de letras, mientras que en el Gers, los campesinos vienen a consultarme sobre toda clase de enfermedades, pero pocas veces por cuestiones de virilidad.

No tengo la pretensión de dar cursos de educación sexual. No se fabrican amantes irresistibles ni queridas que hagan perder la cabeza como se forman atletas para los Juegos Olímpicos. El objeto de mis consejos es ayudar a los que confían en mí para recuperar su equilibrio y su alegría de vivir.

Mis métodos son sencillos: prohíbo, ante todo, los afrodisiacos que se venden secretamente. Esos excitantes para una noche son muy peligrosos. Pueden provocar inclusive síncopes cardiacos. Y, con seguridad, su uso y su abuso, en vez de sanar, pueden dejar completamente impotente.

No hay que cometer excesos sexuales. Las reservas humanas no son inagotables. Médicamente, tales abusos constituyen una parte de las causas de la impotencia. Recomiendo mucho los paseos por el bosque, por el campo, a la orilla del mar; el yodo es un estimulante excelente. Suprimir los licores, beber vino con moderación. No abusar, tampoco, del tabaco. ¿Y qué decir de los estragos causados por los excitantes químicos que tienen por objeto mantenerle a uno despierto cuando todo el organismo reclama el sueño a voz en grito? ¿De los euforizantes cuya misión es hacer olvidar las preocupaciones de la vida y que le convierten a uno irremisiblemente en un perfecto candidato a la depresión nerviosa y a la impotencia?

Suprimid todos los excitantes y reemplazadlos comiendo mucho pescado marino, sesos, crustáceos ricos en fósforo. Para ayudaros a tener apetito en el momento oportuno, utilizad algunas especias: pimienta, canela, nuez moscada, pimentón. Comed también apio: según la creencia popular le vuelve a uno enamoradizo, y no es mentira.

CAPITULO VII

Algunos éxitos

No ME gustan mucho las estadísticas. Es una manía de nuestro tiempo que yo no tengo. Pero uno de mis colaboradores ha pasado algunas veladas y, creo, también algunas noches examinando todas mis fichas, las cuales llevan siempre a un lado la mención "resultado": curación, mejoría, recidivas, fracaso o se ignora, lo que quiere decir que el enfermo no volvió ni nos dio a conocer el resultado del tratamiento. La proporción de curaciones más elevada —noventa y ocho por ciento— se da en el eccema y la celulitis.

La celulitis se ha convertido en la obsesión de la mujer, a la que ataca en proporciones elevadas: el noventa y cinco por ciento de las mujeres contra el dos por ciento en los hombres.

Sin las mujeres y sin las flores el mundo sería con frecuencia bastante feo. Cuando veo mujeres abotagadas en sitios tan bonitos: el cuello, los muslos, la cintura, las rodillas, las caderas, me da lástima de mí, que tanto gozo mirándolas; y de ellas, porque una mujer que ya no cree en sí misma pierde todo su poder y toda su felicidad.

ALHOLVA

Había hecho adelgazar a muchas mujeres, pero no había atacado el fondo del problema. Tal vez hubiera esperado todavía si no hubiese venido a consultarme una joven, Paulette L... Era bajita, rubia y muy agradablemente rellenita.

Al entrar me preguntó:

—¿No es necesario que me desnude?

—No, señora.

—Tanto mejor, porque creo que no me habría atrevido. Le he traído una foto, tomada por mi marido este verano, y usted comprenderá.

Tenía razón. Aquella mujer encantadora, bien proporcionada, con el busto más bien poco desarrollado y las piernas finas, tenía los muslos de una mujer obesa. Subían a la vez hacia las caderas y bajaban hacia las rodillas formando lo que se llama "el pantalón del zuavo". Afortunadamente para ella, en aquella época la minifalda no estaba de moda.

—A causa de esta foto nos hallamos al borde del divorcio. Mi marido la sacó con mala intención. Cuando me casé con él, hace cinco años, yo era completamente normal. Nadábamos mucho, a mi marido le encanta, y, naturalmente, pasábamos siempre las vacaciones a la orilla del mar. Hace tres años, para sacar más partido a las vacaciones, mi marido compró una canoa y nos pasamos todo el mes de verano literalmente sobre el agua. Fue entonces cuando empecé a engordar. Al principio creí que los muslos se me volvían musculosos porque habían engordado, y luego, cierto día, me pellizqué la piel con los dedos y vi que estaba como granulosa. Era horrible. Me di cuenta de que tenía celulitis.

Al año siguiente descendimos un torrente en canoa y empecé a ponerme deforme. Fue entonces cuando mi marido sacó esta horrible fotografía para avergonzarme. Desde entonces lleva a una amiga nuestra en su canoa... ¿Usted me comprende, señor?

—Sí, muy bien, pero lo que no comprendo es el motivo de su celulitis. ¿Le funcionan bien los riñones?

—Bastante bien.

—¿Y el hígado? ¿Los intestinos?

—No demasiado bien... Ya puede figurarse, en estos tres últimos años en nuestra embarcación sólo hemos comido conservas. Por la noche acampábamos en pequeñas ensenadas, lejos de cualquier tienda. Era maravilloso.

—Sin duda, pero no para su salud. Señora, usted se ha intoxicado. La retención de agua y las enfermedades hepáticas son dos afecciones de la vida moderna.

—Los diuréticos me hicieron perder peso de momento.

Luchar contra esa enfermedad a fuerza de diuréticos es criminal. El día que se toma el diurético, el efecto es notable. Algunas personas pueden llegar a perder de uno a tres kilos, pero al día siguiente la retención urinaria se hace mayor. Los riñones, fatigados por el funcionamiento forzoso que se les ha impuesto, se vuelven otra vez perezosos, y los kilos espectacularmente perdidos se recuperan. Arrastrado por la emoción que la pena y la ansiedad de Paulette me habían causado, le dije:

—Le prometo que recuperará sus lindos muslos y que su marido no volverá a mirar otros.

Ahora era preciso que yo hiciese todo lo posible para cumplir mi promesa. Tenía que volver a verla tres semanas más tarde. Si no había perdido el peso suficiente con los baños de pies, ¿qué recetarle? Y si su eliminación era satisfactoria, ¿cómo impedir que volviese a engordar? Eso era lo más importante.

En mi opinión, la celulitis es el resultado de una intoxicación crónica. Es el efecto de las carencias funcionales de los riñones, del hígado y de los intestinos. Lo primero que había que hacer, pues, era ponerlos nuevamente en marcha. Para eso me fiaba de mis plantas; ya habían demostrado su eficacia.

Me parecía que el segundo punto negro de aquella dolencia debía tener su origen en la alimentación. Cuanto más estudiaba el problema, más me afianzaba en la idea de que la calidad de los alimentos debía tener una gran importancia, pero ¿cuál?

Dos hechos, que parecían muy alejados de este problema, me habían llamado la atención. Un día el guarda de mi coto de caza me había telefoneado.

—Señor, todos sus faisanes se mueren. Comen los escarabajos que hay en las patatas.

—¿Los doriforas son mortales para los faisanes? ¿Por qué?

—No. Lo que pasa es que comen los que están en las patatas que se han tratado con un insecticida a base de sulfato de cobre. Al hacerlo, sus faisanes se mueren.

Telefoneé al alcalde, quien me aseguró que si aquel sulfato era dañino para las aves no lo era para las personas.

—No tiene importancia, señor Mességué; las patatas no se infectan, ya que están bajo tierra.

—¿Ha pensado usted que la lluvia arrastra ese sulfato, lo hace penetrar en la tierra y que sus patatas quedan regadas por él?

—¡Bah! Figúrese usted, se las lava, se pelan, se cuecen...

—¿Está usted seguro de que la cocción elimina los efectos?

En mi opinión, una cosa era segura: las patatas tratadas químicamente pueden ser peligrosas.

En otra ocasión traté un eccema terrible en las manos a uno de mis amigos, que lo había contraído desinfectando sus manzanas sin haber tomado la precaución de ponerse guantes.

—Y esto no es nada. Mis cochinillos se me han muerto todos.

—¿Por qué? ¿Los regó usted con el insecticida?

—No bromee. No. Un poco antes de la recolección de la fruta, los cerditos se escaparon y se comieron las manzanas caídas. Media hora después no quedaba ni uno vivo.

—¿Cómo se lo explica usted?

—Muy sencillo: las manzanas habían sido tratadas seis días antes, y no había llovido. Habría bastado con lavarlas.

—¿Cuántas veces al año aplica ese tratamiento a sus manzanas?

—De diez a doce veces.

En tales condiciones, creo indispensable pelar las frutas que uno come. Lo cual es una lástima, porque en algunas, la manzana principalmente, su piel contiene unas vitaminas que no existen en el fruto, o si existen, es en menor cantidad.

BORRAJA

El aire que respiramos en nuestras ciudades está contaminado. Bebemos un agua que hemos hecho "potable" gracias a la adición de cloro y de microbicidas químicos. Los productos para la limpieza, los detergentes, con los que se lava, entre otras cosas, la vajilla, son todos derivados del petróleo; por consiguiente, son cancerígenos.

Las verduras y las frutas que deberían beneficiar a nuestra salud contienen todas las razones de ponerla en peligro. Crecen en una tierra fertilizada con abonos químicos y limpiada a fuerza de herbicidas, acerca de los cuales se aconseja, al emplearlos, que se mantengan fuera del alcance de los niños, que evitéis que los toquen los animales domésticos y, sobre todo, que os lavéis bien las manos después de usarlos. Pero nadie se preocupa del hecho de que, al pasar por las raíces, suben con la savia y contaminan la planta. Las verduras y las frutas son protegidas por pesticidas que contienen casi siempre D.D.T.

Durante muchos años los químicos afirmaron que el D.D.T. era un producto totalmente inofensivo. Se ha espolvoreado abundantemente con él a la naturaleza, a los animales y a las personas. Hoy día se sabe que el cuerpo humano sólo lo elimina de modo parcial y que, por tanto, se acumula peligrosamente y provoca, más tarde, graves trastornos.

A los animales se les alimenta con raíces (remolacha forrajera), hierbas (heno) que crecen en una tierra envenenada. Los pastos, con excepción de los de montaña, tampoco se salvan. Para conseguir animales más rentables, no se vacila en inyectarles hormonas y antibióticos. Estas técnicas criminales se emplean tanto para el ganado mayor como para las aves de corral.

A medida que aumentaba mis conocimientos tenía nuevas razones para preocuparme. El profesor Paul Brouardel, uno de los promotores de la higiene, hacia 1900, escribía en uno de sus tratados sobre este tema: "Cuando un hombre ha tomado, en su desayuno matinal, una leche conservada por medio de aldehído fórmico; cuando ha comido para almorzar una loncha de jamón conservada con bórax, unas espinacas que deben su verdor al sulfato de cobre; cuando ha rociado esta comida con una botella de vino fucsinado o enyesado con exceso, y así durante veinte años, ¿cómo queréis que semejante hombre tenga aún estómago?"

Ninguno de nosotros está protegido contra esta insidiosa invasión química. Ya sé que nuestro organismo está constituido de tal forma que lucha rápidamente contra las agresiones del exterior y fabrica anticuerpos de defensa y de ataque. Esto no impide que haya sentido mucho miedo al comprender hasta qué punto todos estamos más o menos intoxicados. He comprendido también el drama que ello podía representar para aquellos que, a consecuencia de deficiencias funcionales, no eliminan suficientemente. Se convierten en intoxicados permanentes. En ellos es donde la celulitis se instala como en terreno conquistado.

Me puse a soñar con las verduras y con las frutas de mi infancia. Decidí fijarme como principio dietético suprimir de la alimentación todo lo que es químico para volver a una alimentación lo más natural posible.

Cuando Paulette L... volvió a verme, parecía satisfecha.

—Nada más que con sus baños he perdido cuatro kilos; es un éxito, ¿verdad?

—Sólo en parte, señora. Puede recuperarlos rápidamente si no vigila su alimentación.

—¿Me va a poner a régimen?

—No. Sólo indicarle una alimentación diferente.

Rápidamente le expliqué el papel peligroso de los productos químicos en nuestros alimentos. Me miró, anonadada.

—Pero, entonces, no se puede comer nada...

—Sí, muchas cosas. La sal, que tendrá que suprimir durante

algunos meses y que usará después, con mucha moderación, deberá ser sal marina. El azúcar, que deberá escatimar mucho —nunca tome más de dos terrones diarios—, deberá ser de caña, rojiza, sin refinar. Todo ese refino, que le da un hermoso aspecto, le priva de los elementos indispensables para su salud, y se efectúa, por regla general, a fuerza de productos químicos. Siempre que le sea posible sustitúyalo por una cucharadita de café de miel de montaña. En alta montaña no se pulverizan los campos con abonos químicos y el polen de las flores se conserva puro. Si las abejas han sido alimentadas con azúcar, la etiqueta dirá: "Miel de azúcar". No es aconsejable.

"Esto me lleva a hablarle del pan y de la harina, que constituye su enemigo número uno. Los trigos que se utilizan en las fábricas de harina se han producido gracias al empleo masivo de abonos químicos. Son triturados por medio de cilindros de acero y tamizados de tal suerte que se convierten en una especie de almidón, desprovisto completamente de vitaminas, aceite, fósforo, hierro, magnesio y aminoácidos. La harina es tratada químicamente con la ayuda de gases para blanquearla. Estos gases tienen la propiedad de matar los fermentos-diastasas, cuya carencia en nuestra alimentación nos convierte en candidatos a la tuberculosis y al cáncer.

"El pan se 'enriquece' también con levaduras químicas que contienen persulfato amónico, bromato de potasio, carbonato de magnesia, yeso, sodio, sulfatos y fosfatos de calcio. Aún quedan algunas manipulaciones igualmente peligrosas, siendo la última la cocción en hornos de *fuel-oil* (que es un subproducto del petróleo). Dicho pan no sólo le hace a usted engordar, es peligroso. Y las tostadas hechas con la misma harina lo son igualmente.

"Limítese a tomar dos o tres rebanadas, finas, de pan integral, preferentemente de pan de centeno. Es ligeramente laxante. Da flexibilidad a las arterias y activa la circulación. En Rusia, en Polonia, donde sólo se come pan de centeno, no se conoce prácticamente la arteriosclerosis ni ninguna de las enfermedades de los vasos sanguíneos o del espesamiento de la sangre.

"Puede tomar un poco de mantequilla de granja, si conoce la procedencia. Pero suprima radicalmente la mantequilla cocida. En efecto, la cocción, al transformarla químicamente, la hace dañina para el hígado, el estómago y los intestinos. Los aceites sufren también las mismas modificaciones. El mejor es el de oliva. Exíjalo de la primera molienda en frío con medio grado de acidez, el único que es perfectamente tolerado por el hígado.

"Los vinos llamados de consumo corriente contienen ácido etileno, ácido monobromacético y fluoruro de sodio; este último producto es tóxico en dosis de una cucharada de café.

"Naturalmente, no todos los licores y los vinos están adulterados. Sobre todo no beba vinos baratos. Exija un vino de marca, y como en el caso de usted no debe pasar de dos vasos diarios, el gasto no será excesivo. En cuanto a los alcoholes y licores, cualquiera que sea su calidad, debe abstenerse.

A medida que hablaba veía demudarse la cara de la pobre Paulette L... Había dejado por completo de sonreír.

—No me ha hablado usted de las conservas...

—En su caso es preferible que se abstenga durante cierto tiempo. Las hago responsables de su celulitis. Sin embargo, son mucho menos peligrosas que otros productos si sabe usted leer sus etiquetas. Su fabricación está muy vigilada, y si se indica que no contienen ningún producto químico, fécula o colorante, puede estar completamente tranquila. Todos los productos congelados a temperaturas muy bajas son excelentes, ya que el frío conserva todas sus cualidades. En cuanto a los condimentos, todos le están permitidos y se los recomiendo: aceite, ajo, chalote, perejil, perifollo, tomillo, romero, salvia, estragón, hinojo, comino, pimienta, etcétera, y todas las especias.

—Después de lo que me acaba de decir, no me atreveré a comer nada. Tendré miedo bien sea de engordar o de envenenarme.

Paulette L... acababa de darme una buena lección. Arrastrado por el tema, había olvidado la sicología. Terminé, pues, por donde debía haber empezado.

—Puede usted comer a discreción carne roja a la parrilla. La carne blanca es menos nutritiva y no me fío mucho de la ternera con antibióticos. Puede usted también comer aves de corral "criadas con grano". Pescados de mar a la plancha, con exclusión de la caballa y el salmón. Toda clase de mariscos y crustáceos. Café, té, zumos de frutas y de verduras. No se desmoralice. Le voy a dar un menú tipo.

" *Almuerzo:*

" Legumbres crudas variadas, con una buena cucharada de aceite de oliva y un poco de zumo de limón;

" 1 chuleta de cordero a las finas hierbas;

" 1 legumbre verde;

" 1 queso sin fermentar;

" Fresas con yogur en vez de nata.

" *Cena:*

" 1 sopa de verduras;

" 1 pescado a la parrilla con hinojo;

" 1 ensalada;

" 1 yogur y una fruta.

" 1 rebanada de pan de centeno en cada comida.

" ¿Cree usted que se quedará con hambre siguiendo este régimen?

—No, desde luego que no.

—Entonces, pruebe... y vuelva a verme dentro de dos semanas.

Al cabo de dos meses Paulette L... me decía:

—Sigo adelgazando. ¡Es maravilloso! Mi marido come lo mismo que yo, y todas sus pequeñas molestias: dolores de cabeza, cansancio después de las comidas, han desaparecido. Y el domingo próximo saldremos los dos a dar un paseo en canoa por el Marne.

La úlcera de duodeno más difícil que curé fue la de Pierre Loutrel, conocido sobre todo por su apodo de "Pierrot el Loco". Este gángster peligroso, considerado como el enemigo público número uno, padecía una enfermedad de presidente-director general. Era en 1950 y la policía de todo el mundo le buscaba.

Cuando introduje en mi despacho a aquel hombre bajito, de mejillas demacradas, con una cicatriz en la cara, de ojos muy negros, peinado con raya en medio, lo que le daba un aspecto de persona formal, le tomé por un vendedor de automóviles al que le ha ido bien en su profesión. Su traje oscuro era de una tela de buena clase.

—Mire usted, doctor —me tomaba por médico—, he probado todo y sigo sufriendo. ¿Cree usted que podrá hacer algo por mí?

Podía contestarle tranquilamente que sí. Mis curaciones se elevaban a un ochenta por ciento. Le expliqué cómo podía prepararse su cataplasma.

—¿Le es posible seguir un régimen?

—No me es fácil.

—¿Qué vida lleva?

—Viajo mucho.

—¿Se pone usted nervioso fácilmente?

—Es difícil evitarlo... —dijo con un gesto vago—. En los negocios ya sabe...

—Durante el tratamiento procure evitar todo lo que pudiera provocarle un *shock* nervioso. En esta clase de enfermedades los nervios tienen una gran importancia.

VERBASCO

Sonrió ligeramente.

—Mire usted, me gustaría mucho que me dejasen en paz.

Quince días más tarde volvió a presentarse.

—He vuelto para decirle que sus hierbas me alivian mucho. Así que quisiera otro frasco.

Al salir dio cinco mil francos viejos a mi secretaria, diciéndole:

—Cómprese con eso alguna cosilla.

Ocho días después, estaba de regreso.

—He sufrido un rudo golpe. Me ha producido una crisis de aúpa... Ha sido una lástima, porque me encontraba muy bien.

—No sé cuál es su profesión, pero va a ser difícil curarle si no pone usted un poco de su parte.

—Unos tipos que merecen toda mi confianza me han asegurado que puedo hablar claro con usted. Así que le diré la verdad: soy Loutrel, "Pierrot el Loco". ¿Le suena el nombre?

Me hubiera sido difícil desconocer sus "hazañas". Su "historial" era impresionante.

—Hágase cargo, cuando usted me dice que no me ponga nervioso, bien quisiera obedecerle, pero no es fácil cuando toda la "bofia" está sobre mis talones.

Loutrel no me planteó un caso de conciencia; no se delata a un hombre que ha venido a vernos para que se le cure. No necesité prestar juramento para respetar espontáneamente el secreto profesional.

Una vez, sin embargo, pasé un gran susto: al abrir la puerta de la sala de espera, uno al lado del otro, estaban Loutrel y un director adjunto de la Dirección General de Seguridad. No había reconocido en el hombre que leía tranquilamente el periódico a aquel cuya fotografía estaba pegada en las paredes de todas las comisarías de Francia.

Le había curado prácticamente la úlcera cuando se mató de un balazo en el vientre al guardar la pistola en el cinturón del pantalón, poco después de asaltar una joyería de la calle Boissière.

Las consecuencias de nuestra desordenada alimentación no me han preocupado únicamente en los enfermos y en las mujeres, sino también en los deportistas.

En cada Vuelta a Francia vemos caer, al borde de la carretera, a un hombre que se retuerce de dolor... ¿Cuántas veces se ha pronunciado la gran palabra de envenenamiento? Y era exacto. Pero no textualmente; es evidente que, no siendo en las malas novelas policiacas, una mano criminal no echa veneno en el vaso o en el plato de un corredor. Sin embargo, no por eso ha dejado de beber o tragar ese veneno de los productos químicos. Como el tema me apasionaba, me puse a estudiarlo para mi propia satisfacción.

No me figuraba, desde luego, que se me había estado esperando para establecer regímenes equilibrados para deportistas. Esos programas dietéticos se aplican solamente un mes antes de los Juegos Olímpicos, de las carreras ciclistas de larga duración o en período de entrenamiento, y todo el equipo nacional sigue el mismo régimen poco más o menos. Algunas veces se tiene en cuenta la disciplina general, pero nunca las necesidades de cada uno en particular. Yo pretendía que un deportista pudiese alimentarse todo el año a gusto y con provecho. No creo que se pueda formar un campeón quince días antes de la competición.

Con más motivos que cualquier otro, "mi" deportista debía comer cosas sanas y naturales. Basé por lo tanto mi equilibrio alimenticio ideal en seis categorías de alimentos por el siguiente orden: cereales, azúcar, carne, verduras, frutas y algunos productos lácteos.

Por lo que respecta a los productos lácteos, fui bastante prudente. Por motivos de conservación son, con frecuencia, "adulterados". La leche esterilizada es muy pura en el aspecto bacteriológico, pero la esterilización destruye todas las vitaminas. (La leche descremada, sin ningún tratamiento químico, es un alimento sano.) La originalidad de mi tratamiento consistía en el empleo que pensaba hacer de las verduras y las frutas escogidas sobre todo en función de sus virtudes terapéuticas. Los tallos del apio contienen potasio, sodio, calcio, fósforo y hierro. Media taza de cubos de apio es excelente para los nervios. Y si se toma en jugo, ayuda a prevenir la artritis. En todo caso alivia la acidez de estómago ocasional. Además es un buen antídoto del alcohol. Además del apio, recomendaba también el nabo y el pimiento morrón a causa de sus vitaminas; las judías verdes, excelentes para los riñones, el corazón y el reuma; las espinacas, que contienen mucho hierro. ¡Acordaos de las *spinach* de Popeye! Pero no las comáis si tenéis un hígado sensible. Las berenjenas, con pepitas y piel, son muy buenas para los intestinos. El pepino es muy rico en vitamina C y elimina el agua de los tejidos celulares. Es la planta que disuelve con más fuerza el ácido úrico. Pero no lo peléis ni lo saléis y bebed su jugo.

Para todos los que tienen que efectuar un esfuerzo físico no hay nada mejor que un puñado de frutos secos: almendras, nueces, avellanas, pasas, higos... a causa del fósforo y el calcio que contienen. (En invierno mi padre me decía: "Toma, hijo mío, coge un puñado de *mendiants* (1), te mantendrán en calor durante todo el día". Y me contaba su historia: "Fíjate bien: están vestid[illegible] como los frailes mendicantes: el higo seco lleva el h[illegible]

---

(1) *Mendiants* (mendigos), nombre genérico en francés de [illegible] secos en general: almendras, avellanas, higos y pasas. (N. d[illegible]

BRANCA URSINA

del franciscano, la almendra la estameña cruda del dominico, la avellana el paño marrón del carmelo y la pasa el sayal marrón oscuro del agustino.")

Naturalmente, supresión del alcohol y la cerveza, que "ponen las piernas de trapo". Muchos zumos de frutas y de verduras y agua completamente pura.

Proponía también masajes con una crema revitalizante a base de plantas. Disponía así de una especie de teclado en el que me hubiera gustado tocar. Sólo me quedaba encontrar un deportista que sirviera de "conejo de Indias" para probarlo.

Esperaba confiadamente mi primer voluntario para mis experimentos. Y fue el ciclista Raphaël Géminiani.

Me encontraba en Clemont-Ferrand, y un amigo me dijo:

—¿Sigue gustándole tanto el deporte?

—¡Valiente pregunta!

—Tiene usted que ayudar a Géminiani a recuperar la forma.

—¿Qué come usted? —le pregunté al verle aquella misma tarde.

—¿Todos los días o cuando corro?

—¿No es lo mismo para usted?

—¡Claro que no! Cuando tomo parte en una carrera tengo cuidado. Si no, como de todo, pastas, carne, huevos...

—¿Y las verduras, las frutas, las cosas crudas, los cereales?

—Cuando me las ponen, pero no creo que se puedan hacer músculos con verduras. Prefiero alimentos más sólidos.

El caso de Gem era muy sencillo. Aquel pura sangre se alimentaba de cualquier manera. Parecía un poco decepcionado.

—Creía que sus hierbas garantizaban resultados rápidos.

—Mis hierbas no tienen todas las virtudes, pero le garantizo que, si observa la higiene alimenticia que le voy a recetar, el año próximo irá usted de nuevo en cabeza en todas partes.

Saltaba a la vista que no me creía, y su incredulidad me desesperaba. Diez meses más tarde figuraba entre los primeros en el campeonato de Francia.

Fue para mí un éxito muy apreciable. Aprendí mucho sobre la relación entre alimento y esfuerzo. Lo que me procuró muchas visitas de ciclistas. Mi único fracaso lo tuve con el campeonísimo Fausto Coppi. Como todos los demás, había venido a verme diciéndome que no se encontraba en forma: le fallaba la moral y el estado físico se resentía. Y, diez minutos más tarde, le hacía reírse de buena gana contándole anécdotas del cardenal Angelo Giuseppe Roncalli, nuncio apostólico en Francia y que llegaría a ser Juan XXIII.

—¿Pero cómo le conoció? —me preguntó Fausto Coppi.

—¡Pues muy sencillamente, oyéndole gritar el nombre de usted! Un día de julio de 1949, me habían invitado a pasar un fin de semana pescando cerca de Rambouillet. El presidente Vincent Auriol era el invitado de honor. Y no se prestaba mucha atención a un cardenal regordete y sonriente de mirada maliciosa. De pronto le vi separarse del grupo en el que estaba charlando y precipitarse hacia la radio. "¿Me permite? Es la hora de la Vuelta a Francia." Inclinado sobre el aparato, escuchó en silencio y luego se puso a marcar el ritmo con el pie mientras gritaba: "¡Cop-pi! ¡Cop-pi!". Estaba usted a punto de ganar la etapa.

Fausto se sentía encantado. Como muchos italianos, sentía mucho afecto por el clero romano.

—¿Qué le pareció a usted?

—Extraordinario. Tenía esa admirable sencillez de las gentes realmente superiores. Aún me parece verle por la noche, en la cena, olfateando, con una mezcla de respeto y ternura, un haut-brion: "Vea qué cosa más admirable", y mostraba su vaso. "Dios ha puesto el buen vino en la tierra para que lo bebamos." Luego se volvió hacia su vecina de mesa: "Y a las mujeres hermosas para que se las mire".

"Desde entonces, debo confesarle que, cuando bebo un vino exquisito o cuando contemplo una belleza extraordinaria, me siento amparado por la bendición apostólica.

"—Le estoy asombrando, señor Mességué, me dijo aquella noche, mientras volvía a dejar su vaso en la mesa. Cuando era pequeño, con mi hermano Saverio, antes de ir a la escuela, compartíamos un huevo, él la yema y yo la clara. Es tan poco nutritiva una clara de huevo que me ha dejado un hambre de pobre y un gran respeto por estas cosas tan buenas y tan preciosas."

Estas anécdotas entusiasmaban a Coppi. Después de haber empezado tan gratamente, nuestras relaciones siguieron siendo muy amistosas, lo que no impidió que mi fracaso con él fuese total. Coppi me repetía:

—Le aseguro que tomo debidamente mis baños de manos y de pies, pero no siento ningún placer en las cosas que hago. Tengo la impresión de que me falta algo. Pero, ¿qué es?

Unos meses más tarde, encontró lo que le faltaba y entró en mi consulta feliz, transfigurado...

—Ya está, Mességué, he encontrado lo que me faltaba.

Puse en duda que mis hierbas hubiesen sido la causa de aquella transformación, y acerté: Fausto Coppi había encontrado la "dama blanca". Una vez más podía comprobar que a veces basta ser feliz para tener o recuperar la salud.

CAPITULO VIII

El cáncer

En 1957 me llamaron para que fuese a visitar a Sacha Guitry. Había visto sus películas, había leído las *Mémoires d'un tricheur* (Memorias de un tramposo) y recordaba sus célebres ocurrencias. Esta, por ejemplo: "Si las personas que hablan mal de mí supiesen lo que pienso de ellas, hablarían mucho peor aún".

Vivía en un hotelito propio, en París, en el Champ-de-Mars. En el jardincillo puntiagudo como el espolón de un barco, el busto de su padre, Lucien Guitry, hacía de mascarón de proa.

En el vestíbulo, una escalera de piedra con la barandilla de hierro forjado desarrollaba su elegante espiral hasta el primer piso, que habitaba el "Maestro". Las paredes estaban cubiertas de cuadros. Cada uno habría merecido un momento de contemplación, pero no es mi costumbre hacer esperar a un enfermo. Pues, por desgracia, mi visita era para un enfermo que tenía el rostro de Sacha Guitry.

Encontré muy conmovedora la figura de aquel hombre que las mujeres habían amado tanto y que algunos hombres habían odiado mucho. Una barba cortada como la de Pasteur acentuaba su porte. Llevaba alrededor del cuello un rosario oriental de ámbar rojizo, benéfico, del que no se separaba nunca. Su cuerpo descarnado se perdía entre los pliegues de una bata de satén malva. Y, por primera y última vez, oí aquel "Aaah" célebre que precedía a todas sus frases.

—Aaah... señor médico de las hierbas, cuánto poder van a necesitar sus plantas para sacarme del atolladero... ¿Le han dicho a usted alguna vez que me encantan las violetas de Parma?

Mi visita fue muy breve. El enfermo estaba cansado y yo no podía hacer nada por él. Lana Marconi, su última mujer, me llevó a su despacho. En él vi, lleno de emoción, las piezas de colección que tanto quería: el tintero de Molière, el minúsculo bastón de Toulouse-Lautrec, el banderín de Joffre en la batalla del Marne.

—¿Qué puede hacer usted por él? —me preguntó su mujer.

Le contesté la única cosa que podía decir:

—Nada, señora; no curo el cáncer.

Mi postura ante esta terrible enfermedad ha permanecido siempre invariable. Sería, por mi parte, de una criminal estupidez pretender curarla, y ello me hace comprobar tanto más dolorosamente los estragos de este azote de nuestra civilización. Antiguamente era una enfermedad prácticamente inexistente. A medida que aumenta el desarrollo industrial de nuestras ciudades, que se producen asimilaciones químicas en nuestros alimentos, que se usa y se abusa del tabaco, que se contamina la atmósfera, que disminuyen los grandes bosques, los espacios libres, asistimos a la dramática ascensión del cáncer.

En un solo día de consulta veo de una a seis personas atacada

MENTA PIPERITA

por esta enfermedad. Puedo afirmar, sin embargo, que, aunque no trato estos casos, varios cancerosos me deben su curación. No me conformo con negarme a cuidar a los pacientes atacados de esta enfermedad, ni con aconsejarles que se operen. Les obligo a hacerlo. Nunca se repetirá bastante que, si se le ataca al principio, el cáncer puede ser curado.

Actualmente mueren en el mundo de esta enfermedad dos millones y medio de personas al año, de ellas cien mil franceses. Nos daremos una idea más completa de los riesgos que corre el hombre de hoy cuando se sepa que se han descubierto sustancias cancerígenas en el tabaco, en el alquitrán, en la anilina, en los colorantes nítricos y los hidrocarburos bencínicos, a lo que hay que añadir la aflatoxina que contienen los cacahuetes que se emplean en la fabricación de aceite y que son responsables de los cánceres hepáticos, etc. El número de sustancias catalogadas como susceptibles de provocar el desarrollo de tumores cancerosos se eleva a más del centenar.

Más que nunca, el viejo proverbio "Más vale prevenir que curar" demuestra su sabia prudencia. Creo que los estados cancerosos y los sujetos propensos pueden transformarse por medio de una alimentación sana. Uno de mis amigos, cirujano en un gran hospital de las afueras, que ha operado a muchos cancerosos, ha comprobado que no se producía recidiva en aquellos que observaban una estricta higiene alimenticia.

Estaba dando una conferencia sobre los efectos de la alimentación en el cáncer, en Dakar, cuando un doctor en medicina subió al escenario para dar públicamente su opinión:

—Los negros que trabajan con nosotros, que se alimentan como nosotros, mueren de cáncer en las mismas proporciones que los europeos. En cambio, los negros que viven en la selva contraen el cáncer muy raramente.

Los testimonios de esta clase son los que me han hecho reflexionar mucho. En los países reputados por sus alimentos sanos, como Noruega, Suecia, los Países Bajos, la mortalidad a causa del cáncer es mucho más baja. Se ha hecho la misma observación respecto a un país que consume sobre todo pastas y hortalizas, como Italia.

Por lo tanto, para preservarse mejor contra el cáncer deben suprimirse completamente el pan blanco, el azúcar blanco, la mantequilla refinada de hermoso color amarillo, las margarinas, los aceites vegetales; el vinagre, especialmente el de alcohol. Sustituidlo por el limón. No toméis chacinería, salsas y conservas cuya composición no conozcáis. Atención a las palabras "colorantes", "aromas" y "sabores artificiales". Tras ellas se ocultan vuestros más mortales enemigos.

Suprimid los bombones, los yogures aromatizados, las gaseosas llamadas de frutas, las bebidas en cartuchos, etc. No comáis productos ahumados por procedimientos industriales. Rechazad los géneros que contienen sustancias amiláceas. No es posible equivocarse: dicha mención figura en las etiquetas.

La regla general más eficaz consiste en exigir en los alimentos que consumís las palabras: "natural" y "puro", ya que la vigilancia de los fraudes es muy eficaz. Y si el Estado tolera, por motivos de presentación y conservación, aditamentos químicos considerados, un poco a la ligera, como benignos, no consiente que las palabras "natural" y "puro" encubran productos adulterados. Comprad el café preferentemente en grano. En fin, tomad mucho ajo. Se le aprecia como antiséptico, bactericida, hipotensor, expectorante, febrífugo y vermífugo. Tiene también la reputación de ser anticanceroso. Antiguamente, en épocas de epidemia, los médicos que iban a visitar a los apestados llevaban en su máscara un tampón impregnado de una preparación aliácea.

No puedo garantizar que alimentándose de una manera sana no se contraerá nunca esta horrible enfermedad, pero por lo menos una cosa es segura a mi juicio: se corren noventa veces más riesgos de tener un cáncer cuando se fuma y se come sin discernimiento...

Hay periódicos que se han especializado en la publicación de anuncios por palabras que considero criminales. Os proponen curaros rápidamente de toda clase de enfermedades. He leído, entre otros: "Cáncer, leucemia, esta es su última oportunidad".

He recibido cartas asombrosas de gente que me exponía ingenuamente sus "sueños". Una de esas personas me decía que acababa de salir de la cárcel y que había oído decir que el oficio de curandero era provechoso. Como le rechazaban en todas partes y puesto que a mí me habían condenado, como a él, podía ayudarle enviándole clientes. Otro, panadero de oficio, quería redondear sus ingresos metiéndose a curandero.

También recibía prospectos de este tipo: "Tuberculosis, cáncer, poliomielitis, sífilis, reuma, caída del cabello, curación de quemaduras y escrófulas, miembros dislocados, etc.

"Por correspondencia en toda Francia. Los verdaderos curanderos tienen un don natural y no pueden equivocarse."

Lo que me parecía es que tenían sobre todo un don sobrenatural para estafar. Seguía con mis conferencias para dar a esta profesión de curandero un buen escobazo. Podía parecer paradójico que yo, "curandero", me ocupase de esta limpieza. Pero, después de todo, ¿quién mejor que yo podía hacerlo?

A medida que progresaba, me daba cuenta de que el número de curanderos honrados era muy restringido, y el tono de mis conferencias se hacía más violento. Recuerdo que una de ellas la empecé así:

—Los curanderos matan cada año a millares de enfermos. Conozco uno en la región parisiense que se ha especializado en la curación del cáncer. Pero como es incapaz de curarlo, cuando el enfermo se decide finalmente a ir a ver a su médico, es demasiado tarde. Ese hombre es un criminal y debe comparecer ante los tribunales, no por ejercicio ilegal de la medicina, sino por asesino...

Me di verdaderamente cuenta del peligro cuando envié a ochocientos curanderos la siguiente carta-trampa:

Muy señor mío:

Habiendo oído hablar de los maravillosos resultados que usted consigue, me he decidido a recurrir a su autorizada opinión.

Padezco de un tumor en el útero, que, efectuada la biopsia, ha resultado ser canceroso. Los médicos me aconsejan que me opere. ¿Qué cree usted? ¿Opina que podría usted tratarme con éxito? Estoy dispuesta a correr con todos los gastos.

De usted atentamente...

Los resultados fueron desoladores. Acumulé las desilusiones. Setecientos diecisiete desaconsejaban la operación, prometiéndome la curación por un tanto alzado, que oscilaba entre diez mil y un millón quinientos mil francos viejos. Solamente once tuvieron la honradez de contestar que, en tal caso, el cirujano era quien tenía la palabra.

Entonces me sentí verdaderamente desilusionado. ¡Mis colegas de profesión no eran, pues, más que eso...! Los clasificaba en varios grupos: los que explotan a los enfermos por el ansia de ganar dinero; los semi iluminados, que creen en sus "trucos" y aceptan dinero o regalos; los iluminados, semi locos o locos de remate, que están seguros de curar a sus pacientes. Son los maniáticos del milagro. Todos son igualmente peligrosos. Esa gente sin escrúpulos me subleva. Me acuerdo de Naessens, por ejemplo, a quien considero como un criminal peligroso. Trata, con un suero descubierto por él —el Anablasto—, el cáncer y, sobre todo, la leucemia.

Vino a visitarme hace unos quince años, diciéndome:

—Vengo a verle en su calidad de médico. Mi especialidad es el cáncer. ¿Se ocupa usted de esta enfermedad?

—No. Sería una locura por mi parte.

—En tal caso, podríamos trabajar juntos. Envíeme sus enfermos y, naturalmente, respetaré la dicotomía.

Aquel hombre me repugnaba profundamente. Le encontraba aspecto de tenia. Contesté a Naessens que respecto al cáncer mis ideas eran muy tradicionales y que me fiaba de los tratamientos actuales.

Me habría olvidado de él si no me hubiese enterado en diciembre de 1963 que se había instalado en Córcega.

En el mes de enero de 1964 di mi conferencia habitual en Ajaccio contra los charlatanes y no vacilé en decir lo que pensaba de Naessens. Creí que me iban a linchar. En Córcega les hierve la sangre. Naessens, junto con Napoleón, formaban parte del patrimonio nacional. La policía tuvo que protegerme a la salida, y subí al avión entre abucheos, sin haber podido recoger la maleta en el hotel. Pero continué ocupándome de este asunto muy de cerca.

Pocos días más tarde, el profesor Denoix, enviado a Córcega por el ministerio de Sanidad pública, presentó su informe al ministro, y sus conclusiones eran definitivas: "Naessens se ha equivocado, el Anablasto carece de todo valor curativo".

Un año después no quedaba vivo ni uno solo de los leucémicos "tratados" por Naessens.

En mayo de 1965 fue condenado por el tribunal correccional número dieciséis a pagar una multa de dieciocho mil francos. Era pagar a poco precio la muerte de tantos inocentes.

CAPITULO IX

Mi último proceso

Mi nombre ha resonado veintiuna veces en el recinto del palacio de justicia, convocado a comparecer ante los jueces. Sin embargo, jamás llegué a acostumbrarme. Era inútil que me repitiese a mí mismo que cada proceso constituía una victoria; no era esa clase de gloria la que buscaba.

Aunque siempre experimentaba los mismos sentimientos en mis procesos, todos ellos tuvieron siempre algo diferente.

En Colmar, en 1953, conseguí uno de mis estupendos desquites. Poco después del proceso tuve la sorpresa de recibir la visita del magistrado G. Nettre, que había presidido el tribunal.

—Señor Mességué, le he condenado porque mi misión consiste en aplicar la ley. Pero me ha impresionado mucho la sinceridad de unos testimonios indiscutibles. Padezco de poliartritis en el hombro izquierdo. Ningún médico, ningún tratamiento han logrado aliviarme. ¿Querría usted tratarme?

—¡Sin el menor rencor, señor Presidente...! Y puede estar seguro de que le aliviaré.

Le curé.

Mis relaciones con los magistrados han sido a veces bastante inesperadas. Iba una vez en mi coche por la carretera principal en dirección a Aix-en-Provence, donde iba a verse en apelación uno de mis procesos. Tenía miedo de llegar tarde e iba a gran velocidad... En un cruce, salió tranquilamente un dos caballos de una pequeña carretera secundaria. Si no chocamos fue porque, indudablemente, la suerte estaba a mi favor aquel día. Me apeé de mi coche para cantarle las cuarenta a aquel imprudente. Enfundado en su chaqueta negra demasiado estrecha, me miraba, temblando todavía del susto. Yo estaba tan furioso que no le dejé ni abrir la boca. Finalmente terminé tajantemente:

—Y además no tengo tiempo que perder con atontados como usted. ¡Es usted un peligro público, y si yo fuese juez le retiraría su permiso de conducir! —Y me marché, dejándole patidifuso.

Cuando llegué al palacio de justicia, el juicio, afortunadamente, aún no había empezado. Mi abogado, Floriot, me dijo:

—Llegas con retraso. Tienes la suerte de que el presidente no haya venido todavía.

Aún no habían transcurrido diez minutos cuando el tribunal subió al estrado y reconocí al hombrecillo de la carretera. Era el presidente. Aquel día pude apreciar la honradez de los magistrados.

El abogado Floriot representaba en mi opinión el defensor con que sueña todo acusado. Creía que era, probablemente, el mejor, pero que no aceptaría nunca tomar mi defensa.

Sin embargo, ya en nuestra segunda entrevista, me dijo:

—Le defenderé porque creo en sus plantas. He visto a mi madre torturada por el reuma durante largos años. Los médicos la atiborraban de medicinas sin el menor resultado. Finalmente, alguien le aconsejó cataplasmas de hojas de fresno. A los tres días le habían desaparecido los dolores.

MANZANILLA ROMANA

En 1956, el abogado Floriot me defendió en dos procesos importantes: uno en Tours, el otro en Corbeil. Por primera vez, en el proceso de Tours, ni el consejo de médicos ni el de farmacéuticos se habían constituido en parte civil. Con una multa de diez mil francos (viejos) se dio a entender que había recibido una absolución moral. La conclusión de mi abogado fue bastante sorprendente.

—Pido al tribunal que haga constar en su sentencia el sentimiento que le causa verse precisado a condenar a Mességué.

Y el tribunal así lo hizo al declarar en los considerandos de la sentencia: "La causa justifica las más amplias circunstancias atenuantes, y el acusado merece la indulgencia del tribunal".

Para mí, el proceso de Corbeil quedará señalado por la historia de la señora Germaine Houlier.

Acababa de hacer entrar en mi despacho a un nuevo enfermo, cuando me telefoneó mi secretaria.

—Hay un señor que insiste en verle. Dice que es casi una cuestión de vida o muerte.

—En ese caso dígale que a quien debe ir a ver es a un médico.

Unos minutos más tarde, desobedeciendo todas mis órdenes, mi secretaria llamaba a mi puerta.

—Ese caballero insiste, está desesperado. Su mujer espera en un coche, ante el portal.

Me puse furioso; era la primera vez que se producía semejante escena delante de un enfermo. Este, un comerciante importante del barrio del Marais, tomó la palabra:

—Señor Mességué, no tengo inconveniente en ceder mi turno a ese caballero. Le he visto entrar en la sala de espera llorando. Así que usted comprenderá...

No había tenido tiempo de terminar su frase cuando ya estaba yo en el pasillo.

Un hombre bajito, delgado y enjuto, de unos sesenta años, con el pelo gris despeinado, estaba de pie, y me miraba. Las lágrimas mojaban sus labios temblorosos.

—Caballero, mañana tienen que cortarle la pierna a mi mujer, hay que evitarlo.

—¿Puede caminar?

—Sí, todavía.

—Venga dentro de diez minutos con ella a mi despacho.

Cuando vi entrar a la señora Houlier, apoyándose pesadamente en su marido, comprendí que iba a vivir unos momentos penosos. Aquella pareja de cierta edad, que derramaba las mismas lágrimas, me conmovió. Sin saber todavía lo que tenía, recé: "¡Dios mío, haz que pueda curarla!"

Con gestos llenos de dulzor y ternura, el señor Houlier deshizo los vendajes de la pierna de su mujer. Aquella pierna tenía muy mal aspecto, enorme, violácea, agrietada, rezumando pus.

—¿Cómo empezó esto?

—Verá usted, señor, tengo que decirle que tenemos una casita en la carretera de Méréville, y que soy quien cuida las gallinas y los conejos. Una mañana, al regresar de un campo, donde había ido por hierba, le dije a mi marido: "Me parece que me ha picado algún bicho. Tengo un granito que me duele en la pierna".

"Unos días más tarde se había convertido en una mancha y luego se extendió, llegando desde el muslo al pie. Fíjese, incluso se me han caído las uñas. Lo he probado todo.

"Hemos gastado en tratamientos cerca de dos millones, más de lo que teníamos. Me atiborraron de antibióticos. Al principio me aliviaban un poco, pero luego como si nada. Nuestro médico, entonces, pidió consulta con un especialista de la fundación

Rothschild. De allí venimos. El doctor, casi sin mirarme la pierna, ha escrito una carta para su colega.

—Enséñemela.

Y la leí: "Esta enorme piodermitis vegetante con elefantiasis secundaria no admite ningún tratamiento médico. No veo más recurso que la amputación".

Interrogué a la desgraciada con la mirada. Me contestó:

—El ayudante del doctor nos ha dicho incluso que, si no íbamos antes de ocho días, sería... por encima de la rodilla...

No se atrevía a pronunciar la palabra amputación.

—No puedo más, señor; prefiero morirme...

Reflexioné rápidamente: "Ocho días es un plazo muy corto. Si no la amputan en seguida y se muere, seré responsable de ello. Tengo que despedirlos". Y los miré. Ella tenía los ojos castaños, él azules, y sin embargo en ambos había la misma expresión tensa, llena de ansiedad...

—Le voy a recetar unos baños, pero no los tome más que ocho días. Si pasado ese plazo no hay mejoría intérnese en la clínica.

Hice para ella una preparación a base de manzanilla romana, ajo, espliego, cebolla, rosas rojas, salvia, tomillo, malvavisco, grama, a la que añadí espino albar como calmante.

Más tarde supe por ellos el resultado:

—Empecé los baños de manos aquella misma noche. Al segundo día tenía la piel menos tensa y la supuración disminuyó. A los ocho días nuestro médico entró a vernos de pasada. "¿Todavía sigue usted aquí, señora Houlier?", me dijo. "La creía en la clínica." Y yo le enseñé la pierna. Me preguntó: "¿Qué le han hecho a usted?" Mi marido le dijo: "No se enfade usted, doctor, pero fui a ver a un curandero y le dio un líquido hecho con hierbas". "Es asombroso." Eso fue todo lo que se le ocurrió decir, señor.

Se equivocaba; su médico era un hombre honrado. Ocho meses después de haber comprobado la curación total de su ex enferma, me envió una declaración haciendo constar que trataba a la señora Houlier de un eccema elefantiásico en la pierna, que ni la hidrocortisona ni la penicilina habían curado ni aliviado a la enferma, pero que después de mi intervención había comprobado una curación total.

En mi proceso de Corbeil, la declaración de la señora Houlier fue emocionante.

Indudablemente el último de mis procesos, celebrado en Grasse el 6 de mayo de 1968, fue el más importante para mí y para la causa de la medicina libre. Nada faltó: cartas de magistrados, doscientas veinte atestaciones de médicos, unos veinte mil enfermos, declaraciones conmovedoras e incluso la intervención de un profesor de la facultad. Por primera vez aquel proceso rebasó mi personalidad para llegar al fondo del problema.

No se me había procesado a causa de una denuncia del consejo médico, sino en virtud de una antigua circular ministerial que ordenaba a los servicios departamentales la persecución de los curanderos.

Cuando me dirigía al tribunal me entraron ganas de mandarlo todo a paseo. Me sentía cansado por aquellas perpetuas chinchorrerías.

Me encontraba en este estado de ánimo cuando subió al estrado el presidente Préau. Me resultó simpático. Era un hombre de voz serena y amable, de mirada penetrante, que no se andaba con rodeos.

Un profesor de medicina y farmacia abrió el debate. De unos setenta años, era el tipo de persona que sustituye el ingenio y el humor por sarcasmo.

—Hemos hecho embargar, en el domicilio del acusado, unos bidones con las preparaciones que prescribía a sus enfermos. No son activas y, en algunos casos, pueden ser dañinas.

Mientras le escuchaba estuve tentado de preguntarle cómo podían ser nocivas si no eran activas, pero me callé.

—Hemos probado en dos perros el contenido de un bidón destinado a un hepático. El primer perro se asustó. El segundo se sometió a la prueba, pero su estado no ha mejorado.

Aquello era demasiado, e intervine:

—¡Pero si yo no soy veterinario! ¡Jamás intenté curar perros con baños de patas! Por otra parte, permítame el señor Profesor que le haga observar que los perros tienen las plantas de las patas mucho más sensibles que los hombres. ¡Habría que emplear una dosis especial, y aun así!

MALVAVISCO

Un periodista preguntó:

—¿Se consideran las patas como pies o como manos?

Una gran carcajada recorrió los asientos. El profesor ni siquiera me miró. Encogió imperceptiblemente sus hombros puntiagudos.

El juez Préau no estaba convencido.

—Señor Profesor —dijo—, nada prueba, tal vez, científicamente, que el señor Mességué obtiene curaciones, pero hay que reconocer que muchos enfermos, después de haberse sometido a sus tratamientos, consideran que han sido curados. Entonces, ¿a qué atribuye usted esos resultados?

—Es muy sencillo, señor Presidente —respondió el profesor—, podemos distinguir tres casos. El primero: el cliente no estaba enfermo, se creía enfermo; Mességué le trata, la enfermedad ilusoria desaparece. Los testimonios del enfermo, en este caso, carecen de valor; el señor Mességué sólo ha curado a un hombre que gozaba de buena salud.

"Segundo caso: un verdadero enfermo seguía, desde hacía largo tiempo, uno o varios tratamientos médicos. Estos tardan en producir sus efectos. El enfermo va a ver al señor Mességué, que le receta unos baños de pies, los cuales coinciden, entonces, con el momento preciso en que los medicamentos tomados anteriormente empiezan a ser eficaces. El señor Mességué recoge los frutos de aquel tratamiento. En mi opinión no ha curado más que a un enfermo que ya había sanado. Por segunda vez cosecha atestaciones.

"Tercer caso: el paciente es un sicópata. Para esta clase de enfermos existen placebos, es decir, unas píldoras de miga de pan, y, al día siguiente, el paciente se encuentra mejor. Los baños de pies o de manos hacen el mismo papel. El señor Mességué ha practicado, sin saberlo, la medicina sicosomática: ha curado a una persona que, virtualmente, ya lo estaba.

El presidente Préau no se mostró satisfecho:

—Gracias, señor Profesor. ¿Puede usted decirme ahora lo que opina de los enfermos que no han seguido, con la autorización de un médico, otro tratamiento que el de Mességué, y cuya curación ha sido igualmente comprobada?

El profesor hizo un gesto brusco para indicar que no había explicación lógica:

—¡Diré, señor Presidente, que es Lourdes!

Y el presidente:

—¿Cómo es posible, señor Profesor, que no haya pensado en interrogar a los enfermos que pretenden haber sido curados?

—Falta de tiempo, son demasiados... —El profesor se yergue—. Señor Presidente, ¿cree usted que en la época en que los conocimientos racionales han permitido el descubrimiento de los antibióticos, el dominio de la anestesia, cree usted que en la época del microscopio electrónico valga realmente la pena estudiar las experiencias folklóricas del señor Mességué?

Ninguna fuerza hubiera podido retenerme. Me puse en pie de un salto:

—Mi folklore, señor Profesor, ha permitido salvar a enfermos que, a pesar de vuestra medicina en constante progreso, se veían abocados a considerar el suicidio como último recurso.

El señor Profesor no me contestó, había terminado conmigo. Se podía pasar a las declaraciones de los testigos. Como los de la acusación eran los primeros llamados a declarar, la cosa quedó resuelta en un dos por tres. ¡No los había! No se podía considerar como tal al policía que declaró:

—En virtud de un exhorto, efectué en el domicilio del encausado un registro, en el curso del cual me incauté de unos bidones de plástico, de una altura de doce centímetros por unos quince de ancho...

Faltaban los de la defensa, los míos. Antes de oírlos, mi abogado, el letrado Pasquini, quiso leer algunas cartas. La que causó más sensación fue la del presidente Antoine Pinay:

—"Maurice Mességué, que me fue recomendado por uno de los más altos funcionarios del departamento del Sena, ha logrado mejorar mucho la salud de una pariente mía. Esta padecía, desde hacía varios años, una artritis muy dolorosa y ningún médico había conseguido aliviarla..."

Algunas deposiciones resultaron muy inesperadas. El propietario de una marca de analgésicos muy conocida me dio las gracias por haberle curado.

El presidente le preguntó:

—¿De qué padecía usted?

—¡De jaquecas!

La señora Lip —de la fábrica de relojes— vino de Suiza para decirme:

—Siempre estaba cansada; por la mañana, no me despertaba. ¡Ahora siempre estoy dispuesta!

Alto, atlético, el pelo cortado a cepillo, el diputado Pierre Clostermann vino a declarar. Piloto de caza, el autor del *Grand Cirque* levantó la mano y exclamó: "¡Lo juro!"

—Mi mujer venía padeciendo, desde hacía varios años, unos dolores en la columna vertebral que las innumerables consultas a especialistas en reumatología no habían atenuado. Una noche sintió un fuerte dolor en el ojo derecho, y al día siguiente por la mañana tuvo que someterse a una intervención quirúrgica para salvarle el ojo. Pasado este gran susto, hubo que buscar el origen del mal. Los especialistas, finalmente, se pusieron de acuerdo: se trataba de un virus filtrante en la columna vertebral. El único tratamiento posible era la cortisona en dosis continua. Por desgracia, mi mujer resultó alérgica a este tratamiento. Estábamos desesperados, y nuestro terror aumentaba al comprobar que perdía vista de día en día.

"Hay que advertir que por entonces la velocidad de sedimentación, controlada cada quince días, aumentaba, que se acumulaban todos los síntomas precursores de una grave recaída.

—¿Qué hizo usted entonces? —preguntó el presidente, cuya emoción saltaba a la vista.

—Unos amigos me aconsejaron que fuese a ver a Maurice

Mességué. Me encogí de hombros. Cuando se confía la vida a un avión a reacción, se sabe que el empirismo no existe. En la clínica, el oftalmólogo me dijo: "No queda nada más que intentar".

"Fuimos entonces a ver al señor Maurice Mességué, que aconsejó a mi mujer un tratamiento de baños de pies y de manos a base de plantas. ¡Creía estar en la Edad Media! Pero, con gran sorpresa mía, pidió que se siguiese controlando la velocidad de sedimentación, como hasta entonces.

"Con gran asombro de los especialistas de la facultad, la velocidad de sedimentación mejoró inmediatamente y llegó a ser normal al cabo de tres meses. Los dolores reumáticos que tenían paralizada a mi mujer cesaron bruscamente. Mi presencia aquí no es más que el modesto testimonio de mi profunda gratitud hacia un hombre que ha devuelto a mi esposa la esperanza y la salud... en una palabra, que la ha curado, si ese es el sentido que se quiere dar a la palabra 'curandero'.

Tenía todavía un nudo en la garganta por la declaración de Pierre Clostermann cuando Albert Mason, director del Centro artesano de los Alpes Marítimos, presidente de la sección local del patronato para niños inadaptados, compareció a declarar. Pensé que con él mi proceso corría el riesgo de adquirir un nuevo significado. La cuestión que su caso iba a plantear era: "¿Se tiene derecho a despojar a un enfermo de una oportunidad de sanar, tal vez de una oportunidad de vivir, por respeto a la legalidad?"

—Trate de imaginarse, señor Presidente, la vida de un hombre cuyo hijo es un "idiota". A los diecisiete años, el muchacho tuvo su primera crisis de agresividad. Empezó a provocar a todo el mundo. Los vecinos estaban asustados. Fui a consultar a un médico. Me dijo: "Usted no puede tenerlo en su casa. Su hijo se convertirá en un peligro público". Tal vez no comprenda usted lo que piensa un padre al que han dicho: "Su hijo es un animal dañino". Bueno, pues yo se lo diré: piensa que siempre le quedará una solución, la muerte de su hijo y la suya propia.

"Fue entonces cuando oí hablar de Maurice Mességué. Mi médico me aconsejó que probara. Sabía que el señor Mességué no se encargaba de los casos demasiado graves o demasiado delicados. Le dije: 'Nada hace efecto a mi hijo, ni los tranquilizantes ni los somníferos. Día y noche sus músculos tiemblan de impaciencia y tiene los nervios tirantes'. Me contestó: 'Trataré de mejorar su estado. Hágale tomar los baños de manos que voy a preparar para él'.

"La primera sesión fue muy difícil. Tuve que recurrir a la ayuda de varios amigos. Mi hijo nos arrojaba las palanganas a la cara. Finalmente se calmó. Al cabo de algunas semanas cesaron las crisis de violencia. Poco a poco volvió a ser bueno y tranquilo.

"En la primavera del año pasado, el señor Mességué me anunció que temía verse obligado a suspender el tratamiento de mi hijo. Su caso era demasiado grave para que pudiera seguir cuidándolo, ya que se había presentado una denuncia contra él ante los tribunales...

Mason se calló. Toda la sala escuchaba ese silencio. Luego miró fijamente al presidente Préau y le gritó con voz angustiada:

—¿Qué va a ser de mí, señor Presidente, si el único hombre que puede cuidar a mi pobre hijo no tiene derecho a hacerlo?

En el público, había mujeres que no trataban de ocultar su llanto. Algunos hombres carraspeaban. Los ojos de los propios magistrados reflejaban algo de la angustia de aquel padre.

Cuando el presidente dijo: "La defensa tiene la palabra", el abogado Pasquini se puso en pie. Reflejando todavía en su cara la emoción producida por las declaraciones del señor Mason, dio al debate su verdadera dimensión:

—Su Señoría dirá, señor Presidente, que no le corresponde hacer las leyes, sino aplicar las que existen. Contestaré a Su Señoría que la Historia demuestra que a veces la Justicia (y eso le honra) ha sugerido las leyes. Tiene Su Señoría en sus manos, por medio de su sentencia, el porvenir de la medicina libre y de la medicina a secas.

El presidente Préau, según la costumbre, decidió dejar la sentencia para consulta. Es a un tiempo una actitud honrada y hábil de la Justicia tomarse cierto tiempo para reflexionar; y además, ¡qué pasiones podrían provocar algunas sentencias si se dictaran en la misma audiencia, ante un público con los nervios en tensión por los debates!

Sabía y sentía que aquel proceso era el trueno gordo de mis

fuegos artificiales judiciarios. Debía sentirme feliz, y no lo era. Me invadía un gran cansancio. Anduve a través de una noche llena de cigarras y de olor a hierbas. Todo aquello porque un hombre había pedido justicia para su hijo débil y porque sabía que no se nos concedería, tanto a él como a mí, sino la posibilidad de obtener satisfacción en la sombra y siempre ilegalmente.

Mességué en busca de plantas.

Eran pensamientos nocturnos. Al día siguiente los periódicos gritaban en mi nombre: "¡Victoria!", y decían en sus titulares: "El proceso de Grasse, punto de partida de la medicina libre". "¡Puesto que ese curandero cura, que se le absuelva!"

El tribunal no llegó a ese extremo. Pero en su sentencia figuraba este considerando: "Una sentencia no tiene que apreciar el valor científico de un tratamiento médico. Se reconoce, sin embargo, que en muchas circunstancias Mességué ha conseguido curaciones realmente sorprendentes". Y sólo se me condenaba a mil francos de multa... menos de la mitad del mínimo establecido por la ley.

De todos modos seguía siendo, ahora y siempre, una condena.

Es muy delicado predecir el futuro, pero creo, de todos modos, que el proceso de Grasse es mi último proceso. Creo que los magistrados están cansados de condenar ineluctablemente a un curandero porque cura. En uno de mis procesos recuerdo la exasperación de aquel presidente del tribunal que, tan pronto como empezaron los debates, se volvió hacia el abogado del consejo médico y le preguntó secamente:

—Bueno, Señoría, no perdamos tiempo: ¿qué multa pide usted?

Desde entonces, entre el consejo médico y yo, las cosas han cambiado. Me hallo, actualmente, en buenas relaciones con él. Uno de sus miembros, el doctor Cherchève, me ha dicho:

—Créame usted, desde el momento en que se sale del camino trillado se convierte uno en un curandero, en un ilegal, en un sospechoso... ¿Se acusa a los curanderos de ser empíricos? ¡Como si toda la medicina, en sus orígenes, no hubiese sido empírica! La primera vez que se le dio digital a un enfermo, no se sabía en absoluto si iba a matarle o a mejorar su corazón. La primera vez que se vacunó a una persona, fue lo mismo...

Es evidente que he tenido fracasos. Pero no soy responsable de la muerte de nadie, y creo que esto es primordial. También tengo la satisfacción de poder decir que jamás he agravado un caso. No ignoro que, en algunos círculos médicos, se dice con demasiada facilidad: "¡Bah, Mességué es un vivo, no se ocupa más que de casos sin gravedad!" No soy de esa opinión. Los trastornos circulatorios, digestivos, el reuma, las neuritis, el eccema, el asma, la obesidad, no ponen tal vez en peligro de muerte a un hombre, pero le ponen en situación desventajosa toda su vida.

Para salvar a un enfermo, los médicos se sacrifican diariamente, y con frecuencia lo consiguen. Acaso sea porque están dominados por esas responsabilidades tan graves por lo que disponen de menos tiempo que dedicar a las "cosillas". ¿No es acaso útil, entonces, que yo me gane la vida ocupándome de ellas?

Prefiero con mucho ser el curandero de los que nadie hace caso que el charlatán de las enfermedades graves.

Es evidente que no soy un santo y que con frecuencia he incurrido en vanidades comprensibles. El éxito es una cosa muy peligrosa.

A menudo he tratado de explicarme esta aventura que me ha llevado desde mi aldea a la celebridad. Creo que las razones son muy sencillas: la suerte, la intuición y el haber sabido no salirme de la realidad. Por eso no he olvidado nunca las lecciones de mi padre. Cuando me veía pavonearme a causa de un pequeño éxito, cuando me ponía a soñar: "Cuando sea grande, seré un médico célebre y los dueños del castillo me invitarán", me advertía: "Pequeño, es más fácil sentarse a la mesa de los ricos que a la de Dios".

"Maurice Mességué, doctor en medicina", esta hermosa placa de cobre, en mi puerta, ha brillado mucho tiempo en mi mente y en mi corazón como un sol de esperanza. Su presencia imaginaria me lavaba de todas las humillaciones que había sufrido el curandero. Proclamaba mi derecho a curar. Durante mucho tiempo la he creído indispensable a mi felicidad. Y luego he comprendido que, al contrario de lo que algunos pueden pensar, he escogido el camino más difícil: conquistar el derecho a curar a fuerza de luchar no es cosa fácil.

¡Quién sabe! Tal vez yo no hubiera sido un buen médico. Tal vez habría traicionado a la larga progenie de los Mességué abandonando sus plantas en beneficio de los productos de moda. Al no tener que defenderme, no habría tratado de demostrar la excelencia de mis métodos. No habría intentado nada nuevo.

Si me gustara hacer balances, creo que el caso sería positivo: habré sido un pionero de la fitoterapia, es decir, según la etimología griega, del tratamiento por medio de plantas. Y tal vez un día mi nombre figure al lado del de hombres como el doctor Pouchet, que, en 1897, hizo que los médicos aprendiesen de nuevo a ocuparse de las plantas medicinales. El fue también el que encontró su nombre científico a estas prácticas de "vieja" y de "brujo", llamándolas "fitoterapia".

Estoy persuadido de que queda mucho por descubrir y confío en que llegará un día en que se concederá a los empíricos —los que se apoyan en la experiencia y la observación— el derecho a exponer sus descubrimientos, a dar a conocer sus experiencias, y que la medicina pertenecerá a todos los hombres de buena voluntad.

Mi padre decía siempre: "Cuando el arroyo se vuelve río, ya no se piensa en detenerlo, sino en utilizarlo".

Era un hombre que veía hasta muy lejos en el futuro.

SECUESTRO

Condensado del libro de

RENNIE AIRTH

Planearon la fechoría
hasta en sus más ínfimos
detalles. Pero cuandos estos
bucaneros de pacotilla
llevaron a cabo el
secuestro, las
consecuencias fueron
tan hilarantes
como espeluznantes.

Traducción de Alfredo Rubín

Ilustraciones de John Cullen Murphy

Harry Brighton vivía de un lucrativo negocio de venta ilegal de pasaportes, hasta que un frustrado archicriminal llamado Jonathan Morland decidió que tenía talla suficiente para mayores empresas. Durante años Morland había soñado con el crimen perfecto, y ahora lo tenía todo planeado. Irían a Roma, secuestrarían al hijo del siniestro millonario Yusuf Rifai, y con el dinero del rescate vivirían sin preocupaciones por el resto de sus vidas. Morland había encontrado los secuaces ideales para aquel trabajo: la guapa pelirroja Paula cuidaría del niño; Harry haría el papel de «padre»; y Hermann, el guardaespaldas alemán de Rifai, sería su hombre introducido en el bando contrario. Sólo un hecho les había pasado inadvertido: que un crío también es un ser humano. Y que dos críos son capaces de trastornar seriamente el más perfecto de los planes...
Esta aventura desenfadada presenta a la banda de malhechores más simpática e inimaginable desde los tiempos de Damon Runyon.

UNO

TAN PRONTO vi entrar a Morland en el Beauregard, me arrojé al suelo y empecé a gatear hacia la puerta trasera. Un par de metros más y ahora no estaría aquí sentado, con la vista clavada en la pared, tratando de recordar cómo sucedió todo aquello. Me pregunto a veces cómo es posible que una distancia tan corta como ese par de metros pueda significar tanto a la postre.

En el instante en que iba a alcanzar la puerta, me descubrió.

—¿Lo encontraste, Harry?

Me puse en pie despacio, con una sensación de frío en el vientre.

—No. Debe de haberse colado por debajo de la puerta del tocador de señoras —contesté.

—Mala suerte —y dedicándome su característica sonrisa, todo dientes y sinceridad, prosiguió—: Me alegro de volver a verte.

—Lo mismo digo, Morland. ¿Qué tal van las cosas?

—Bien, Harry. Muy bien.

Nos sentamos. Morland pidió té, como de costumbre, y continuó devorándome con la mirada. Es un tipo alto, pero delgado y huesudo, con la tez pálida y una nariz larga y ganchuda que le hace a uno pensar en un buitre venido a menos... y lo digo intencionadamente, por si algún día se le ocurre leer estas páginas.

—Tengo entendido que te dedicas al negocio de pasaportes aquí, en Ginebra, Harry.

—Así es. Desde hace un par de años. —No parecía que hubieran transcurrido dos años desde que vi a Morland por última vez... tenía la sensación de que sólo habían sido dos minutos—. Y tú, ¿a qué te dedicas? —le pregunté.

Morland sonrió como una calavera y dijo:

—Por fin di con ello, Harry. Esta vez es algo grande.

—Me alegro, Morland. Me alegro. —Tan pronto él dijo aquello ya estaba yo tratando de localizar al camarero para abonar mi consumición y, al propio tiempo, mirando hacia la puerta.

—Harry, no podrías imaginar un plan más perfecto.

—¿De veras? Me alegro por ti. De todos modos no vayas contándolo por ahí. Hoy en día no se puede confiar en nadie.

—Excepto en ti, Harry. —Se inclinó hacia mí y empezó a apretarme el brazo, como si quisiera palparme las carnes—. Excepto en ti.

—*Precisamente* en mí.

—Harry, voy a explicártelo todo.

—No lo hagas, por favor —le imploré. Traté de incorporarme, pero seguía con las garras clavadas en mi brazo—. Morland —le dije, sin perder la calma—. Si contase las veces que te he escuchado, sería como hacer inventario de todas mis desgracias. Por una vez, escúchame tú a mí. Tengo un saneado negocio de pasaportes... de los *buenos*. Conozco a algunos tipos capaces de venderte un pasaporte de tercera mano, con un sello del ministerio de Asuntos Exteriores lo mismo de Camboya que del Congo. Pero yo sólo vendo mercancía de primera, Morland. Es una vida tranquila y me gusta. Así que, por el amor de Dios, déjame en paz.

—¡Harry, Harry! Estoy profundamente dolido.

¡Profundamente dolido! ¡Qué desfachatez! Había llegado el momento de ponerse duro.

—Suéltame, Morland —le dije apretando los dientes.

Continuó sacudiendo la cabeza.

—Harry, estás en deuda conmigo por lo de Tánger.

—¡En deuda *contigo* por lo de Tánger! Por lo que me hiciste tú *a mí* en Tánger merecerías que te colgasen sobre una hoguera y te arrancaran los pelos del pecho uno a uno.

Al oír esto me soltó el brazo, pero no me moví. Mi enojo era tal que no estaba seguro de levantarme sin darle un mamporro.

—Aquella prisión en Marruecos no fue una excursión al campo, Harry.

—No puedes imaginarte, Morland, cuánto me alegra oírlo.

—Eres un hombre rencoroso, Harry Brighton. —Dejé pasar eso por alto y él añadió—: Pero aún estás en deuda conmigo.

—Morland, en efecto, estoy en deuda contigo, pero todavía no he decidido de qué modo voy a pagarte. —Fue una amenaza velada, pero al propio tiempo inequívoca. Morland, no obstante, se limitó a hacer señas al camarero para pedirle otra taza de té. Se disponía a instalarse allí por un largo rato, por eso estimé que aquel era el momento oportuno para marcharme. Volví a mirarle y decidí que había llegado el momento de levar anclas también en Ginebra. Debió de leer en mis ojos aquel pensamiento porque arrimó su silla a la mía y me acercó el rostro.

—Harry, ¿no significan nada para ti *doscientos cincuenta mil dólares*?

"Harry Brighton, te has visto metido en algunos embrollos en lo poco que llevas de vida", pensé, "pero no serán nada comparados con el que te vas a buscar esta vez si sigues escuchando a este lunático." Me puse en pie bruscamente y dije:

—Bueno, Morland, ha sido un placer volver a verte... —Y fue lo único que me dio tiempo a decir, porque, sin previo aviso, dijo en voz alta:

—Ese negocio tuyo de pasaportes es completamente ilegal.

—¡Que se va a enterar todo el mundo! —le advertí con un susurro.

—Estás en deuda conmigo, Harry —siguió diciendo en el mismo tono de voz.

—¡Morland, me amenazas con ir a contárselo a la policía! ¡No puedo creerlo! —Lo cierto es que no me cabía duda. Morland carece totalmente de escrúpulos.

—Escucha, Harry —volvió a agarrarme el brazo—. No te estoy amenazando. Me limito a ofrecerte sesenta mil dólares.

—Antes me pareció entenderte un cuarto de millón.

—A repartir entre cuatro, Harry, y diez mil dólares para gastos.

¡Un cuarto de millón! A repartir entre cuatro. Era como una

pesadilla de la que conocemos el horrendo final, pero de la que somos incapaces de despertarnos. Seguí sentado mirándole fijamente. Mi hotel quedaba a diez minutos de allí. Podía pagar la cuenta y alcanzar la frontera en media hora. Pero ¿qué haría después? Morland sabría dónde encontrarme. Para dedicarse al negocio de pasaportes ilegales es preciso instalarse en Londres, París, Berlín, Ginebra o Roma. Supondría estar esperando día tras día la consabida palmadita en el hombro y acabar con los nervios hechos polvo, la ruina del negocio... Era una pesadilla.

—De acuerdo —dije exhalando un suspiro—. Cuéntamelo todo.

Morland me acercó la boca al oído.

—Un secuestro.

—Estás loco. Loco de remate. ¿Quieres echarme encima la bofia? Pues adelante. Pero no pienso complicarme en ningún secuestro. Olvídalo.

—Pienso llevar a cabo ese secuestro y tú vas a ayudarme o darás con tus huesos en la cárcel. Lo juro —estaba tremendamente excitado—. Tengo cuarenta y cinco años, Harry, y toda mi vida he sido poco menos que un pordiosero. Esta vez estoy dispuesto a dar un buen golpe o a hundirme definitivamente.

—¿Y a quién te propones secuestrar?

—A cierto crío, Harry. El hijo de un papá muy rico.

—¿Sabes lo que les pasa a los que se dedican a secuestrar críos? Los encierran en chirona durante muchos años. A veces por el resto de sus vidas.

—En el supuesto de que consigan echarles el guante... ¡Pero ese no será nuestro caso!

—Secuestrar niños es inmoral —dije. Morland repetía constantemente que un hombre no debía nunca perder de vista lo que él denominaba "un nivel mínimo de moralidad".

—¿Por qué es inmoral? Acerca de los niños se dicen gran cantidad de ridículas sensiblerías. Un crío no es un ser humano en tanto no cumple los dos años. No cabe duda. Los he estudiado cuidadosamente. Vamos a secuestrar un *objeto,* eso es todo. Luego cobraremos sesenta mil por barba, y cada uno por su lado.

—Lo pensaré. —Ya lo estaba pensando.

Sacudió la cabeza.

—Tú te vienes con nosotros ahora mismo, Harry.

—¿No confías en mí? —pregunté.

Me pasó el brazo por encima del hombro y dijo:

—No.

—Tiene gracia. Yo tampoco confío en ti.

Permanecimos sentados el uno frente al otro, sonriendo forzadamente. El, pensando que me había dejado frío; yo, pensando que lo único que necesitaba era espacio para maniobrar y salir de allí.

—La desconfianza mutua —dijo— es la base ideal para cualquier tipo de asociación. Saldremos ahora mismo hacia Roma. Todo está dispuesto.

—¿Cómo sabes que está todo dispuesto?

—Porque estuve allí ayer mismo.

—¿De modo que viniste a Ginebra sólo para llevarme contigo?

—En efecto, Harry. He trazado un plan perfecto.

Ahí fue donde sentí un verdadero pánico. Morland tiene ese rasgo de fanatismo que es inútil tratar de combatir. Pagué la cuenta y nos encaminamos hacia la puerta, Morland presto a echarme la garra si yo intentaba escabullirme. Saludé con la mano a Louis, el barman, y él me correspondió, cosa que nunca hace. Georgette, la cajera, me dijo: "*Adieu,* Harry", y tuve la sensación de que lo dijo como si no esperara volver a verme. Cuando salimos a la calle empecé a sentir temblores.

—Dime una cosa, Morland. ¿Por qué tengo que ser siempre yo?

—Harry. No soy supersticioso, pero desde el día que nos conocimos supe que llegaríamos a hacer algo grande juntos.

—Pero Morland, ¿la experiencia no te ha demostrado que estás equivocado?

—Oh, yo no me desanimo tan fácilmente.

Al llegar al hotel me dijo:

—Hay algo más. Tengo problemas con mi pasaporte. Me convendría conseguir uno nuevo. Lo prefiero británico, naturalmente.

Me enfadé de verdad.

—Yo no me dedico a regalar pasaportes, Morland. Los vendo y cada uno vale como mínimo mil doscientos dólares.

—Por supuesto, Harry. Ya te pagaré cuando cobremos el rescate.

DOS

Una chica me preguntó en cierta ocasión cuál era mi concepto de la vida y yo le contesté: "La vida es una lotería y a mí me ha tocado tu número". Para ser una respuesta improvisada no estuvo mal del todo. Lo que quise decir es que todo depende de la suerte al sacar el número. Ocurre como en aquellas famosas subastas del emperador romano. La subasta era como otra cualquiera, salvo que nadie sabía lo que se ofrecía en venta. Al final, un cortesano se encontraría con que la suerte le había favorecido con una villa en la costa, mientras que al tipo de al lado le había correspondido una sandalia real.

Así es como yo veo la vida. Las reglas del juego son bastante justas, siempre y cuando no sea a uno a quien le toque cargar con la sandalia.

Conocí a Morland en Atenas hace diez años. Bueno, para ser más exacto diré que fue él quien me encontró a mí. Estaba yo sentado en Zonar una hermosa mañana de verano esperando a hacerme cargo de mi cupo diario de solteronas a quienes apacentaría en la visita a la Acrópolis. En aquellos tiempos trabajaba yo como guía de turismo y tenía además mi propio negocio, que consistía en la reventa de cigarrillos que unos marineros amigos míos me procuraban en el local del economato de las fuerzas de los Estados Unidos en la ciudad.

En fin, allí estaba yo cuando oí una voz a mis espaldas:

—¿Harry Brighton?

Me volví y me encontré con aquel ser de ultratumba; traje negro, rostro blanco como el yeso, jeta larga y delgada y ojos saltones.

—Harry Brighton —repitió—, me han dicho que eres un mozo muy dispuesto.

—El último tipo que me dijo eso mismo todavía anda estevado —contesté.

Se rió y se sentó a mi lado.

—No te ofendas, Harry. Déjame invitarte a una taza de té.

—Yo no bebo té ni hablo con desconocidos.

Pero él clavó los codos en la mesa, me miró con sus ojos devoradores y dijo:

—Harry, voy a hacerte rico. Muy rico y muy famoso.

—¿Rico y famoso? —dije tragando saliva.

El asintió con la cabeza y sonrió de oreja a oreja.

—¿Te apetece ahora el té?

—¿Te importaría que fuese una cerveza?

Ya me imagino lo que estarán ustedes pensando. ¿Cómo pude haberme dejado embaucar? Bueno, yo sabía que aquel hombre estaba tratando de liarme. Pero la cuestión era: ¿no podía ser yo quien le embaucase a él? Por eso escuché a Morland mientras me explicaba todo su proyecto, y casi inmediatamente descubrí que aquella era la ocasión que había estado esperando. Renuncié al punto a mi trabajo como guía y les dije a mis socios de la marina que aumentasen las partidas de cigarrillos.

El proyecto de Morland —y ahora ríanse ustedes— consistía en comprar un barco para bordear la costa griega en busca de estatuas sumergidas. Según él había centenares reposando en el fondo del mar. No sólo íbamos a hacer nuestro agosto, sino que, al propio tiempo, prestaríamos un gran servicio a la arqueología.

Lo único que necesitaba para dar una sólida base financiera a mi negocio de cigarrillos era un barco, pues Grecia es un país compuesto de innumerables islas. Me consumía al pensar lo que estaba perdiendo de ganar en comparación con los tipos que disponían de embarcaciones. Una vez hubiera encarrilado mi negocio, me desembarazaría de Morland. Y me quedaría con el barco.

Compramos a medias una lancha de diez metros, provista de motor diesel fuera borda, por trescientas libras esterlinas, y otras cien más por barba que nos costó el equipo de inmersión y un molinete. Contratamos a dos jóvenes griegos para que se encargasen del manejo del barco y de bucear. Con lo gastado en provisiones y carburante, me había quedado prácticamente sin blanca cuando zarpamos del Pireo, pero dejaba encargado medio millón de cigarrillos en Atenas y quedaba todo un largo verano por delante.

Me acuerdo muy bien de aquella mañana. Brillaba el sol y el mar tenía ese aspecto picado que es habitual en la costa griega.

Morland iba de pie a proa gritando cosas como "todo a estribor" a los muchachos. Lucía indumentaria marinera: jersey rosa, gorra azul, alpargatas. "¿Qué aspecto tengo, Harry?", me preguntó. Le contesté que parecía un chulo de Charing Cross, pero no era cierto. Tenía un aire... de inocencia, supongo. Morland creía en cosas como el destino y la buena suerte, y en cierto modo llegó a caerme simpático.

Mejor será que no cuente lo que sucedió después. A pesar de haber transcurrido todos estos años, todavía me duele la herida. Pero si alguna vez se les ocurre la idea de ir a Grecia a rescatar estatuas sumergidas, no olviden un pequeño detalle: los griegos tienen una ley relativa a la recuperación de sus antiguas estatuas, y lo único que nos salvó cuando nos pillaron con las manos en la masa fue que en tres semanas no habíamos conseguido encontrar ni siquiera un dedo. Pero eso no nos eximió de la multa, y como no pudimos pagarla nos confiscaron el barco y los equipos.

Salí de la sala de la audiencia en Atenas con ocho dracmas en el bolsillo. Entonces oí la voz de Morland: "No cabe duda de que nos han dado una lección". Yo le volví la espalda y me fui. En efecto fue una buena lección que podría resumirse así: mantener una larga distancia entre Morland y yo. Un continente, por ejemplo.

Pero por supuesto, volvió a encontrarme dos años más tarde en Londres. En aquellos tiempos me dedicaba al negocio de las antigüedades instantáneas, y todo iba sobre ruedas, pero permití que Morland exhibiese su nuevo ramo de negocios por si acaso hubiera en él algo interesante para mí. Descubrí un par de cosas que podían convenirme y decidí correr el riesgo. Morland, ni qué decir tiene, quedó encantado. "Y es legal, Harry, es legal", repetía una y otra vez, como si le costara trabajo creerlo.

La palabra legal era casi lo único que podía decirse respecto a Samarkand Tours: la Alfombra Mágica que le llevará al Oriente; doce días y medio de felicidad empapada de sol. Cinco libras al contado y el resto en cómodos plazos. Cuando el tribunal nos declaró en quiebra, teníamos una expedición de monjas irlandesas varadas en Jiddah, dos grupos viviendo de la caridad pública en Nicosia y varias órdenes de detención contra nosotros en tres países del Medio Oriente. Tenía que alejarme de Morland.

Así que cogí el ferry para París y le dejé una tarjeta que decía: "Te veré en Hong Kong". Luego tomé el avión para Tánger.

Le costó cuatro años dar conmigo de nuevo. Cuando comprobó lo bien que marchaba mi negocio de exportación, por poco se ahoga.

—Siempre dije que tenías cualidades, Harry. Ahora vamos a expansionar este negocio.

Cuando le dije dónde podía ir a expansionarse, pareció ofenderse.

—Eres un hombre sin fe, Harry. Pero más tarde o más temprano vas a necesitarme, así que me quedaré esperando por aquí hasta que llegue ese momento.

—Por mí, puedes esperar hasta que te salgan alas.

Ojalá nunca hubiera pronunciado semejante frase. Después de verle desde mi oficina sentado a la misma mesa en el café al otro lado de la plaza, día tras día durante un mes seguido, empecé a pensar que le habían crecido alas realmente: unas enormes y asquerosas alas de buitre. Allí se encontraba cuando yo llegaba por la mañana, a la hora del almuerzo y por la tarde, al cerrar mi local, saludándome con una sonrisa y una inclinación de cabeza. Era preciso actuar enérgicamente. Me quedaban dos alternativas, y una de ellas era llevarle al puerto y echarlo al agua de cabeza. Pero soy blando de corazón y acabé por proponerle:

—Si quieres estoy dispuesto a darte trabajo.

—Harry —me contestó—, jamás aceptaría dinero de ti sin compartir el riesgo. Seremos socios, como antes.

—Eso es lo que me da miedo.

Inmediatamente Morland propuso que comprásemos dos barcos más. Esa sugerencia fue toda su aportación al negocio; los dos barcos los tuve que comprar yo. Posteriormente, al comprobar las mercancías con las que yo comerciaba, hizo un mohín de disgusto y dijo: "Coñac, cigarrillos... ¡poca cosa! Tenemos que dedicarnos a negocios de más categoría".

Y así empezamos un negocio de mayor envergadura. El éxito fue enorme. Baste decir que la noche que salí de Tánger, debajo de un montón de redes malolientes y tumbado en una capa de agua de cinco centímetros, guardábamos un botín de veinte mil dólares en la caja fuerte de la oficina. Fue una de las cosas cuya existencia tuvo Morland que explicar a la policía, junto con las seis cajas de ametralladoras y las diez balas de cáñamo de la India sin tratar que encontraron en la trastienda. Me costó un gran esfuerzo dejar atrás todo aquel dinero, pero cuando supe que le habían echado dos años a Morland, lo di por bien empleado.

Ya estaba harto de montar negocios para que luego llegase Morland y los desmantelase. Lo que necesitaba era dedicarme a un negocio con escasos riesgos, pingües beneficios e inversiones de la máxima liquidez. Ziggy Ziggendorp (¡Dios bendiga a este buen corazón belga!) me lo sirvió en bandeja.

Tropecé con Ziggy en Mallorca, y tuve suerte, porque en mi apresurada salida de Tánger había dejado atrás mi pasaporte. Ziggy llevaba dedicándose al negocio por tiempo inmemorial, y cuando me facilitó un flamante pasaporte británico le invité a tomar una copa. Acabamos por pasar juntos la velada, y aunque Ziggy seguía tan encantador, advertí que algo le preocupaba. Acabó por confesármelo: deseaba retirarse y no encontraba a la persona idónea a quien traspasarle su negocio.

—¿Qué puedo hacer, Harry? Tengo clientes en cinco capitales europeas que me necesitan.

—Ziggy, si crees que yo puedo ayudarte, no tienes más que decir una palabra.

Me cogió la mano. Lloraba.

—Harry. Quiero que seas mi sucesor.

Trabajamos juntos durante seis meses para que yo aprendiera todas las tretas del negocio. Habíamos convenido que cinco mil libras era una cifra razonable. El traspaso incluía un lote de pasaportes, reducido pero selecto; y, naturalmente, su prestigio, que constituía el capítulo más importante del activo. El precio era muy razonable, pero la única forma en que yo podía pagarlo sería retirando los quince mil dólares que Morland y yo teníamos en una cuenta conjunta en un banco en Ginebra.

Naturalmente, en torno al hecho de retirar aquel dinero iba implicada una cuestión de ética, pero los veinte mil dólares que se habían quedado en Tánger representaban algo más que la parte que, en justicia, correspondía a Morland. Fue después cuando me enteré de que aquel dinero le había sido confiscado.

Mis dos años en el negocio de pasaportes fueron los más felices de mi vida. Un trabajo interesante, beneficios constantes, numerosos viajes y la satisfacción de prestar un servicio al público. Había encontrado lo que siempre había anhelado. Hasta que se presentó Morland.

Cuando subimos a mi habitación en el hotel me dispuse a preparar el nuevo pasaporte para Morland. Yo solía viajar siempre con una docena de ellos, pero en aquel momento me pillaba un poco escaso. Había vendido cinco en Ginebra, entre ellos dos británicos, que son los más solicitados. Sólo me quedaba uno británico con validez para seis meses todavía. Claro que pueden cambiarse las fechas o falsificar una renovación, pero es un trabajo largo y delicado para el que se requiere la colaboración de un experto. Se lo expliqué a Morland y dijo que se quedaría con él y que ya le haría más adelante las modificaciones oportunas.

Cuando se quiere hacer un concienzudo trabajo en un pasaporte, hay que empezar por cambiar el nombre y el número, pues son estos los datos que se facilitan a los puestos de policía tan pronto se comunica el robo de un pasaporte. Luego se cambian las fotos y se pone la firma... suele ser la parte más delicada del trabajo. Sin embargo, para casos de urgencia, lo esencial consiste en cambiar las fotos: con eso Morland tendría suficiente para entrar en Italia. Claro que la policía italiana no tardaría en saber que en el país había entrado un pasaporte robado, pero para entonces ya habríamos tenido tiempo suficiente para alterarlo por completo antes de que consiguieran localizarle.

Me entregó una foto suya y puse manos a la obra. En primer lugar apliqué un trozo de papel de calcar sobre el sello oficial estampado en la foto original del pasaporte. Se leía: BRITISH CONSULATE-GEN——, lo cual significaba que tenía que utilizar mi sello consular y no el del ministerio de Asuntos Exteriores. Recorté la media luna del sello que aparecía en el papel de calcar y lo apliqué sobre la foto de Morland. Luego, cuidando de que coincidieran las dos partes de BRITISH CONSULATE-GENERAL, las imprimí con fuerza sobre la foto de Morland. Finalmente despegué la foto original ayudándome con una hoja de afeitar y pegué la de Morland en su lugar, de tal modo que la impresión coincidiese justamente con la del sello oficial de la otra foto. Aquí es donde suelen fijarse más los quisquillosos funcionarios de inmigración.

Me llevó media hora, pero quedé satisfecho por haber hecho un buen trabajo. Le lancé el pasaporte a Morland por el aire y le dije:

—De ahora en adelante te llamas Trumpington Fanhurst.

—No, ¿de veras? —Quiso comprobarlo con sus propios ojos—. Oh, Robert Brown —dijo, profundamente decepcionado.

Al verle allí sentado, con los brazos apoyados sobre las rodillas, le encontré más viejo y delgado que nunca. Me pregunté cuándo habría comido por última vez.

—¿Te apetecería un sandwich o alguna otra cosa? —El sacudió la cabeza—. No tienes muy buen aspecto.

—He tenido un amago de ataque al corazón. Viene y se va.

—¿Y qué es lo que hace en este momento?

—Debí haberme dado cuenta de que no te ibas a compadecer de mí.

—Bueno, vamos a ver. ¿Estás enfermo de verdad o no?

—Estoy bien, Harry, estoy bien —esbozó una vaga sonrisa—. Pero no podré seguir trabajando por mucho tiempo. Necesito asestar esta vez el golpe definitivo. —Se frotó el pecho, emitiendo una tos extraña, como si no supiera a ciencia cierta de dónde procedía su mal, del corazón o de los pulmones.

—Si tratas de engañarme, Morland...

Alzó las manos.

—Harry, no es compasión lo que vengo a buscar —golpe de tos—, ni tampoco una consideración especial. Esto que te propongo es un negocio —dos golpes de tos—. Cada uno tendrá que hacer lo que le corresponda.

Yo sabía que Morland sería capaz de cualquier cosa por despertar compasión. Hasta de morirse. Pero para que se estuviera tranquilo, le dije que podría echarse en mi cama hasta la hora de irnos. Mientras yo hacía las maletas, me dijo que había reservado dos camas en el tren de la noche para Roma.

—Llegaremos allí a la hora del almuerzo. Entonces nos reuniremos con los demás. Aún no los conoces...

—¿Aficionados?

—En este asunto todos somos aficionados, Harry.

Momentos antes de partir, Ilona subió a mi habitación. Es una chica preciosa; húngara. Oyó decir que me iba, y aprovechando un descanso después de una de sus actuaciones dejó un momento el Ba-Ta-Clan para subir a despedirse.

—¿Nos disculpas un instante? —le dije a Morland, que nos miraba abriendo mucho los ojos como ni nunca hubiera visto una pareja besándose.

—Bueno, pero no tardéis mucho.

Cuando ella se fue, Morland dijo:

—No te preocupes por dejarla. Tengo algo para ti en Roma.

Fue una noche larga. Tumbado en mi litera en el tren, me preguntaba cómo conseguiría librarme de él. Decidí actuar según las circunstancias. Cuando las cosas se pusieran realmente feas pondría tierra por medio.

TRES

—¿Es LA primera vez que visita Roma? —le pregunté en tono amable.

No me contestó. Llevábamos sentados diez minutos esperando a que regresase Morland y ella no había pronunciado una palabra. No podía imaginarme a aquella mujer... como secuestradora de niños. Por lo demás, estaba pero que muy bien. Era pelirroja y muy bonita.

Se llamaba Paula. Era todo lo que sabía de ella. Nos encontrábamos en su habitación en una pensión de Via Margutta. La puerta del cuarto de baño estaba abierta y pude ver un par de medias secándose sobre los grifos de la bañera; la coqueta estaba repleta de tarros, tubos y lápices de labios y cejas. Las mujeres son así de desordenadas. Y cuando encontramos alguna que no lo es nos parece rara. Volví a mirarla. Daba la impresión de ser una de esas chicas que han oído muchos rollos en su vida. En aquel momento estaba reclinada a medias sobre la cama, leyendo una revista femenina. Llevaba pantalones capri ceñidos, de color verde, muy atractivos, sobre todo porque su dueña tenía un par de esas piernas largas y rectas que suelen poseer las bailarinas. Morland salió una vez hechas las presentaciones, y ella, tras mirarme unos segundos, se puso a leer. ¿Qué le habría contado Morland acerca de mí?

Se abrió la puerta y entró Morland. Traía una revista.

—¿Cómo va eso? —preguntó sonriente.

La chica se levantó, entró en el cuarto de baño y cerró la puerta.

—Vamos, Harry. ¿Qué le has dicho?

—¿No lo adivinas?

Se ruborizó.

—Procura llevarte bien con ella. Hablo en serio. Será mejor para ambos.

—Por cierto. ¿Dónde diste con ella?

—Por ahí. —Empezó a hojear la revista.

—¿Por ahí? ¿Qué quiere decir *por ahí?* Ten en cuenta que no se trata de desplumar a un borracho. Estás planeando un *secuestro,* Morland.

—¡Chist! —Se levantó de un salto, se abalanzó hacia la puerta del pasillo, la abrió, miró rápidamente en ambas direcciones y volvió a cerrarla—. ¡Cuidado con lo que hablas, Harry!

—Conforme. Pero dime, ¿por qué una chica?

—Harry, llevo seis meses meditando este plan. No queda ningún punto que yo no haya previsto, créeme. La chica tiene un cometido que desempeñar. Igual que tú y que Hermann.

—¿Quién demonios es Hermann?

—Ten paciencia, Harry.

En aquel momento regresó Paula. Había cambiado los pantalones por una falda azul, que le llegaba por encima de la rodilla. Sus piernas eran despampanantes. Morland tenía razón. Sería estúpido no cultivar su amistad. Así que volví a sonreírle.

—Ah, ya ha vuelto. Precisamente la estábamos esperando para empezar —dije.

—Pues empecemos.

—No podemos hacerlo sin Hermann, porque él conoce la mayor parte del plan —dijo Morland. Hablaba en voz tan baja que teníamos que inclinarnos hacia él para oírle bien. Paula estaba sentada en una cama y yo en la otra—. Vosotros dos sabéis lo que vamos a hacer. Vamos a secuestrar un niño. —Se interrumpió para darnos tiempo a digerir la palabra "secuestro"—.

El niño en cuestión tiene trece meses. Este es su padre. —Alzó la revista delante de nosotros para que pudiésemos ver bien la portada—. ¡Yusuf Rifai!

—¿Rifai? —Mi pregunta sonó como un graznido. Morland asintió y me tendió la revista. El rostro que ilustraba la portada era gordo y moreno, con un fino bigote y suntuosa sonrisa. Le había visto con frecuencia en los periódicos.

Empecé a leer el artículo, e inmediatamente comprendí que los comentarios no eran enteramente sinceros: "... grandes empresas bancarias... poderosa flota de petroleros... importantes concesiones petrolíferas... astuto y legendario hombre de negocios..." Bueno, no digo que todo esto sea mentira; lo que pasa es que por toda la ribera mediterránea, desde Beirut hasta Gibraltar, el nombre de Yusuf Rifai está siempre relacionado con una serie de negocios sucios. Era un tipo de cuidado. Practicaba lo que podríamos denominar una política de brutalidad generalizada contra sus competidores. No pude menos de preguntarme a mí mismo qué actitud tomaría aquel hombre hacia cualquiera que osase ponerle la mano encima a su hijo. Al final del artículo había un párrafo dedicado al niño:

> El señor Rifai, de origen sirio, no tuvo descendencia hasta su tercer matrimonio, con la encantadora Dina Arifa. Ella murió al dar a luz a su único hijo, Selim. Rifai ha confesado a sus amigos que no volverá a casarse, por lo que es de presumir que Selim será el único heredero del imperio de su padre, que se calcula en 100 millones de dólares. Padre e hijo viven en Beirut, pero Rifai suele pasar todos los años unos meses en Roma. El millonario se dedica en cuerpo y alma a su único hijo, que está protegido día y noche por la guardia personal de su padre.

—No quisiera trastornar tus planes, Morland, pero aquí hablan de unos guardaespaldas. Además, concreta "día y noche".

—Ten paciencia, Harry; ten paciencia. —Consultó su reloj y luego me sonrió con su peculiar expresión paternalista—. ¿Os apetece un café? —preguntó muy contento.

—Yo bajaré a buscarlo —se ofreció Paula, y le sonrió mientras se dirigía a la puerta. Pensé que tal vez le gustase Morland.

Pero me resistí a creerlo. A cada minuto aquel asunto se hacía más pavoroso y repulsivo.

Cuando se hubo marchado Paula, dije:

—Bueno, Morland. Si me has traído aquí para gastarme una broma, ya te has reído bastante. Yo me largo.

En aquel preciso instante alguien aporreó la puerta con tremenda fuerza y habló con voz profunda:

—Puedo entrar, ¿verdad?

—Pasa, Hermann —dijo Morland.

Entró Hermann y, de repente, la habitación se achicó. Era uno de los cabezas cuadradas más corpulentos que había visto en mi vida, alrededor de 1,90 de estatura y casi un metro de ancho, con ojos de color azul pálido y cabello blanco cortado a cepillo. Vestía un traje azul claro bajo cuyo sobaco izquierdo abultaba algo que no formaba parte precisamente de su ropa interior de invierno.

—Hermann, te presento a Harry —dijo Morland—. Harry, este es Hermann, de quien te he hablado.

Nos dimos la mano, y cuando retiré la mía la encontré deformada.

—Tengo mucho gusto en conocerte, Harry. —Escupía las palabras como si fueran clavos, pero me obsequió con una expresiva sonrisa para demostrarme que hablaba con franqueza. "Este debe de ser el jefe y no Morland", pensé.

—Estaba impaciente por conocerte, Hermann —le dije calurosamente—. Morland me ha contado algo acerca del trabajo, pero estoy deseando oír el resto.

—Pronto lo sabrás. —Hermann se sentó a mi lado. La cama lanzó un gemido lastimero, pero aguantó—. Jonathan te lo contará.

—¿Quién diablos es Jonathan? —pregunté. Empezábamos a ser demasiada tripulación para el barco. Morland tosió y Hermann pareció desconcertado.

—Jonathan —repitió, señalando a Morland.

—Nunca me dijiste que te llamaras Jonathan —dije.

Morland se encogió de hombros y sonrió forzadamente. ¡Jonathan! Conoces a un tipo durante diez años y al final te enteras que se llama Jonathan. ¿Y cómo es posible que un cabeza

cuadrada tan recio reciba órdenes de Morland? Vi que Hermann observaba, tenso y alerta, los garabatos que Morland trazaba en un librito de notas encuadernado en negro. Era evidente que aquel hombre estaba dispuesto a ladrar, cantar, hacer el pino o revolcarse por el suelo y hacer el muerto. Bastaría con que Morland lo ordenase. Sentí pánico.

Entró Paula con una bandeja y Hermann se levantó para ayudarla.

—Gracias, Hermann —dijo ella con su agradable voz, que no recordaba en nada su actitud desdeñosa respecto a mí. Morland le sonríe y ella le corresponde, y yo comprendo que allí todo el mundo es muy sociable, excepto yo.

—Vamos a continuar —dije bruscamente.

Morland cerró su librito de notas y dijo resueltamente:

—El secuestro se llevará a cabo exactamente dentro de un mes, es decir... en la última semana de junio. Este intervalo de un mes es necesario, pues hemos de realizar ciertos preparativos. Pronto sabrás de qué se trata.

—¿Y por qué no ahora?

—Prefiero afrontar cada una de las fases del proyecto a medida que estas se vayan presentando.

—Pues yo no. Y además...

—Ahora no. —Pareció como si se hubiera disparado una escopeta de dos cañones. Pero el estampido partió de Hermann, que estaba a mi lado. Respiraba como una morsa; tenía unos puños enormes. Opté por callarme.

—Empezaremos mañana —dijo Morland—. Harry y Paula, vosotros vendréis al campo conmigo. Alquilaremos un coche. Paula, me gustaría que fueras al apartamento esta noche y anunciaras a los vecinos que te vas a mudar. Procura que se entere todo el mundo. Hermann, tú continuarás en tu puesto y me informarás si hay algunos cambios en la rutina normal.

—*Ja,* Jonathan —dijo Hermann; y advertí que ardía en deseos de dar un taconazo y alzar el brazo con el saludo hitleriano.

—¿Puedo hacer una pregunta? ¿Cuál es el puesto de Hermann?

Morland sonrió, tan satisfecho de sí mismo que casi se oían sus propios aplausos.

—Hermann es el jefe de la guardia personal de Yusuf Rifai.

Solté un silbido. No pude evitarlo. Hermann sonreía orgullosamente.

Todos me miraban. De pronto comprendí que, en el fondo, no estaban tan seguros de sí mismos. Morland había dicho que cada uno de nosotros tenía una misión que cumplir. Adiviné que si yo no cumplía la mía, fuera esta la que fuere, toda la burbuja reventaría. Tal vez consiguió atraparme cuando me amenazó con denunciar mi negocio a la policía, pero si esperaba el tiempo suficiente, tal vez podría yo ponerle a él en situación parecida. Fue el pensamiento más grato que tuve en toda la jornada.

—En realidad —prosiguió Morland—, no hay nada más que decir —advertí una expresión rara en sus ojos—. Salvo que mañana se unirá a nosotros un nuevo miembro.

¿Uno más? Pensé que debía tratarse de otra sorpresa preparada en mi honor, hasta que noté perplejidad en Paula y una gran confusión mental en Hermann.

—¿Quién es? —acabé por inquirir.

—Se trata de una sorpresa —contestó.

—Bueno, yo también os guardo una sorpresa —dije—. Acepté participar en un trabajo en que seríamos cuatro a repartir, no cinco. —Los otros dos parecían extrañados, como si el sórdido tema del dinero no se les hubiera pasado por la imaginación.

—Oh, a Alberto no será preciso darle nada.

"¿Alberto?"

—¿Es un chiste? —preguntó Hermann.

—Algo parecido.

Hermann, radiante, se dio una palmada en el muslo que sonó como un pistoletazo y dijo:

—Muy gracioso. —Luego descargó un nuevo pistoletazo, esta vez sobre mi muslo, y me preguntó—: ¿No?

Yo no pude responder porque, de repente, me había quedado mudo. Nos fuimos. Paula se despidió así:

—Adiós, Jonathan y Hermann.

A mí me hizo una mueca. El pasillo estaba desierto y Morland indicó a Hermann que saliera el primero. El cabeza cuadrada me dirigió una gran sonrisa.

—Harry, vamos a ser amigos. Lo pasado, pasado está, *ja?*

—Claro, Hermann, claro.

Cuando se hubo marchado, le pregunté a Morland:

—¿Qué quiso decir con eso de "lo pasado, pasado está"?

—Hermann es muy susceptible en cuanto a la segunda guerra mundial.

—A propósito, ¿dónde le conociste?

—En aquella cárcel de Marruecos.

—Mira, respecto al asunto de Tánger... —empecé a decir.

—Olvídalo. Como diría Hermann, lo pasado, pasado está.

Aquello fue muy generoso por su parte, proviniendo de un hombre que había arruinado ya mi vida en tres ocasiones y que estaba poniendo todo su empeño en lograrlo por cuarta vez.

AQUELLA tarde Morland y yo bajamos a Piazza Navona. Morland dijo que deseaba sentarse en el café Tre Scalini durante media hora para "ordenar sus pensamientos". A mí me pareció buena idea porque esperaba ver cruzar la plaza a mi amigo Bruno en su *carrozza*. Para un hombre que en otro tiempo había trabajado como recepcionista en el hotel Excelsior, guiar ahora un carro tirado por un caballo significa sentirse rebajado socialmente, pero jamás le oí lamentarse. Años atrás se le consideró una verdadera promesa en el negocio de pasaportes. Más tarde se le subió la sangre a la cabeza y eso le costó perder su trabajo, y también su reputación. Debió de ser porque todos los días veía pasar gran número de pasaportes ante sus ojos. Lo cierto es que un buen día se largó con un buen lote de ellos.

Le cayeron tres años, y al salir se encontró con que el gremio le había cerrado las puertas. No se puede consentir que un tipo se largue con un montón de pasaportes así de sopetón. Por una parte despierta la atención de la bofia y, por otra, deprecia una mercancía cuyo valor depende de su escasez. Pero yo sentía lástima de Bruno, y cada vez que venía a Roma procuraba verle y charlábamos acerca del negocio de pasaportes. Me estaba agradecido y solía decirme: "Harry, si alguna vez vuelvo a echarle el guante a un pasaporte, te lo ofreceré a ti primero que a nadie".

No apareció por allí aquella tarde, así que me quedé sentado junto a Morland, respirando el fresco aire primaveral, bebiendo sorbo a sorbo mi Campari y pensando que tal vez las cosas no fueran tan negras como parecían. Todavía contaba con mi negocio de pasaportes y no pensaba hacer algo tan estúpido como intentar secuestrar al hijo de Rifai. Eso era, ni más ni menos, una fantasía de Morland. Empecé a sentirme tan a gusto que invité a Morland a cenar.

Morland es un hombre capaz de pasarse sin un par de comidas consecutivas sin enterarse siquiera, a menos que alguien se lo recuerde; por eso invitarle a comer es una obra social. Esperé hasta que se hubo engullido casi toda una fuente de *spaghetti alla vongole* antes de volver a sondearle acerca de su proyecto.

—Vamos, Morland —le dije, esbozando una sonrisa de mutuo entendimiento—, ¿qué hay de ese Alberto?

Casi se atragantó con sus *spaghetti*.

—Lo siento, pero es algo muy divertido. Esa será mi pequeña sorpresa, Harry. Y no pienso echarla a perder.

—Me duele que no tengas la suficiente confianza en mí para decírmelo.

—Bueno, Harry, no tomes las cosas así, por favor.

—¿Dónde conociste a la chica?

—Beirut. Bailarina.

—¿Y por qué motivo una bailarina se decide a complicarse en un asunto como este?

—Dinero —dijo Morland, chupándose los dedos.

—Para una chica como Paula existen medios más fáciles de ganar dinero.

Morland se sonrojó intensamente. Lo sexual es un tema que le fastidia.

—Ignoro cuánto dinero puede ganar una chica del modo al que te refieres, pero supongo que no serán sesenta mil dólares.

—Es una buena tajada —dije yo—. Pero ¿por qué tan poco? Un cuarto de millón es una miseria por el hijo de Rifai.

—Harry, ese es el precio justo. Si pidiésemos menos pensaría que está tratando con gente de poca monta; si exigiésemos más, Rifai se cerraría a la banda. No es que él valore a su hijo en un cuarto de millón. Lo que ocurre es que, dadas las circunstancias, un cuarto de millón es el precio justo, ¿comprendes?

—No; pero es igual. ¿Y qué pasa con Hermann?

—Ya te lo dije. Le conocí en la cárcel, en Marruecos. Pero no es el típico criminal. Rifai atropelló a un peatón con su coche y Hermann fue quien pagó el pato. Seis meses de cárcel.

—¿Y ahora quiere vengarse?

Morland asintió.

—Al principio pensaba que su proceder había sido natural. El siervo que paga los errores de su amo. Pero le expliqué las cosas a mi modo y empezó a verlo de manera muy diferente.

—¿Cómo le engatusaste?

—No le engatusé —dijo Morland, ofendido—. Le expuse su caso en términos filosóficos. Le expliqué que existen ciertos contratos sociales que las personas pactan entre sí. Contratos entre amo y sirviente, entre gobernante y gobernado. Cuando una de las partes no respeta lo pactado, la otra es libre de actuar en defensa de sus propios intereses. Hermann acabó por captar mi punto de vista... Que por el bien de la sociedad y de sí mismo, tenía el deber de obtener de Rifai una compensación.

Poca gente es capaz de hacerle ver a uno que secuestrar un niño constituye un procedimiento históricamente reconocido.

—¿Cuánto tiempo duró el lavado de cerebro?

—Seis meses. Hermann siguió trabajando para Rifai, y cuando yo salí, empezamos a trazar los planes. Necesitábamos una chica que se encargase de cuidar al niño. Por eso está Paula con nosotros.

—No es precisamente un tipo muy maternal... Pero todavía sigo sin comprender por qué se te ocurrió precisamente un secuestro. Es un asunto repugnante.

—No te lo parecerá tanto si lo piensas detenidamente. Verás: como lo único que hace un niño es gorjear y eructar, lo mismo da que lo haga en un sitio que en otro... siempre y cuando que no le falten cuidados. No veo el perjuicio que se le puede causar a un bebé al secuestrarlo. Al contrario, creo que, en cierto modo, eso podría estimular su desarrollo. Naturalmente que a los padres no les gusta que les secuestren a sus hijos. Y, sinceramente, si viviese la madre de Selim, ni siquiera habría cruzado por mi mente la idea de secuestrar al niño. Es necesario observar un nivel mínimo de...

—Sí, sí, ya me acuerdo.

—¿De veras? —Pareció sorprendido—. Prosigamos, entonces. La única persona afectada, si secuestramos a Selim, será su padre. Y ni tú ni yo vamos a verter una lágrima por Yusuf Rifai.

—¿Cuándo decidiste mezclarme a mí en este embrollo?

—Desde el principio, Harry —dijo en voz baja. Me miró con aquellos ojos de loco—. Te lo has ganado.

—Un momento. Respecto a lo de Tánger...

—La otra razón —me interrumpió Morland— es que sigo pensando que estás predestinado a grandes obras. Tienes talento, Harry, pero no sabes emplearlo. Eres un tipo de poca monta, Harry, de poca monta. Pero yo te brindaré la oportunidad de que pongas a prueba tu verdadera valía. Lo importante es tener fe, Harry. En este asunto tienes que tener fe; fe en mí.

"Naturalmente", pensé, tratando de recordar la última persona en quien había confiado, exceptuando a Ziggy. Morland debió de leer mi pensamiento.

—De acuerdo. Olvídate del sermón. Quiero sacar de esto sesenta mil dólares. Lo mismo que Paula y Hermann. Estamos dispuestos a todo para conseguirlo. Así que no trates de traicionarnos. —Sonrió—. A Hermann no le agradaría que hicieras semejante cosa. Piensa en ello, Harry Brighton.

Seguí su consejo. Lo malo es que no fue un pensamiento muy agradable para terminar la velada.

CUATRO

Al día siguiente fuimos al campo. Fue uno de esos viajes inolvidables. No hicimos más que recorrer unos cien metros y ya tuve que insistirle a Morland para que me cediera el volante.

—¿Qué ocurre? —preguntó él.

—Ah, ¿pero es que no te has dado cuenta siquiera?

Hice retroceder el coche hasta salir de aquella calle de dirección única, haciendo oídos sordos a las imprecaciones y amenazas de los otros conductores. Luego le arrebaté el mapa de las manos.

—Tú dime adónde tenemos que ir y yo haré el resto.

—A Tivoli —contestó enfurruñado, como un niño que acaba de recibir unos azotes.

De todos modos apenas nos hablábamos. Cuando fuimos a alquilar el coche la noche anterior, me había preguntado si no me importaría depositar la fianza, ya que él no traía dinero encima. Naturalmente, dije que no y acabé pagando las 20.000 liras. Pero aquella mañana, durante el desayuno, cuando dijo: "A propósito, Harry, será mejor que lleves algún dinero", comprendí que volvía a usar uno de sus viejos trucos. La discusión subsiguiente se desarrolló en términos que podríamos calificar de concisos, ofensivos y brutales. Terminó cuando Morland rezongó:

—Harry, quiero saber de una vez para siempre si estás con nosotros o no.

—Ya te he dicho que estoy con vosotros.

—Entonces tendrás que contribuir a hacer frente a los gastos. Mira esto —dijo, sacudiendo una tira de papel delante de mis narices. Era una relación de gastos que ascendía a 255.000 liras; en ella se incluía la fianza del apartamento, alquiler anticipado, mobiliario para el niño, vestidos y comida. La relación concluía así: "Juguetes, etc., 10.000 liras".

—Juguetes, etcétera —repetí—. ¡Juguetes, etcétera!

—Paula dijo que los íbamos a necesitar. Ella ha apoquinado su parte. Lo mismo que Hermann.

—Y si estamos pagando ese apartamento, ¿por qué no lo ocupamos?

—Puedes trasladarte allí esta misma noche, si lo deseas —dijo con una risita tonta.

—¿Qué es lo que te hace tanta gracia?

—Ya lo verás.

Un Fiat Quinientos no es un vehículo apropiado para tres personas que no tienen nada que decirse. En cualquier caso, no es vehículo para tres personas. Morland iba a mi lado, ocupando el otro asiento delantero, cómodamente sentado. Pero Paula tenía que ir atrás, sentada oblicuamente con sus largas piernas encogidas encima del asiento.

Parecía que llevábamos recorridos ochocientos kilómetros a lo largo de la Via Tiburtina cuando me decidí a preguntar:

—¿Qué se nos ha perdido en Tivoli?

—Vamos a una granja que queda nada más entrar —dijo Morland muy frío, pero muy cortés—. Tenemos que recoger algo.

—¿Y dónde piensas meterlo?

—No ocupará mucho espacio.

Ya se divisaba Tivoli a unos tres kilómetros, en lo alto de una colina, cuando habló Morland de nuevo: "Por allí", y señaló un enlodado camino a nuestra izquierda que, entre olivos y después de cruzar un tomatal, nos condujo ante un portillo cerrado con un candado. La finca estaba rodeada por una alta tapia. Al otro lado extendíase una ancha franja de fango en la que hozaban unos cerdos. Más allá se veía una alquería de color rojo.

Morland se apeó del coche, se encaminó al portillo y llamó a voz en grito:

—¡Tony, Tony!

En aquel instante se abrió la puerta de la casa y una mujer cruzó el patio. Calzaba unas botas de goma negras, un viejo vestido medio roto también negro y un pañuelo del mismo color anudado debajo de la barbilla. Cuando la vi más de cerca comprobé que también tenía bigote negro. Era la *mamma* italiana de aspecto más basto que había visto en mi vida y venía armada con una especie de porra de madera a la que imprimía un movimiento de vaivén. Hasta los cerdos parecieron inquietarse. Cuando llegó al portillo, Morland empezó a hablarle en italiano. Aunque pueda parecer sorprendente es un verdadero políglota. La conversación que sostuvieron tuvo lugar, más o menos, en estos términos:

MORLAND: Quiero hablar con Tony. MUJER: ¿Tony? MORLAND: Su hijo. MUJER: ¿Qué hijo? MORLAND: Su hijo Tony. MUJER: ¿Quiere que le rompa la cabeza? MORLAND: Señora, estuve aquí hace dos semanas, ¿no se acuerda? MUJER: Es posible. ¿Quiénes son sus amigos? MORLAND: Tony nos está esperando a todos. MUJER: Como trate de engañarme le parto el cráneo.

Regresó a la casa. Un minuto más tarde volvió a salir y abrió el portal.

—Tony dice que pueden pasar.

Cuando vio que yo ponía en marcha el coche me advirtió que se atascaría en el fango. Tendríamos que ir a pie.

Me descalcé los zapatos y los calcetines y me arremangué los pantalones. Paula me observaba tratando de disimular la risa. Llevaba la misma falda azul y zapatos de tacón alto que el día anterior. Le hice una exagerada reverencia y dije:

—¿Acaso espera la señora que la llevemos en brazos?

—A decir verdad, no espero menos de usted, caballero.

Nunca más apropiado aquel dicho de que en boca cerrada no entran moscas. Después de haber recorrido diez metros, empecé a jadear, en parte por el esfuerzo de mantenerme en equilibrio en medio del fango, y en parte porque Paula no era una Audrey Hepburn.

—De las chicas que he conocido, no es usted precisamente la más pequeña —le dije.

—Ni usted es el hombre más fuerte de los que yo he conocido.

A mitad de la travesía me dijo:

—¿Quiere dejar de sobarme el muslo?

—No tengo más remedio que apoyar mi mano en su pierna. ¿Por qué no usa faldas más largas?

Me sonrió por primera vez.

—Lo tendré en cuenta, Harry. —También era la primera vez que me llamaba por mi nombre de pila.

Entramos en la cocina de la casa, que parecía ocupar la mayor parte de la planta baja; había un enorme hogar de ladrillos pegado a todo lo largo de una pared enjalbegada, una mesa de madera con sillas y una hilera de cacerolas colgadas de la pared. Sobre la mesa había una artesa, y comprobé entonces que lo que la *Mamma* tenía en la mano era un rodillo y no una porra, lo cual me tranquilizó un poco.

Se abrió una puerta dando paso a un pigmeo vestido con una camisa de pata de gallo, corbata de lazo, traje gris oscuro ceñidísimo y unos puntiagudos zapatos negros.

—¡Tony! —exclamó Morland, abriendo los brazos.

—Hola —saludó el pigmeo. Sus ojos negros y pequeños como canicas y su rostro delgado y moreno evocaron en mi mente la imagen de un hurón. Morland nos presentó y Tony me miró con indiferencia; luego le dio otro repaso visual a Paula, pero esta vez de arriba abajo. Hizo una castañeta para llamar la atención de la voluminosa *Mamma*. "Café", pidió. La mujerona se encaminó hacia el hogar, feliz como una alondra. El amor maternal es algo maravilloso.

—Siéntense —invitó Tony. Arrastró una silla que ofreció a Paula y él se sentó a su lado, haciéndole un guiño. Ella no pareció concederle importancia.

—Bien, Tony, estamos preparados. ¿Lo tienes ya? —Morland empezaba a temblar de impaciencia.

Tony sonrió burlonamente.

—Después del café, Johnny.

¡Johnny! La *Mamma* trajo el café y todos nos sentamos en torno a la mesa y charlamos acerca del tiempo y la cosecha de tomates; al fin Tony hizo un gesto afirmativo a la *Mamma* con la cabeza y ella abandonó la cocina.

—Tiene buen aspecto —dijo Tony—. Yo mismo lo he comprobado.

La *Mamma* regresó portando un envoltorio. Tan pronto vi aquello me dije: "Es curioso, eso parece...", y luego ella lo posó en la parte limpia de la mesa, deshizo el envoltorio, y claro que era... ¡un crío!

¡Un crío! ¿Habría alguien cometido ya el secuestro? Morland estaba inclinado sobre el niño con una bobalicona expresión en el rostro.

—Perfecto —se enderezó—. Harry, acércate, que quiero presentarte a Alberto.

¡Alberto! Me quedé mirando al niño fijamente; él tampoco apartaba los ojos de mí. No tenía mal aspecto: pelo negro, ojos oscuros, piel bronceada. El típico italiano. Paula me apartó a un lado. Se inclinó sobre el niño con la misma expresión que Morland, sólo que con más dignidad.

—¡Qué hermoso es! —exclamó—. Me permite...

—Claro, claro —asintió Tony. Y Paula lo cogió y se paseó por la cocina, meciéndolo en sus brazos al propio tiempo que le decía algo así como "Cuchi-cuchi-cu". Me pareció una chica diferente al verla tan tierna y cariñosa.

Morland la observó durante unos segundos con una sonrisa sentimental en los labios. Luego exhaló un suspiro y preguntó a Tony:

—¿Cuánto pides?

—Eh, un momento —intervine—. Morland, salgamos un instante. —Empezó a porfiar, pero le corté de plano—. Salgamos. —Dejamos a los otros en la cocina y salimos a hacer compañía a los cerdos—. En primer lugar, ¿quién es esa rata a quien llamas Tony?

—Tuvo negocios en Chicago. Pero se creó problemas con los funcionarios federales y le expulsaron del país. Podemos confiar en él. Es un tipo que sabe donde pisa.

—No me cabe duda... ¿pero qué más sabe?

—¿Te refieres al secuestro? Nada, Harry, te lo juro. Le dije que necesitábamos a Alberto para timar a un matrimonio rico y sin hijos.

—¿Y qué pinta Alberto en todo esto? —Observé a Morland detenidamente, extrañado de que se mostrara tan satisfecho consigo mismo.

—Cuando se lleva a cabo un secuestro, el problema principal lo plantea la mercancía... el niño. ¿En qué empieza a fijarse la gente cuando se ha cometido un secuestro? En los niños cuya presencia no está justificada. De ahí que sea preciso ocultar al niño secuestrado. Pero no se puede guardar en una caja de caudales o dejarlo en la consigna de equipajes. Sólo queda una solución, Harry: tenerlo a la vista de todo el mundo.

—Procura ser más explícito.

—No hay que esforzarse en ocultarlo, sino llevarlo al descubierto, de forma que todo el mundo pueda verlo. De ese modo será un niño como otro cualquiera. ¿Y quién sería capaz de distinguir a un crío de otro, salvo, quizá, su propia madre?

—Brillante idea. Y segun eso, ¿por qué no se dedica todo el mundo a secuestrar críos?

—No, no, Harry. No has comprendido el busilis de la cuestión. Lo que no puedes hacer es presentar de improviso a un niño en donde no había estado anteriormente. Pero si...

—Un momento. ¿Quieres decir que Alberto...?

—Efectivamente, Harry. Durante las próximas semanas Alberto se convertirá en un personaje aceptado por la sociedad, un niño cuya presencia está perfectamente justificada. Cuando secuestremos a Selim, este ocupará el lugar de Alberto y todo el mundo le tomará por Alberto.

Evidentemente, sólo la mente de un lunático podía urdir semejante plan, pero ese constituía precisamente el lado bello del mismo. La poli removería cielo y tierra buscando bebés donde no es normal encontrarlos: jamás se les ocurriría meter la nariz en el interior de una cuna... Pero ¿sería posible que un niño pudiera pasar por otro tan fácilmente?

—Oye... ¿estás seguro de que todos los críos son parecidos?

—Bueno, no exactamente. Pero sí lo bastante. Le encargué a Tony un niño de pelo negro, piel aceitunada y edad mínima de un año. Y eso es lo que tenemos. ¿Y quién se atrevería a discutir con la madre?

¿La madre? Ya sabía yo que algo seguía preocupándome.

—Esa escena del "personaje aceptado por la sociedad", ¿cómo vamos a interpretarla?

—Eso es lo más sencillo. Alberto se trasladará a su nueva casa con su mamá y su papá y todos le aceptarán como tal.

—Bueno, comprendo que Paula tenga que hacer el papel de madre. Pero ¿quién...? ¡Oh, no! ¡No, no, Morland!

—Harry, veamos las cosas por su lado bueno...

—Nunca te lo perdonaré —mascullé entre dientes—. Me las pagarás, Morland, aunque sea lo último que haga en mi vida.

—Harry, por favor. Nadie más que tú puede hacerlo. Honradamente, ¿te imaginas que puedo hacer yo el papel de padre?

Me quedé mirándole. ¿Qué podía decir?

—¿Lo sabe Paula ya?

—Naturalmente. No es que desconfíe de ti —prosiguió Morland—. Pero si te hubiera dicho todo esto de una vez, a estas horas aún no habrías dejado de correr.

—Creo que me subestimas. A estas horas estaría yo en órbita. Aunque pensándolo bien nunca es demasiado tarde...

—Ya lo creo que sí. —Acercó su rostro al mío—. No olvides tu negocio de pasaportes... ni a Hermann.

Me quedé donde estaba, mirando cómo los cerdos hozaban en el fango, preguntándome qué demonios podía hacer. Si me trasladaba a aquel piso con Paula y el niño sería como echarme la soga al cuello. Confabulación en un secuestro, instigación... Esta vez me tenían bien amarrado.

Regresamos a la cocina. La *Mamma* y Paula estaban muy

atareadas en torno al niño dándole la papilla. Cada vez que el bebé se tomaba una cucharadita, Paula decía: "Así me gusta", y la *Mamma* soltaba un gruñido de aprobación.

—Podemos dejarlo en doscientos a la semana —dijo Tony.

Ya estaba harto de bromas.

—Vamos, Morland —dije—, paguémosle y vámonos de aquí. —Saqué un billete de cincuenta dólares y lo deposité de un manotazo encima de la mesa—. Y no te olvides de recoger el cambio.

Tony recogió el billete, lo miró al trasluz, lo olió, lo restregó entre los dedos y luego volvió a dejarlo sobre la mesa. Se dirigió a Morland:

—Este tipo como payaso no está mal.

—Tony, doscientos nos parece un poco excesivo. ¿Qué tal si lo dejásemos en ciento cincuenta?

—Doscientos, Johnny. Los niños no se alquilan por cuatro cuartos hoy en día.

—¡Alquilar! ¿Qué quiere decir? —grité—. Con estos cincuenta compramos el niño y también su ropa.

—¿Quién es este chistoso? —Tony descargó con fuerza el puño sobre la mesa... la cual no sufrió ningún desperfecto—. Morland, o me pagáis doscientos o me llevo el niño a otra parte donde sepan valorarlo mejor.

—Tómalo con calma, Tony, tranquilízate —dijo Morland—. Harry, ¿quieres callarte? Este niño bien vale los doscientos.

—Tú bromeas.

—Así que bromea, ¿eh? —dijo Tony con un gesto de desprecio—. Pues vaya a ver si encuentra uno más barato, tipo listo. ¿Ha mirado en los grandes almacenes? Puede que encuentre algún bebé de saldo. —Se sentó y apoyó los pies encima de la mesa. La *Mamma* se iba aproximando a mí, blandiendo el rodillo, y comprendí que había llegado el momento de capitular.

Me encogí de hombros y dije:

—De acuerdo, Morland.

El suspiró aliviado.

—De acuerdo, Tony. Lo dejamos en doscientos.

—Quiero dos semanas por anticipado —exigió Tony, enfocando hacia mí sus canicas negras—. Que suman cuatrocientos.

—De acuerdo —se apresuró a aceptar Morland antes de que

yo pudiera intervenir—. Ya podemos marcharnos. ¿Está preparado Alberto?

Paula, que tenía el niño en brazos, asintió.

—Ya podemos irnos.

—Un momento —los retuvo Tony—. El niño está en perfecto estado de salud, ¿de acuerdo? —Morland asintió—. Bien, cualquier daño que sufra correrá por cuenta de ustedes. Y recuérdenlo, este niño no es un niño cualquiera.

No pude contenerme.

—¿Y qué tiene de especial?

Tony se contoneó ante mí hinchando el pecho: un reto de un metro cincuenta y cinco centímetros.

—Yo te diré lo que tiene de especial. Este niño es un profesional. Johnny quería un niño que no llorase ni se pusiese enfermo, ni nada por el estilo. Pues bien, este niño come, duerme y vive su propia vida. Procuren pagarle con el mismo favor.

"Oh, mi pequeño Tony", dije para mis adentros, "el día que no esté presente la *Mamma,* te prometo que recibirás tu merecido". Miré al niño en los brazos de Paula. Estaba totalmente despierto y no perdía ni un solo detalle, mirando fríamente a su alrededor como si comprendiera todo lo que estaba ocurriendo.

—¿Quiénes son los padres del niño? —pregunté.

—Es huérfano —respondió Tony—. Pero en este momento me pertenece a mí.

—Vaya suerte para el niño —comenté.

—Vamos —me instó Morland—. Vamos. Llevas dinero contigo, ¿no, Harry?

No me quedaba más remedio que contar otros trescientos cincuenta. La *Mamma* observó a su hijito mientras este se embolsaba el dinero y luego salió a abrir el portillo. Tony, de repente, se hizo todo miel y se ofreció a llevar a Paula en brazos a través del lodazal. Aquello provocó mi primera carcajada del día.

—Lo único que usted podría llevar a cuestas es una enfermedad.

Tony escupió una frase en italiano, se encorvó y metió la mano en el bolsillo de atrás del pantalón, haciendo un gesto significativo.

—Oh, muy bien. Muy propio de Chicago —le dije. Como

llevaba pantalones ceñidos, me di cuenta que lo único que abultaba en el bolsillo eran mis cuatrocientos dólares. De buena gana le hubiera aplastado la cara, pero la *Mamma* estaba junto al portillo, lo que hacía nuestra retirada un tanto problemática.

—Por el amor de Dios, Harry —Morland se interpuso entre nosotros—, no hay por qué pelearse.

Paula salió y yo fui tras ella.

—¿Quieres que te lleve? —le pregunté.

—¿Y quién carga con Alberto? —dijo ella, apretando el pequeño envoltorio contra su pecho—. Si no te importa, lo que sí podrías llevarme son los zapatos.

Mientras la miraba cruzar el lodazal, pensé que sus piernas, incluso sucias, no estaban nada mal. Seguí tras ella hasta llegar al coche, y la *Mamma* me miró con recelo cuando pasé por su lado. Tal vez sospechase que no todo habían sido frases de cortesía en la casa. Morland venía detrás de mí, jadeando, y cuando entraba en el coche oí que Tony gritaba algo desde la casa. La *Mamma* contestó en voz alta también: "¿Qué pasó, hijo mío?" Cuando recibió la respuesta yo ya había dado vuelta al Fiat e iniciaba una rápida huida entre las tomateras. Pero ella tenía un poderoso brazo y nos alcanzó con una pedrada que dejó una profunda abolladura en el parachoques trasero.

—Regresemos a Roma —dijo Morland—. Tú y Paula debéis trasladaros al piso inmediatamente.

CINCO

Morland y Paula habían estado con anterioridad en el piso y ya conocían el camino.

—Gira a la derecha, Harry. No, esta no; es la bocacalle siguiente. ¿No oíste que te dije a la izquierda? ¿Qué dices, Paula? No, estoy seguro que es a la derecha. A la izquierda, quiero decir.

La dificultad estribaba en que Via dello Scorpione, la calle que buscábamos se encuentra precisamente en el centro del Trastevere. Allí las calles parecen todas iguales: cortas, tortuosas y enguijarradas. Todos los edificios tienen ese color dorado que resulta tan romántico. Al menos así lo describen las guías turísticas de la ciudad, aunque yo he observado que nada dicen acerca de los niños, los gatos, las basuras y las viejas chismosas vestidas de negro, que es lo que más abunda por allí.

Pero por fin acertamos y yo reduje la marcha a paso de tortuga. Esta calle parecía más angosta que las otras, y a medida que nos adentrábamos en ella iba en aumento el bullicio callejero. Chillidos de niños, música de transistores, mujeres que hablaban a voz en grito desde sus ventanas con las vecinas de enfrente y jóvenes juguetones acelerando en vacío sus motos. Por fin Morland dijo:

—Aquí.

Detuve el coche y nos apeamos.

De pronto, por encima de aquella barahúnda sonó un alarido y una mujer pequeña y gordinflona cruzó la calle a todo correr. "*Bambino!*", chilló, agarrando a Alberto. Al principio creí que intentaba raptar a *nuestro* niño, pero al ver que Paula le presentaba a Morland, deduje que se conocían. Luego, el pobre Albertito fue sometido a un terrible manoseo entre exclamaciones de admiración, como *bravo* y *bello*.

—¡Qué escena tan encantadora! —comentó Morland—. Me supongo que será una vecina. Parece realmente impresionada con Alberto.

—Esperemos que sienta el mismo afecto hacia Selim —dije con dulzura—. Y esperemos también que sea mala fisonomista.

—Oh, no —suspiró Morland. Se abalanzó hacia Paula y tiró resueltamente de ella—. Basta ya. Subamos al piso.

Entramos en un portal y empezamos a subir un tramo de escaleras de piedra perseguidos tercamente por la gruesa mujercilla. Morland me dijo:

—Paula le ha dicho que tú eres el padre. Procura detenerla.

Me volví y dije:

—*Buon giorno, Signora. Felice di conoscerla* —que era una de las frases que mejor he aprendido.

Naturalmente aquello sólo sirvió para que me soltase el disco. Pero no conseguía seguir el hilo de lo que trataba de explicarme; sólo comprendí que me llamaba insistentemente *professore,* lo cual me causó gran sorpresa, y mencionó repetidas veces la palabra bar. Cuando hizo una pausa para tomar aliento, solté un *arrivederci* y me escabullí escaleras arriba.

Nuestro apartamento estaba en el último piso y he de admitir que me causó una grata sorpresa. Constaba de dos habitaciones grandes y recién pintadas, un cuarto de baño, una cocina, un pequeño balcón que daba a la calle y, arriba, una amplia azotea con unas sillas y adornada con macetas de flores.

—Deberías agradecérselo a Paula —dijo Morland cuando nos quedamos solos—. Ha venido aquí varias veces en autobús para arreglar el piso. Lo alquilamos amueblado, pero todavía hubo que comprar muchas cosas, como esta. —Descargó una sonora palmada sobre el diván en el que estaba sentado—. Y todo lo del niño. Oficialmente tú y Paula vivisteis con Alberto en una pensión en tanto no estuvo preparado el piso. Ahora os mudáis definitivamente convertidos en una familia feliz. He dicho una familia feliz, Harry. ¿Me has comprendido?

—¿Qué te hace pensar...?

—Quiero que Paula sea tratada respetuosamente, Harry. Es una buena chica y bastante tendrá ya con ocuparse de Alberto sin necesidad de enzarzarse además contigo en una guerra de guerrillas.

Paula salió del dormitorio.

—Alberto está dormido. ¿Qué te ha parecido el piso? —me preguntó con una sonrisa.

—Pasable —fue todo mi comentario. Supongo que pudo habérseme ocurrido alguna frase más amable, pero, francamente, había tenido un día agotador.

—Tu amabilidad me confunde. —Se marchó a la cocina, taconeando con fuerza.

Morland suspiró.

—Cuando te empeñas en complicar las cosas, Harry, eres todo un genio. Bajaré a telefonear a Hermann.

Paula asomó la cabeza por la puerta de la cocina y dijo:

—Dile que se acerque hasta aquí. Esta noche prepararé cena para todos. Tenemos que celebrar el comienzo del plan. —Llevaba guantes de goma y se había recogido el pelo en la nuca de cualquier modo.

—Estás muy atractiva —le dije, sonriendo para demostrarle

que hablaba en broma y que íbamos a ser buenos amigos. Ni siquiera me miró. Giró sobre sus talones y desapareció de nuevo en la cocina.

Morland meneó la cabeza.

—Tienes que hacer un esfuerzo, Harry. A las mujeres es preciso saber llevarlas. —Todo lo que Morland entiende de mujeres cabe holgadamente en la punta de un alfiler.

—Lo intentaría si no tuviera que pensar en otras cosas. Como ejemplo citaré que el hecho de invitar a Hermann a venir aquí servirá para que se nos relacione con Rifai.

—Oh, una sola vez no tiene importancia, Harry. Además, quiero que vea a Alberto, y así sabremos si los dos niños se parecen.

Cuando Morland se hubo marchado, entré en el dormitorio. Alberto dormía en su cuna. Nunca había visto un niño tan de cerca, así que me quedé un buen rato contemplándole. Inmediatamente llegué a una conclusión muy interesante: los niños son perfectos. Fijémonos si no en su piel, tan lisa y suave, sin un solo defecto. Y luego en su pelo, unas hebras finas como la seda; no cabría imaginarse al tocarlo que un día llegará a estar grasiento y casposo, como nos ocurre a los mayores. Los niños son unos seres perfectos. Inútiles, quizá, pero perfectos.

—No le toques. —Ella había entrado sin hacer ruido.

—Sólo estaba mirándole...

—¡Chist! Que lo vas a despertar. ¡Sal ahora mismo!

Sin pronunciar una palabra pasé por delante de ella y salí al balcón, donde permanecí, intentando ver la calle por entre la ropa colgada al sol. Hubiera sido una calle muy bonita, con sus edificios dorados y sus ventanas adornadas con macetas de flores, si no fuese por la cochambre y el zurriburri ocasionados por tanta gente. Oí un ruido a mis espaldas y volví la cabeza.

—Lo siento —dijo Paula—. Estaba un poco nerviosa por todas estas cosas. No fue mi intención ser grosera. No te enfades, por favor. —Sonreía nerviosamente como una niña un poco ruborosa. O acaso sólo fuera el efecto del sol en sus mejillas.

—Olvídalo —dije.

Salió también al balcón y miró a la calle. Una vieja nos saludó con la mano desde una ventana de enfrente.

—Me gusta este sitio, ¿a ti no? —preguntó Paula. Yo me encogí de hombros—. ¿Por qué no vienes a charlar conmigo a la cocina? —Por supuesto, acabé quitando la hebra a las judías—. ¿Por qué haces esto? —me preguntó. Yo miré a las judías—. No, bobo, me refiero a lo del secuestro.

¿Por qué lo hago? De momento me quedé mudo. Luego se lo conté todo: las amenazas de Morland, el chantaje...

—Pero eso es terrible —dijo ella, y sus ojos verdes fulguraron intensamente. Fue una suerte que a Morland no se le ocurriera entrar en aquel momento, porque hubiera acabado con el cuchillo del pan en los riñones. Pero luego recapacitó—: Debe existir algún motivo. ¿Qué le has hecho?

—Aguantarle durante la mitad de su vida adulta. Eso es todo.

—Oh, vamos, Harry. No te enfurruñes.

¡Mujeres! Quité la hebra a la última judía con todo cuidado.

—¿Queda algo más que hacer? —pregunté con frialdad.

Ella estaba atareada con sus patatas y advertí una divertida expresión en su semblante, que no supe discernir si era producto de la concentración en el trabajo o si se estaba riendo de mí.

—Podrías acabar de mondar estas patatas.

—No faltaría más. —Esta vez le oí una risita ahogada.

Resulta difícil comportarse fríamente cuando se está encajonado en una cocina de dos por cuatro con un manjar tan apetitoso como Paula. Ella iba y venía atareada, abriendo armarios, haciendo ruido con las ollas y, de cuando en cuando, tropezando conmigo. Y en un par de ocasiones, se estiró para alcanzar algún objeto y se apoyó en mí. Estaba consiguiendo ponerme nervioso.

—Cuéntame algo de ti —le dije—. ¿Cómo te metiste en esto?

—En realidad todo empezó cuando necesité un billete de avión para regresar de Beirut a Londres. Jonathan me dijo que me pagaría el viaje hasta Roma si colaboraba con él en este asunto. Me aseguró también que cuando recibiera mi parte, tendría dinero suficiente para ir adonde me viniese en gana.

—Pero la idea de un secuestro, ¿no te parece un tanto brutal?

—Bueno, al principio no lo tomé muy en serio. Luego pensé: "Iré a Roma, cuidaré del niño durante unas semanas y, entretanto, malo será que no aparezca algo". Además, Jonathan me explicó que la madre del niño había muerto y que la criatura no sufriría ningún daño.

—¿Y el padre no cuenta?

Golpeó contra la mesa un cazo que tenía en la mano.

—A ese le conozco yo muy bien.

—¿Trabajaste para él?

Se volvió hacia mí, esgrimiendo el cazo.

—¿Qué quieres decir con eso?

—Tú trabajaste en clubs. Pues bien, Rifai es propietario de varios locales en Beirut.

—No es eso lo único que posee. —Sus ojos echaban chispas—. Trabajé en un club de Rifai llamado el Pétalo Rojo.

—El Pétalo. Lo conozco muy bien. ¿Hacías *strip tease?*

—¡Bailaba! —estalló. Luego se le subió el color a las mejillas y me miró con su expresión infantil—. Bueno, es cierto. Hubo un tiempo en que hice *strip tease.* —Me sorprendió que ya no estuviese enfadada—. Harry, no sé si sabrás que en el piso de arriba del Pétalo dan habitaciones. ¿Quieres saber si las he utilizado alguna vez?

¿Si yo quería saber...? Pero, ¿quién se creía que era?

—Pues no lo hice, Harry. Y por eso mi trabajo no duró más que tres semanas, y, me creas o no, si no retiras esa asquerosa expresión de tu rostro, yo misma te la borraré con esto. —Aún conservaba el cazo en la mano.

—Mira, aunque se me hubiera pasado por la imaginación, no me hubiera importado. Muchas de mis mejores amigas son...

¡Bong! De repente me encontré sentado en el suelo. Y ella plantada ante mí con aquel enorme cazo presto para un nuevo porrazo. Era preciso actuar con rapidez. Solté un gemido y me desplomé.

—Harry, ¿te encuentras bien? ¡Oh, Dios mío! —Se arrodilló con la rapidez de un relámpago y colocó mi cabeza sobre su regazo. Volví a gemir y revolví los ojos—. Oh, no. —Empezó a frotarme la frente, a pesar de que no fue ahí donde había descargado el golpe, pero era reconfortante. Suspiré para darle a entender que me agradaba.

—¿Qué demonios...? —Morland acababa de llegar, oportuno como siempre.

—Sostenle la cabeza. Voy por un poco de agua —dijo Paula.

Se acabó el regazo; ahora estaba en las sucias manos de Morland. Ya era hora de recobrar el conocimiento. Abrí los ojos.

—Déjame ya —le dije—. Me ha sacudido.

—¿Que te ha sacudido? ¿Te dejo solo con ella quince minutos y ya tiene que atizarte? Harry, no te comprendo.

—Ni tú ni nadie. —Me levanté. Me dolía la cabeza.

—¿Te encuentras mejor? —Paula había regresado provista de agua y un paño.

—No hay sangre, si eso es lo que esperabas encontrar.

—Cuánto lo siento. Es que tengo un genio terrible. —Me cogió del brazo y me ayudó a salir de la cocina.

—Quisiera echarme un poco —dije.

—Echate aquí mismo. —Me empujó hacia el diván.

—No, prefiero allí. —A mi vez tiré de ella hacia el dormitorio. Como yo era la víctima, conseguí salirme con la mía, pero noté que a ella no le gustó ver cómo me estiraba cómodamente sobre el lecho. Salió Paula y entró Morland, el cual se sentó en la cama. No era así precisamente como yo había previsto la escena.

—Hermann está en camino. Le dije que procurase no llamar la atención.

Sentí deseos de preguntarle cómo se las iba a arreglar un cabeza cuadrada de un metro noventa, rubio, con el pelo cortado a cepillo para no llamar la atención en la Via dello Scorpione, pero sabía que si lo hacía, Morland encontraría una respuesta. Cerré los ojos y traté de descansar.

"Gu-gu-gu...", oí un sonido cómico. Levanté los ojos y vi a Morland inclinado sobre la cuna.

—Está despierto —dijo—. Alberto, guidi-guidi-gu.

Se me revolvió el estómago y opté por levantarme y salir al balcón. La calle estaba en sombra, pero el sol todavía castigaba los pisos altos de las casas de enfrente, dándoles un color acanelado. Abajo, la calle estaba atestada de chicas jóvenes, ataviadas con vestidos de alegres colores, que regresaban a casa después de la jornada de trabajo. Paula tenía razón: el sitio no estaba mal. Incluso correspondí al saludo de la vieja de la casa de enfrente.

De pronto divisé una silueta que avanzaba calle abajo en línea recta: era Hermann, con los hombros echados hacia atrás, braceando. Los gatos y los niños se apartaban para dejarle paso. Su presencia llamaba tan poco la atención como un cepillo de dientes de tres metros de largo.

Paula preparó unos bistecs bastante sabrosos. A mí me correspondió uno pequeño, en tanto que Morland y Hermann dieron cuenta de los restantes como dos osos hambrientos. Hermann había dado su visto bueno en relación con Alberto, pero yo no quedé convencido de que supiera lo que decía. Cuando Morland le preguntó si Alberto y Selim se parecían, se quedó contemplando al niño durante un buen rato y luego dijo: "*Ja,* creo que sí". Respuesta muy tranquilizadora.

Cenamos en la terraza mientras se ponía el sol. Alberto estaba sentado junto a Paula en una silla de patas altas. Era un niño muy pacífico, pero casi nada de lo que sucedía a su alrededor le pasaba inadvertido. Sus ojos se movían incesantemente y de cuando en cuando emitía un discreto gorgoteo, como si hubiera advertido algo que justificase un comentario por su parte.

Morland llevaba la voz cantante en la conversación. Nos explicaba lo del café que tenía proyectado abrir en Londres. ¡Vaya una ambición! No pude entenderle de qué clase de café se trataba, pero conseguí captar algo así como "un lugar en el que se den cita las almas gemelas".

Empezaba a oscurecer cuando Morland se desperezó y dijo:

—Una fiesta encantadora, querida Paula. Mucho me temo que esta sea la última vez que podamos comportarnos con naturalidad cuando estemos juntos. A partir de ahora cada uno de nosotros tendrá que representar su papel, sobre todo tú y Harry. En realidad, todo depende de vosotros. De ahora en adelante seréis el señor y la señora Brighton e hijo. No será tarea fácil, pero confío en vosotros.

De pronto me acordé que tenía que formularle una pregunta:

—¿Y qué es lo que se supone que estoy haciendo aquí?

—Baja conmigo —respondió sonriendo.

Bajamos a la sala de estar. Morland rebuscó en un armario y regresó con una máquina de escribir Olivetti, modelo portátil, y un montón de folios de papel.

—Harry, tú serás escritor.

—¿Quieres decir que tendré que pasarme el día aporreando ese chisme?

—Te servirá de fachada. Le explicarás a la gente que has venido a Roma para escribir una gran novela. Tal vez piensen que estás loco, pero te creerán. En realidad, ni siquiera tendrás que fingir que trabajas. Si alguien te preguntase, le dices que estás pensando. Muchos escritores dedican tanto tiempo a pensar que jamás llegan a escribir.

En aquel instante comprendí que algún día intentaría escribir de verdad.

Después de llevar a Morland en el coche a su *pensione,* acerqué a Hermann a la villa de Rifai. Tarareaba aquellas viejas canciones marciales de los cabezas cuadradas, marcando el compás con el puño contra la portezuela del coche.

—Harry, vamos a sacudirle bien al señor Rifai. ¡Zas! —Descargó un tremendo golpe contra la portezuela—. Aún me acuerdo... en el desierto... cuando les sacudimos a los británicos. ¡Zas! —El coche se estremeció—. Aquellos fueron buenos tiempos. ¡Zas, zas!

—Tranquilízate. —El coche estaba alquilado a mi nombre.

—Harry, tú eres mi mejor amigo. Lo pasado, pasado. Todo está perdonado.

—Gracias, Hermann. —Habíamos llegado a Via Appia—. No puedo llevarte hasta la misma puerta de la villa de Rifai.

—No queda lejos ya. Iré andando. —Pero continuó allí sentado, gruñendo y refunfuñando para sus adentros. Esos recuerdos de la guerra son capaces de desequilibrar los nervios a cualquiera—. Yo fui oficial, Harry.

—Estupendo.

—Durante veinticinco minutos. En El Alamein, en Africa. Las cosas no salieron bien en El Alamein. El *Oberst* me dijo: "Schmidt, sus oficiales han muerto. Usted es el sargento más antiguo. Queda ascendido a *Leutnant*". —Hermann suspiró—. Luego el *Oberst* cayó muerto y cuando yo dije que me había ascendido a *Leutnant* todos se rieron de mí y me dijeron: "Schmidt, ve a sentarte un rato a la sombra. Este sol sienta mal a tu cabeza". No volvieron a ascenderme.

—La guerra es un infierno.

Cuando regresé a Via dello Scorpione entré en el bar que ocupaba el bajo de nuestra nueva casa para tomar un trago antes de acostarme. La mujercita gordinflona que había conocido horas antes estaba detrás de la caja. No hizo más que verme y ya empezó a soltarme el rollo, tratándome de *professore*. Luego salió de la trastienda un tipo con un poblado bigote.

—¡Profesor Breeton, sea usted bienvenido! —me saludó. Se llamaba Giorgio. Era el dueño del bar y el marido de la mujercita gorda—. Es maravilloso ser escritor, artista —prosiguió—. Nosotros los italianos somos todos artistas de corazón, pero nos pasamos las horas bebiendo café y contemplando a las chicas. Terrible modo de vivir.

—Terrible.

—Pero usted, profesor, es un verdadero artista.

—Llámeme Harry —le dije.

Era un bar pequeño, pero muy mono y con todo lo indispensable: un mostrador resplandeciente y vitrinas repletas de repostería. A un extremo del bar estaba la cafetera exprés con una serie de palancas en posición de firmes, y al otro un enorme jarrón de flores. Me agradaba el sitio y me agradaba Giorgio.

—¿Se encuentra bien la señora Breeton? —preguntó.

—¿Quién...? Oh, sí, muy bien.

Aquello me hizo caer de las nubes. Terminé mi coñac y me despedí. Eran más de las doce, más tarde de lo que me imaginaba. Bueno, para ser sincero, me había retrasado adrede porque aún no había decidido cómo interpretar la escena que vendría a continuación. Por una parte, podría presentarme con la mayor naturalidad... y darlo todo por hecho. Es lo que da mejor resultado con una chica estúpida; pero Paula no era ninguna estúpida. La otra alternativa consiste en hacer la escena del lobo y caperucita, que puede resultar peligrosa si a la chica se le ocurre repeler la agresión. Con franqueza, no me imaginaba luchando a brazo partido con una bailarina como Paula. En todo caso, subí las escaleras bastante nervioso.

Las luces estaban apagadas, pero en la semioscuridad pude ver que el diván estaba preparado para dormir en él. Entré en el dormitorio.

—¿Harry? ¿Qué quieres?

—Charlar.

—Es tarde. —Estaba hecha un ovillo en un lado de la amplia cama y con la cuna de Alberto junto a ella. Su cabello se extendía sobre la almohada y en la habitación se respiraba la fragancia que yo había percibido por primera vez en la *pensione*.

Me senté en el borde de la cama.

—Quería pedirte disculpas por lo de esta tarde. —Hablé con sinceridad. Nunca había creído que ella fuera una de las busconas de Rifai.

—Menuda cara de sorpresa pusiste cuando te aticé —dijo con una risita. Al cabo de unos breves segundos añadió—: No, Harry.

Yo no había hecho más que cogerle la mano.

—Mira. Vamos a convivir durante un mes. Lo menos que podríamos hacer es tratar de conocernos mutuamente.

Ella sonrió.

—Oh, yo ya te conozco, Harry.

—Pero si hasta ayer no me habías visto nunca...

—Es cierto, pero de todos modos puedo decir que ya te conozco.

Si algo no me gusta de una chica es que primero le derribe a uno y luego le ponga un pie encima de la cara para demostrarle que está caído. Me marché hacia la puerta.

—Buenas noches, Harry. No fue mi intención...

—Claro... Nadie tiene intención...

Cerré la puerta detrás de mí rápidamente, porque preferí ser yo el que dijese la última palabra.

SEIS

Lo QUE ahora me dispongo a decir provocará, sin duda, toda suerte de comentarios. No faltará quien diga que, no siendo yo padre de familia, no estoy calificado para hacer cierto tipo de afirmaciones. A esto podría yo responder que he padecido casi todas las jaquecas de la paternidad en tanto que no he disfrutado ni un ápice de sus placeres. Así pues, lo que estoy dispuesto a afirmar es lo siguiente: los niños son una pejiguera.

Trataré de explicarme. Los niños son perturbadores desde que nacen. Quiero decir que cuando los mayores queremos crear un problema necesitamos proponérnoslo primero. Los niños *son* de por sí un problema. Y conste que al hablar de problemas no me refiero a los que ya se tienen con la policía. Los de los niños se producen en la cabeza... en la nuestra, claro. Son esos problemas que se están esperando siempre que no ocurran nunca: las llaves de la luz y los grifos del agua caliente, escaleras y ceniceros pesados, cuchillos y tenedores, alfileres y lápices. Es todo aquello que un niño puede comer, beber, dejar caer, tirar, meterse en, caerse de, o, simplemente, revolcarse sobre.

Luego surge la cuestión de quién maneja a quién. Esto tuve ocasión de averiguarlo la primera mañana, cuando me despertó un estrépito en la cocina.

—¿Qué pasa? —pregunté.

—Estoy dándole de comer a Alberto.

—Pero si todavía no son las seis.

—Sí, pero el niño tiene hambre.

Intenté volver a dormirme, pensando que tendría que imponer un poco de disciplina en todo aquello. Pero no hay quien discipline a los niños. Lo más que puede uno hacer es estar lo bastante cerca para recoger los platos rotos.

Me preguntaba cuánto tiempo resisten los padres antes de perder los estribos. Paula y yo aguantamos casi una semana, y entonces tuvimos esta desagradable escena. Sucedió cuando le clavé a Alberto un imperdible mientras le cambiaba los pañales. Soltó un chillido; Paula salió de la cocina como una exhalación y me lo arrebató de las manos.

—¡Sangre! —chilló—. ¡Sangre! —Si algo había no eran más que dos gotas.

—¿Y qué esperabas encontrar? ¿Petróleo?

Felizmente Morland hizo su aparición en aquel momento, y entre los dos conseguimos calmarla. Morland quería saber si Alberto estaba "representando su papel". Dijo que era preciso que le vieran todos los vecinos, pero no demasiado cerca. Sugirió que esperásemos a la hora de la siesta, cuando los vecinos dormían o estaban asomados a sus balcones, para pasear a Alberto por la calle y que así pudieran verle cuantos estuviesen mirando.

Así pues, al día siguiente, después de almorzar, Paula bajó a Alberto, le metió en su carrito de compras convertible en cochecito de niño, y comenzó a pasearse por nuestra amada Scorpione. Yo salí al balcón a observar. Al principio, salvo Paula y Alberto, la calle estaba vacía. Aquella escena recordaba la de una película del oeste: la calle desierta, el sol implacable, las dos figuras solitarias. Y de pronto, ¡bang!, como en una emboscada, las mujeres surgieron de los portales y el pobre Alberto fue pasando de mano en mano. Quien más destacaba por su impetuosidad era la señora Giorgio. Paula, al principio, trató de detenerlas, pero luego acabó sumándose al jolgorio, riendo y señalando las distintas partes del cuerpo de Alberto como si se tratara de un perro pequinés premiado en un concurso. Cuando regresó al apartamento aún no se le había pasado la risa.

—¿Has visto eso, Harry? Ahora todas recordarán su cara. ¿Qué vamos a hacer?

—No te preocupes. Ya pensaré en algo. —Hablaba en serio. Estaba dispuesto a pensar cómo podría escaparme de aquella aterradora situación sin que Morland o Hermann se abatieran sobre mí como aves de presa. Pero todavía no había logrado solucionar ese problema, de modo que por el momento tendría que seguir allí, gastando fuertes sumas de dinero sin recibir nada grato a cambio; a menos que se considere como tal la experiencia educacional de convivir con una chica y un crío.

Tengo que admitir que un crío puede hacer mucho por cambiar a una mujer. Casi veía disiparse del rostro de Paula su hosca expresión. Al principio, estaba de uñas conmigo de la mañana a la noche, pero luego se concentró de tal modo en el niño que se olvidaba de mi presencia. Bueno, no del todo, porque yo seguía empeñado en abandonar el diván por las noches. Aquello traía a Paula de cabeza.

—Si vuelves a hacerlo te rompo la cara.

—Y yo te la romperé a ti.

—Te creo muy capaz de hacerlo.

Sin embargo, recuerdo que pasamos juntos una alegre velada. La cosa empezó mientras ella aseaba a Alberto. Entré en el cuarto de baño para ver a qué obedecía todo aquel jolgorio y chapoteo y me encontré con Alberto metido en una bañera de plástico, dando vueltas como un jamoncito rosado, desternillándose de risa. Sin darme tiempo a reaccionar, Paula me puso el niño en las manos y siguió enjabonándole y frotándole con la esponja, mientras Alberto reía divertido hasta el punto de que casi se ahoga.

—Qué bien lo estás pasando, ¿verdad? —dijo Paula.

—Sí —contesté, como si la pregunta fuera dirigida a mí, al tiempo que me retorcía la manga del suéter.

—Y ahora tomaremos un budín de arroz muy rico, ¿verdad?

—Esperemos que no.

—Dice que no quiere el budín de arroz, Alberto. ¿Qué le daremos entonces? ¿Algo realmente especial? Muy bien.

Les dejé con su charla. ¡Algo realmente especial! Ella sabía lo que yo deseaba realmente especial... y no eran canelones precisamente.

Pero un par de horas después, cuando volví del bar de Giorgio, me encontré con que había preparado langosta termidor y adornado la mesa con velas y flores.

—Hoy tenemos fiesta —dijo ella.

"Atención, Harry", me dije. "Quizá esté refiriéndose a la noche."

Nos bebimos una botella de Soave Bolla, bien frío, con la langosta, y comimos fruta fresca y queso de postre. Mientras tomábamos café en la azotea, le dije:

—Eres una magnífica cocinera, Paula. ¿Dónde aprendiste?

—En casa. —Cosía una prenda de Alberto. Lo único que yo veía de su rostro era una cortina de pelo rojizo y una parte de su mejilla—. En Liverpool.

—Yo soy del mismo Londres... Battersea High Street.

—Jonathan me lo dijo.

La dejé ocupada con su costura y bajé al cuarto de estar para preparar el pasaporte de Morland. No había conseguido encontrar un buen falsificador en Roma y empezaba a ponerse bastante nervioso por no haber podido cambiar todavía su número y el nombre. Por fin decidió pedirme a mí que le hiciera el trabajo.

Saqué mi maleta y abrí un compartimiento secreto en la parte trasera donde guardaba todo mi instrumental. Para abrirlo, era preciso descorrer una diminuta cremallera, todo alrededor, sirviéndose de la punta de una navaja o con la uña. La maleta estaba forrada de fieltro, de modo que quien no conociera la existencia de la cremallera nunca daría con ella.

No hice más que instalarme en la mesa bajo una luz potente cuando entró Paula. Como es natural, quiso conocer con detalle todo aquello, de modo que me pasé media hora mostrándole las tintas, las plumas y sellos, y los pasaportes que me quedaban. Ella parecía realmente interesada.

—¿Cuánto cuestan estos? —preguntó, señalando mis últimos cuatro pasaportes.

—Depende. Mira estos dos pasaportes franceses. Después del británico, tal vez el francés sea el mejor. Yo no vendería uno francés por menos de mil doscientos dólares. Este liberiano, sin embargo, solamente podría pulírsele a un negro.

—¿Qué le pasa a este egipcio?

—Haces bien en preguntármelo. —Aquel pasaporte egipcio era una espina que yo tenía clavada. Se lo había comprado a un barman en Rotterdam hacía seis meses... y si vuelvo a encontrar a ese tipo ya pueden ir contando con un nuevo soprano en el Zuider Zee—. ¿Ves ese sello del gobierno?

—No entiendo lo que dice. Parece árabe.

—Sí. Pero resulta que es hebreo.

—¿Hebreo? Pero... —Empezó a estremecerse de risa—. Me sorprende que no se lo hayas vendido a Jonathan.

El trabajo me ocupó una hora entera y cuando terminé me temblaban las manos a causa de la tensión a que había estado sometido. Pero quedé satisfecho del resultado. Morland tenía ahora un nuevo número en su pasaporte y también un nuevo nombre... Browning en vez de Brown. Sólo un experto podría descubrir que el pasaporte había sido trucado. Se lo mostré a Paula.

—Morland bien puede estarme agradecido —dije.

—Estoy segura de que lo estará, ahora que se llama Robert Browning (1). Eres muy listo, en realidad, Harry. —Yo la miré. Por primera vez no bromeaba conmigo—. Harry, ¿por qué eres un maleante?

—¿Por qué soy un *qué*? —Me quedé sin habla de repente.

—Quiero decir que podrías conseguir lo que te propusieras.

(1) Famoso poeta inglés de la época victoriana. (N. del T.)

—Lo sé. Y por eso me dedico a esto. En cualquier caso, ¿quién eres tú para censurarme? Tú, que has bailado en el Pétalo Rojo. Y que hiciste *strip tease*. ¿Por qué te metiste en este negocio?

Ella sonrió.

—Conocí a un chico llamado Lenny que me dijo: "Deja que yo te aparte de todo esto..., todo esto era la oficina de una compañía naviera en Liverpool. De modo que me fui con él a Londres, y luego me abandonó y me vi en la necesidad de trabajar. Alguien me dijo: "¿Por qué no haces *strip tease?*" Y yo pensé: "¿Por qué no?" —Sus ojos verdes me miraron larga y pausadamente—. No he sabido vivir con inteligencia, Harry. He cometido toda clase de estupideces.

Me encogí de hombros.

—Yo no soy quien para señalarte con el dedo. ¿Conoces a uno que se dejó embaucar y le complicaron en un secuestro? *¡Un secuestro!*

Ella sonrió, pero sólo un segundo.

—Harry, me preocupa todo este asunto del secuestro.

—Bueno, todavía no hemos secuestrado a nadie —dije.

—Pero Jonathan ha tomado este asunto muy en serio, Harry. Yo nunca creí...

Ahora estaba echada sobre el diván, con el cuerpo enroscado, y parecía muy pequeña y asustada. Morland había venido al piso aquella tarde para anunciarnos que el secuestro se llevaría a cabo dentro de una semana aproximadamente. Y a Paula le preocupaba el que tuviéramos que deshacernos de Alberto.

—Escucha —dije—, todo este asunto se vendrá abajo, incluso antes de que veamos al niño de Rifai. Los planes de Morland siempre fracasan. —Me acerqué al diván, pero la veía tan deprimida que lo único que me pareció procedente fue cogerle la mano—. Me encargaré de que todo salga bien. Te lo prometo.

—Oh, Harry, ¿de veras lo harás?

—Por supuesto. —¿Qué otra cosa podía decir?

Ella se inclinó hacia mí repentinamente y me besó en la mejilla, me pasó la mano entre los cabellos y dijo:

—En realidad, no eres tan malo como pareces. —Se incorporó—. Me voy a la cama, Harry.

—Espera un minuto. —Aquella mano en el pelo me había

entontecido. Intenté agarrarla, pero fallé, y ella me miró riendo desde la puerta del dormitorio.

—Buenas noches, Harry.

Un par de días después tuve una visita desagradable. Subía yo del bar de Giorgio y al darme cuenta de que había olvidado mi llave en el apartamento, pulsé el timbre. Se abrió la puerta y allí estaba la *Mamma*. Pasé por su lado como un relámpago, esquivando como un boxeador por si las moscas. La sala de estar estaba vacía, pero oí voces que procedían del dormitorio.

—Mira lo mucho que ha engordado.

—Sí, pero no quiero que se ponga fofo.

Tony y Paula estaban inclinados sobre la cuna, y Morland, sentado en la cama, se abanicaba con un periódico. Al verme se puso en pie rápidamente.

—Tony pasaba casualmente por aquí y se le ocurrió subir a ver cómo estaba Alberto.

—Lo de casualmente, un cuerno. Vine a cobrar el alquiler.

—¿El alquiler? —me reí—. Espero que habrá sacado billete de vuelta en el autobús para regresar a su pocilga. Pues de aquí no cuente con llevarse ni un penique.

—¡Por favor, Harry! —chilló Morland por encima de Tony, el cual había gritado algo que no pude oír con claridad; más le valió.

—Ya tenemos el niño. Ahora este renacuajo puede irse a hacer gárgaras. —Estaba tan furioso que me había olvidado de la *Mamma,* que entró en aquel momento, lo cual me enfrió bastante. Pero no así a Tony.

—Te voy a dar tu merecido, amigo —siseó—. Te voy a dar tu merecido... —Avanzó hacia mí y la *Mamma* le imitó desde la puerta. Yo no hacía más que pensar: "Hermann, ¿dónde estás?", cuando Morland se interpuso y dijo:

—Bueno, no hay por qué excitarse. Hicimos un trato, Harry. Un trato es un trato.

—Morland —dije en voz baja—. Este gusano no es el padre de Alberto ni ella es su madre. ¿Qué te hace pensar que van a quitárnoslo como no sea empleando la fuerza bruta?

—Ahora te enseñaré por qué podemos llevarnos al niño —gritó

Tony. Metió la mano en el bolsillo con tal rapidez que pensé que iba a hacernos otra escena a lo Chicago. Pero lo único que sacó fue un trozo de papel—. Aquí dice que Alberto es el hijo legalmente adoptado de Antonio Bellone, ese soy yo, y Claudia Bellone, que no se encuentra aquí en este momento, pero a la que podemos desenterrar fácilmente si es preciso. De modo que o me dan la pasta o me llevo al crío.

Bueno, era fácil contestar a todo aquello, y me disponía a hacerlo cuando vi a Paula inclinada sobre la cuna mirándome de un modo tan sentimental que consiguió apartar de mi mente lo que iba a decir, y antes de darme cuenta intervino Morland:

—Pagaremos, Tony.

—¿Quién va a pagar? —pregunté.

—¡Harry! —Por el tono de voz parecía como si Paula no pudiera creer lo que estaba oyendo—. ¡Harry!

—De acuerdo, de acuerdo. —Cedí; y Paula me premió con una encantadora sonrisa. Fui separando uno a uno cuatro billetes de cincuenta. Ya no quedaba mucho en el fajo.

—Quiero dos semanas por adelantado —dijo Tony.

—Te pago una semana. Y has tenido suerte al llevarte esto. —Me volví hacia Morland—. Tus amigos pueden marcharse cuando quieran. Pero ocúpate de abrir las ventanas cuando se hayan ido.

Luego les di la espalda, salí de la habitación y bajé al bar de Giorgio, donde pedí un coñac doble.

—Ah, ya veo que no marcha bien ese trabajo, Harry. *Coraggio!* El artista ha nacido para sufrir. ¡La posteridad le recompensará!

Entró Morland. "Harry...", empezó; luego me miró con más detenimiento y se calló. Me tomé otro coñac mientras Giorgio le saludaba efusivamente. Se llevaban bien. Creo que a Giorgio no le satisfacían plenamente sus charlas conmigo acerca del arte. Insistía continuamente en que él tenía alma de poeta y quería mostrarme sus trabajos, pero yo no sabía leer italiano. Morland los había visto y dijo que eran grandiosos, lo cual acabó por poner a Giorgio en órbita. Al cabo de unos diez minutos, Morland me miró y decidió arriesgarse. Se acercó con una taza de té.

—No deberías excitarte de ese modo, Harry. Si por lo menos...

—¿Quién está excitado? Mira... firme como una roca. —Y así era. Estaba decidido a abandonarlo todo. Si Morland o Hermann trataran de perseguirme, *entonces* empezaría a preocuparme. Por el momento, rompería con todo... no más Tony, ni Morland ni más noches de insomnio en aquel maldito diván pensando en Paula.

Morland tosió, señal de que tenía algo importante que decir:

—Sé lo que estás pensando, Harry.

—¿De veras?

—Estás pensando cómo demonios vas a salir de este embrollo. Pues bien, vamos a analizar tu problema. No puedes acudir a la policía; y si me abandonas, sabes que daré contigo de un modo u otro. Así pues, ¿qué podrías hacer? Telefonear a Rifai y decir que un tipo llamado Morland y su propio guardaespaldas, Hermann, planean el secuestro del pequeño Selim. Y decirle que lo único que quieres en pago a tu confidencia es protección. Lo demás lo dejas a su generosidad.

—Brillante idea —dije, y en efecto lo era. ¿Por qué no se me habría ocurrido a mí?—. Supongamos que yo llamase a Rifai. ¿Qué harías tú?

—Yo no haría nada, Harry. De eso se encargaría Tony.

—¡Tony! —Me eché a reír—. ¿Y qué me iba a hacer?

—Te denunciaría por secuestro; eso es lo que haría.

—No puede. Le he pagado doscientos dólares.

—Supongo que conservarás el recibo.

—¡Bribón! Los dos sois iguales. Lo habíais preparado todo.

—Harry... Tony no sabe una palabra de todo esto. Pero si yo estuviera en su pellejo, te exprimiría mucho más de doscientos semanales, amenazándote con acusarte de haber secuestrado a Alberto. Y si no me pagaras hasta el último centavo te denunciaría porque me caes gordo. —Comprendí que estaba dispuesto a meterle a Tony esta encantadora idea en la cabeza.

—Sí, pero tú también te verías complicado.

—Me temo que no, Harry. Tony diría que no me había visto jamás. Desde luego que yo no vacilaría en presentarme como testigo en tu defensa, pero dudo que pudiera ayudarte. Afrontemos la realidad, Harry: sería difícil presentar tu indeseable personalidad bajo un aspecto favorable.

—No estés demasiado seguro. Paula y yo juntos podemos echar abajo cualquier historia que traméis tú y Tony.

—Harry, párate a pensar las cosas un instante. En este momento estás aquí, viviendo con una mujer que dices es tu esposa, pero que no lo es en realidad, con un niño que aseguras que es tuyo, pero que en verdad no os pertenece a ninguno de los dos. ¿Crees que no tuve en cuenta la posibilidad de que intentases dejarme en la estacada?

Dejé un billete de mil liras dando un fuerte manotazo sobre el mostrador y salí. A mis espaldas oí comentar a Giorgio:

—Es la furia creadora.

Morland me alcanzó en las escaleras.

—Harry, si estás pensando en llevar a Alberto a la granja puedes ahorrarte la molestia. Tony y la *Mamma* se han ido a Nápoles a pasar quince días. Cuando regresen ya nada importará. El secuestro se realizará mañana.

—Es demasiado pronto. Necesito más tiempo para pensarlo.

—No queda tiempo, Harry. Así es. Nuestra gran ocasión. Si esto fracasa, todo habrá terminado para mí. Espero que no seas tú quien lo eche a rodar. Lo digo por tu bien.

Paula estaba con Alberto en la azotea. El niño jugaba con la tierra de una maceta rota y tenía las manos y la cara hechas un asco.

—Deberías ocuparte más de él —le dije a Paula, que estaba echada en una tumbona—. Puede cortarse con esos trozos de maceta.

Ella sonrió y sacudió la cabeza.

Morland se inclinó sobre la balaustrada de la azotea y miró hacia abajo. Con Paula y Alberto allí, no estaba tan seguro de sí mismo.

—Mañana secuestraremos al niño de Rifai —dije. Miré hacia otra parte porque no quise que sus ojos me reprochasen que le había prometido que todo saldría bien.

Al poco rato Paula preguntó en voz baja:

—¿Qué pasará con Alberto?

Morland tosió y dijo:

—Lo siento, Paula. Sé que esto no te va a gustar, pero así es como vamos a hacerlo...

SIETE

MORLAND empezaba a impacientarse. Le vi al otro lado de la Piazza dei Santi Giovanni e Paolo, enjugándose el rostro con el pañuelo y mirando una y otra vez el reloj. Pasaban veinte minutos de la hora convenida. Lo suficiente para que yo empezara a abrigar la esperanza de que ya no vendrían.

Eran más de las tres y el sol castigaba la plaza, hasta el punto de reblandecer el alquitrán. Yo había permanecido junto a Morland unos diez minutos, y luego crucé la calzada buscando la sombra de los árboles que sobresalían de la tapia del parque.

—Harry, recuerda que somos turistas —susurró Morland.

—Este turista va a tomarse un helado.

Había un tipo vendiendo helados junto a la entrada del parque y compré uno de chocolate y vainilla. Luego me puse a la sombra contemplando a Morland, que se paseaba de un lado para otro por delante de una vieja iglesia, simulando que consultaba la guía que se había comprado para aquella ocasión.

Miré a través de la verja hacia el interior del parque. A mitad de recorrido en un largo sendero vi a Paula sentada en un banco, con el cochecito a su lado. Un auto subía lentamente la cuesta y, por un instante, creí que eran ellos; pero cruzó la plaza y se perdió de vista. Eran las tres y veinticinco. El heladero puso en marcha el motor de su carrito y echó a rodar cuesta abajo. En la plaza sólo quedábamos Morland, yo y nuestro Fiat, aparcado junto a la entrada del parque. Morland se dispuso a cruzar la plaza para unirse a mí. Había desistido.

Entonces vi un coche grande y negro que subía la cuesta. Tenía que ser un Rolls, y precisamente el de Yusuf Rifai. Morland se detuvo y me miró desde el otro lado de la plaza. Tuve la sensación de que mentalmente me preguntaba si esta vez estaba de su parte. Di una última chupada a mi barquillo, para que le atormentase la duda. Luego lo tiré y atravesé la calzada. El Rolls entró en la plaza con un suave murmullo del motor y se detuvo.

—Son ellos, son ellos —Morland ni siquiera había visto al niño y ya estaba fuera de sus casillas.

—Deja de revolver los ojos. Recuerda que tenemos que aparentar que somos turistas. —Le hice girar sobre sus talones de modo que ambos quedamos cara a la iglesia.

Oímos un abrir y cerrar de portezuelas. Eché una rápida ojeada por encima del hombro. Como no habían reparado en nosotros me volví. En aquel momento subían la capota del cochecito para proteger al niño del sol. La mujer se inclinó hacia el interior del Rolls y sacó un envoltorio blanco que depositó en el cochecito. Mientras un tipo sostenía el cochecito, la mujer desplegó un tul blanco sobre el envoltorio, arropándolo cuidadosamente. Luego dijo algo que hizo reír al hombre que estaba con ella. Era un italiano bien parecido, de cabellos negros rizosos y dientes blancos. Ella tampoco estaba mal.

—¿Qué hacen? ¿Qué hacen? —Morland seguía con los ojos clavados en la fachada de la iglesia como si de pronto se hubiera petrificado.

Observé cómo empujaban el cochecito hacia el parque y dije:

—Todo va saliendo como tú dijiste...

Morland había dicho que todo saldría a las mil maravillas. "Incluso si algo fallase, parecerá un error perfectamente disculpable."

Paula preguntó por tercera vez:

—¿Y qué pasará con Alberto?

—Dejadme que os lo explique todo tal y como yo lo he planeado. Luego comprenderéis por qué es preciso hacer las cosas de este modo. —Morland estaba sentado en la azotea, frente a Paula, con los ojos clavados en los de ella... a lo Svengali—. En primer lugar, Hermann asegura que todos los martes y jueves, a las tres de la tarde, la niñera inglesa, Helen, y uno de los guardaespaldas, un tal Silvio, sacan a Selim a dar un paseo por el parque de Villa Celimontana. Helen y Silvio, según Hermann, están enamorados. Silvio aparca el coche y Helen mete a Selim en el cochecito. Luego se internan en los jardines y van a sentarse en un banco al fondo del parque, donde pueden charlar, hacer manitas y besarse, mientras Selim duerme en su cochecito, bajo un árbol a tres o cuatro metros de distancia. A las cuatro, Helen y Silvio regresan al coche con el niño.

"Ahora bien, cualquier intento de secuestrar al niño sacándolo del cochecito fracasará sin remedio, puesto que Silvio y Helen nunca están a más de unos pocos metros de distancia. Sólo cabe emplear otro método: llevarnos al niño en el cochecito. Y así es como lo vamos a hacer.

Hizo una pausa, esperando oír exclamaciones de asombro. Lo único que se oyó fue el golpear pausado de una uña de Paula sobre el brazo del sillón: tac, tac, tac. Morland captó el mensaje.

—Ahora os preguntaréis cómo conseguiremos salir de allí con un niño y un cochecito. Mi respuesta es: mediante la sustitución del niño y del cochecito.

Paula se puso en pie de un salto.

—¿Te refieres a meter a mi Albertito en un cochecito y dejarle a él...? ¡Ooohh! ¡Monstruo! ¡No te atrevas!

Se plantó ante él con su cabellera rojiza resplandeciendo bajo el sol. Morland se incorporó rápidamente y retrocedió.

—Bueno, no te excites. Todavía no he terminado.

—Ya lo creo que has terminado. Iré ahora mismo a ver a la policía.

Al oír la palabra "policía", Morland se llevó las manos al pecho y exhaló un terrible gemido.

—¿Jonathan...?

—No es nada. Estoy bien. —Volvió a gemir, rodeó el sillón apoyando el cuerpo contra él y se sentó muy despacio. Aún mantenía ambas manos sobre el pecho—. No es más que una indigestión sin importancia.

¡Indigestión! Aparté a Paula a un lado y miré a Morland a los ojos.

—Ya he visto antes esta misma escena —dije—. Dentro de un minuto se encontrará perfectamente.

Morland empezó a toser y jadear.

—Le traeré un vaso de agua. —Paula bajó corriendo.

—Basta ya de tonterías. La has asustado terriblemente.

Morland emitió un sonido ronco.

—¿Crees que trato de impresionaros? No es la primera vez que padezco estos ataques.

—Pues hay que admitir que se presentan en los momentos más oportunos.

—No hay más que hablar. —Paula regresaba con el agua—. No estás en condiciones de secuestrar a nadie.

Morland sacudió la cabeza.

—Llevo planeando esto desde hace dos años, Paula —dijo jadeante. (¡De modo que hacía dos años!)—. Es demasiado tarde para que ahora me vuelva atrás. Ya soy viejo y estoy cansado y enfermo. Acude a la policía si crees que es tu deber. No puedo decirte que no te guardaré rencor... por haber faltado a tu palabra... sí, te guardaré rencor, Paula. Pero sólo en mi corazón.

—Pero estás considerando a Alberto como... como si fuera un *objeto* —dijo Paula.

—No me has dejado terminar, Paula. Lo recuperaremos; eso forma parte del plan. Doscientos cincuenta mil dólares y nuestro niño: ese es el precio que pienso exigir a Rifai.

—Pero podría sucederle algo malo...

—¿Qué? —exclamó Morland, accionando con las manos. Su corazón se recuperaba con una rapidez pasmosa—. Estará en casa de un millonario y vivirá a cuerpo de rey. En menos de una semana le tendremos de nuevo con nosotros.

—¿Por qué no podemos dejar un cochecito vacío o con una muñeca dentro?

—Porque tal y como yo he planeado esto, no correremos riesgo alguno hasta el momento en que metamos al niño en nuestro auto. En tanto Helen y Silvio están a lo suyo en el banco y Selim duerme, tú y Paula pasaréis por allí empujando un cochecito idéntico al de Selim, pero llevando alguna prenda llamativa encima de la capota... por ejemplo el impermeable rojo de Paula. Dejaréis el cochecito al lado del de Selim. Helen y Silvio advertirán vuestra llegada, naturalmente, pero es de esperar que su interés sea sólo transitorio. Luego recogeréis el impermeable de vuestro cochecito e iréis a dar un corto paseo, donde no os vean los enamorados. Cuando regreséis ellos estarán otra vez absortos el uno en el otro. Si no, esperaréis hasta que así ocurra. Entonces os acercáis a los coches, Paula extiende su impermeable sobre el de Selim y os marcháis con él.

—¿Y qué haremos cuando la niñera empiece a chillar? —pregunté yo.

—Harry, ella ni siquiera se enterará de vuestra presencia. Pero suponiendo que efectivamente alce la mirada y os vea marchar con el cochecito, mirará automáticamente hacia el suyo y comprobará que allí continúa intacto.

—¿Entonces por qué no podemos dejar un coche vacío? —preguntó Paula.

Morland se inclinó hacia ella y le tomó la mano.

—Porque a pesar de las escasas probabilidades, pudiera ocurrir que Helen se decidiera a acercarse al coche y mirar en el interior. Si lo encontrase vacío, o descubriese que había una muñeca dentro, entonces tú y Harry no podéis ser otra cosa que secuestradores. Pero si ella encuentra otro niño, nadie podrá culparos más que de un error perfectamente disculpable. Y eso nadie se atreverá a discutirlo en tanto no lleguéis al Fiat. Sólo entonces, cuando saquéis al niño del coche y sepáis que es otro el que os lleváis, se consumará el secuestro. Pero para entonces, nosotros sabremos si se ha descubierto el cambio porque tendréis que caminar unos cuatrocientos metros desde el fondo del parque hasta donde se encuentra el auto. ¿Os dais cuenta? Es un plan perfecto y sin riesgos.

—Suponiendo que todo eso salga bien, ¿qué pasará después? —inquirí.

—Telefonearé a Rifai inmediatamente. Una vez que nos hayamos puesto en contacto, no acudirá a la policía. Preferirá solucionarlo por su cuenta.

—Pero la niñera dará la alarma de todos modos.

—No creo que lo haga. Lo primero que pensará es que se ha cometido un error... recordará haberos visto pasar por allí con un coche igual al suyo. Os buscarán por todo el parque y luego telefonearán a Rifai. Sólo que, para entonces, ya nosotros le habremos puesto al corriente.

—Pero ¿y si, a pesar de todo, se le ocurre llamar a la policía?

—Entonces utilizaremos el escondite ideal para Selim... la *famille* Brighton, Harry; todo está previsto.

Efectivamente. De pronto los sesenta mil dólares parecían una realidad.

—¿Qué opinas? —le preguntó Morland a Paula. Estaba plenamente seguro que la había convencido con aquella escena del ataque cardiaco, pero quería asegurarse.

Ella no respondió. Se acercó a Alberto y, arrodillándose a su lado, empezó a limpiar con su pañuelo la cara del niño manchada de tierra. Cuando se decidió a hablar, lo hizo en voz tan baja que apenas entendí lo que dijo.

—¿Me prometes que lo recuperaremos, Jonathan?

—Te lo prometo, Paula.

—Harry, ¿me lo prometes tú también?

Morland me apretó el brazo y asintió frenéticamente con la cabeza a espaldas de Paula; yo, para ahorrarle otro ataque, dije:

—De acuerdo, te lo prometo.

Por la mañana, Morland y yo subimos a Villa Celimontana para hacer un reconocimiento del terreno. La villa, construida hacía cuatrocientos años, según Morland, por un noble llamado Mattei, se encontraba en la Colina Celio, a mitad de camino entre el Coliseo y las Termas de Caracalla. El parque es, en realidad, el jardín de la villa, y está lleno de matorrales, fuentes, viejos árboles muy altos y flores. Permanece abierto al público y en las tardes de verano es un hormiguero de niños, parejas de enamorados, etc. Desde la entrada, recorrimos el largo camino bordeado de altos setos que conduce hasta la villa. Pasamos por delante de la mansión y torcimos a la derecha, bajando por un sendero de grava que iba a morir ante una pequeña tapia de ladrillo. Otro sendero corría hacia la izquierda, flanqueado de flores y arbustos. Lo recorrimos hasta llegar al final de la tapia. Cerca del rincón había un banco metido entre los arbustos. Era un lugar de lo más apacible; no se veía un alma.

—Aquí es —dijo Morland.

—¿Y dónde dejan el niño?

Señaló el punto donde el sendero y la tapia torcían en ángulo recto. No quedaba a más de tres metros de distancia.

—Es demasiado cerca. Nos oirán.

—Probablemente. Pero no importa en tanto crean que su cochecito está seguro. Ahora veamos la retirada. —Doblamos la esquina—. Si utilizáis esta vía no tendréis que pasar por delante de ellos con el cochecito —dijo Morland—. Tomad el primer sendero a la izquierda... que os conducirá al matorral, donde nadie podrá veros... luego el primero a la derecha y después el primero a la izquierda hasta salir de nuevo al camino principal.

Se empeñó en hacerme recorrer la ruta, aunque no era realmente necesario. Si de alguna cosa puedo jactarme es de mi sentido de la orientación. El matorral era una verdadera selva de arbustos, árboles y enredaderas, pero era fácil seguir los senderos y en un par de minutos estábamos de nuevo ante la villa.

Subimos al coche y regresamos a la *pensione* de Morland para recoger el cochecito. Jamás había visto uno semejante. Parachoques cromados, suspensión independiente en las cuatro ruedas, dos frenos de mano y un escudo de armas impreso sobre el chasis.

—Supongo que será exactamente igual —dije.

Morland se inclinó y leyó en una pequeña chapa de metal colocada en una de las ruedas:

—"Finch and Cromley... modelo Blue Marlin, Mark II"—. Es el mismo modelo, según Hermann. —Me insinuó que tal vez yo quisiera contribuir a costearlo—. Vamos, Harry, como mínimo la cuarta parte del valor.

—No insistas.

Suspiró y se dejó caer pesadamente sobre la cama.

—Eres duro de pelar, Harry. Aquí me tienes a mí agotando mis últimas libras, mientras tú andas por ahí con todo ese dinero.

Parecía tan hundido moral y económicamente que acabé por comprar una baca para el auto, en lo que Morland ni siquiera había pensado. La sujetamos en el techo del automóvil y luego instalamos allí el cochecito. Llamó bastante la atención en Via Margutta, pero aquello no fue nada comparado con el revuelo que se armó cuando nos vieron llegar a Via dello Scorpione con el cochecito atado con correas encima de la baca. Las mujeres nos acogieron con chillidos y la señora Giorgio exclamó: "*Fantastico*". La única persona que no se mostró impresionada fue Paula.

—No quiero ese coche en mi piso —dijo rotundamente. Así que tuvimos que dejarlo en el rellano.

Alberto, que estaba acabando de comer, nos saludó con la mano al vernos entrar. El suelo estaba sembrado con sus juguetes: tacos de madera, una pareja de animales de peluche y un enorme pato de goma. Morland se enterneció cuando vio el pato, pues fue él quien lo había comprado. Lo recogió del suelo y luego lo dejó caer rápidamente al advertir que Paula le observaba. Me pareció que ella lo había dejado allí adrede.

Vimos a Helen y Silvio desaparecer al doblar la esquina de la villa, empujando el cochecito.

—Vamos a concederles un poco de tiempo hasta que estén en pleno sobeo —dijo Morland.

Yo regresé al banco donde me esperaba Paula. Alberto estaba acostado de espaldas, bronceándose al sol. Vi una botella de leche en un extremo del coche. Paula dijo que la había puesto allí para que se acordasen de darle el biberón.

—Entraremos en acción dentro de un par de minutos —dije, esforzándome por comportarme con naturalidad.

Lo cierto es que sudaba tinta. Por última vez hice cosquillas a Alberto en la barriguita. Paula se inclinó y le abrazó unos instantes. Se le saltaron las lágrimas mientras subía la capota, extendía el tul y colocaba su impermeable rojo encima de la capota.

Fuimos andando con el cochecito hasta la villa. Morland estaba sentado a la sombra, consultando la guía de la ciudad. Cuando llegamos a su altura nos dijo en voz baja:

—Ya he echado un vistazo... están completamente solos.

Nos detuvimos y yo me puse en cuclillas, como si le pasara algo a la rueda. Paula se sonó.

—¿Dónde vas a estar? —le pregunté a Morland.

—Allí —dijo, señalando el matorral.

Me enderecé y eché un último vistazo a mi alrededor. El camino que subía desde la *piazza* estaba desierto. La tranquilidad era total.

—¡Ea!, en marcha.

Nos acercamos a la tapia y torcimos a la izquierda. Los distinguí a lo lejos, en el banco, y el cochecito debajo del árbol. Al aproximarnos advertí algo anormal. No se acariciaban. En realidad, apostaría uno contra diez a que estaban enfadados. Silvio en un extremo del banco, de brazos cruzados. Al otro extremo, Helen se limaba las uñas. Creo que ambos se alegraron al vernos llegar, pues así tendrían algo con que distraerse. No nos quitaban los ojos de encima...

En voz baja, empecé a llamarle cosas a Morland que jamás se me habían pasado por la imaginación con anterioridad. Pero no quedaba más remedio que seguir adelante, de modo que empujé nuestro cochecito hasta llegar a la altura del otro y lo dejé pegado a él. Mientras ponía el freno, observé que seguían mirándonos. Paula recogió el impermeable de encima de la capota. La cogí por el brazo y seguimos andando hasta doblar la esquina.

—Ha vuelto a hacer una de las suyas —me desahogué—. ¡Amantes! ¡Sobeo!

—¡Chist! —Paula me apretó el brazo—. No es más que una riña entre enamorados. Verás qué pronto hacen las paces.

Se supone que las mujeres entienden de estas cosas. Miré a mi alrededor y localicé el sendero que tendríamos que tomar en nuestra huida. Estaba despejado, gracias a Dios. Algo se movió en la espesura del matorral: era Morland.

—Escucha —Paula volvió a tocarme en el brazo. Silvio gritaba en italiano—. Está celoso. Dice algo acerca del repartidor de la tienda de ultramarinos. —Era asombrosa la rapidez con que Paula había asimilado el italiano de sus vecinas—. Dice que todas las inglesas son iguales... unas veletas.

Pobre Silvio... ¡Bienvenido al club!

Percibimos un amortiguado susurro.

—Ella está llorando —dijo Paula—. Ahora ya tiene la sartén por el mango. —Sonrió—. ¡Bravo, Helen!

Esperamos unos minutos más. Helen dejó de llorar y luego oímos un murmullo. Después, silencio. Paula me hizo un gesto afirmativo con la cabeza.

—Dame tu impermeable. Yo lo haré —susurré. Ella negó con la cabeza—. Nadie nos obliga a hacerlo si no queremos —dije. No sé por qué dije aquello. Me salió espontáneamente.

Ella me miró y, por un momento, pensé que iba a estar de acuerdo conmigo. Luego volvió a sacudir la cabeza.

—Vamos allá —dijo.

Regresamos. Al doblar nuevamente la esquina los vimos en el banco muy abrazaditos. Paula echó su impermeable sobre el cochecito de Selim mientras yo vigilaba a la pareja. Silvio jadeaba encalabrinado, mientras Helen le abrazaba fuertemente por el cuello, acariciándole de cuando en cuando el cogote para que no se desanimase. Aflojé los frenos de ambos coches. Luego intenté empujar el cochecito de Selim hacia adelante, pero se atascó en el árbol y tuve que retroceder unos centímetros y girar las ruedas para buscar vía libre.

—Vamos —susurró Paula.

Giré las ruedas un poco más. Era como intentar mover una roca, y alcancé a oír a Silvio, que empezaba a ronronear. De un momento a otro, Helen le apartaría de sí con el consabido "No, Silvio, no". Aupándolo con un último esfuerzo conseguí liberar el cochecito, no sin antes haber arrancado un trozo de corteza de árbol, lo que produjo un fuerte chasquido. Cogí el coche de Alberto y me apresuré a acercarlo al árbol. Paula avanzaba ya con Selim hacia la izquierda rodeando el matorral. Miré hacia el banco. Helen apoyaba las manos contra el pecho de Silvio, tratando de apartarle. Luego doblé el recodo detrás de Paula.

—¡Lo conseguimos! —exclamé. No podía creerlo.

—Santo Dios —dijo Paula—. Nunca más.

Y entonces algo empezó a sonar delante de nosotros con la insistencia de un potente timbre de alarma. Pero no era una alarma. Era el señorito Selim Rifai, que berreaba a pleno pulmón.

OCHO

No es fácil contar lo que aconteció después. En resumen, sentí pánico. Con aquella terrible gritería, que iba en aumento por segundos, no pensé en otra cosa que en escapar como fuese. Así que le grité a Paula: "¡Vámonos!", y acto seguido agaché la cabeza y arremetí sendero abajo como un toro. Reconocí perfectamente el sendero que conducía al matorral, y lo sentí por Morland, que se encontraba en medio del camino esperándonos. Cayó al suelo, con un pie enredado entre los radios de una rueda. En otras circunstancias hubiera sabido dominarme, pero la gritería iba de mal en peor.

Mientras sacudía el cochecito hacia atrás y hacia adelante, exclamé:

—¡Saca el pie de ahí!

—¡Oh, oh, oh!

Pobre Morland. Por fin consiguió sacar el pie de la rueda, y sin esperar por él ni por Paula continué la carrera.

En condiciones normales, en ningún momento hubiera equivocado el camino. Pero la colisión con Morland me ofuscó de tal modo que, sin darme cuenta, pasé de largo por el sendero de la derecha. ¿O era a la izquierda? Los arbustos y enredaderas eran más espesos de lo que me había imaginado en un principio, pero a la postre no era eso lo que me preocupaba. Era la gritería. No sabía cómo parar aquello. Alberto nunca había gritado. Sacudí el coche con fuerza un par de veces.

—¡Cállate ya! —Lo único que conseguí fue hacerle chillar con más fuerza. Desde aquel instante supe que no iba a simpatizar con aquel escuerzo.

El sendero se bifurcaba ante mis ojos. Era como echarlo a cara o cruz, y me decidí por el de la derecha. El camino se hacía cada vez más tortuoso, presentando nuevas bifurcaciones, y al fin me encontré totalmente desorientado. Los chillidos me habían paralizado el cerebro y lo único que conseguía ver con claridad era que, de un momento a otro, me iban a echar el guante. Tenía que existir algún modo de hacerle callar. Levanté el tul y lancé una ojeada dentro. Estaba echado de espaldas, con los ojos fuertemente cerrados, agitando los puños y desgañitándose. Me quedé patidifuso al comprobar lo flacucho que era. Hermann se había lucido al decir que se parecía a Alberto.

Estaba desesperado. Había leído en alguna parte que no debía dejarse llorar a un niño durante más de diez minutos... ¿o acaso treinta? Al cabo de ese tiempo acababan asfixiándose o algo por el estilo. Probé a hacerle cosquillas en la barriga, lo que siempre hacía reír a Alberto; pero sólo sirvió para que chillase como un energúmeno. Luego me acordé de que Paula me había dicho que el mejor sistema para que un crío deje de llorar es cogerlo en brazos. Le saqué del coche y lo mecí unas cuantas veces. Al instante se tranquilizó. ¿Verdad que resulta increíble? Pero cuando intenté volver a dejarlo en el coche, soltó otro aullido y tuve que volver a mecerlo nuevamente.

Me repitió la misma jugada varias veces, y comprendí que lo hacía adrede, por perverso capricho. Ya estaba a punto de agotarse mi paciencia cuando, de pronto, cerró los ojos y pareció quedarse dormido. Muy despacio, me incliné y le acosté en el coche. Lancé un suspiro. ¡Lo había logrado! Pero entonces, no bien apoyé las manos sobre la barra para empujar el coche, soltó un berrido que a poco me hace estallar la cabeza.

—¡De acuerdo, renacuajo! —grité, completamente histérico—. ¡Sigue gritando, asfíxiate! ¡Chilla hasta que te revienten los pulmones!

—Harry, ¿qué estás haciendo? —la voz de Paula sonó por allí cerca—. ¿Dónde estás?

—¡Aquí! ¡Aquí! —Se abrió paso entre los matorrales, y al verla aparecer le imploré—: ¡Cógelo tú! ¡Cógelo tú! —Le volví la espalda porque no quise que me viera temblar. No la miré de frente hasta que cesó el llanto.

Ella le mecía en sus brazos.

—¿Dónde has estado, Harry? Te hemos buscado por todas partes.

—Ojalá no hubieras dejado allí a Alberto. Este niño es antipático.

—Vamos, no seas tonto.

—Ya lo verás. —De pronto me acordé de donde estábamos—. Tenemos que salir de aquí. Probablemente habrán llamado ya a la bofia.

Ella sacudió la cabeza.

—Acabo de verles ahora mismo. Aún siguen atareados en su banco. No creo que le hayan oído llorar siquiera. ¿Verdad que el amor es maravilloso?

—¿Volviste allí? ¿Después de todo este alboroto?

—Bueno, tú desapareciste, ¿no? Tenía que encontrarte. Pudiera ser que te hubieran atrapado o algo por el estilo. —Ella trató de expresarse fingiendo indiferencia, pero no consiguió engañarme.

—Gracias —dije.

Volvió a acostar al niño en el coche. Ni una queja. Las mujeres son magníficas en las cosas que saben hacer.

—Por aquí. —Paula giró en redondo el coche y yo seguí tras ella por el sendero ascendente que conducía a la villa.

Morland estaba sentado en un banco, con una agria expresión en el semblante.

—Harry, por poco me rompes una pierna. Me gustaría estar seguro de que no lo hiciste a propósito.

—Pues no lo estés.

—Oh, vosotros dos, callaros, por amor de Dios —dijo Paula.

Se había puesto en marcha nuevamente con el cochecito, esta vez por el sendero que bajaba hasta la *piazza*; detrás iba yo a dos pasos, y Morland, cojeando, nos seguía a retaguardia. Nada parecía indicar que alguien nos persiguiera.

—De prisa; el cochecito —nos apremió Paula.

Había cogido en brazos a Selim y se disponía a entrar en el Fiat. Morland y yo levantamos el coche no sin esfuerzo. Conseguimos colocarlo en la baca, pero el auto estaba aparcado en una pendiente y el cochecito se empeñaba en deslizarse hacia la parte trasera. Morland dijo:

Aguántalo mientras yo sujeto la correa por este lado.

—Yo solo no puedo. Se me escapa...

—¡Sujétalo, Harry...!

—No puedo...

Cerré los ojos. Se oyó un estrépito y un horrible chillido. Cuando volví a abrirlos vi a Morland tendido de espaldas en el suelo, mientras el cochecito corría calle abajo en dirección a otro Fiat Quinientos que en aquel momento subía la cuesta. El conductor no se apartaba de su ruta, haciendo sonar el claxon y agitando el puño. Pero en el último instante, dio un brusco viraje y el cochecito le pasó rozando. Vi como iba a precipitarse en medio de unos arbustos al final de la cuesta. Morland gimió.

Paula se asomó por la ventanilla del coche.

—Jonathan, ¿estás bien?

Morland abrió un ojo.

—Harry, ¿acaso *tratas* de matarme?

—Dalo por seguro. Sólo que la próxima vez procuraré hacerlo mejor. —Le ayudé a incorporarse.

—Tengo la sensación de que no llegaré a ver el final de todo esto.

—No te atormentes. Nos repartiremos tus sesenta mil.

Al oír aquello se espabiló.

—¿A qué esperamos? —gruñó—. En marcha.

Bajamos la pendiente. El otro tipo se había apeado del coche. Agitó el puño cuando pasamos a su altura y percibí algunas palabras entre las cuales reconocí la de *assassino*. Afortunadamente el cochecito del niño no sufrió desperfecto alguno y conseguimos instalarlo sobre el techo del auto sin excesiva dificultad.

Me detuve frente al primer café que encontramos y Morland y yo entramos a telefonear a Rifai. Morland experimentó cierta dificultad al principio, ya que Rifai no es de los hombres que atienden personalmente el teléfono, pero cuando recurrió al viejo truco de que "era cuestión de vida o muerte", le pusieron en comunicación con él. Naturalmente sólo pude escuchar lo que dijo Morland en aquella conversación, pero la referiré tal y como él me la contó más tarde.

MORLAND: ¿Señor Rifai? Tengo una noticia desagradable para usted. Dentro de unos minutos la niñera de su hijo le telefoneará para decirle que Selim ha desaparecido. Le dirá que, al parecer, una joven pareja se llevó su cochecito por equivocación. Sin embargo, yo le llamo para advertirle que no ha habido tal equivocación. Su hijo acaba de ser secuestrado.

(Una larga pausa.)

RIFAI: ¿No es usted policía?

MORLAND: No.

RIFAI: Comprendo. ¿Cuánto quiere?

MORLAND: Un cuarto de millón. De dólares, claro.

RIFAI: Eso es mucho dinero, señor...

MORLAND: Abercrombie. Quiero el dinero en billetes pequeños, de diez dólares como máximo, y exactamente dentro de una semana. Volveré a llamarle para concretar el momento, lugar y forma en que ha de efectuarse el pago.

RIFAI: ¿Y si yo decidiera avisar a la policía?

MORLAND: La policía no conseguirá encontrar a su hijo, y entonces tendría que esperar mucho más tiempo para recuperarlo. Señor Rifai, creo que será más ventajoso para usted que tratemos este asunto entre usted y yo exclusivamente.

RIFAI: No se imaginará que puedo guardar el secreto, ¿verdad? Es mucha la gente que trabaja para mí, señor Abercrombie.

MORLAND: Señor Rifai, hemos sustituido a su niño por otro. Lo único que tiene que hacer es procurar que nadie se le acerque lo suficiente para notar el cambio. Le recogeremos cuando le devolvamos a su hijo.

RIFAI: ¿No se le olvida algo? Las amenazas contra la vida de mi hijo... si yo me negase a pagar.

MORLAND: La vida de su hijo no correrá peligro, señor Rifai. Si usted se niega a pagar, no volverá a verle. Eso es todo. Adiós.

Morland colgó el teléfono y se apoyó contra la pared; se había puesto pálido.

—No debiste haber dicho eso de que la vida del niño no corre peligro —le dije—. Hubiera sido mejor dejarle con la duda.

—No sabría mentir en una cosa así, Harry.

Supongo que decirle a un padre, incluso a un padre como Yusuf Rifai, que la vida de su hijo corre peligro estaba muy por debajo del nivel mínimo de moralidad.

Volvimos al coche. Paula, todavía en el asiento trasero con Selim en brazos, parecía estar a punto de desvanecerse.

—Por favor, ¿podemos irnos a casa ya? —rogó.

—¿Es que ni siquiera vas a preguntar lo que dijo Rifai?

—¿Y qué dijo? —No parecía muy interesada.

Morland se lo dijo. De pronto tampoco él pareció muy ilusionado. Pensé entonces que para ser unas personas que acabábamos de secuestrar un niño valorado en un cuarto de millón de dólares constituíamos un trío muy desanimado.

—Pero ¿CÓMO era su tono de voz? —pregunté por quingentésima vez.

Morland levantó ambas manos.

—El tono de voz que puedes *imaginarte* en un hombre como Rifai, frío y realista.

—¿No se mostró sorprendido? ¿Ni siquiera un poco?

—No existe nada en la naturaleza humana capaz de provocar la sorpresa en un hombre como Rifai, que ya ha experimentado en su propia carne todo lo que puede deparar la vida.

Estábamos sentados en la azotea, contemplando la puesta de sol tras el Janículo; la luz palidecía lentamente, tornándose cada vez más rosada hasta adquirir un tinte que parecía imposible pudiera conservarse un segundo más. Y sin embargo, allí seguía flotando en el aire como una nube de polvo dorado. Paula, tomándose un respiro en su tarea de tender pañales, estaba apoyada contra la pared y miraba a lontananza. Su piel se coloreó de aquel suave tinte dorado y, por un instante, la tensión que nos afligía pareció disiparse. Hubiera sido aquel un momento realmente agradable para todos nosotros si Selim no se encontrara allí, en la cuna de Alberto, lloriqueando sin cesar, como un grifo que gotea. Habían pasado tres días desde el secuestro. Yo tenía la sensación de que habían transcurrido tres años.

Paula colgó el último pañal —Selim hacía pipí el doble de veces que Alberto— y se acercó a la cuna. Su rostro volvió a contraerse y palidecer.

—Este niño no para un instante.

—Puede que haya "cogido" de verdad la varicela —comenté yo.

—Oh, no digas eso, por favor.

La varicela de Selim era la idea que se le había ocurrido a Morland para mantener a la gente apartada del niño. La había "cogido" cuando regresábamos de Celimontana. Paula subió corriendo las escaleras nada más salir del coche y Morland y yo entramos en el bar de Giorgio para anunciar la terrible noticia. Cuando Morland pronunció la palabra *varicella* la señora Giorgio se santiguó tres veces.

—Hay que llamar un médico inmediatamente —dijo ella.

—No será necesario —la atajó Morland—. Yo soy médico.

—Poeta y médico. *Fantastico* —dijo Giorgio abriendo los brazos.

Tal vez ustedes recuerden que Morland y yo habíamos convenido en cierta ocasión que los niños se parecen mucho unos a otros. Olvídenlo. Aparte de su llanto pertinaz, que formaba parte de su normal comportamiento diario, Selim también rechazaba la comida, y si en algún momento dormía, nosotros no nos enterábamos. La situación llegó a un punto en que me alegré sinceramente de tener que dormir en la sala de estar. Paula llevaba encerrada con él tres días seguidos, y yo sabía que contaba las horas.

—No podré resistir más de una semana a este ritmo, Harry, te lo advierto.

—No te preocupes. Tan pronto recibamos el dinero...

—Y a Alberto.

—Y a Alberto —asentí. Evidentemente no era momento de aclarar que una vez recibido el dinero, Alberto volvería a los amorosos brazos de Tony el Fanfarrón.

Morland estaba impaciente por hacerle olvidar lo de Alberto.

—Paula acabará preocupándose por el niño, Harry. Debemos evitar por todos los medios insinuar siquiera que nunca volveremos a verle.

Bueno, lo cierto es que no hizo falta mucho tiempo para que Paula empezara a impacientarse por Alberto. ¿Le alimentarían bien? ¿Creía yo que Rifai pudiera enviarlo a un orfelinato? Cada vez que Selim empezaba a berrear, ella pensaba si Alberto estaría haciendo lo propio en la villa de Rifai. Le dije que Alberto era un profesional que sabía hacerse cargo de la situación; pero se negaba a escucharme. Luego se nos planteaba el problema de los vecinos, que llamaban constantemente a la puerta para interesarse por la salud de Alberto. Permanecían allí un rato escuchando los gritos que provenían de la habitación de al lado, meneando la cabeza y murmurando "*Poverino*". Alberto se había convertido en una figura muy popular en la barriada porque poseía algo especial... clase, como digo yo.

Otra incertidumbre se sumaba a nuestras preocupaciones. ¿Por qué no teníamos noticias de Hermann? Se me ocurrió la idea de telefonearle a la villa, pero Morland opuso que Rifai, sospechando que alguno de sus asalariados estuviera complicado en el secuestro, pudiera haber mandado intervenir los teléfonos. Así que decidimos esperar.

Sentado con Paula en la azotea, soñaba yo despierto con los sesenta mil dólares, cuando la vieja de la azotea de enfrente nos hizo señas con los brazos y señaló hacia la calle. Me acerqué a la balaustrada y miré hacia abajo. Giorgio miraba hacia arriba desde la calle con una mano en la oreja y con la otra haciendo movimientos giratorios; una llamada telefónica... no disponíamos de teléfono en el piso. Giorgio negó con la cabeza cuando me vio, así que hice venir a Morland, y Giorgio asintió entonces.

Morland estuvo fuera mucho tiempo. Cuando regresó, dijo:

—Era Hermann. No había podido telefonear antes. Dice que aparentemente Rifai está dispuesto a pagar, pues ordenó a su secretario que retirase del banco doscientos cincuenta mil dólares en efectivo antes de finales de semana. Hermann lo oyó de propia boca del secretario.

—¿Y qué noticias hay de Alberto? —preguntó Paula.

—Está bien. —Tal como lo dijo, sonó a falso.

—¿A qué le llamas estar bien? —pregunté.

—Bueno, Hermann en realidad no le ha visto...

—¿Cómo?

—Espera un momento, Paula. Escucha.

Resultó que Rifai tenía a Alberto encerrado en las habitaciones de Selim en compañía de Helen. Hermann había conseguido hablar con esta, la cual le confesó que Rifai le había prohibido contar a nadie lo del secuestro. Ella se lo confió a Hermann porque este le prometió llevarle un recado a Silvio, a quien Rifai mantenía encerrado en su cuarto, encima del garaje.

—Va cumpliendo el plan que le hemos trazado. ¿Lo ves, Paula? —dije.

—Lo que quiero son noticias de Alberto.

—Lo único que Hermann ha podido averiguar es que allí entran constantemente platos llenos de comida para críos y luego salen vacíos —le explicó Morland.

—¿Qué te dije? Alberto es un verdadero profesional.

Paula, enfadada, cogió el moisés de Selim y bajó taconeando.

—Hay algo que puedes decirle a Paula que le levantará el ánimo —me sugirió Morland—. Rifai está cogiendo cariño a Alberto. Sube a la habitación a jugar con él dos veces al día.

—Eso no pienso decírselo.

Continuamos sentados un poco más tiempo, hasta que oscureció. Habló Morland:

—Es curioso que todo esto marche tan perfectamente, teniendo en cuenta lo mal que nos habían salido las cosas antes.

—No hables de eso. Trae mala suerte.

—No veo cómo podrían complicarse las cosas ahora. Cobraremos el rescate y canjearemos a Selim por Alberto. Tú y Paula os quedaréis aquí hasta que Tony regrese de Nápoles. Le devolvemos a Alberto, cerramos el piso y cada uno por su lado.

Bueno, debí de haber recordado que Morland era un optimista incorregible.

La tarde siguiente, mientras Paula se encontraba en el bar de Giorgio tomándose un descanso de diez minutos, sonó el timbre. Fui a abrir. Allí estaba Tony y, justo detrás de él, la *Mamma*.

—Muy bien, tío listo. ¿Qué historia es esa?

—¿Historia? —Mi cerebro se paralizó—. Creí que estaban ustedes en Nápoles.

Tony metió su hocico de hurón debajo de mi barbilla.

—Pues ya ves, no estamos en Nápoles. Me quedé un poco escaso de dinero y pensé que sería mejor pasar a cobrar otro plazo del alquiler. ¿Y qué oigo nada más llegar aquí? Que el niño tiene varicela. Por eso pregunto, ¿dónde está el niño? Quiero verle ahora mismo.

—¿El niño?

—¿Es que estás sordo? —Tony me empujó a un lado y entró, seguido de la *Mamma*.

Se dirigió al dormitorio, donde se encontraba Selim.

—En la azotea —dije con voz ronca—. Alberto y Paula están en la azotea.

—¿Y por qué demonios no me lo dijiste antes? *Andiamo, Mamma.*

Subieron las escaleras que conducían a la azotea. "Haz algo, Harry", me dije. La única solución era esconder a Selim. Entré corriendo en el dormitorio, saqué a Selim de la cuna, cogí la bañera de plástico de Alberto, que estaba en el cuarto de baño, y a todo correr me deslicé en el water, en el instante en que Tony y la *Mamma* bajaban ruidosamente las escaleras. Dejé la bañera en el suelo y dentro metí a Selim. El se quedó allí mirándome con los ojos muy abiertos, excesivamente sorprendido hasta para gritar. Luego tiré de la cadena, cerré con llave la puerta del water y regresé a la sala de estar. Tony asomó de repente la cabeza desde la puerta del dormitorio.

—Muy bien, ¿qué habéis hecho con él? *Mamma, vieni qui.*

Me agarró por la pechera de la camisa y entró la *Mamma* armada de una voluminosa bolsa de compras. Parecía como si estuviera llena... de ladrillos, tal vez. Me cambié de posición, para que Tony quedase situado entre mí y la bolsa; al mismo tiempo la *Mamma* se desplazaba de un lado a otro, tratando de buscar un buen blanco.

—He venido aquí a cobrar el alquiler de mi niño —chilló Tony— y lo primero que oigo decir a una señora ahí abajo es que está con varicela. Es mi hijo y no quiero que atrape ninguna asquerosa enfermedad inglesa de un asqueroso hijo de la Gran

Bretaña que no sabe cuidar de él. Dime ahora mismo dónde está.

Logré esbozar una sonrisa.

—Bueno, si no están en la azotea deben de haber salido de paseo.

—¿Con varicela?

—También a mí me sorprendió. Pero eso es lo que nos recomendó el médico... El niño necesita mucho aire puro.

Tony me soltó la camisa y se volvió hacia la *Mamma*. Soltó un rollo en italiano del cual sólo pude recordar la palabra *varicella*. La *Mamma* me miró con desprecio, se dio una palmada sobre un lado de la cabeza y alzó los ojos al techo.

—La *Mamma* dice que todo eso es una sarta de mentiras.

—Si prefieren esperar una o dos horas, podrán comprobar por sí mismos que el niño se encuentra bien. Si no quieren esperar, les pagaré el alquiler ahora mismo y podrán verlo la próxima vez que vuelvan por aquí.

Yo rezaba para que decidieran coger el dinero y marcharse; rogué a Dios también que a Paula no se le ocurriera regresar del bar de Giorgio; rogaba para que Selim mantuviera la boca cerrada. Empezaba a dolerme la cabeza de tanto rezar.

Tony volvió a consultar a la *Mamma* y les oí decir algo acerca de un autobús para regresar a Tivoli.

—De acuerdo —se decidió por fin—. Cobraré ahora dos semanas de renta. Pero regresaré dentro de unos días y mejor será para vosotros que Alberto se encuentre aquí.

Saqué cuatrocientos dólares y se los entregué.

—Gracias. Quizá me lleve a la *Mamma* a Venecia a pasar el fin de semana.

Yo no dije nada. Empecé a ver unas manchas negras delante de los ojos.

Al abrir la puerta le oí; al principio sólo un débil lloriqueo, pero que iba en crescendo. Conseguí hacer salir a la *Mamma* al rellano, pero Tony se detuvo.

—¿Qué es eso? Parece como si llorara un niño.

—Es el crío del piso de al lado. Siempre está desgañitándose. Una de las cosas que hay que decir en favor de Alberto es que no se queja lo más mínimo.

—Sí —fue el único comentario de Tony.

Cuando salió, cerré la puerta y eché la llave.

Saqué a Selim del water y volví a acostarle en su cuna. Entretanto había cogido una buena rabieta, pero calculé que aún faltaban diez minutos para que se asfixiara. Luego me senté en la cama, recliné la cabeza y volví a ver las dichosas manchas negras. Aún seguía allí cuando regresó Paula.

—Harry, he oído los gritos del niño desde el bar de Giorgio. ¿Es que no puedes hacer nada por ayudarme? Lo único que te pido es que lo cojas en brazos unos minutos.

—Mi problema consiste en contenerme para no cogerle en brazos. Porque la próxima vez que lo coja lo tiro por el balcón.

—Oh, no seas ridículo.

Lo que yo necesitaba era un buen trago.

—¿Adónde vas? A tomar una copa, supongo. Cualquier pretexto es bueno para marcharte y cargarme a mí todo el trabajo.

—Paula, si vas a comportarte como lo haría una esposa, ya sabes por dónde debes empezar. —Y sin más, salí por la puerta.

Como es natural, Morland tenía que encontrarse en el bar de Giorgio precisamente cuando yo deseaba estar solo unos instantes. Giorgio le explicaba el manejo de una cafetera exprés. Morland siempre está dispuesto a aprender algo nuevo.

—¡Harry! Precisamente me disponía a subir a ver cómo sigue mi paciente.

Tiró de una palanca y luego se agachó para ver cómo goteaba el café caliente en la tacita.

—No se hace tan bruscamente, Jonathan. Tira con suavidad.

Giorgio volvió la palanca a su posición inicial con un movimiento lento y suave. Morland le observaba atentamente. Daba la impresión de que iban a aterrizar con un Boeing. Luego Giorgio se secó las manos y vino hacia mí.

—¿Un coñac, Harry?

—No, gracias.

No deseaba compañía. Ni siquiera la de Giorgio. Trataba de hacer mentalmente una complicada suma que comprendía cinco semanas del alquiler de Alberto, el alquiler del coche, una baca de aluminio y las facturas de los gastos de casa durante todo un mes. Me quedaban menos de cien dólares. Un mes antes había llegado aquí con dos mil. No me pareció justo.

—¿Qué te ocurre, Harry? —preguntó Morland.

—Nada. Voy a dar un paseo. —Me volví hacia la puerta—. Tony y la *Mamma* acaban de hacernos una visita.

—¿Y han visto a...? —Morland se puso lívido.

—No, no le han visto. Y conste que me ha costado muy caro conseguirlo. Te lo advierto, es el último penique que me sacas.

NUEVE

BAJÉ a la Piazza di Santa Maria con la intención de ir a Marzio's a echar un vistazo. Oscurecía cuando llegué a la plaza y, como siempre, los coches y las motos pasaban zumbando en torno a la fuente como si estuviera en plena temporada la caza de peatones. Crucé hasta el medio de la plaza sin problemas, pero luego oí un estridente chirrido, algo retumbó detrás de mí y sentí una bocanada de aire caliente en el cuello.

—*Cretino! Porco cane!*

Aquello pasaba de la raya. Giré en redondo y me encontré con los ojos pegados a los de un caballo. En el carruaje que arrastraba el animal estaba un italiano gordo ordenándome a gritos que me apartara de su camino. Nos reconocimos ambos al tiempo:

—¡Harry! *Amico mio!*

—¡Bruno! ¡Viejo amigo!

Fue una escena muy emotiva. Bruno, llorando, me dio un abrazo. Yo le di unas fuertes palmadas en la espalda e incluso hice extensivo el mismo gesto amistoso al anca de su caballo. Seguidamente me arrastró al interior de la *carrozza* y partimos.

Me llevó a su casa. Ordenó a dos de sus hijos que guardaran el caballo en el establo y que limpiaran la *carrozza*. A un tercero le mandó a comprar un litro de *vino rosso*. La señora Bruno recibió la orden de preparar ultra rápidamente un *piatto di spaghetti speciale*. Bruno, igual que Alberto, es un hombre que tiene clase.

—Harry, es un milagro. Esta misma mañana me dije: "Si Harry no viene hoy por aquí, tendrás que venderle el pasaporte al señor Schwartz".

¿Pasaporte? Entonces me vino a la memoria que Bruno me

había prometido darme opción a comprarle cualquier pasaporte que cayera en sus manos. Pero ¿qué podía yo hacer si no tenía más que cien dólares?

—Es muy amable de tu parte, Bruno. Pero en este preciso instante tengo demasiado género...

El sacudió la cabeza impacientemente.

—Olvídate de los que tienes, Harry. Espera a que veas este. —Cerró las contraventanas y encendió las luces. Luego abrió un pequeño armario, extrajo un paquete con envoltura de papel marrón y lo puso sobre la mesa.

—Abrelo, Harry.

"Dios mío, no lo permitas, ahora que no estoy en condiciones", pensé. Lo desenvolví. Un vistazo fue suficiente. Aquel pasaporte ruso le costaría a cualquiera cinco mil dólares. Y toda mi fortuna la constituían cien dólares y cuatro pasaportes que, en conjunto, ni siquiera me producirían tres mil.

—No puedo comprarlo. Estoy sin un céntimo.

Bruno se dejó caer en el asiento.

—¿Tú?... No es posible. Eres demasiado listo.

—Pues es cierto. No tengo... —Me interrumpí. Claro que tenía dinero. ¡Tenía sesenta mil dólares! Bueno... al alcance de la mano—. ¿Podrías esperar sólo unos días?

—No me es posible. Ya te dije que mi plazo vence mañana.

—¿Ese hombre es de la CIA?

Bruno asintió con la cabeza.

—¿Cuánto está dispuesto a pagar?

—Cuatro mil.

—Te pagaré cuatro mil quinientos.

—Harry, tiene que ser una cosa segura.

—Tres días —le dije. Si todo salía bien, Morland cobraría el rescate de Rifai dentro de tres días.

Bruno se mordió los labios. No quería perder esos quinientos dólares adicionales que yo le ofrecía.

—De acuerdo. —Me apretó el brazo—. Lo hago por ti, Harry.

—Gracias, Bruno.

Probablemente se preguntarán ustedes por qué puse tanto empeño en un pasaporte de cinco mil dólares, cuando tenía sesenta mil al alcance de la mano. La respuesta es: orgullo profesional. En el fondo he nacido para tratante de pasaportes. Era la primera vez que veía un pasaporte soviético auténtico y legítimo. En realidad son pocas las personas que los han visto, excepto los mismos rusos, naturalmente. Son escasos los momentos de la vida de un hombre en que un sueño se convierte en realidad.

Bruno notó mi enorme emoción, y cuando llegó su hijo con el vino volvió a mandarle por una botella de coñac. Durante la cena me explicó que un grupo de turistas rusos habían alquilado seis *carrozze* para hacer un recorrido por Roma y que, más tarde, Bruno había encontrado el pasaporte en su coche.

—A poco me da un patatús —dijo.

—No me extraña.

Ya eran más de las doce cuando Bruno me llevó a casa. Hacía una noche preciosa y las calles estaban casi desiertas. Cruzamos el río por el Ponte Vittorio Emanuele y luego Bruno echó el caballo a todo galope hasta la Lungotevere. Parecíamos los amos de la ciudad... la avenida de árboles, las luces reflejadas en el río, los oscuros edificios. Nos sentíamos maravillosamente, y entramos en nuestra querida Via dello Scorpione con plenitud de estilo. Lástima que no hubiera nadie para vernos llegar.

—¡Chist! Harry, que está durmiendo todo el mundo.

—Mi buen amigo Bruno.

—Quizá sea mejor que te ayude a subir las escaleras, Harry.

—Puede que tengas razón, Bruno.

Cuatro tramos son muchas escaleras y aquella noche me parecieron muchas más. Cuando llegamos a lo alto, Bruno me ayudó a abrir la puerta.

—¿Dónde queda el dormitorio, Harry?

No recuerdo lo que le dije, pero lo que me quedó grabado con toda claridad es que la luz se encendió de pronto y un pesado cenicero de cristal me pasó rozando la oreja y fue a estrellarse con estrépito contra la pared.

—*Mamma mia* —exclamó Bruno, retrocediendo espantado.

Paula estaba sentada en la cama. Sus brazos eran suaves y blancos y sus rojizos cabellos estaban en desorden.

—¡Menudo bocado! —exclamé.

—Estás borracho —me dijo ella.

—Nunca me he sentido mejor.

Saltó de la cama, se puso una bata y entre ambos me arrastraron a la sala de estar y me echaron sobre el diván. Bruno me metió algo en el bolsillo de la camisa.

—Ahí queda mi número, Harry. Tres días. Si pasa más tiempo tendré que vendérselo al señor Schwartz.

—Mi buen amigo Bruno.

Paula continuaba allí de brazos cruzados, marcando el compás con el pie. Bruno se inclinó sobre mí.

—Harry, no me habías dicho que estuvieras casado.

—¿Y quién está casado? Esta es Paula. Paula... Bruno.

Paula lanzó un silbido de serpiente. Bruno captó el mensaje y puso pies en polvorosa. Vi a Paula encima de mí, balanceándose. O tal vez era el diván el que se balanceaba.

—Tengo que decirte algo, Harry. No estoy dispuesta a soportar esto por más tiempo. Por la mañana telefonearé a Rifai y...

"¿Telefonear a Rifai por la mañana?" Hice un esfuerzo por concentrarme. Pero aquella no era mi noche. Ella se inclinaba sobre mí, y casi me rozaba el rostro con su pelo.

—Paula —dije—, eres un bocado exquisito.

Y eso es lo último que recuerdo.

Pero a la mañana siguiente ¡vaya si me acordé! ¡Telefonear a Rifai! Intenté gritar: "¡Paula!", pero lo único que brotó de mi garganta fue un graznido. En aquel mismo instante, me di cuenta de que sufría un ligero ataque de mi antigua malaria. Pero no era momento de compadecerme de mí mismo. Me incorporé y me llevé las manos a la cabeza rápidamente para evitar que se me cayese. No había rastro de Paula en el piso. "En la azotea", pensé. Eso significaba tener que abordar las escaleras. Para evitar cualquier accidente, subí a cuatro patas. El moisés de Selim estaba debajo de la sombrilla y Paula escarbaba en una maceta.

—¡Harry! ¿Qué estás haciendo a gatas?

—Tengo un pequeño ataque de malaria.

—¡Malaria! —me dijo con desprecio—. Lo que tienes es una resaca fenomenal.

—Yo nunca tengo resaca —dije incorporándome—. ¿Qué hay de esa llamada telefónica a Rifai? Anoche...

Paula clavó la paleta en la tierra del tiesto.

—Así es, Harry. Voy a telefonear a Rifai. Estuve esperando a que te despertaras para decírtelo. —Se acercó a mí y se quedó mirándome. La noté nerviosa—. Tengo que averiguar cómo está Alberto —dijo con voz semiahogada.

—Lo sabremos dentro de dos días. Morland va a telefonear...

—Quiero saberlo ahora. Quiero saber si come y si duerme y si le están saliendo nuevos dientes. Quiero...

—De acuerdo, de acuerdo. —Cualquier cosa está justificada con tal de evitar que llore una mujer. Por primera vez la rodeé con mis brazos. ¡Pero para lo que me servía...!

—¿Harry?

—Tranquilízate. Yo lo haré. Yo llamaré a Rifai.

Me había convencido con aquella escenita de las lágrimas, que coincidió con el ataque de malaria, lo cual, como todo el mundo sabe, mengua la capacidad de resistencia.

Esperé hasta después de almorzar a que la calle estuviera tranquila para bajar al bar de Giorgio y desde allí telefonear a Rifai. Ya tenía preparado todo lo que iba a decirle; lo malo es que también había previsto lo que él me iba a contestar y, como no salieran las cosas según mis cálculos, acabaría haciendo el idiota. Por otra parte, si Morland llegara a enterarse, haber hecho el idiota sería entonces lo que menos me preocuparía.

Marqué el número.

—Aquí el señor Abercrombie; quiero hablar con el señor Rifai.

Sonó un chasquido. Luego oí una voz suave y untuosa.

—¿Señor Abercrombie?

—El señor Abercrombie está muy ocupado. Le llamo en nombre suyo para comunicarle que Selim se encuentra perfectamente.

—Le agradezco que se haya tomado la molestia. ¿Algo más señor...?

—No, eso es todo. —A continuación, como si acabara de ocurrírseme, pregunté, aparentando desinterés—: A propósito, supongo que nuestro niño estará bien.

Una larga pausa, seguida de una risita ahogada.

—¿Por qué lo pregunta?

—Al señor Abercrombie le gusta saber si sus empleados están contentos en su trabajo.

—Muy loable la preocupación de su jefe, el señor Abercrombie. ¿Algún otro recado de parte de él, señor Fitch...?

—¿Señor *quién?* —Me contuve y me dije "ojo con él, Harry"—. No, nada más.

—¿Quiere saber algo acerca del niño? El médico dice...

—¿Qué quiere decir? ¿Qué médico? ¿Qué le ocurre a Alberto? —Sentí deseos de cercenarme la lengua de un mordisco.

—¿Alberto? —se rió—. Bueno, el médico cree que...

—Basta de cuentos. Mejor será que tenga ese dinero el martes.

Colgué el teléfono de golpe. Me tomé un par de copas de coñac, mientras pensaba cómo iba a contárselo a Paula. Luego subí.

—Se encuentra bien. Rifai dice que nunca ha visto un niño con un aspecto tan saludable.

—Es curioso que de repente se vuelva tan amistoso.

—No se mostró amistoso precisamente. Estaba más asustado que otra cosa. Le insinué que Selim no se encontraba del todo bien y eso le hizo sentir pánico. Dijo que Alberto no podía estar mejor y que era justo que Selim recibiera las mismas atenciones.

—¿Le has dicho eso? ¿A un padre? Es lo más horrendo que he oído en mi vida. Eres un monstruo. Te odio.

Reconozco que hay días en que nada sale derecho. Pero ¿dónde están los otros días?

Morland estaba tan pálido y macilento cuando fuimos a telefonear a Rifai que temí que pudiera darle otro ataque. Mi propio corazón no latía precisamente con normalidad al pensar en aquel cuarto de millón que se encontraba cada vez más cerca.

Habíamos trazado un plan para recoger el dinero. Rifai lo llevaría personalmente al Excelsior. Yo estaría esperando en el vestíbulo. Tan pronto le viera aparecer, telefonearía a Morland al bar de Giorgio. Morland llamaría a su vez al hotel sin pérdida de tiempo, mandaría que avisasen al señor Rifai y le explicaría lo que debería hacer seguidamente. (Toda esta complicación tenía como finalidad despistar a la policía para el caso de que hubiera apostado algunos hombres en el hotel.) Luego Rifai regresaría a su coche y yo vigilaría si hablaba con alguien al salir, o si le seguían. La entrega del dinero se llevaría a cabo en Isola Tiberina. Desde el centro de la isla se pueden vigilar ambos puentes, de suerte que los de la poli no conseguirían pillarnos por sorpresa. Rifai depositaría el dinero en la iglesia de San Bartolomeo, y Morland lo recogería después de cerciorarse de que no le habían tendido un lazo.

El problema del canje de los niños era un poco más complicado. En realidad todavía no habíamos acertado con la solución idónea.

La respiración de Morland se hacía más agitada por momentos.

—Allí está el café, Harry.

Aparqué el coche y cruzamos Viale Trastevere. Morland no quiso llamar desde el bar de Giorgio, en prevención de que Rifai tuviera a la policía presta a localizar la llamada. (Ni qué decir tiene que yo no le había dicho nada a Morland acerca de mi propia llamada.) Había elegido este café precisamente porque el teléfono se encontraba en una pequeña habitación privada y disponía de una extensión con un auricular suplementario que permitía a una segunda persona escuchar la conversación.

—Pensé que te gustaría escuchar, Harry. Después de todo, este es nuestro momento crucial.

—Gracias. Así tendré algo que contar a mis hijos.

Morland marcó el número y yo descolgué el otro auricular.

—Aquí el señor Abercrombie; quiero hablar con el señor Rifai.

Sonó el mismo chasquido que la vez anterior y luego se oyó la misma voz suave y untuosa.

—¿Es el señor Abercrombie en persona?

—Sí —contestó Morland un poco desconcertado.

—Excelente. Prefiero no tratar con subordinados. —Morland me miró perplejo. Yo me encogí de hombros—. Me imagino que me llama por lo del dinero. —Yo me pasé la lengua por los labios—. Pues bien, ya lo tengo. Doscientos cincuenta mil en efectivo. ¿Conforme?

Morland abría y cerraba la boca como un pez. Yo le di un golpe para hacerle volver a la realidad y señalé el teléfono.

—Sí, sí... conforme.

—¿En billetes de diez dólares como máximo?

Morland asintió con la cabeza, con expresión soñadora.

—De diez como máximo.

Rifai gruñó satisfecho.

—Tengo el dinero sobre la mesa, delante de mí, ¿sabe? —Oímos el crujido de los billetes y Morland se relamió—. Es un panorama muy agradable para la vista, créame.

—Sí —convino Morland—. Ahora, respecto a la forma de...

—Estaba pensando, señor Abercrombie, que cuando el crimen y la recompensa alcanzan una cota tan elevada, las normas de moralidad convencionales resultan del todo inapropiadas. ¿No le parece? Este razonamiento lo he aplicado a mis propias actividades alguna que otra vez. En realidad, creo que podemos decir, sin temor a equivocarnos, que con este golpe se ha elevado usted muy por encima de la masa vulgar de criminales, y se cuenta ahora entre los gigantes de la profesión. Pero permítame una advertencia. Aquí arriba el aire es frío y enrarecido. Se necesita poseer una robusta constitución, una resistencia especial para poder sobrevivir. ¿Está usted seguro de poseer esa constitución, señor Abercrombie?

Tuve la impresión de que Morland iba a sufrir un colapso de un momento a otro, independientemente de lo frío y enrarecido que pudiera estar el aire; pero al fin logró sobreponerse.

—Tendré mucho gusto en discutir con usted los riesgos climatológicos de la conciencia criminal en otro momento. ¿Podríamos hoy limitarnos a concertar el modo en que va a realizarse el pago?

—Todavía no he dicho que vaya a pagarles.

—Señor Rifai, si no nos paga, jamás recobrará a su hijo.

—Permítame que le aclare mi postura. Hasta hace pocos días, había considerado que todos los críos eran indistinguibles, a pesar de que el mío daba la impresión de ser más desagradable que la mayoría de los demás. Pero ahora he descubierto que no todos los críos son iguales. No todos resultan desagradables. Podemos encontrar en ellos compañeros muy simpáticos y de buen carácter. Estas cualidades las he descubierto en el admirable Alberto. Debo admitir que estaba firmemente resuelto a pagar el rescate, porque las obligaciones paternales me parecían sacrosantas. ¿Pero lo son en realidad? Mientras jugaba arriba con Alberto, me pregunté cuáles eran mis verdaderos sentimientos hacia Selim como padre. ¿Se sentirá defraudado si le digo que eran nulos? El hijo enfermizo, berreón y escuálido me lo han cambiado por otro rebosante de encanto y de salud. Me han ofrecido lo que a pocos hombres se les brinda alguna vez en la vida, la oportunidad de elegir a su propio hijo. Yo no he titubeado. Elijo a Alberto. Ustedes pueden quedarse con el niño que tienen, yo me quedaré con este... y estamos en paz.

—¡PADRE DESNATURALIZADO! —chilló Morland.

Era demasiado tarde. Rifai ya había colgado.

Morland continuó inmóvil con el auricular pegado al oído, pálido como una gallina desplumada. Tuve que abrirle la mano, dedo por dedo, para que soltase el teléfono.

—¡Harry! ¿Oíste lo que dijo?

—Sí, vámonos. —Le cogí del brazo.

—Pero es su propio hijo. ¿Hubieras podido creer que él...?

—No lo sé, nunca he tenido un hijo. Vámonos.

Regresamos a casa sin cruzar una sola palabra durante el trayecto. Morland se comportaba como si estuviera bajo los efectos de un shock. En su confusión mental parecía no haberse dado cuenta de ciertas palabras pronunciadas por Rifai. Yo rezaba por que no las recordara. Me preocupaba tener que contárselo a Paula, pero fue innecesario. Cuando llegamos al piso bastó con que nos mirase a la cara.

—¡Oh, no! ¡Oh, no!

Y heme allí con una mujer histérica por un lado, y por el otro con un hombre que necesitaba poco menos que una camilla. Y, por si fuera poco, casi en seguida se unió a ellos Selim, de suerte que empecé a correr de uno a otro hasta el punto de que poco me faltó para sufrir yo un ataque.

Acabé por darle a cada uno un buen trago de coñac. A Selim no, por supuesto. A este le tomé en brazos y le sacudí unas cuantas veces. Finalmente le conté a Paula lo que nos había dicho Rifai. Allí sentada, con la copa en la mano, parecía que no me escuchaba. Morland permanecía tendido en el diván, con los ojos cerrados.

—De modo que así están las cosas. Y lo malo es que no sé qué podemos hacer para arreglarlas —dije.

—¡Aagghh! —Morland soltó este alarido estrangulado y brincó como el muñeco de una caja de sorpresas—. Ya sabía yo que había ocurrido algo raro. Dime, Harry, ¿cómo se enteró Rifai de que el niño se llama Alberto?

Yo miré al techo.

—Bueno, supongo que Paula le habrá bordado el nombre en sus ropitas. ¿No es así, Paula? —Y le dirigí una apremiante mirada para que me hiciera el juego.

Paula prorrumpió en lágrimas.

—Ha sido culpa mía. Yo obligué a Harry a que lo hiciera.

No dije nada. Me fui hacia el diván y me acosté. Pensé que me había llegado el turno. Morland estaba de pie frente a mí, con los nervios en tensión.

—Está bien. Oigamos lo que tienes que decir.

Se lo conté todo. Lo que le dije a Rifai y lo que él me contestó. Morland me escuchó atentamente. Luego se sirvió un coñac doble y salió al balcón. Era increíble. ¡Y yo que me esperaba un ataque epiléptico!

—¡Oh, Harry...! —se lamentó Paula.

—No es culpa tuya. Así han salido las cosas.

—Pero si no hubiéramos revelado a Rifai lo que Alberto significa para nosotros, hubiera pagado el rescate. El no quiere a Alberto. Lo único que desea es ganar la partida, y nosotros le hemos mostrado nuestro punto flaco. Y decir que ese hombre horrible va a quedarse con él. ¡No quiero ni pensarlo!

—Vamos. Alberto vivirá espléndidamente. Yates por aquí, villas por allá, y piensa la de chicas que tendrá cuando sea mayor.

Dije todo aquello para animarla, pero lo único que conseguí fue hacerla llorar de nuevo. Con las mujeres nunca se sabe.

No crean que yo permanecía insensible a toda aquella angustia que nos invadía. Pero con un niño robado en las manos y sin saber cómo desembarazarse de él, alguien tenía que pensar con frialdad. Me acerqué al moisés. Selim estaba tendido panza abajo, con la cara vuelta hacia un lado, ronroneando suavemente. Pensé por un momento en devolvérselo a Tony y decirle que aquello era lo que había quedado de Alberto después de la varicela. Pero estaba seguro de que la *Mamma* no iba a tragárselo. Todo hacía pensar que acabarían acusándonos del secuestro del niño al que no habíamos secuestrado. Y al final la policía acabaría preguntando: "Pero si este no es Alberto, ¿quién es entonces?" Todavía estábamos a tiempo de abandonarlo todo y salir pitando.

—¿Qué vamos a hacer ahora, Harry? —preguntó Paula. No la había oído entrar.

—Lo primero salir de aquí, y a toda prisa.

—¿Y dejar a Alberto? —Luego me miró con una triste sonrisa que era la primera vez que veía en sus labios—. Pobre Harry. Qué mal rato has pasado. Te quedaste sin tu dinero y no le has sacado provecho alguno.

—Hay algunas cosas de las que he sacado provecho, aunque no lo parezca.

—¿Qué cosas son esas, Harry?

—Vivir aquí, contigo y con Alberto. Cosas así.

—Poco provecho has sacado de eso.

Pensé en lo que acabábamos de hablar. Bajo un aspecto, era verdad; pero desde otro punto de vista no estaba muy seguro.

—Tal vez tengas razón, si lo ves por ese lado.

Se sentó en la cama y alzó el rostro hacia mí. Tenía los ojos hinchados, pero continuó pareciéndome atractiva.

—A mí, sí me ha servido de mucho —me dijo.

Yo sonreí.

—Alberto también te echará de menos.

—No me refería a Alberto únicamente.

Sonreí de nuevo y miré hacia otra parte. Las mujeres son capaces de enternecerse de repente y luego arrepentirse. Intenté salir de allí, pero al pasar por delante de ella me cogió la mano.

—Deja de resistirte por un instante.

"Ese es el momento en que le cazan a uno", pensé. Pero aun a sabiendas, me detuve. Fue un beso de lo más corriente: nariz contra nariz y, más que nada, con un salado sabor a lágrimas. Pero me agradó. Tanto que deseé otro, y me disponía a repetir cuando irrumpió Morland en la habitación.

—Ya lo tengo. ¡Ya lo tengo! De modo que Rifai tiene una constitución especial, ¿verdad? Es un tipo duro, ¿verdad? Aire frío y enrarecido, ¿eh? Pues ya lo veremos. —Recorría de un lado a otro la habitación, terriblemente encolerizado.

—Mira, Morland...

—Oh, será perfecto. ¿Cómo no se me habrá ocurrido antes? Señor Yusuf Rifai, maldecirá usted el día en que puso sus ojos en Alberto. Me lo pedirá de rodillas, *de rodillas*...

Le agarramos entre los dos y le hicimos sentarse en la cama.

—Jonathan, cálmate. ¿Qué piensas hacerle a Rifai?

—¿Hacerle? ¿Pero no está claro? ¡Secuestraremos a Alberto!

—Oh, no —dije.

—Oh, sí. —Paula le echó los brazos al cuello—. ¡Oh, *sí!*

"Santo Dios", pensé, "todo va a comenzar de nuevo; la misma pesadilla con el mismo final."

—Pero Harry, no ves...

—Veo perfectamente. ¡Veo que tenemos que salir de Italia! Veo que afortunadamente todavía nos queda la posibilidad de salir de aquí, si queremos.

—Cobarde. Tienes miedo. No te preocupas por Alberto ni por mí, sólo piensas en ti mismo. Lo único que te importa es que no le pase nada malo a Harry Brighton —dijo Paula.

—¿Y qué tiene de malo eso? ¿Quién si no va a preocuparse de que no le ocurra nada malo a Harry Brighton? ¿Supermán?

—Escucha, Harry —intervino Morland—. Rifai cree que volveremos a llamarle dentro de uno o dos días para rogarle que se lleve a Selim. Y, por supuesto, tiene la intención de quedarse con Alberto. Cree que nos ha puesto en un aprieto, pero le va a salir el tiro por la culata. Supongamos por un instante que conseguimos secuestrar a Alberto. ¿En qué situación quedaría entonces Rifai?

—Se reiría —dije.

—No se reirá cuando todo el mundo se entere de lo del secuestro. Tan pronto nos hayamos apoderado de Alberto, le contaremos a la prensa que *Selim* ha sido secuestrado. La policía empezará a hacer preguntas y, o mucho me equivoco, o Rifai no querrá decirles nada sobre lo del cambio. Daría lugar a muchos interrogantes que resultarían embarazosos para él.

—Puede que tenga que admitir lo del secuestro, pero no veo cómo podemos obligarle a pagar. ¿Por qué no nos limitamos a volver a cambiar los niños y dejamos las cosas en su sitio? —sugirió Paula.

Morland y yo nos quedamos mirándola y ella tuvo la decencia de ruborizarse.

—Bueno, sólo era una sugerencia.

—Pagará —dijo Morland—. Piensa en esto: a un hombre con una fortuna de cien millones de dólares se le pide que pague la miseria de un cuarto de millón por su único hijo. La historia sale en todos los periódicos del mundo. Rifai ha creado su propia imagen para la opinión pública, no lo olvides: Yusuf Rifai, el millonario filántropo. Tendrá que pagar.

—¿Y qué pasará con la policía?

—Buscarán a Selim, como es lógico, pero nosotros podremos mantener a la gente apartada de este piso durante otra semana más con la historia de la varicela.

—¿Incluso a Tony y a la *Mamma?*

Nos miramos unos a otros.

—Ahí está el quid —dijo Morland—. Por eso tenemos que recuperar a Alberto inmediatamente.

—Dime, ¿cómo piensas secuestrarle? —pregunté a Morland.

—Tendremos que allanar la villa de Rifai.

—¿Allanar...? Tú has perdido la chaveta.

—Nada de eso. Te olvidas de una cosa.

—¿De qué?

—De Hermann. Te olvidas de Hermann.

DIEZ

A LA MAÑANA siguiente Morland y yo fuimos a Via Appia para echar un vistazo a la villa de Rifai. Antes de salir, nos habíamos aventurado a telefonear a Hermann, y este se sorprendió sobremanera cuando le dijimos que Rifai no estaba dispuesto a pagar.

—Esto no me gusta nada —susurró en el auricular—. ¿Y qué piensas hacer, Jonathan?

—Te lo diré cuando nos veamos.

Me preguntaba yo qué diría Hermann cuando se enterase de que deseábamos que nos ayudara a allanar la villa de su jefe. Yo, sin embargo, ya sabía lo que iba a decirle a él.

La Via Appia es una carretera que construyeron los antiguos romanos hace dos mil años. Parte de la ciudad en dirección sur, recta como una flecha, y a lo largo de varios kilómetros está flanqueada por antiguas sepulturas, catacumbas y ruinas. Ni qué decir tiene que encierra un gran atractivo para los turistas. Además de las ruinas, la carretera está bordeada por hermosas villas, las más lujosas de Roma, en su mayor parte ocultas a los ojos de todos los que por allí transitan por altos muros de piedra.

Llevábamos recorridos unos tres kilómetros cuando Morland me agarró del brazo y dijo:

—Ahí está.

Por su tono de voz tuve la impresión de que algo le había causado una enorme sorpresa, y cuando miré hacia donde me señalaba comprendí la causa. La villa de Rifai tenía los mismos muros de piedra que las demás... pero con una pequeña diferencia: a lo largo de la parte cimera de la tapia se erguía una retahíla de púas de hierro de casi treinta centímetros de alto.

—Esas púas no estaban ahí antes. Mira —dijo Morland.

Más allá, al otro lado de la puerta de hierro, un par de obreros se hallaban encaramados en lo alto del muro martillando secciones de más de metro y medio de longitud de aquellas dichosas púas. Alguien se las iba pasando desde abajo. Era Hermann.

Aparqué el coche bajo una hilera de cipreses situados entre el muro y la carretera. La villa lindaba por un lado con el jardín vecino, y por el otro con un campo abierto. Entramos en este campo por donde no pudieran vernos Hermann y los obreros. El muro lateral de la villa tenía más de cien metros de largo y no quedaba un solo palmo que no estuviera cubierto con púas.

Minutos después Hermann dobló la esquina simulando que inspeccionaba desde allí el estado de las defensas. Nos aproximamos a él y Hermann le dijo a Morland:

—El señor Rifai ordenó instalar estas púas después del secuestro. Casi hemos terminado.

—Hermann, es preciso que dejes sin cubrir una sección del muro.

—¿Quieres decir...? —Y los ojos se le salían de las órbitas.

—Vamos a entrar esta noche, Hermann. Unos palmos serán suficientes. Nos llevaremos a Alberto. Es el único modo de obligar a Rifai a que pague. ¿Podemos contar contigo?

—*Ja,* pero...

—Bien. Necesitamos entrar en la habitación del niño. ¿Quién custodia a Alberto?

—La niñera, Helen. Yo duermo en la habitación de al lado. Pero el señor Rifai y Helen son las únicas personas que pueden entrar en el cuarto del niño. Esas son las órdenes que me han dado.

—Helen —dijo Morland—. Helen. —Hizo una castañeta—. ¡Claro... Silvio! ¿Dónde está Silvio?

—Encerrado en su habitación en el garaje. Yo guardo la llave.

—¿Helen está preocupada por él?

—¿Preocupada? *Mein Gott!* No oigo otra cosa en todo el día. "Por favor, dile esto a Silvio... dile aquello a Silvio." Y ahora tendré que contarle que a Silvio lo reexpiden a Beirut. El señor Rifai ha ordenado a tres de los muchachos de Beirut que vengan a Roma en el avión de mañana.

—Razón de más para que lo hagamos esta noche —dijo Morland.

—Ahora escucha atentamente: esta noche le entregarás a Helen la llave de la habitación de Silvio... y le dirás que él se marcha mañana. Dile que tú cuidarás del niño mientras ella va a despedirse de Silvio. Ahora explícanos cómo podemos entrar en la habitación del niño. Piensa, Hermann, piensa.

Hermann abrió los ojos todavía más. Su intensa agonía era visible.

—Bueno, hombre, no te preocupes por eso. —Morland le dio unas cariñosas palmadas en el hombro—. ¿Puedes telefonearme al bar de Giorgio esta tarde?

Hermann se rascó la cabeza.

—*Ja*, supongo que sí.

—Magnífico. Y procura trazar algún plan, Hermann.

En aquel momento tuve una luminosa idea.

—Imagínate que vamos a actuar como si se tratara de una operación bélica, Hermann. Tú eres el capitán Hermann... el comandante Hermann. Nosotros somos tus soldados y dependemos de ti. No puedes defraudarnos.

—Guerra. —El rostro de Hermann se iluminó—. *Mein Gott.* Lo haré. —Descargó un puñetazo en la palma de la mano. Morland y yo nos sobresaltamos—. Lo haremos igual que en la guerra. Como en El Alamein, *ja*.

—No exactamente como en El Alamein... —Empecé a decir. Luego pensé que todos recordamos las cosas a nuestro gusto.

Cuando regresamos al piso, Paula nos aguardaba con malas noticias. Bruno había venido a buscarme.

—Me pidió que te dijese que ya no puede esperar más y que va a vender lo que tú querías comprarle.

Bajé las escaleras a todo correr y marqué el número de Bruno. Estaba en casa almorzando.

—Por favor, Bruno.

—Harry, acabo de venderlo. Prometiste que me llamarías, ¿recuerdas?

—Si supieras las dificultades que he pasado...

—Lo siento por ti, Harry. Pero creo que tal vez deberías abandonar este negocio. Tienes la mente ocupada con otros asuntos.

Era indudable que se refería a Paula. Colgué el teléfono y apoyé los codos en la barra. Giorgio me sirvió un coñac.

—¿Malas noticias de la editorial? ¡Animo! Un artista debe perseverar. Yo llevo luchando desde hace años y nadie ha reconocido aún el mérito de mi poesía. Creo que dedico demasiado tiempo al trabajo del bar y no el suficiente a mis poemas. ¿Tú qué opinas, Harry? —Estaba impaciente por oír mi respuesta.

—No sé qué decirte, Giorgio. Morland asegura que tus poemas son buenos, pero tal vez si los trabajases más, conseguirías superarte.

—Gracias, Harry. —Desde el otro lado del mostrador me apretó el brazo efusivamente—. Gracias.

Cuando volví al piso encontré muy nerviosa a Paula.

—Jonathan dice que vais a hacerlo esta noche.

—¿No te agrada la idea?

—No lo sé... ¿te ha dado alguna mala noticia ese Bruno?

Le conté lo del pasaporte ruso y lo que significaba para mí. Muchas personas no me hubieran comprendido, pero creo que ella sí.

—Harry, ten cuidado esta noche. Por favor... —Paula estaba pálida.

—Harry Brighton sabe cuidar de sí mismo, ¿te acuerdas?

—No. —Me dio la espalda y se quedó mirando fijamente a la pared. Luego se volvió rápidamente—. Quiero ir contigo.

—Pero eso no es posible. ¿Quién cuidaría de Selim? —Se quedó mirándome y no dijo nada.

Media hora más tarde, mientras atacaba una fuente de *fettucine al ragú,* Morland sufrió un síncope. Esta vez no era cuento.

Ni siquiera Morland era capaz de prestar a su rostro un color azulado tan desagradable. Le tendimos sobre la cama, y como Paula se disponía a salir para llamar un médico la detuvo.

—Me pondré bien —suspiró él—. Mirad, ya me encuentro mejor. —Era cierto. El color azul iba desapareciendo y respiraba con menos dificultad.

—Harry, tenemos que llevarle a un médico.

Miré a Morland y luego a Selim en su cuna. Si el médico mandaba buscar una ambulancia, tendríamos a toda la Via dello Scorpione metida en nuestro portal.

—¿Cómo te encuentras? Sinceramente.

—Bien, Harry, bien. —Morland esbozó una débil sonrisa—. Dejadme descansar unos minutos.

Unos meses es lo que le haría falta.

—Adiós secuestro —dije.

—De ningún modo —intervino Paula—. Y tú no vas a levantarte de esa cama, Jonathan. Yo iré con Harry.

—¡No! —grité yo—. Puedo hacerlo yo solo. Alberto no pesa tanto al fin y al cabo.

—He dicho que iré contigo y no se discuta más. —Paula me fulminó con sus ojos verdes—. Dejaré la cuna de Selim junto a la cama, donde Jonathan pueda alcanzarla.

El coche parecía una estufa. Hacía una de esas caliginosas noches de verano en que la atmósfera parece una toalla caliente. Consulté mi reloj, faltaban veinte minutos.

Habíamos llegado a la villa con media hora de anticipación porque Paula tuvo un ataque de nervios. "Suponte que tenemos un pinchazo, Harry. ¿Y si nos quedamos sin gasolina?" Así es que allí estábamos, sentados en el coche, aparcado contra el muro de la villa, contando los minutos.

—Voy a salir a respirar un poco —dije.

—No, Harry. Recuerda que hemos de dar la impresión de ser una pareja de enamorados.

—Oh, estupendo.

—¡Harry, no empecemos!

¡Una pareja de enamorados! Aquella fue la idea de Morland. De noche, la Via Appia es una especie de tierra de nadie, salvo para los amantes. Nos encontrábamos bajo las ramas de un corpulento árbol que colgaban por encima de la tapia del jardín. Cualquiera que nos viese desde la carretera pensaría que nos habíamos detenido allí con un único propósito.

—¿Crees que resultará el plan de Hermann? —preguntó Paula.

Hermann nos había telefoneado aquella tarde, casi trastornado por la emoción. "Ya tengo el plan, ya tengo el plan." Tardé algún tiempo en conseguir que adoptase una actitud reposada y medianamente coherente. Le dije que Morland tenía los nervios muy excitados y que por eso me acompañaría Paula.

En primer lugar, me comunicó una buena noticia. Aquella noche Rifai acudiría a una cena en la embajada del Líbano, de la que no regresaría antes de la medianoche. Hermann había despedido temprano a los obreros, dejando sin cubrir de púas la sección del muro que quedaba debajo de nuestro árbol. En el exterior habían dejado una escalera de mano, de modo que no teníamos más que adosarla a la pared y encaramarnos en la tapia. Desde lo alto de la misma saltaríamos al jardín, un salto de casi cuatro metros y medio. Para salir, utilizaríamos una escalera de tijera que habían dejado bajo un cobertizo.

Como podrán comprobar, el cerebro del viejo cabeza cuadrada había trabajado activamente. Y aún había más: todo un plan de operaciones que, como tuve que anotarlo para traducirlo a cristiano, reproduciré seguidamente *in toto*.

OPERACIÓN ALBERTO. Objetivo: *Secuestrar a Alberto.*

21,30.—Rifai sale para embajada libanesa.

21,35.—Harry y Paula saltan la tapia y avanzan jardín arriba hacia el ala izquierda de la casa. Hermann entrega llave a Helen y sugiere visita a Silvio.

21,50.—Hermann deja salir a Helen por puerta lateral.

21,55.—Harry y Paula llegan al matorral debajo de la ventana de la habitación del niño.

22,00.—Hermann abre la ventana y hace señal intermitente con la luz. Esta es la señal para que Harry empiece a trepar por la enredadera. ("Hermann, estás de broma. ¿Por qué no podemos entrar por la puerta lateral?" "Porque luego irán a examinar la enredadera. Es preciso que se convenzan que alguien ha trepado por ella".)

22,05.—Harry entra por la ventana del cuarto del niño. Alberto preparado para la huida. Paula vigila las caballerizas.

22,15.—Hermann baja a relevar al guardián Abdul en el vestíbulo, mientras este va a la cocina a cenar.

22,20.—Harry baja con Alberto por las escaleras. Ata a Hermann con el cordón de la cortina y le amordaza. Hermann dirá luego que tres hombres armados le sorprendieron. La investigación demostrará que escalaron por la enredadera para llegar a la habitación del niño. Hermann admitirá que le dio permiso a Helen para visitar a Silvio. Hermann, sin duda, será despedido.

22,30.—Harry y Paula con Alberto cogen la escalera del cobertizo y salvan la tapia.

Le mostré el plan a Morland. Lo que no me gustaba de todo aquello es que bastaba con un solo fallo... que Helen regresara de improviso, que Abdul no tuviera ganas de cenar... para que nos pescaran con las manos en la masa. Había también la incógnita de lo que le sucedería a Hermann.

—No creerás que Rifai se va a tragar esa historia, ¿verdad? Esto va a despertar sus sospechas —le dije a Morland.

—No te preocupes, Hermann no cantará.

"Todo eso me parece muy bien", estuve a punto de decir, "pero vamos a poner a Hermann al corriente." Sin embargo, cuando miré aquel espantajo extenuado tendido en la cama, pensé: "Vamos a darle la oportunidad al viejo, aunque sólo sea por esta vez". Ese es mi defecto. Soy blando de corazón.

—Se está retrasando —dijo Paula.

Consulté mi reloj. Las nueve y treinta y cuatro. Si Rifai no salía en seguida tendríamos que abandonar el plan. Cerré los ojos y recité una breve oración.

—Ahí está. —Paula me aferró el brazo.

Abrí los ojos. El Rolls cruzaba la puerta de hierro. El chófer detuvo el coche y se apeó para cerrar detrás de sí. Luego viró hacia la carretera, rumbo a la ciudad.

—Vamos.

Paula fue la primera en apearse del coche, y buscó a tientas la escalera en la penumbra. La encontramos arrimada al pie de la tapia; nos costó trabajo colocarla. La parte superior se empeñó en enredarse en las ramas, y cuando por fin la desenredamos a fuerza de sacudidas, daba la impresión de que la mitad de la copa del árbol se había venido abajo. Paula subió antes de que yo pudiera impedírselo. Vi un par de piernas detenerse en lo alto; luego desaparecieron y se oyó un chasquido de ramas al quebrarse, seguido de un golpe sordo.

Miré por última vez a mi alrededor. La carretera estaba desierta. Ascendí por la escalera con precaución, no fuera a sacarme un ojo.

—¿Por qué vas con tanta calma? —Un rostro pálido y borroso me miraba desde abajo—. Salta. No es mucha altura.

Salté. Me puse en pie y eché un rápido vistazo a mi alrededor para orientarme. A nuestra izquierda estaba la verja que daba acceso al jardín. La calzada subía hacia la casa abriéndose en dos brazos curvos que volvían a unirse ante la entrada principal. En medio de los brazos había un cuadro de césped, elevado sobre el nivel del suelo, adornado con surtidores. Entre la calzada y la tapia crecían arbustos y árboles. Estaba previsto que recorriésemos este espacio del jardín ocultos tras los árboles y arbustos, pero no quedaba tiempo para tomar tantas precauciones. Eran ya las nueve y cincuenta y siete. Dentro de tres minutos Hermann abriría la ventana de la habitación del niño y haría señal con la luz; la señal para que yo comenzara la escalada.

La casa se encontraba a unos sesenta metros de distancia. La única luz que estaba encendida iluminaba la puerta principal, pero si alguien estuviera acechando desde aquellas oscuras ventanas... Tomé a Paula de la mano.

—Corre —y nos pusimos en marcha.

Sesenta metros puede parecer una distancia no muy larga, pero sobre un camino de grava suelta, bajo un claro cielo nocturno, puede parecer interminable. Seguimos corriendo hasta el punto en que la calzada torcía bruscamente en dirección a la fachada de la casa. Entonces arrastré a Paula hacia un lado y ambos nos desplomamos detrás de un arbusto. Permanecía a la escucha de cualquier grito, un abrir de puertas, pasos... Pero lo único que oí fue nuestra agitada respiración.

Me incorporé sobre una rodilla. La casa, aún a oscuras, quedaba a menos de diez metros. Para situarnos debajo de la ventana de la habitación del niño tendríamos que desplazarnos hacia la derecha y cruzar un ramal de la calzada que corría en torno a la casa hasta las caballerizas, que estaban situadas en la parte trasera. Luego nos ocultaríamos entre las matas contra la pared de la casa y esperaríamos a que Hermann nos hiciera la señal.

Avanzamos medio agachados de arbusto en arbusto hasta llegar prácticamente a la calzada. Miré a la izquierda, a la fachada, y luego a la derecha, hacia las caballerizas. En una ventana situada encima del garaje se veía luz. Tenía que ser la habitación de Silvio. A esta hora Helen ya estaría con él. ¡Qué suerte la de Silvio! Señalé hacia las matas y Paula asintió con la cabeza. Entonces, cuando nos disponíamos a cruzar la calzada, se abrió una puerta lateral de la casa y una luz brillante nos dio en pleno rostro.

Yo me dejé caer como una piedra y Paula se derrumbó encima de mí. Oí el rumor de la voz de Hermann y también la de una muchacha. Era Helen. De manera que también Hermann iba con retraso. Oímos cerrarse la puerta y los pasos de Helen cada vez más apagados. Paula se levantó, conteniendo la risa.

—Ahora —susurré, y cruzamos rápidamente la calzada, refugiándonos entre las matas.

Agazapado, miré hacia la ventana del segundo piso. Probé la resistencia de la enredadera. Crujió de un modo desagradable. Paula señaló entre las matas en dirección a las caballerizas. La luz se había apagado.

—No han tardado en ponerse de acuerdo —susurré.

—Pero si Helen regresa de pronto, tendré que avisarte de algún modo. Escucha esto —silbó unas notas—. Esto significa: atención.

La luz se encendió tan de improviso que creí que nos habían descubierto. Se apagó acto seguido. Un par de segundos más tarde volvió a encenderse, extinguiéndose a continuación. Miré hacia arriba y vi una cabeza asomarse a la oscura ventana.

—¿Harry? —El susurro de Hermann llegó hasta mí como la hoja que cae de un árbol.

Me enderecé y saludé con la mano. Hermann me hizo ademán de que subiera.

El primer metro de ascensión transcurrió sin novedad. Luego apoyé el pie en la que parecía una fuerte rama, y casi me disloqué el cuello cuando se partió en dos. Volví a trepar, esta vez con más precaución, tanteando cada rama antes de cargar sobre ella todo mi peso. La enredadera crujía sin cesar, pero parecía resistir. Justo debajo de la habitación del niño había otra ventana, enrejada como todas las del piso bajo. Tuve que trepar por la pared, desviándome de esa ventana, y luego desplazarme algo así como medio metro para ponerme en línea con la habitación del niño. Después de transcurrir lo que a mí me pareció una hora, miré hacia abajo y distinguí el blanco rostro de Paula entre las hojas.

—Harry, date prisa, que vamos retrasados —dijo Hermann.

Su cabeza estaba todavía muy lejos y la ascensión se hacía cada vez más difícil. Cuanto más sube uno, más delgadas son las ramas de la enredadera. Después de haber roto tres en una misma hilera, encontré algo oculto entre las hojas; debía de ser un tubo que sobresalía de la pared, y me pareció bastante sólido. En el preciso instante en que cargué mi peso sobre él, comprendí que había cometido una equivocación: mi peso ya no me atraía hacia abajo, sino que me empujaba hacia afuera, y se oyó un desgarrón. La enredadera se despegó de la pared.

Mientras la enredadera y yo nos apartábamos lentamente de la pared, recuerdo que pensé con mucha serenidad lo que ocurría. Por la mañana recogerían los restos del pobre Harry de la calzada. De pronto la enredadera se inmovilizó. Levanté una mano y sentí que alguien me la agarraba desde arriba. Lo único que recuerdo después es que me izaron como si fuera un saco de patatas, traspasé limpiamente la ventana y toqué el suelo.

—Lo has hecho muy bien, Harry. Ahora no dudarán de que trepaste por la enredadera —dijo Hermann, ayudándome a incorporarme—. Tenemos que darnos prisa. Abdul se irá a cenar dentro de cinco minutos.

Corrió las cortinas y encendió la luz.

—¿Y Alberto...?

Señaló hacia el rincón donde estaba la cuna. Me acerqué. El diablillo estaba tendido sobre el estómago, con la cabeza vuelta hacia un lado y los puños apretados; dormía profundamente. Le rocé ligeramente la mejilla con un dedo.

—Rápido, métele aquí.

Hermann sacó un capazo de un armario. Alberto encajaba allí estupendamente, con las ropitas de la cama y todo. Se despertó, hizo unos guiños y emitió su gorjeo habitual. Yo lo interpreté como un saludo.

Hermann abrió la puerta y salió de puntillas. Yo miré a mi alrededor. Había una cama en el otro rincón: la de Helen. Las paredes estaban empapeladas con flores y corderos retozones. La alfombra era gruesa y esponjosa. Dentro del armario había varios estantes atestados de toda clase de juguetes.

—Aquí no pasabas privaciones —le dije a Alberto.

Hermann regresó y cerró detrás de sí la puerta.

—Abdul está en el vestíbulo. Ahora bajo yo. Dentro de cinco minutos vienes tú. Cuando estés en lo alto de las escaleras, escucha. Si me oyes silbar quiere decir que Abdul todavía está conmigo, y entonces debes esperar. ¿Está claro?

—Como el agua, Hermann. Eres el más grande.

—Bueno, es un buen plan —dijo ruboroso.

—El mejor, Hermann, el mejor.

En el instante en que Hermann se volvía para salir, oí el silbido de Paula.

—¡Espera!

Corrí hacia la ventana y aparté las cortinas. Estaba abajo, entre las matas, haciéndome señas con los brazos. Me asomé y miré hacia la ventana de las caballerizas. La luz de Silvio aún continuaba apagada.

Paula señalaba frenéticamente hacia la verja de entrada al jardín y vi avanzar unas luces por la calzada. Hermann me apartó hacia un lado y asomó la cabeza. Retrocedió como un resorte, alcanzó la puerta en dos zancadas y apagó las luces.

—Es Rifai.

Las luces de los faros relampaguearon un instante a través de las cortinas corridas cuando el coche tomó la curva de la calzada. Rogué a Dios que Paula estuviera bien escondida.

—¿Subirá aquí? —pregunté.

—Es posible.

Se oyó el ruido de una portezuela del coche al cerrarse. Sonaron pasos en la grava. Hermann abrió la puerta despacito.

—Espera aquí.

Desde abajo llegó el ruido de la llave al abrir la puerta de entrada; oí voces en el vestíbulo. Aquello me alarmó: estaba allí solo, con Alberto bien arropado y dispuesto para la huida. Si Hermann tenía una pizca de sensatez, salvaría su propio pellejo, irrumpiendo en la habitación, echándome el guante y gritando antes de que yo pudiera escapar. Decidí salir de allí inmediatamente. En el momento en que pasaba una pierna por el alféizar de la ventana se abrió la puerta.

—Harry... ¿qué estás haciendo?

—Pensé que... —¿Qué podía decir?

—Escucha. —Cerró la puerta con suavidad y se acercó a mí—. Le oí decir algo a Rifai de que el embajador se puso enfermo de repente y ha tenido que suspender la cena. Se ha retirado a su despacho a trabajar. Mira.

Señaló hacia la ventana: la luz de la habitación inferior acababa de encenderse; se proyectaba sobre la calzada formando un enorme cuadro dorado. Mientras atisbábamos, se dibujó la sombra de un hombre en el cuadro. Luego la sombra alargó el brazo y corrió las cortinas. Oímos arrancar el coche.

—Hamid va a guardar el coche en el garaje. Luego irá a cenar a la cocina. Abdul tendrá que continuar de vigilancia en el vestíbulo a menos que yo le releve —dijo Hermann.

—¿Y qué hay de Helen? Ella y Silvio oirán entrar el coche en el garaje. Ella se asustará y regresará aquí a todo correr.

—Tal vez.

—Bueno, ¿y qué vamos a hacer? —Su pasividad teutónica empezaba a alterarme los nervios—. Tú eres el que mandas, Hermann, ¿recuerdas?

—*Ja* —contestó con brío, como si formásemos parte de una patrulla en el desierto—. Escucha. Primeramente sacaremos a Alberto de aquí. Con sábanas. —Empezó a sacar las sábanas de la cama de Helen—. Ata estas dos, Harry. Rápido.

Salió e hice lo que me había dicho. Regresó con más sábanas.

—Estas son mías. Atalas también.

Le obedecí.

—¿Serán bastante largas?

Hermann miró por la ventana.

—*Ja,* creo que sí.

Até la punta de una sábana a las asas del capazo de Alberto. Estaba demasiado oscuro para poder ver el rostro del niño, pero le brillaban los ojitos.

—No me extrañaría que llorase —dijo Hermann.

—¿Llorar? Este es Alberto. Es un profesional.

Al trasponer la ventana empezó a gorjear y a agitar los puños. No sabría yo decir si aquello le divertía o le disgustaba.

—Despacio, Hermann, despacio.

Le fuimos bajando, palmo a palmo. Me imaginaba que Paula estaría alerta, pues de lo contrario menudo susto se llevaría cuando viera a Alberto balancearse de improviso entre las matas. Una franja de luz que se filtraba entre las cortinas del despacho iluminó el capazo al pasar delante de la ventana. Si a Rifai se le ocurriera asomarse en aquel instante, le costaría trabajo dar crédito a lo que verían sus ojos. El capazo desapareció entre los arbustos y chocó contra algo sólido. Rogué a Dios que fuera Paula. Segundos después sentí un fuerte tirón en las sábanas y las recogimos. Al menos Alberto ya había saltado.

—¿Y ahora qué vamos a hacer? ¿Quieres que te ate?

—No queda tiempo para eso —dijo Hermann. Extrajo una Luger de mortífero aspecto—. Me vas a golpear con esto. Aquí. —Señaló la parte posterior del cráneo—. Y pega fuerte, que yo tengo la cabeza muy dura.

—Hermann, no me gusta tener que...

—Tienes que hacerlo. Y ahora mismo. Rifai o Helen pueden subir en cualquier momento. Diré que oí un ruido en la habitación del niño, que subí a ver qué ocurría y que no recuerdo más.

Cogí la pistola.

—Agáchate un poco, que no te alcanzo.

Hermann se arrodilló. Recordé que estuve a punto de huir de él y me sentí avergonzado.

—Hermann... pase lo que pase, para mí serás siempre un oficial...

—¿De veras, Harry?

—...y un caballero —dije.

Luego le sacudí un buen culatazo. Se desplomó como un tronco. Cerré con llave la puerta y até un extremo de las sábanas anudadas a la cama de Helen. Luego traspuse la ventana y fui bajando muy lentamente para no hacer ruido. Me encontraba a la altura de la ventana del despacho de Rifai cuando oí pasos apresurados debajo de mí. Permanecí allí pendiente, como una araña, sudando tinta y sin atreverme a descender ni un palmo más. Entonces la distinguí a menos de cuatro metros, corriendo por la calzada que bajaba de las caballerizas. ¡Helen!

No se fijó en mí, suspendido a poca altura por encima de ella; sus ojos no se apartaban de la puerta lateral.

Ella entró y yo me deslicé por las sábanas y fui a caer entre las matas.

—Harry, ¿eres tú?

Aquel susto fue el colmo.

—¿Qué haces aquí todavía?

—Esperándote.

Me quedé sin habla. En cuestión de treinta segundos Helen llegaría a la puerta de la habitación de Alberto: al encontrarla cerrada iría a la de Hermann, la encontraría vacía, y entonces lo más probable es que le diera un ataque de histerismo. Saqué fuera de las matas a Paula, que aún sostenía el capazo de Alberto, cogí una de las asas y apremié:

—¡Corre y no te detengas hasta que yo te lo diga!

Corrimos desalados, yo jadeando como un fuelle agujereado; Paula con los cabellos ondeando al viento, y Alberto rebotando entre nosotros dos y dando chillidos como un osito de juguete. Cada segundo que pasaba, esperaba oír un grito... o un disparo. Atravesamos la calzada en diagonal, cruzamos a trompicones por encima de unos macizos de flores hasta que por fin divisamos el cobertizo. Saqué a rastras la escalera y la coloqué debajo del árbol, apoyada en la tapia.

—Sube tú primero y pásate a la escalera que hay al otro lado. Yo te entregaré el niño.

Trepó como una ardilla y en un par de segundos estaba sobre la tapia. Yo le subí el capazo y Paula lo cogió y se dispuso a bajar. En aquel instante vio algo por encima de mi hombro.

—¡Mira!

Entre los árboles vimos encenderse las luces en toda la casa. La puerta delantera se abrió de par en par y en el umbral apareció una figura. No hizo movimiento alguno, se quedó mirando fijamente al jardín, sin saber qué hacer. Tuve la sensación de que era Rifai. Pensé que ojalá le diera un ataque de apoplejía.

ONCE

—¿Verdad que resultó emocionante? ¡Y te has portado como un héroe! Ni siquiera estamos cansados, ¿verdad? ¿Y qué vamos a hacer ahora; asaltar un banco? —Alberto estornudó—. Oh, quizá sea mejor que vayamos en seguida a tomar un buen baño caliente.

Estábamos llegando a casa y Paula llevaba a Alberto en su regazo. Ella aparentaba como si regresáramos de una gran juerga, pero en una ocasión la vi enjugarse las lágrimas rápidamente. Alberto, por otra parte, seguía siendo el de siempre. Había que reconocerle esa gran virtud. No son muchos los niños que después de haber sido zarandeados de un lado para otro como una vieja bolsa de cemento siguen con la sonrisa en los labios.

Todas las puertas y ventanas estaban cerradas por la noche en Via dello Scorpione. Subimos las escaleras.

—¡Escucha! —Paula se detuvo al llegar al segundo piso—. Me parece que Selim está llorando. ¡Vamos, date prisa, Harry!

Cuando entramos en el apartamento, los gritos de Selim aumentaron de intensidad y sonaron como una sirena que anuncia un inminente ataque aéreo. Crucé corriendo la salita de estar y entré en el dormitorio. Me quedé pasmado. Morland estaba tendido de espaldas, con las manos cerradas y la nariz apuntando hacia el techo, completamente rígido.

—La palmó —dije.

—Oh, no.

Paula pasó por mi lado como una exhalación. Dejó caer a Alberto sobre la cama y se inclinó sobre el cuerpo de Morland, aplicándole el oído al pecho. Luego cogió el cuerpo por los hombros y lo sacudió ligeramente. Morland lanzó un gemido.

—¡Está vivo! Llamaré una ambulancia.

La agarré por el brazo.

—Si llamas una ambulancia la mitad del vecindario entrará en casa para ver qué sucede. Quisiera recordarte que hay dos niños en el piso y que ninguno de ellos nos pertenece.

—El frío y cerebral Harry Brighton nunca pierde la cabeza. De acuerdo, dejemos que Jonathan se muera...

Le di un bofetón y ella se dejó caer sentada sobre la cama.

—Tienes razón, soy un cerebral, afortunadamente, pues de lo contrario dentro de cinco minutos estaría aquí la bofia, y eso no beneficiaría a Morland. Veinte años, preciosa, eso es lo que nos jugamos. No pierdo la cabeza, conforme. Y si tú no eres capaz de pensar en este momento, hazme al menos un pequeño favor: cierra el pico.

Me incliné sobre Morland.

—¿Nos has oído? —El asintió con la cabeza—. ¿Tienes algo que objetar? —Hizo un gesto negativo—. De acuerdo. —Me volví hacia Paula—. Tráeme una manta. —Ella se quedó mirándome. Toqué las palmas—. Vamos, espabílate. —Ella se fue hacia el armario—. Y por el amor de Dios, haz callar a ese niño.

Le di a Morland un trago de coñac y le envolví en la manta. Estaba muy pálido y respiraba entrecortadamente, pero parecía haber recuperado fuerzas. Alberto se puso a gatas para ver lo que hacíamos. Morland le vio por primera vez y me aferró la mano.

—Lo conseguiste, Harry. —Alargó la otra mano y acarició los cabellos de Alberto—. Es una alegría tenerlo de nuevo con nosotros, ¿verdad?

Me encogí de hombros. Dos niños significan un doble engorro.

—Te voy a llevar al hospital, Morland.

Tenía mucho mejor aspecto y calculé que estaba lo bastante fuerte para soportar el traslado. Le envolví bien en la manta, le administré otro sorbo de coñac y cargué con él. Pesaba menos que una pluma.

Paula nos abrió la puerta. No había dicho una palabra desde que le solté la bofetada, pero me miraba de una manera muy extraña, sin dejar de frotarse la mejilla. "Posiblemente está tramando su venganza", pensé.

—No me esperes levantada —le dije fríamente, sin volverme para mirarla.

No me parecía justo meter al pobre Morland en un hospital público, por eso decidí llevarle al otro lado del río, a una gran clínica que yo conocía, en el Aventino. Salió un médico por la puerta de urgencia para echarle una ojeada y mandó traer una camilla inmediatamente.

—Llama a la prensa esta misma noche, Harry —susurró Morland—. La policía irá a ver a Rifai y él tendrá que admitirlo.

—No será fácil cobrar después de dar el soplo a la bofia.

—Tienes razón. Tendré que pensar en algo.

Dijo aquello como si todo el mundo descansara sobre sus hombros. Mientras se alejaba en la camilla, levantó los dedos levemente. Le devolví el saludo con la mano.

—Mañana vendré a verte.

Al regresar me detuve en un pequeño bar en la Piazza di Santa Maria y pedí un coñac. Saqué la lista de periódicos a los cuales me recomendó Morland que llamase, pero mi problema era que no sabía hablar lo bastante bien el italiano. Al pie había una sección especial bajo el epígrafe DE HABLA INGLESA. Llamé a la Associated Press.

—Escuche. Tengo para ustedes una noticia bomba. Acaban de secuestrar al hijo de Yusuf Rifai y piden un rescate de doscientos cincuenta mil dólares.

—Usted bromea amigo. ¿Cómo se ha enterado?

—Porque soy el secuestrador.

—Claro. Y yo soy Ho Chi Minh.

—Pudiera ser.

Colgué. Al diablo la Associated Press. El próximo de la lista era la United Press International. Esta vez conseguí hablar con un italiano que no hacía más que pedirme que le deletrease las palabras que no entendía. "Millonario se escribe con dos eles, ¿no?" Se mostró realmente impresionado cuando le dije que la confidencia la recibía de primera mano. "*Davvero. Duecentocinquantamila dollari! Bravo, Signore!*"

El último de la lista era la agencia inglesa Reuter, y al otro lado del hilo oí una voz de lo más inglesa. Tomó nota de lo que le iba diciendo y murmuró algo así como "no es la clase de información que solemos ofrecer a nuestros lectores". Cuando le dije que yo había sido el autor de tan repugnante hecho, su voz se animó un poco: "¡Oh! ¿de veras? ¿Podría darnos su nombre y número de teléfono?"

Eran mucho más de las dos cuando llegué a casa, pero, a decir verdad, fue porque no me di prisa en volver. Pensaba en lo mucho que habían empeorado las cosas entre Paula y yo. Estaba harto de aguantarlos a todos, incluido Alberto. En la ocasión más propicia, levantaría el vuelo. Pero con Morland en el hospital y Paula sola con los dos niños, ¿cómo podría hacerlo?

Se veía luz por debajo de la puerta del dormitorio. Barrunté que me estaría esperando para dar comienzo al segundo asalto. Observé, sin embargo, que no me había preparado el diván para dormir. Me dirigí al armario donde guardaba las ropas de cama y no las encontré allí. Aquello acabó de colmar mi ya escasa paciencia. Entré como una tromba en el dormitorio, sin llamar. Paula estaba acostada, leyendo.

—¿Dónde están mis sábanas? No quisiera pecar de grosero...

—Entonces no te comportes como tal —me dijo sonriendo.

—Es que me gusta dormir entre sábanas...

Dejó el libro sobre la mesilla de noche, apagó la luz y dijo:

—Pues no quedan más sábanas que estas...

—¿Te apetece un huevo cocido? ¿O tostadas? Tenemos mermelada de fresa. Y un melocotón. ¿Te apetece un melocotón?

—Me apetece un beso.

—¿Cómo? ¿Delante de los niños?

Alberto estaba sentado en su silla alta, junto a la ventana. Dejó caer el pato de goma al suelo y, educadamente, me pidió con sus gorjeos que se lo recogiera. No consiguió engañarme. Lo que no quería era quedarse al margen.

La hora del desayuno se prolongó terriblemente y fue bastante embarullada. Alberto no tardó en embadurnarse con mermelada y cáscaras de huevo; Selim, acomodado en una butaca, escupió la cucharada de mermelada de fresa que yo le había dado. Lo único que quería era el pato de goma de Alberto. Este se lo dejó durante unos minutos; luego se lo arrancó de las manos al pobre Selim y le dio un empujón.

—Pícaro —le censuró Paula, sonriendo.

Recordaré aquella mañana durante mucho tiempo. Un sol

flamante caía resplandeciente sobre el Janículo. Nuestra vecina de enfrente saludó con el brazo y gritó algo acerca de la varicela, como solía hacer todas las mañanas, y yo le respondí encogiéndome de hombros, como siempre, pero a sabiendas de que esta vez todo era diferente.

Sobre todo recuerdo que Paula subía corriendo a la azotea aprovechando las pausas entre las faenas domésticas para ver qué hacían los niños, como en otras ocasiones, pero esta vez se detenía para dedicarme a mí también una sonrisa diferente, más íntima. Y una de estas veces me pasó la mano entre los cabellos.

Justo antes de almorzar, Paula bajó a hacer algunas compras. Cinco minutos después regresó, jadeante.

—Harry, lo oí en la radio... en el bar de Giorgio. El nombre de Rifai y algo acerca de los doscientos cincuenta mil dólares. Fue algo espantoso. Todo el mundo está atento a las noticias. Giorgio y la señora Giorgio y todos los demás comentan que es un acto horrible y se preguntan quién pudo haber hecho semejante cosa. Oh, Harry, ¿por qué lo hicimos?

—Nos embaucaron.

—No es verdad. Fuimos... estúpidos y codiciosos.

Me pregunté si yo estaría incluido en aquel "fuimos". La obligué a sentarse y le enjugué las lágrimas.

—Escucha. Pienses lo que pienses ahora, ya estamos atrapados. Morland se encuentra en el hospital. Dios sabe lo que le habrá sucedido a Hermann. Todo depende de nosotros, y tenemos que seguir adelante. Ahora ya no es posible decir: "Lo siento, señor Rifai, aquí le devolvemos a su hijo. Todo fue una broma".

—Nadie nos obliga a aceptar su dinero.

—No me salgas con esas ahora —me apresuré a decirle—. ¿Se te ocurre otra persona en el mundo que merezca más que Yusuf Rifai ser despojada de un cuarto de millón? Estamos haciéndole un favor a la humanidad.

—Lo que me preocupa no es que él pague. Creo que somos nosotros los que no deberíamos... ¿no podríamos exigirle que entregue el dinero a una institución benéfica o algo parecido?

—¡Una institución benéfica! Yo soy una institución benéfica que os ha mantenido a todos vosotros, y me quedan exactamente mil liras. Estamos en la ruina.

Ella me miró y se le saltaron las lágrimas una vez más.

—¿Y quién va a pagar la factura del hospital de Morland?

Se echó a llorar. Yo la sostuve en mis brazos y le acaricié los cabellos porque es preciso mostrarse tierno cuando las mujeres se ponen así. Pero no crean por eso que me ablandé. Nunca fui partidario del secuestro, pero ya estaba hecho, y me tendrían que pagar por ello. Era preciso afrontarlo como un profesional. Alberto me hubiera comprendido.

Morland yacía con la cabeza entre almohadones. Había una divertida sonrisa en sus labios y no alzó la mirada cuando yo entré. Parecía como si, en realidad, estuviera muerto esta vez, y pensaba yo que al menos había tenido una muerte feliz cuando, de pronto, soltó una breve risotada, semejante a un ladrido, y sacó un pequeño auricular de plástico del oído.

—Harry —dijo con voz ronca—. ¿Has oído? ¿Lo de la conferencia de prensa de Rifai esta mañana?

—No. ¿Qué hay de eso?

—Lo oí por dos veces en el noticiario y sus palabras me quedaron grabadas en la memoria. Dijo: "En un momento así, un padre no se hace preguntas. No atiende a las advertencias de que la forma más eficaz de combatir la extorsión es la firme negativa. Un padre actúa, caballeros. Pagaré doscientos cincuenta mil dólares a esos hombres cuando y donde lo exijan. Les desprecio, pero me arrastraría a sus pies con tal de salvar la vida de mi hijo". ¿Qué te parece eso?

No estaba seguro de lo que pensaba. No estaba seguro en absoluto.

—Ahora está atrapado, Harry. Creo que deberías llamarle inmediatamente. Dile que tenemos a los dos niños y que no toleraremos tonterías. Muéstrate duro. Dile que debe estar preparado para salir de la villa con el dinero en el instante en que se lo comuniques. Más tarde trazaremos un plan para cobrar el dinero. Y adviértele, naturalmente, que no se le ocurra avisar a la policía. En realidad, será conveniente que le sueltes algunas amenazas sobre lo que podría ocurrirle a Selim.

—Y del mínimo nivel de moralidad, ¿qué? —le dije socarronamente.

Morland se puso colorado.

—Encantador. ¡Vaya un colega! ¡Vaya un amigo! Lo malo de ti, Harry Brighton...

Pero nunca llegué a saber lo que iba a decirme, porque en aquel momento entró una enfermera trayendo un ejemplar del *Corriere della Sera* para Morland.

—También viene aquí, Harry. Mira —dijo cuando se hubo marchado la enfermera. Leyó en voz alta algunos párrafos: —"Se cree que el crimen fue cometido por un grupo de hombres armados... guardaespaldas alemán brutalmente golpeado... misteriosas llamadas telefónicas..." Harry, esta vez pagará.

—Ya veremos. ¿Quieres que le llame ahora?

—Sí, pero no desde la clínica. Puede que estén controlando las llamadas. Vuelve aquí cuando hayas hablado con él.

Me dirigí hacia la puerta.

—Y, Harry... —Me volví. Morland sonreía de oreja a oreja—. No te olvides de preguntarle qué tal está el aire hoy por allá arriba.

—¿Señor Abercrombie?

—No, soy yo.

—Ah, el estimable señor Fitch. Me alegro que se haya decidido a llamarme. Quería decirle que su hazaña de anoche fue magistral. Devolver el golpe sin dudarlo un momento requiere gran valor, amigo mío. Realmente me pregunto si por casualidad estaría dispuesto a aceptar un pequeño contrato de trabajo en el bando opuesto. Soy muy generoso, se lo aseguro.

—Señor Rifai. ¿Le ha dicho alguien alguna vez que tiene usted un pueril sentido del humor?

—No, señor Fitch. Nadie me lo ha dicho jamás. —Su voz se tornó un poco más forzada.

—Hemos oído lo de su conferencia de prensa. Ya le informaremos cuándo deseamos el dinero, así que téngalo dispuesto en casa. Y no se preocupe, no es probable que tenga necesidad de arrastrarse a nuestros pies.

—No sabe cuánto me tranquiliza oírle eso, señor Fitch. Pero sinceramente, no debe creer todo lo que dicen los periódicos. Algunas de sus informaciones son pura ficción.

Esta vez no me pilló de sorpresa.

—Menudo tramposo es usted. ¿Así que a fin de cuentas no quiere recuperar a su hijo?

—Todo lo contrario, quiero que me lo devuelvan sano y salvo en un plazo de veinticuatro horas. He anunciado mi intención de pagarles a ustedes, y mañana por la mañana se habrá ultimado la transacción. Al menos en la mente del público que, al igual que usted, tiende a creer lo que lee en los periódicos. Estaba usted en lo cierto al pensar que la opinión pública se indignaría ante la perspectiva de que un millonario se negase a pagar un rescate por su hijo. Ahora piense por un momento lo doblemente enfurecida que se sentirá cuando sepan que el rescate ha sido pagado y que los secuestradores se niegan a soltar su presa. Eso sólo significará una cosa: los secuestradores le han matado. Se les tildará de asesinos.

La última oportunidad de apretar los tornillos a Rifai era amenazar a Selim, como Morland había sugerido. Hubiera sido fácil hacerlo. Acaso demasiado fácil.

—Y bien, señor Fitch. ¿Está usted pensando?

—Sí, estoy pensando.

—Permítame que le brinde unos temas en que pensar. Algunos miembros de mi organización han llegado de Beirut para llevar a cabo sus propias investigaciones en este asunto. Es posible que consigan localizarles antes de que lo haga la policía. Eso sería muy desagradable para todos ustedes, pero sobre todo para la chica.

Aquello fue para mí como una puñalada en el vientre.

—¿Qué chica?

Rifai soltó una risa ahogada.

—Creo que ahora tiene material suficiente para sus meditaciones.

Quise tragar saliva, pero tenía la garganta seca. Pensé en Hermann. Pero juraría que él no nos había delatado.

—Lleva usted pensando mucho rato, señor Fitch.

—Ya he terminado de pensar. Adiós.

—Por favor, espere un momento. Yo no acostumbro a comprar las cosas que me pertenecen. Pero usted tiene algo que me gustaría poseer: Alberto. Estoy dispuesto a pagarle por él.

¡Alberto! No pude contener la risa.

—¿He dicho algo gracioso?

—Oh, no. Lo que ocurre es que he sudado lo indecible para venderle a Selim y usted estuvo dispuesto en todo momento a comprarnos a Alberto. ¿Cuánto pagaría por él?

—¿Podríamos cifrarlo en diez mil?

—Por favor, señor Rifai. Eso apenas llega para cubrir gastos.

El se rió.

—Sí. Hay que reconocer que ha sido un buen trabajo. En eso pensaba cuando le propuse que trabajara para mí. Bien, digamos veinte mil.

—No me considere grosero, señor Rifai, pero esta vez es usted el que se ha delatado. Ha tenido la oportunidad de escoger un hijo y se ha decidido por Alberto. Ahora tendrá que pagar por él.

Creí que había reventado una tubería al otro extremo del hilo, pero era la risa de Rifai.

—Señor Fitch, es usted un astuto negociante. Bien, ha conseguido atraparme. Le diré lo que estoy dispuesto a pagar por Alberto: doscientos cincuenta mil dólares —se interrumpió a causa de la risa—, ni un centavo más.

Solté un silbido. Nuestro cuarto de millón... y con una venta en regla. Negocio legal... bueno, casi legal. Claro que Tony protestaría; pero con una bolsa de doscientos cincuenta mil dólares teníamos suficiente para calmarle. Así Rifai recuperaría a su hijo, Alberto tendría un delicioso hogar y nosotros nuestro dinero. Sentí como si se hubiera posado en mi hombro el hada madrina de mis sueños; y aquello me enseñó mucho más acerca de las hadas madrinas. Guardé silencio durante unos segundos y dije por fin:

—Aceptaría sin dudarlo, señor Rifai, pero hay algo que me preocupa. Es la salud de Alberto.

—Mi querido amigo, ¿qué clase de trato cree usted que va a recibir en mi casa?

—No es el trato lo que me preocupa... Es... ¿cómo podría explicárselo...? La altitud. Ese aire frío y enrarecido.

No sé si se mesó los cabellos, rechinó los dientes o se volvió loco de remate. Nunca lo sabré con seguridad porque en ese momento colgué el teléfono.

DOCE

¿SIENTEN ustedes alguna vez la necesidad de estar solos durante una hora? ¿Que el tiempo se detenga por un instante para tratar de determinar por qué ha fallado el plan? ¿Disponer de tiempo para recoger los añicos? Pues bien, cuando colgué aquel teléfono, no veía otra cosa que añicos por todas partes. Allí estábamos Paula y yo con dos niños, uno de los cuales nos costaba doscientos dólares a la semana, y el otro bien podía costarnos veinte años... si teníamos suerte y los asesinos de Rifai no daban con nosotros antes que la policía. Allí estaba Morland en el hospital, acumulando facturas que no podría pagar. Y Hermann. Ese era uno de los trozos en el que prefería no pensar siquiera. Dispuse de diez minutos para ordenar todos estos pedazos, que fue el tiempo que me llevó ir andando desde el café donde hice la llamada hasta la clínica. Lo primero que teníamos que hacer era devolverle su hijo a Rifai. Luego Paula y yo deberíamos abandonar el piso. Y finalmente, desembarazarnos de Alberto. Los dos primeros pasos no encerraban mayor dificultad, ¿pero cómo iba a proponerle el tercero a Paula? Bueno, ella sabía que yo estaba sin un céntimo y no tendría más remedio que aceptarlo.

Luego quedaba Morland. No conseguía encontrarle solución a este problema, a menos que él la diñara, y pensé mientras me dirigía a su habitación que lo que iba a decirle tal vez solventara el asunto. Cuando abrí la puerta su rostro se iluminó como el de un niño. Pobre Morland. Me limité a menear la cabeza, y su rostro pareció envejecer diez años más.

—¿Ha salido algo mal? —Me encogí de hombros—. ¿Así que lo de pagar el rescate era un cuento para la opinión pública?

Asentí con la cabeza. Le conté lo que me había dicho Rifai, pero omití lo de Alberto. Saberlo no le hubiera hecho ningún bien. Cuando hube terminado, él esbozó una breve sonrisa.

—El tenía razón cuando me dijo aquello, Harry. No pertenecemos a su clase. Creo que ha llegado el momento de liar el petate.

—No me vengas ahora con eso —dije con firmeza—. En un par de semanas estarás como nuevo.

—Quién sabe —exhaló un largo suspiro—. ¿Qué dijo Rifai cuando le amenazaste con quitar la vida a Selim?

Morland se hubiera olvidado de cualquier cosa menos de eso.

—No llegué a hacerlo.

Frunció el ceño.

—Santo cielo, ¿por qué no?

Estaba aún pensando cómo iba a explicárselo cuando se abrió la puerta y entró un extraño personaje tambaleándose. Excepto un ojo, tenía toda la cara cubierta con vendajes y esparadrapo y el brazo derecho escayolado.

—¿Quién es usted? —preguntó Morland nervioso, tratando de alcanzar el timbre situado sobre la cabecera de su cama.

—¡Jonathan! ¡Harry! Soy yo, Hermann —dijo una voz amortiguada. Sólo se podía adivinar dónde estaban los labios por el movimiento de los vendajes. Le ayudé a tenderse en la otra cama vacía.

—¿Qué ocurrió? —le pregunté, como si no me lo imaginara.

A través de los vendajes brotó un raro sonido, semejante a un gruñido.

—¿Rifai? —dije yo.

Hermann asintió con la cabeza. Rifai no se había creído su historia, a pesar del abultado chichón que ostentaba en la cabeza. Los hombres de Beirut se encargaron de él. También habían interrogado a Helen, pero a ella no le hicieron daño.

—Debió de ser un mal momento —dijo Morland.

Hermann resopló trabajosamente:

—No son tan duros. Peor fue lo del desierto.

Explicó que Rifai había designado a Abdul para que le sacase fuera de la ciudad y se deshiciera de él, pero Abdul era un viejo camarada de Hermann y en vez de abandonarle lo llevó a un hospital. Hermann había llamado a Paula y ella le explicó lo de Morland.

—Así que Rifai me cree muerto. Tal vez sea lo mejor.

Morland soltó un quejido y hundió el rostro en la almohada.

—Todo ha ocurrido por mi culpa. —Era la primera vez que le oía admitir una cosa así... y nadie había tenido tantas ocasiones como yo.

—Jonathan, no debes preocuparte por eso. En una guerra siempre hay heridos. La próxima vez ganaremos, ya lo verás —trató de consolarle Hermann.

Pero para mí no habría próxima vez. Me levanté para marcharme.

—¿Vendrás a verme mañana? —me preguntó Morland.

—Claro. —No era momento de decirle que había llegado la hora de abandonar todo aquello—. Hermann, ha sido un placer conocerte —le dije con toda sinceridad.

—*Ja,* Harry, para mí también. Eres un buen muchacho.

—Acuérdate... biff, biff, biff.

—*Ja,* biff, biff, biff —Hermann agitó el puño correspondiente al brazo escayolado. Estos cabezas cuadradas jamás escarmientan.

Al salir me tropecé con Giorgio, que subía las escaleras.

—Me acabo de enterar ahora mismo de lo de Jonathan. ¿Está muy grave?

—No muy bien. Será preciso animarle.

—Entonces le leeré algunos de mis poemas.

Pobre Morland, de un modo o de otro acabaríamos por matarle entre todos.

Cuando llegué al apartamento encontré a Alberto solo en su corral. Oí un chapoteo en el cuarto de baño y supuse que estaban bañando a Selim. Alberto tenía un color más rosado que de costumbre, de manera que ya debía de estar bañado, y por el modo en que sacudía las barras del corral parecía protestar por el retraso de la manducatoria. Le saqué del corral, y cuando me disponía a sentarlo en su silla, se aferró a mí, gorjeando desesperadamente, hasta que comprendí su mensaje. No quería comer, ¡quería que jugásemos! Nuestro juego consistía en alzar yo a Alberto por encima de mi cabeza y fingir que lo soltaba para luego agarrarlo más abajo. Aquello no tenía mucho de juego, pero me halagó ver que él lo recordaba.

En seguida volvió a chillar y regodearse, como en los viejos tiempos.

—¿Qué haces? ¿Adónde te lo llevas? —Me volví. Paula estaba detrás de mí, enarbolando una cacerola de un modo que no me resultaba enteramente desconocido.

—No me lo llevo a ninguna parte.

—Entonces déjale donde estaba.

Como ella empuñaba una cacerola y yo tenía a Alberto en las manos, no me quedaba otra alternativa. Dejé al niño en la silla. Ella se quedó mirándome con fiereza por un instante, y luego regresó al cuarto de baño, llevándose la cacerola consigo. Yo ya sé que las mujeres se enfadan por cualquier cosa cuando hay niños por medio, pero aquello traspasaba los límites de lo razonable. Empecé a pensar y no me llevó mucho tiempo... Un par de minutos. Rápidamente irrumpí furioso en el cuarto de baño, la agarré por el brazo y grité:

—¡Sal de aquí! ¡Quiero hablar contigo!

—Pero Selim...

—Que se ahogue. —La arrastré hasta donde estaba Alberto, que no nos quitaba ojo de encima—. Veamos, cuéntame tu conversación con Rifai. —Ella prorrumpió en llanto—. No me vengas con lagrimitas. ¿Cuándo hablaste con él?

—Le llamé después de almorzar. —Sollozó—. Quería decirle —otro sollozo— que podía recuperar a Selim —sollozo—, sin pagar nada a cambio —sollozo. Le di un pañuelo—. Lo único que queríamos era que nos dejase en paz.

—¿Y qué dijo él a todo eso?

—Dijo que a Selim se lo devolveríamos de todos modos, pero que a quien él quería era a Alberto. —Me miró acusadoramente—. Nos ofreció diez mil dólares. Yo le colgué el teléfono.

—Pero sabías que yo le iba a telefonear más tarde y que me haría a mí la misma proposición. Y pensaste que yo aceptaría. —Ella miró a la punta de sus pies—. Pues bien, me la hizo.

—Oh —lloriqueó, atisbándome a través de sus cabellos.

—Sólo que yo subí el precio. Me ofreció por fin un cuarto de millón de dólares. Conociéndome como me conoces, no necesitarás preguntarme si acepté o no. —Ella musitó algo—. ¿Cómo dices?

—Dije que no, que no necesito preguntártelo. —Empezó a tenderme una mano y avanzó hacia mí, pero yo me aparté.

—Quiero que Selim esté bañado y haya comido dentro de media hora. Estaré en el bar de Giorgio si me necesitas.

Me detuve junto a la puerta. No deseaba decirlo, pero a veces uno no puede contenerse.

—No te imaginarás realmente que te vas a quedar con Alberto, ¿verdad, Paula?

Aún era de día cuando salí con el coche llevándome a Selim. Cada vez que me paraba en un semáforo, notaba como los demás conductores miraban con curiosidad al interior de mi coche; de repente todo el mundo estaba pendiente de los críos a causa de los periódicos y la radio, que aún seguían dándole vueltas a aquel "bárbaro crimen".

Me dirigí río arriba hacia los Jardines Borghese y aparqué cerca de la Piazza di Siena. Cuando hubo oscurecido, llevé a Selim a la piazza, que en realidad no es otra cosa que un enorme trozo de césped. Por la noche el lugar está desierto, si se exceptúan las parejas de enamorados que ocupan los escasos bancos en torno a la piazza. Deposité a Selim en medio de la hierba, donde ni él mismo pudiera hacerse daño. Si lograra salirse del capazo, tendría que arrastrarse un centenar de metros para llegar a la carretera, y no creía yo a Selim capaz de tal dispendio de energía. Retiré el tul y le miré por última vez. Estaba acostado panza abajo, con los puños cerrados, dormido, pero siempre a la defensiva. "Pobre diablillo", pensé. Llegaría el día en que aquel niño se valoraría en cien millones de dólares, pero aun así tuve la sensación de que devolvérselo a Rifai sería el único acto verdaderamente cruel que habíamos cometido.

Volví andando al coche. Alguna de aquellas parejas no tardaría en acercarse a ver qué era lo que yo había dejado allí. Quizás alguien hubiera estado lo bastante pendiente de mí para saber que fue un hombre que conducía un Fiat Quinientos. Pero hay casi un millón de Fiat Quinientos en toda Italia.

Me detuve en un café y telefoneé a los señores de la prensa. Esta vez me prestaron una respetuosa atención.

—¿Y en definitiva no les ha pagado el rescate? —preguntó el de la Associated Press.

—No. Cambiamos de idea. —Al menos evitaría que Rifai se acogiera a la exención de impuestos sobre ese cuarto de millón.

Un horrendo presagio se apoderó de mí cuando regresé a la Via dello Scorpione. En la calle no vi a ninguna persona conocida; sólo unos cuantos transeúntes con quienes me tropezaba por primera vez. Entonces distinguí a Marcello, el guardia del barrio, que avanzaba a grandes zancadas hacia mí. Parecía tener prisa.

—¿Dónde están los otros? *Dove sono gli altri?* —le pregunté.

—*Ma, a casa, naturalmente. Per la festa di Alberto!* —Me dio una sonora palmada en la espalda y subió rápidamente la escalera de nuestra casa.

La festa di Alberto? Le seguí escaleras arriba como un cohete. La puerta estaba abierta de par en par, y en el momento en que entrábamos salía Toto, el barbero, con un enorme cuenco de spaghetti que había recogido en la cocina.

—*Ecco il padre* —dijo al verme con voz ronca, pero continuó subiendo con paso vacilante por las escaleras que llevaban a la azotea. Nosotros le seguimos.

—*Magnifico.* —Marcello se mezcló con la multitud.

Yo me quedé clavado en el suelo, sin habla. Daba la impresión de que se había congregado allí todo el vecindario de Scorpione, y todo el mundo gritaba, a excepción de unos pocos que aullaban. El que más y el que menos estaba provisto de un vaso de vino, y algunos también tenían un plato de spaghetti. No conseguí localizar a Paula, pero distinguí a Alberto, en su silla, en medio de una bandada de cotorras.

—Harry. —Era Paula que acababa de hacer su aparición con otra enorme escudilla de spaghetti—. Cuánto me alegro de que hayas vuelto. Estaba preocupadísima.

—Todo parece indicar que así es. ¿Quién paga todo esto?

—Oh, Harry —ladeó la cabeza—. Estamos celebrando la curación de Alberto de la varicela. La señora Giorgio dijo que deberíamos festejarlo, lo mismo que se hace con los santos. ¿No te parece encantador?

—Encantador. La colecta podremos hacerla durante la misa el próximo domingo.

Encontré un vaso de vino sobre la balaustrada de la azotea y me asomé para respirar un poco de aire fresco.

Nuestra vecina de enfrente, la que todas las mañanas preguntaba por la varicela, me saludó desde su iluminada ventana. Le hice señas para que subiera a reunirse con nosotros, pero ella rehusó la invitación con un nuevo gesto de cabeza. Tal vez era demasiado vieja para subir todas aquellas escaleras. Alcé el vaso a su salud y bebí. Ella sonrió e hizo ademán de aplaudir. "Qué vieja más simpática", pensé.

—Harry.

Paula me tocó en el hombro. Al volverme me quedé helado. A su lado, con una sonrisa burlona en los labios, estaba Tony.

—Se ha anticipado. La renta no vence hasta dentro de una semana.

—Tony sólo vino a ver si Alberto se había repuesto de la varicela —aclaró Paula—. Les dije a él y a su madre que se quedaran para la fiesta.

Se produjo un revuelo entre el gentío y, por fin, emergió la voluminosa figura de la *Mamma* con un plato de spaghetti en cada zarpa. Se detuvo cuando me vio y frunció el labio. Tony cogió uno de los platos.

—¿Cuánto tiempo más vais a necesitar a Alberto?

Paula me miró implorante, pero yo no tenía dinero.

—La verdad es que el trabajo está prácticamente terminado.

—Tony, ¿puedo hablar contigo un momento? —interrumpió Paula—. En privado.

Tony sonrió maliciosamente y dijo:

—Claro, siempre que quieras.

Les vi bajar las escaleras. ¡Iban al piso! Eché a correr tras ellos, pero tropecé con la *Mamma*. Ella sacudió la cabeza. Resultaba evidente que yo no iría a ninguna parte. Resignación.

Le serví un vaso de vino a la *Mamma* y dije: "*Salute*". Ella lo olfateó, luego lo probó con la punta de la lengua y finalmente se lo echó al coleto. La *Mamma* no tenía un pelo de tonta.

Alguien reclamó silencio y Giorgio se encaramó a una silla. Empezó por hablar de Alberto, pero luego cambió a un tema del cual no conseguí sacar nada en limpio. Movía los ojos y describía círculos con ambas manos entre los "oh" y "ah" de la multitud. Un par de mujeres empezaron a llorar, pero cuando él terminó, hubo un estallido de aplausos. La señora Giorgio hizo ambas cosas y acabó desplomándose sobre una silla.

Me encaminaba yo de nuevo hacia las escaleras cuando Giorgio me localizó y acudió a mi encuentro abriéndose paso entre la gente, con ojos brillantes.

—Y bien, Harry, ¿qué me dices ahora?

Vio mi expresión de desconcierto y se dio una palmada en la frente.

—Había olvidado que tú no entiendes el italiano. Acabo de anunciar mi decisión de vender el bar. De ahora en adelante soy un poeta. Dentro de unas semanas regresaré a mi pueblo natal en los Abruzzi.

—Nos causará una profunda pena verte marchar, Giorgio.

—No te preocupes, Harry, vuestro amigo Jonathan ocupará mi puesto. Me ha comprado el bar.

—Que Morland ha comprado... ¿Con qué?

Los ojos de Giorgio se le saltaron de las órbitas.

—Con... con dinero.

—¿Dinero de quién?

Giorgio retrocedió.

—Harry, Jonathan y yo venimos tratando de esto desde hace semanas. Poseer un café ha sido la ilusión de toda su vida. Un lugar donde...

—¿...puedan reunirse las almas gemelas?

—Exactamente. Pues bien, esta tarde en el hospital hemos cerrado la operación. El lleva ahorrando desde hace muchos años. Ahora ha reunido lo suficiente para pagarme el primer plazo del bar. ¿Comprendes?

Cogí el cheque que me mostraba. Los números bailaban ante mis ojos. Cuando se detuvieron vi que representaban una cifra de tres millones cuatrocientas mil liras... casi seis mil dólares.

—Harry... ¿te sientes bien? —El bigote de Giorgio subía y bajaba ante mis ojos—. No te muevas de aquí. Llamaré a Paula.

Pero yo bajé al apartamento, saqué una silla al balcón y me senté allí solo, en la oscuridad, para recapacitar. Morland me había tomado el pelo una vez más. Seis semanas lloriqueando que no tenía un centavo, haciéndome pagarlo todo, mientras él vestía una raída chaqueta... y con aquella cara de muerto de hambre. Y pensar que durante todo ese tiempo reposaba sobre una sustanciosa cuenta bancaria...

—Harry, ¿te encuentras bien? —No la había oído llegar—. Giorgio me dijo que te habías puesto muy nervioso al saber que Morland había comprado el bar.

—Supongo que tú sabías que él tenía todo ese dinero.

—No. No lo sabía. Incluso le pregunté si él podría ayudarnos a pagar nuestros gastos, y me dijo que no le era posible y que, además, tú estabas en deuda con él por algo que sucedió en Tánger. ¿Qué pasó en Tánger?

—Morland recibió su merecido; eso fue lo que pasó.

—Oh —se interrumpió. Luego dijo—: Alguien ha oído en la radio que encontraron a Selim en los Jardines Borghese. Así que ya no tenemos que volver a preocuparnos por eso, Harry; lamento mucho lo que dije antes. Pero ¿qué vamos a hacer con Alberto?

Me volví para mirarla frente a frente.

—Nada. Aunque pudiera ganar esos doscientos dólares semanales tendría muchas más cosas en que gastarlos que en alquilar un niño.

Ella se llevó la mano al rostro rápidamente y yo pensé: "¿Por qué? ¿Por qué lo dije?"

—¿Lo dices en serio?

Le fallaba la voz.

Yo me limité a mirar de nuevo a la calle. Paula debió de permanecer casi un minuto esperando mi respuesta antes de volver a entrar en casa. Yo seguí sentado, escuchando los gritos y las risas y recordando los esfuerzos que habíamos derrochado en las últimas semanas sin ningún resultado positivo. Aquello era ridículo. Y era doloroso que ella me hubiera creído capaz de venderle el niño a Rifai. Continué allí sentado largo rato hasta que se acabaron los gritos y las risas y se marcharon todos.

Cuando volví a oírla, un reloj daba las dos en alguna parte. Ella estaba en camisón, con el cabello suelto sobre los hombros. Ya me esperaba aquello. Comprendí que había ido demasiado lejos con lo de Alberto.

—¿No vienes a acostarte?

Estuve a punto de caerme por el balcón. En aquel momento aprendí que una chica generosa es lo único que vale la pena poseer en esta vida. La generosidad es una virtud duradera. Me olvidé de Morland y del dinero; me olvidé de que ella me había creído capaz de vender a Alberto. Sólo vi su sonrisa y la seguí hasta la habitación como un corderito.

TRECE

A LA MAÑANA siguiente Paula salió de la casa antes de que yo me despertara. Me dejó una nota: "Estaré de regreso antes de almorzar. Dale de comer algo a Alberto antes de las once. Besos".

Regresé a la cama y empezaba a adormecerme cuando comenzaron los gorjeos. Alberto estaba en su silla, junto a la ventana, y, evidentemente, no quería que yo me durmiera de nuevo. Verlo allí, mirándome fijamente, después de lo que yo había dicho de no gastarme doscientos dólares semanales por él, me hizo sentirme incómodo.

—Bueno, así es la vida, Alberto —dije—. Y cuanto antes lo sepas, mejor. —De todos modos, opté por levantarme.

Se estaba a gusto en la azotea; una mañana primaveral en pleno verano. Los tendales de ropa que cruzaban la calle de lado a lado ondeaban impelidos por la fresca brisa. Las jovencitas con sus vestidos de vivos colores circulaban por la Via dello Scorpione más jacarandosas que de costumbre. Nuestra vieja vecina salió a la terraza y me saludó con la mano. Yo alcé a Alberto por encima de mi cabeza para que pudiera verlo bien.

—*Bello, bello puppone!* —chilló.

—¿Oíste eso, *puppone?*

Durante los diez minutos siguientes nos divertimos con nuestro juego, mientras la vieja se desternillaba de risa y gritaba "basta, basta".

Después me puse a pensar seriamente en la cuestión del dinero. Si pudiera conseguir doscientos dólares, podríamos alquilar a Alberto por otra semana más, y eso nos facilitaría el tener que renunciar a él. Hacerlo de manera lenta y paulatina no afectaría tanto a Paula.

Ahora se preguntarán ustedes cómo pude haberme olvidado de aquellos cuatro pasaportes que guardaba en mi maleta, que en total valían tal vez unos tres mil dólares. Lo cierto es que no me había olvidado de ellos; simplemente no eran valores que yo pudiera utilizar para alquilar a Alberto o para pagar las facturas del supermercado. Aquello constituía mi negocio, todo lo que quedaba de él. Un hombre no liquida su negocio simplemente porque las cosas se pongan difíciles. Lo que tiene que hacer es apretarse el cinturón. La realidad era que, en las circunstancias actuales, todos tendríamos que apretarnos el cinturón.

—Y eso te incluye a ti, *puppone* —dije. Siempre cabía la solución de devolvérselo a Tony hasta que yo lograra ponerme a flote y pudiéramos volver a alquilárselo.

El primer paso consistía en conseguir introducirse en el mercado de los pasaportes. Aún conservaba aquellos dos franceses, que valían unos mil doscientos dólares cada uno, digamos unos dos mil quinientos los dos. Con ese dinero tal vez pudiera adquirir media docena de pasaportes diversos del Cercano Oriente: sirios, libaneses, etc., que tienen buena salida en los círculos apropiados. Luego me acordé de aquel pasaporte egipcio con sello israelita. Me pregunté si no sería posible falsificar el sello para transformarlo en egipcio de verdad. Decidí comprobarlo.

Un minuto más tarde estaba yo sentado en el diván con las manos temblando como hojas al viento. La maleta se encontraba a mi lado, abierta. El compartimiento secreto de la parte posterior aparecía abierto también. Pero vacío. Sólo había una persona a quien yo había revelado la existencia de ese compartimiento.

Paula no volvió hasta después de la una. Yo estaba en la terraza cuando oí abrirse la puerta de entrada, y comprendí que ella había visto la maleta sobre el sofá. Subió las escaleras de la azotea muy despacio.

—Hola —saludó.

—Hola.

—He tenido una mañana muy ajetreada. —No se atrevió a mirarme. Cogió a Alberto, palpó el pañal para comprobar si estaba seco y volvió a dejar al niño en la silla—. Primero tuve que localizar a Bruno.

—¿Y cómo lo conseguiste?

—Pregunté a otros cocheros y por fin le encontré esperando fuera del Coliseo. Asegura que ha dejado la *carrozza* para dedicarse al negocio de pasaportes. Me dijo que si alguna vez te encuentras con alguno, te agradecería le dieses opción a comprártelo.

Tragué saliva.

—¿Cuánto te dieron por ellos?

Me miró cara a cara por primera vez; una ojeada muy rápida a través de los cabellos.

—Tres mil quinientos dólares.

—¿En efectivo?

Asintió con la cabeza.

—Recordé que me dijiste que los pasaportes franceses valían mil doscientos dólares cada uno, así que le hice pagar ese precio a Bruno. Por el liberiano sólo quiso darme cien dólares, así que tuve que conformarme; pero tuve la sensación de que me engañaba, así que cuando le mostré aquel raro pasaporte egipcio pedí "mil dólares"; se resistió, pero acabó pagándomelos.

—¡Mil dólares por un pasaporte mal amañado! Eso es desleal.

—Ya lo sé. Pero él también es un fullero, así que no hay por qué preocuparse.

Había una especie de ansiedad en su voz, como si reservase las noticias importantes para el final.

De repente me sentí más aliviado. El panorama se iba aclarando.

—Pasaré por alto el hecho de que hayas cogido mis pasaportes sin pedirme siquiera mi opinión. Tres mil quinientos dólares no están mal, y yo sé muy bien en qué emplearlos. —Pensaba en aquel surtido de pasaportes del Cercano Oriente.

Ella meneó la cabeza.

—Sólo me quedan quinientos. —Sacó un fajo de billetes y me los puso en la mano—. Esto nos dará para ir tirando hasta que encuentres trabajo. —Cuando vio que yo respiraba con dificultad, me explicó—: Me llegué en coche a Tivoli y lo concreté todo con Tony. Anoche le dije que le pagaríamos por Alberto.

Conté hasta diez lentamente.

—¿Se trata de un alquiler a largo plazo?

Ella me miró fijamente:

—No. Lo hemos comprado.

Sentí que se me doblaban las rodillas.

—¿Por tres mil dólares?

—No exactamente. Ese es sólo el primer pago.

Mis rodillas acabaron por ceder. Afortunadamente había una silla detrás de mí.

—El resto podemos pagarlo en seis meses, según Tony. Otros

dos mil y todo concluido. ¿No crees que Tony se pondría furioso si supiera que Rifai había ofrecido un cuarto de millón?

Ella permaneció allí de pie, tensa, mirándome medio sonriente, dudando si yo acabaría por desmayarme o me pondría en pie y le atizaría un golpe. Cuando vio que no me decidía por ninguna de ambas cosas, rebuscó en su bolso y extrajo un papel.

—Este es el certificado de adopción de Alberto.

—¿Y qué quieres que haga con eso?

—Falsifícalo. —Luego se inclinó con presteza y me besó—. Señor y señora Brighton.

La vi coger a Alberto en brazos y empezar a bajar las escaleras hacia el piso.

—¿Es una petición de mano? —grité. Pero ya había desaparecido.

Al cabo de un rato la seguí. Oí su voz en la cocina que decía: "Piensa que cualquier día tendrás un nuevo hermanito o hermanita. ¿No te gustaría?"

Yo intervine furioso:

—Las decisiones acerca de hermanitos o hermanitas las tomo yo. Y mi decisión en este momento es *no*. —Un gruñido. Otro gruñido—. ¿Qué dices?

—Decía que anoche no pensabas así.

Me miró a hurtadillas por entre los cabellos.

¿Qué podía yo decir? Ya me había vuelto para abandonar la cocina cuando ella me preguntó:

—¿Qué clase de trabajo piensas buscarte?

—Eso no es asunto tuyo. ¿Entendido?

—Sí, Harry.

—Puede que vuelva al negocio de importaciones. Es lo que tú conoces por contrabando.

—Sí, Harry.

—Y no quiero que se vuelva a pronunciar la palabra "trabajo" en esta casa.

—Sí, Harry.

Aquello ya estaba mejor. En los círculos en que yo me muevo buscarse un trabajo es deshonroso. Pero aun así, ella tenía su parte de razón. Yo no podría volver al negocio de pasaportes después de que se hubiera corrido la voz de que aquel bombón pelirrojo había vendido todas mis existencias a Bruno. Jamás recuperaría mi perdido prestigio. Lo que yo necesitaba era dedicarme a algo que no exigiera una inversión de capital. Pero esto era indispensable en cualquier tipo de negocio. Materia prima. ¿De qué materia prima disponía yo? Lo único que poseía era un montón de recuerdos, algunos de ellos gratos. La incursión en casa de Rifai era mi favorito, quizá porque representaba algo que nunca creí tener el valor suficiente para llevar a cabo. Tal vez fue aquello lo que quería decir Morland cuando dijo que todo el mundo debería intentar hacer algo grande una vez en su vida. Tal vez ese "algo grande" sea lo que consideramos que excede con mucho nuestras posibilidades.

Junto a la ventana la Olivetti seguía en la mesa, con la misma hoja de papel que Morland había metido en el carro cuando nos trasladamos al piso.

¿Y por qué no escribir un libro? Aquel trabajo tenía que dar dinero, pues de lo contrario nadie lo haría. Y también prestigio. Me acerqué a la mesa y metí una nueva hoja en la Olivetti. Durante un rato permanecí allí sentado, escuchando a Paula canturrear en la cocina y el bullicio callejero que entraba por la ventana abierta.

Entonces empecé a escribir.

P.S.

Ahora que todo ha concluido, quisiera decirles algo que me he estado reservando deliberadamente. Es esto: todo cuanto he dicho antes acerca de que soy un traficante de pasaportes nato... no es verdad; al menos ya ha dejado de serlo. Yo he nacido para ser escritor. Admitámoslo.

Todos los días bajo a recordárselo a Morland. Mientras tomo sorbo a sorbo mi coñac y le veo sudando junto a la cafetera exprés, le hago alguna que otra observación, tal como: "Nunca me habías dicho que los trabajos creativos fuesen tan agotadores". O "Imagínate que durante todos estos años haya tenido encerrado dentro de mí este talento. ¿Nunca lo habías notado?" Sus respuestas no son del género que agradaría ver en letra impresa.

Cuando salió de la clínica, le advertí que tendría que mantenernos a mí, a Paula y a Alberto con las ganancias del bar hasta que yo empezara a percibir mis derechos de autor. Al principio protestó, pero Paula bajó a Alberto al bar, se lo plantó encima del mostrador y le dijo: "Jonathan Morland, ¿vas a permitir que este niño se muera de hambre?"

El pobre Morland, enternecido, se convirtió en pura melcocha.

El bar parece que marcha muy bien. Morland sigue quejándose de que se encuentra al borde de la quiebra, ya que, además de sostener a la familia Brighton, ha incluido a Hermann en la nómina. El cabeza cuadrada está tras la caja registradora y marca los ingresos con su único brazo útil.

La deuda de Alberto está casi saldada. Lo importante es ¿cuándo pronunciará su primera palabra? Paula se muere de impaciencia. Yo no. Porque me imagino que va a tener mucho que decirnos; incluso algunas cosas que nos disgustaría oír. Tales como "¿En qué pensabais cuando me sacasteis de aquella lujosa villa a la que ya me había acostumbrado?"

—No seas tonto —me dice Paula—. Nosotros le hemos dado amor, y eso es mucho más importante.

¿Ven ustedes los problemas que se plantean a los escritores?

A pesar de las amenazas de Rifai de encontrarnos y dar cuenta de nosotros, no nos movimos de Via dello Scorpione. Según Paula el único modo de localizarnos sería a través de Alberto, y en cuestión de un par de meses, el niño no se parecería en nada al que Rifai había conocido. El otro día vi una foto de Rifai en la revista *Oggi,* con Selim sentado junto a él, con el mismo aspecto de siempre... de pena. MILLONARIO VENDE RESIDENCIA EN ROMA, decía el pie. Morland casi se atragantó con la risa.

—Supongo que no le sentaban bien estos aires —dijo.

Y así están las cosas. Pero este libro no está exactamente tal y como yo lo escribí. Había unas cuantas escenas eróticas que han sido suprimidas. Paula se encargó de extirparlas con una sola mirada de sus verdes ojos. Me dijo también que muchos giros gramaticales le parecían un tanto raros y que Morland podría ayudarme a corregirlos. Yo sabía muy bien por dónde iban a comenzar sus "correcciones". Así que le dije que un artista que se precie no permite que otros se dediquen a desfigurar su obra.

—Tal vez el libro sea una birria —dije—, pero es enteramente mío.

Rennie Airth

SIMON & SCHUSTER, INC.

Rennie Airth sostiene que, como tema para una biografía de autor, su vida carece totalmente de interés; pero si se le sigue escuchando, acaba por demostrar precisamente lo contrario. Nació en Johannesburgo, Sudáfrica, en 1935, descendiente de una familia de colonos originarios de Escocia e Irlanda, y se empleó como reportero en ciernes en el diario *Star* de Johannesburgo poco después de terminar sus estudios. Desde el principio, demostró el extraordinario don, tan valioso en un periodista, de hallarse siempre donde saltaba la noticia.

Como corresponsal extranjero de la agencia Reuter, recorrió una gran variedad de lugares y abordó los más diversos temas: Ginebra y la conferencia crucial de las cuatro potencias sobre Berlín, en 1959; Bruselas y la gran emoción en torno al Mercado Común Europeo, en 1960; en Washington en los interesantes y tumultuosos días de la era Kennedy; después Cuba, donde se apuntó el tanto de una entrevista privada de cinco horas de duración con Fidel Castro; y por último Vietnam, donde fue testigo del comienzo de las hostilidades a gran escala en 1965. Como verán, no está mal para un reportero.

Después de su estancia en Vietnam, Rennie Airth decidió retirarse a una villa en el norte de Italia para concentrar todos sus esfuerzos en la literatura novelesca. *Secuestro* constituye su primera producción literaria dentro de este género y no tiene nada de casual su elección de asunto para esta novela. Señala el autor que a los críos se les ha desestimado durante mucho tiempo como personajes de ficción, y con *Secuestro* trata de contribuir a que se subsane esta negligencia. Da la impresión de haber meditado largamente acerca de la personalidad de los niños. Le asombra la influencia que estas criaturas diminutas e indefensas pueden ejercer en los adultos. ¿Quién no ha visto un hombre fuerte derretirse a la vista de un bebé? Apunta también que, como simples objetos físicos, los críos resultan maravillosamente prácticos... se les puede hacer entrar en escena a gusto del autor o arrinconarlos fuera de la vista del lector y dejarse oír sólo en el instante en que sea necesario. La impresión de Rennie Airth, en general, es que los niños constituyen un notable invento. Lo más asombroso del caso es que el señor Airth es soltero.

FUENTES DE LAS ILUSTRACIONES

El fardo: página 275: D'Arcy Niland.
Hombres y plantas: Flore médicale descrita por F. P. Chaumeton, Chamberet y Poiret, pintada por Mme. E. Panckoucke y por P. J. F. Turpin, Paris - Panckoucke editor, 1814-1818 (6 volúmenes): página del título, 284, 288, 292, 296, 300, 304, 308, 312, 317, 320, 325, 328, 332, 337, 340, 344, 349, 352, 356, 365, 368, 373, 376, 380, 386, 390; colección del autor: 280; D. Fabiani: 361, 395.